U0519879

现代性研究译丛

纯粹现代性批判
——黑格尔、海德格尔及其以后

〔美〕大卫·库尔珀 著

臧佩洪 译

2019年·北京

David Kolb

THE CRITIQUE OF PURE MODERNITY

Hegal, Heidegger, and After

Licensed by the University of Chicago press, Chicago, Illinois, U. S. A.

© 1986 by The University of Chicago. All rights reserved.

本书根据芝加哥大学出版社1986年版译出

现代性研究译丛

总　　序

中国古代思想中历来有"变"的智慧。《诗》曰："周虽旧邦,其命维新。"斗转星移,王朝更迭,上下几千年,"故夫变者,古今之公理也。"(梁启超)

照史家说法,"变"有三个级度:一曰十年期的时尚之变;二曰百年期的缓慢渐变;第三种变化并不基于时间维度,通称"激变"或"剧烈脱节"。这种变化实为根本性的摇撼和震动,它动摇乃至颠覆了我们最坚实、最核心的信念和规范,怀疑或告别过去,以无可遏止的创新冲动奔向未来。倘使以此来透视中国历史之变,近代以来的社会文化变革也许正是这第三种。

鸦片战争以降,随着西方列强船坚炮利叩开国门,现代性始遭遇中国。外患和内忧相交织,启蒙与救亡相纠结,灾难深重的中华民族在朝向现代的道路上艰难探索,现代化既是一种激励人建构的想像,又是一个迂回反复漫长的过程。无疑,在中国,现代性仍是一个问题。

其实,现代性不只是现代中国的一个问题,在率先遭遇它的西方世界,它同样是一个难题。鸦片战争爆发后不久,法国诗人波德莱尔以预言家的口吻对现代性做了一个天才的描述:"现代性就是短暂、瞬间即逝、偶然",是"从短暂中抽取出永恒"。同时代的

2 纯粹现代性批判

另一位法国诗人韩波,则铿锵有力地呼吁:"必须绝对地现代!"如果说波德莱尔是对现代性变动不居特性的说明的话,那么,韩波的吁请显然是一种立场和态度。成为现代的,就是指进入现代,不但是形形色色的民族国家和社会,而且是千千万万男女个体。于是,现代性便成为现代这个历史概念和现代化这个社会历史过程的总体性特征。

现代性问题虽然发轫于西方,但随着全球化进程的步履加快,它已跨越了民族国家的界限而成为一种世界现象。在中国思考现代性问题,有必要强调两点:一方面是保持清醒的"中国现代性问题意识",另一方面又必须确立一个广阔的跨文化视界。"他山之石,可以攻玉。"本着这种精神,我们从汗牛充栋的西方现代性研究的著述中,遴选一些重要篇什,编辑成系列丛书,意在为当前中国的现代性问题思考提供更为广阔的参照系,提供一个言说现代性问题更加深厚的语境。所选书目,大多涉及现代性的政治、经济、社会和文化诸层面,尤以 80 年代以来的代表性学者和论著为主,同时兼顾到西方学术界传统的欧陆和英美的地域性划分。

作为一个历史分期的概念,现代性标志了一种断裂或一个时期的当前性或现在性。它既是一个量的时间范畴,一个可以界划的时段,又是一个质的概念,亦即根据某种变化的特质来标识这一时段。由于时间总是延绵不断的,激变总是与渐变错综纠结,因而关于现代性起于何时或终于(如果有的话)何时,以及现代性的特质究竟是什么,这些都是悬而未决的难题。更由于后现代问题的出现,现代性与后现代性便不可避免地缠结在一起,显得尤为复杂。有人力主后现代是现代的初期阶段,有人坚信现代性是一个尚未完成的规划,还有人凸显现代与后现代的历史分期差异。然而,无论是主张后现代性是现代性的终结,还是后现代性是现代性的另一种形态,它都无法摆脱现代性这个关节点。

作为一个社会学概念,现代性总是和现代化过程密不可分,工业化、城市化、科层化、世俗化、市民社会、殖民主义、民族主义、民族国家等历史进程,就是现代化的种种指标。在某种意义上说,现代性涉及到以下四种历史进程之间复杂的互动关系:政治的、经济的、社会的和文化的过程。世俗政治权力的确立和合法化,现代民族国家的建立,市场经济的形成和工业化过程,传统社会秩序的衰落和社会的分化与分工,以及宗教的衰微与世俗文化的兴起,这些进程深刻地反映了现代社会的形成。诚然,现代性并非一个单一的过程和结果,毋宁说,它自身充满了矛盾和对抗。社会存在与其文化的冲突非常尖锐。作为一个文化或美学概念的现代性,似乎总是与作为社会范畴的现代性处于对立之中,这也就是许多西方思想家所指出的现代性的矛盾及其危机。启蒙运动以来,浪漫主义、现代主义和后现代主义,种种文化运动似乎一直在扮演某种"反叛角色"。个中三昧,很是值得玩味。

作为一个心理学范畴,现代性不仅是再现了一个客观的历史巨变,而且也是无数"必须绝对地现代"的男男女女对这一巨变的特定体验。这是一种对时间与空间、自我与他者、生活的可能性与危难的体验。恰如波曼所言:成为现代的就是发现我们自己身处这样的境况中,它允诺我们自己和这个世界去经历冒险、强大、欢乐、成长和变化,但同时又可能摧毁我们所拥有、所知道和所是的一切。它把我们卷入这样一个巨大的漩涡之中,那儿有永恒的分裂和革新，抗争和矛盾，含混和痛楚。"成为现代就是成为这个世界的一部分，如马克思所说，在那里，'一切坚实的东西都烟消云散了。'"现代化把人变成为现代化的主体的同时，也在把他们变成现代化的对象。换言之，现代性赋予人们改变世界的力量的同时也在改变人自身。中国近代以来，我们多次遭遇现代性，反反复复地有过这样的深切体验：惶恐与向往、进步与倒退、激进与保守、激情与失望、理想与现实，种种矛盾体验塑造了我们对现代性的理解和判断。

现代性从西方到东方，从近代到当代，它是一个"家族相似的"开放概念，它是现代进程中政治、经济、社会和文化诸层面的矛盾和冲突的焦点。在世纪之交，面对沧桑的历史和未定的将来，思考现代性，不仅是思考现在，也是思考历史，思考未来。

是为序。

周宪　许钧
1999年9月26日于南京

目　录

中文版前言 …………………………………………… 1
序言 …………………………………………………… 11
第一章　现代世界 …………………………………… 21
　　传统同一性与现代同一性 ……………………… 24
　　现代性素描 ……………………………………… 29
　　马克斯·韦伯 …………………………………… 32
　　形式合理性 ……………………………………… 35
　　现代性的其他标志 ……………………………… 43
第二章　黑格尔对市民社会的批判 ………………… 48
　　市民社会 ………………………………………… 50
　　交互性确认 ……………………………………… 52
　　市民社会的自由和新颖性 ……………………… 60
　　对市民社会的批评 ……………………………… 64
第三章　黑格尔的逻辑学及其运动 ………………… 73
　　逻辑学的必要性 ………………………………… 74
　　逻辑学之所为 …………………………………… 76
　　逻辑学之所不为 ………………………………… 78
　　螺旋状运动 ……………………………………… 82

2　纯粹现代性批判

　　中介与设定 …………………………………………… 84
　　运动事例之一：形式与内容 ………………………… 89
　　黑格尔的论证模式 …………………………………… 95
　　其他螺旋运动 ………………………………………… 98

第四章　现代性范畴 …………………………………… 100
　　现代性范畴 …………………………………………… 103
　　概念：普遍、特殊、个别 …………………………… 105
　　从直接普遍性到形式普遍性 ………………………… 112
　　超越市民社会的范畴 ………………………………… 117
　　客观内容 ……………………………………………… 121
　　克服现代形式主义 …………………………………… 125

第五章　黑格尔逻辑学的运用 ………………………… 128
　　黑格尔与有限性 ……………………………………… 130
　　逻辑学事业的成功 …………………………………… 134
　　如何"运用"黑格尔的逻辑学？ …………………… 138
　　黑格尔真的在建构先验哲学吗？ …………………… 144
　　先验哲学与实在 ……………………………………… 149

第六章　市民社会与国家 ……………………………… 154
　　客观内容与自由 ……………………………………… 156
　　自由与风俗 …………………………………………… 159
　　关于国家的三段论 …………………………………… 163
　　市民社会的自我超越 ………………………………… 168
　　黑格尔式的国家的成功 ……………………………… 173

第七章　海德格尔与现代世界 ………………………… 186

无家可归的世界 …………………………………… 188
海德格尔对现代性特征的刻画 …………………… 190
与事物的现代遭遇 ………………………………… 199
对事物存在的各种理解 …………………………… 201
前概念性理解 ……………………………………… 205
理解的空间 ………………………………………… 209
现代性与主观性 …………………………………… 214
现代性与技术 ……………………………………… 224

第八章　适当安置现代性 ……………………………… 234
现代时代的特许地位 ……………………………… 237
供认与克服 ………………………………………… 241
居有（appropriation） …………………………… 243
开放空间 …………………………………………… 248
相互需要 …………………………………………… 249
本成事件的沉默 …………………………………… 253
本成事件的有限性 ………………………………… 258
本成事件的先在性 ………………………………… 263
作为先验思想家的海德格尔 ……………………… 267

第九章　现代世界中的生活 …………………………… 274
思 …………………………………………………… 279
为遥远的未来作准备 ……………………………… 283
四重整体 …………………………………………… 288
政治与社会后果 …………………………………… 297

第十章　黑格尔与海德格尔 …………………………… 308

4 纯粹现代性批判

  类似与差别 ································· 308
  关键问题 ··································· 320
  海德格尔对黑格尔的批判 ················· 325
  黑格尔对海德格尔的批判 ················· 339
  东西方之间的关系 ························ 352

第十一章　进一步的探讨 ··················· 361
  深层条件与历史 ···························· 362
  辩证法与现象学 ···························· 366
  对多样性的思考 ···························· 372
  自我的统一性 ······························· 377
  多种多样的方法 ···························· 379
  再论形式和内容 ···························· 382
  关注差异 ··································· 384

第十二章　对现代世界的重新审视 ········ 388
  现代性与后现代性 ························ 388
  现代性与传统 ······························· 395
  重新思考现代世界 ························ 397
  生活在我们的世界中 ····················· 403

注释 ··· 409

参考书目 ······································· 437
  正文中引用到的黑格尔著作 ············· 437
  正文中引用到的海德格尔著作 ·········· 439
  普通参考书目 ······························· 445

索引 ………………………………………………… 462
译后记 ……………………………………………… 484

中文版前言
当今非纯粹的后现代性——哲学

这本书被引入中国令我十分高兴。本书试图把两位对于理解现代—后现代世界进程来说很重要的思想家放到一起来进行比较。但是，如果这个世界要成为"我们的"世界，就必须通过对话创造出一个现实的全球化的"我们"。鉴于中国的规模、漫长的历史连续性及其社会实验，它在这一对话中是极为重要的。我要感谢中译者臧佩洪的出色翻译，使我得以有可能更为全面地实施这一对话。

今天的黑格尔与海德格尔

那么，为什么要解读这两位德国思想家呢？尽管黑格尔已遭到了很多抨击，但他在今天仍是很有意义的。虽说他个人带有欧洲中心主义的倾向，但黑格尔实际上却是试图发展一种不以任何特定民族的或传统的基础为出发点的哲学。在创造一种拒绝以任何可被接受为第一原则或首要基准的东西为基础的哲学的进程中，黑格尔的努力就位居这类哲学首创行为之列，而且至今也仍不失为一次最为精致的尝试。在这一尝试中，黑格尔还结合了对许

2　纯粹现代性批判

多生活领域的具体审视。他对国家与经济的关系的讨论、他对市场的解放作用的认定及对人类福祉与市场效率的等同性的否认、他对现代世界中艺术的条件的探究、他避免极端个人主义与集体主义的方法以及他对思想和哲学的本质的研究,所有这些都仍然十分重要。

同样,海德格尔也仍然是很有意义的。不管他有什么人格的和政治的缺陷,或许可以说,他代表了一种最为老练的走近黑格尔的方法,且同时又与黑格尔保持着最为深刻的区别。他也考察了个人和共同体、艺术的地位、思想和哲学的本质等问题。他探索了技术社会的本质,而且就像我所认为的,即使他关于技术和社会的观点是有问题的,他也仍然为其他一些具有较为细微差别的批判提供了灵感。

黑格尔与海德格尔以及他们的相互对峙对于理解我们的现代与后现代处境是十分关键的。除其一般影响外,他们还波及到了马克思主义思想向其他各种各样批判理论的扩展。他们与尼采一起构成了一些更为晚近的思想家的基本背景,例如德里达,他像海德格尔一样发现自己陷入了与黑格尔的一种近距离的张力关系之中,再例如德鲁兹,虽说他是一个深刻而坚定的反黑格尔主义者,但他仍然得面对许多相同的问题。(本书的潜台词之一就是认为,由科耶夫[Kojeve]对黑格尔所作的那种法国式解读是极为错误的,且受到了德鲁兹以及其他一些人的强烈反对。)

今天的现代与后现代

由于我们竭力想营造一种各方平等参与的对话,这就将使世界成为"我们的"世界;而我们的世界则试图通过现代性与后现代性这些概念来理解其处境。这些概念并非只是一些流行标签;它们代表着漫长的思想劳作,以求把握新近生活方式到底在何种意义才可以说不再局限于传统社会的那些较为固定的视域之中。这是否只是由于变迁或重新解释的速率提高了呢,抑或,它们就是一些新型社会与体制,新的同一性、自我与思想?

本书首先关注现代这个术语、它在黑格尔和海德格尔那里的含义以及他们对现代性错综复杂的认同与批判。然后,再接着处理后现代这个术语。在完成了这本书之后,我又写了另一本书,主要研究知识理论和建筑理论中的后现代主义(《后现代辨析》)。然而,后现代这个术语近来却获得了太多的含义,以至于不再像以往那样有用了。

后现代这个术语在建筑学(这是后现代的一个发源地)中始于对一个解放运动的命名,这一运动反对正统现代主义建筑学中那些被指认为狭隘严格性的东西。后来,当各种独特的地方历史在建筑学上重新得到了肯定以后,这个术语就获得了积极内容。接着它又狭隘化了,反讽性地变成了现代盒子样建筑物的表面装饰的某些历史主义风格。如今,在建筑话语中,它常常表现为一个被滥用了的术语。空间与建筑物如果为自我、身体与共同体的非中心化的流动同一性留出了余地,那么它们也会被称为后现代的。

在其他艺术门类中,情形则要复杂得多,无法仅仅用现代与后现代这种简单的二分法来加以概括。后现代虽仍常代表着对已辨识出的现代主义正统学说或抽象的反叛,后现代小说成为碎片化的和反讽性的,后现代绘画则成为媒介的混合和艺术类型的交叉。然而,在小说、诗歌、绘画和电影中,顽强的现代主义者与后现代主义者之间的界线从没有像建筑中那样分明。实际上,利奥塔就能自信地说,后现代是现代的组成部分,因为它们都抛弃了关于好形式的慰藉以及关于和谐或总体性的理想。最近,不论是在那些较为陈旧的艺术传统中还是在某些复活了的现代主义者那里,都出现了对这类主张的一种反叛,以及对建筑的"纯粹性"和抽象的价值的一种重新肯定。但是不管怎么说,后现代与现代都具有一个共同的目标,即消除在人类可能性的扩展过程中的障碍。

在哲学中,后现代这个术语已日益与解构以及其他一些"法兰西"运动联系在一起,其倡导者们用它来解放自我、共同体以及身体,以使之从现代理性的或科层化的总体性的压制下摆脱出来。理性、透明性、自主性、控制及进步等——启蒙价值观——与其说是被否定了,还不如说是被解构了。这也就是说,它们对绝对性和总体性的自负受到了质疑,且被移置于一个由其他价值观和活动所构成的领域之中,对于这些价值观和活动,它们既不再能加以规定也不再能加以统治。与此相联系,常常还附加上这样一种主张,即当社会与人无法生活于一个纯粹流动性的状态下,某些结构和过程成为必需的时候,创造结构就成为决策行为中的一种权力操作活动,这种活动不可能是任何合理计算或规则系统的结果(这并不是说,这种活动是与背景域无关的,或可以是没有策略有效性的)。在此,后现代分析与身份政治学和解放运动是联系在一起的,它们根源于一些旧式的(且仍然是"现代主义的")运动,例如马克思主义、尼采哲学以及文化精神分析研究,这些运动拒绝从表面上来接受那些社会给定物或"自然物"。

正如在艺术中一样,对这些用后现代这个术语来命名的哲学和文化政治运动,也存在着一些强有力的反对意见。最多,它们可被看作为一种轻佻的游戏,其实这里需要的是严肃的分析;而最糟,它们则可算作关于同一性与共同体的一种虚无主义的退化观,取而代之的是一种不道德的相对主义,而且它们还拒绝了理性和共享价值观。

关于后现代主义的这场争论本身实际上也有一种总体化的特征,它要求我们自身与这种或那种极端立场结盟,这就妨碍了人们的洞察力。在后现代主义者使统一性多样化并对统一性的绝对性提出质疑的尝试中,很多都是有益的并具有解放作用的。关于社会、经济、自我、艺术以及思想中的核心统一性的那些陈旧的"经典"模式,现在正在受到合理挑战,而我们则需要一些关于统一性的新模式的概念,这些概念更少压制性,但仍承认我们的相互依赖和相互合作。今天,黑格尔关于交互性确认的理念需要以新的方式来重新加以叙述。

后现代对中心化的统一性的抨击常辅之以破碎的同一性、面具、反讽、游戏、内在的间距和撕裂等词语,尽管这是一些反启蒙式的词语,但就其是对自我强加的限制的一种释放而言,它们其实是启蒙运动的一种延续,康德将其定义为从自我(以及他人)强加的监护下所获得的一种自由。然而,这却有可能被后现代主义的反对者们解读为对实质性承诺和生活的"严肃"事务的回避。黑格尔和海德格尔两人都是极为"严肃"的哲学家,反对反讽性的生存方式,但他们每人仍竭力思考自我和社会中的这些内在间距和内在非统一性,因此,当我们试图构建去中心化的关于自我性和共同体的新模式时,他们也许可以给我们些许教益。

这里有一个自我——重新解释和自我——构造的过程,在其中,并没有核心统一性来实施这一过程。统一性与中心是从这种过程中浮现出来的;它们并不统治这一过程,而且不论是在社会中还是在自我内部,它们也从未彻头彻尾地成功过。至于哲学需要去加以思考的这些非统一性和内在张力,就其反思的性质而言,黑格尔与海德格尔是有着深刻的分歧的。

在我对黑格尔和海德格尔的比较中,我提出:我们既不能接受黑格尔的完全透明性,也不能接受海德格尔关于存在的神秘化的历史以及他对技术的总体化的攻击。我们应对新的统一性以及自我和共同体的新的样式正在浮现的方式保持警觉。我们要取得进展,惟有依赖残缺不全的认知手段,并不断重新解释我们自身与我们的范畴。这一过程具有必要的条件和形式,对此,可以采用某种类似于黑格尔的方式来加以反思,但不要奢望获得他从这种反思中所推导出的那种详尽的实质性线索。

我们不能遗弃拓展个体的与社会的现实可能性领域这一"现代的"目标。这不只是由于我们不应这样做,而且还因为,一旦照此实施,我们难免要陷入错误的信念中去。选择意识是无法根除的,尽管它会被各种强力方案所隐藏或遮蔽。

当今的东西方哲学

如今,我们开始意识到这些新可能性的途径之一就存在于同世界上的各种社会和传统的遭遇之中,对于这些社会和传统,已不再能像黑格尔那样,把它们看成在发展上低于欧洲的了。黑格尔关于中国的知识仅局限于那个时代所能获得的材料,而且在他的历史哲学中,黑格尔是将中国文明的那种表面上看来凝固不变的特性同他自己关于发展的理论结合在一起的。对他来说,中国是一个在空间上与世隔绝的文明,而且停滞在发展的一个早期的时间阶段上,与印度和波斯,以及从另一个不同的角度来说,与非洲都一样。

黑格尔关于这些社会及其欧洲民族的总体化图景是无法面对它们的内在差异和活力的。但是,在某些后现代思考中存在着一种对统一性的古典模式加以简单否认的危险。这种后现代主义会尽力将诸如中国或法国这类伟大的统一性撕碎成一些小的统一性,或许是地域性的群体,或许是性别偏好性的群体。但是,这些小的统一性又将进一步破碎,甚至个人也会很快开始破裂为一种尼采式或德鲁兹式的欲望群和事件群。对差异的这种追求是有其可取之处的,然而,在此应对过程中,除非保持对公共性以及非古典的新型的差异中统一性(unities-in-difference)的关注,这种追求是绝难成为相互对话或政治行动的基础的。黑格尔和海德格尔都殚精竭虑地加以思考的也正是统一性和多样性的这些新类型,尽管成功与失败参半。

哲学上的全球化相遇可以为我们开启关于统一性和多样性的一些新类型。统一性和差异性的问题出现在世界哲学中。但是，关于东方哲学对西方哲学，这种标准的二分法却需受到质疑，因为这两种假定的传统就其自身而言也都是被各种差异分割开的。西方哲学就分裂为许多派别和阵营，有些斗成一团，有些则彼此视而不见。东方哲学就更加缺少统一性了，因为这个术语包含了好几种相互分离的伟大传统。

赋予那些伟大的哲学群体以某种统一形象的因素就在于：它们（例如中国哲学）的各种组成成分已相互对话与争论很长时间了。这并不会导致趋同，虽然，在此过程中，相通性的程度常常被过高估计，但它仍有助于确定共同关心的论题与问题。20世纪以前，在中国哲学与西方哲学之间已有了一些接触，而现在对话正在被稳步推进。如今，这一对话则必须被拓宽。

不幸的是，在这一过程中还存在着一些陷阱。一是被展现出来的对立减少了，发言者会站起来说道："这正是我们在儒家（或道教，或印度教，或希腊，或美国）哲学中处理这个问题的方式"，他们沉醉于此，毫无兴趣面对那些替代方案或质疑其自身；另一个陷阱是移植，在此，某一传统中的一个人或一个团体被完全移植进了另一个传统。在美国出现了印度哲学的一些小孤岛，而日本的哲学系则成了一些微型"牛津"或"哈佛"。

之所以会出现这两个危险，根源就在于，人们对待哲学的方式，与其说是哲学的，还不如说是宗教的，就像是为一套公认的义理作证并使人们皈依这套义理。而哲学活动应是自我审视的、自我批判的以及对话的。我们应抱着这样的期望：各种传统的资源将被带进全球化的对话之中去,所有的参与者都将向他者开放,接受其质疑,并让其自身的立场接受挑战。

我的一些同事感到,中国和印度的传统并不善于进行这样的对话,因为它们更关注对一整套的义理的宣布,而不是关注于这种义理的论辩性的自我批判。我的这些同仁们说,虽然在维护和诠释这种公认的义理的过程中,也许会作一些有很高技巧的论辩,如在佛教徒的逻辑辩论或新儒家的争论中,但这种公认的义理本身却不会成为论辩挑战的对象。

虽说西方哲学从苏格拉底开始就确实拒绝任何公认的义理,并寻求一些可以按理性来加以接受的结论,而无需任何传统的支撑,然而,在其他传统中这种情况也并不鲜见。新儒家的各种派别之间的那些争论是围绕着儒家的核心教条而不是其细节展开的。在小乘佛教徒和大乘佛教徒之间所展开的争论,所关注的则是佛教的基本教义。这些争论确实假定,在这里有一种公认的核心有待传达,而且这种核心也并不像西方哲学所普遍认为的那样被看成是无关紧要的。但从另一方面来说,实际上这是一个自我批判过程,它部分是通过争论,部分是借助于对文本的各种相互竞争的诠释来实现的,如在儒学中,或者是通过各种相互竞争的文本的生产来实现的,如在佛教中。而且,如果各种相互竞争的派别没有达成足够多的共识,如印度的吠檀多哲学与恰瓦卡(Carvaka)哲学,那么它们之间所展开的这种争论也就难以与苏格拉底的方法区分开来了。

矛盾的是,哲学的企图却总是不止于此,它始终努力审视和表述其自身的界限,拒绝成为某种固定的传统和语言的婢女。自19

世纪早期以来,对绝对确然性和可靠基础的寻找在哲学中已日益受到批判。但这并不意味着一种方便的相对主义,在其中,哲学安命于扮演一个由社会所指定的角色。如今,越来越多的哲学家,不论他们是否把自己称作为后现代主义的,都认识到了对扩展方法的需要,这些方法既关系到激进的质疑,同时也涉及到对旧文本的解读。在一个共享性语言内含的论辩与超越并审视其自身的根基的思想运动之间,存在着一种相互作用。正如黑格尔在另一语境中曾说的,问题在于理解那个"与"。因为,就使根基与拒绝、历史与开放性等结合并获得生命而言,黑格尔和海德格尔两人都有能力给我们以教益,虽然我们必须在我们自己的时代里来处理它们。

大卫 · 库尔珀

2002 年 8 月于缅因州奥本

序　言

可以断定,关于"现代世界"利弊的许多争论都是以一些有待质疑的前提为出发点的,而本项研究就是在此断言的基础上发展起来的。长久以来,我一直关注于我们的当代世界与那些较为传统的社会以及新颖的现代观念和体制与其古希腊先驱或其他文化之间的差异问题。是什么导致了这些差异?它们的出现是否有根可寻?虽然现代解放的积极方面是很明显的,然而,我们这个世界所带来的灾难和罪恶也同样昭然若揭。我们是否必须固守这种现代方式,以免我们重又轮回到某种传统生活中去,而将我们的自由以及进步的益处都丧失殆尽?这些灾难是我们必须为自由付出的代价呢,抑或只是在走向一种更为完美的自由的过程中有待消除的障碍?它们是否有可能与现代解放是一脉相承的?我们是否必须在现代自由与传统意义之间作出选择?我目前所进行的这项研究就是由这些令人困惑的问题所引发的,而且随着研究的深入,我对我曾作为出发点的这些问题背后所包含的许多前提也开始有所怀疑了。

以下各章将集中于对现代性的这样一种思考策略:拒绝将现代性标准的自我描述范畴当作为最终性的。有必要将现代性加以适当的安置,以使其包含在那个使其得以可能、同时又无法用标准的现代术语来加以描述的更大背景域之中。为了便于探讨这个策略,我用两位德国哲学家即黑格尔和海德格尔来作为引路人。这两人都对他们所看到的现代世界作出了反应,而且也都拒绝用那些被我们视作为当然的范畴来进行思考。

我对这两位德国思想家哪一个都不支持或赞同。我极为欣赏黑格尔体系的复杂性:他是一个伟大的建构性的思想家——对于这一点,海德格尔也会欣然承认的。但是,我们现在是否仍需要某些更伟大的体系却很难说。如果非得作出选择不可,那我宁愿选海德格尔的解构性生存,而非黑格尔的合理化生存;但是,为了对各种状态进行详细的考察,对黑格尔体系的某些碎片加以挖掘还是大有好处的。

仅就其自身而言,这两位德国人各自的思想都是极其引人入胜的,但是,出于某种特别的考虑,我还是把他们放到一起来加以研究。虽然在讨论现代性问题时,他们所采取的总体策略是相同的,但他们得出的结论却截然不同。通过对这些结论的考察,并从这两位思想家各自的视角出发分别对对方加以观察,我们就可以更好地了解他们讨论现代性的这种方法具有的潜在价值和缺陷。

我想利用黑格尔和海德格尔的思想来推进我们自己关于现代世界的思考。虽说由于这两位德国人文本的复杂性,我对他们也作了相当多的阐释,但是我的本意却不仅仅在于对这两人的详细说明。我并没有为我自己的结论给出压倒性的论证,毋宁说,我的目的是劝说与告知。我的目标在于为思想开启可能性,提出一些我们借其可以确认我们自身的描述,并进而消解其他某些结论——那些结论表面上的合理性是建立在一套较为狭隘的初始选择的基础之上的。本书作为一套精心构造的提示体现了这样一种意图:破除关于现代世界的独特性与统一性的理论和实践幻想。

大体计划

为了描述现代自我和制度的那些标准的前提,我对一些通常的陈词滥调以及彼得·贝格尔和马克斯·韦伯的社会学分析进行了考察。我所关注的是现代性的这样一个特殊方面,即用其选择权而形式化地加以定义的那个间距性自我概念。这个概念存在于这样一种感觉的后面,那就是,人们觉得一旦某人摆脱了由传统价值观与生活方式所强加的那些实质性的限制,他也就变成现代人了。实质性价值观限制人们通达某个更为广阔的可能性领域,而最为广阔的可能性领域是与某种"空洞的"自我相关联的,并由这种自我的形式化功能——使选定的满足最大化或以最高的效率达到其目标——所定义。

黑格尔和海德格尔都有可能会认可对他们称之为现代世界的这种似乎是不言而喻的描述,但他们每人都会说,在这下面还有某种更为深刻的东西在起作用。这两人都不会承认那个在美国的自由派与保守派之间的争论中十分普遍的两难困境:我们要么回归到实质性传统中去,要么就得肯定那种无根性的现代个人。对于韦伯的那种方法论个人主义,他们肯定都会持拒绝态度,且争论说,作为一个个人到底指什么在整个历史中都是变化着的。现代个人主义并不是人之为人的超历史本质。

黑格尔和海德格尔都将对现代性作适当安置。他们会把现代主观性定位于那个使其得以可能的背景域之中;这个背景域是无法用普通现代自我描述的那些众所周知的术语来加以揭示的。还有一些东西是存在于作为现代自我性之典型特征的主-客体关系之外的。我们必须让这些多出来的东西自然发生,并把现代自我性认作为在某种更深层的背景域中已然得以可能的东西。一旦我们如其所是地承认了这一背景域,我们就会发现,我们自身已接受了某些限制,而且所面对的也不再是作为现代性之特征的那些无限开放的可能性。

这两个德国人实施这种批判的方式是极其不同的。在黑格尔那里,我们找到了对浪漫主义主观性以及他称作"市民社会"的现代经济共同体的批判。另外,他还提出了一种理性共同体,他称其为"国家"。这也就暗含了对现代性的那些基本范畴的批判。这种批判是由《逻辑学》来完成的。在那本著作中,黑格尔对形式与内容、普遍与特殊等范畴进行了研究,而且他还找到了精神运动的"绝对形式";而所谓的精神运动其实也就是我们拥有(having)一个有意义的世界这一运动本身。在从市民社会向国家的过渡中就运用了这些中介环节,而且,通过它们还可以说明,那些典型的现代二分法将如何得到克服,并进而达到一种将古代实质性共同体和现代自由的长处融合在一起的生活形式。

正如查尔斯·泰勒所指出的,黑格尔在对现代性标准的自我形象的原子论个人主义作出批判的同时,并没有随意地又反过来陷入浪漫主义的观点中去。而且,我们在他身上也看不到那种标准的自由主义或保守主义的标签,而在其他那些思考现代性的人身上,我们却常常可以看到这种标签(泰勒,1979,第72、130页;泰勒,1975,第424页及下页,第449页及下页)。

我强调黑格尔的"逻辑学"的用意是为了说明我与泰勒还有其他一些人的分歧;他们认为,黑格尔对政治与文化作出了敏锐的分析,但却不幸地在头脑中保留了一个形而上学的解决方案。我认为黑格尔的批判只有结合其逻辑基础才能得到充分的理解。借此我将表明,黑格尔并非仅仅提议我们将我们自身与某种大写的绝对者(Absolute)融合在一起,从而摆脱那些现代分离,他的建议要远比这复杂得多。

海德格尔在其关于主观性、技术、普遍化强制(das Gestell,"座架")以及本成事件(das Ereignis)等的讨论中研究了现代性问题。这些讨论适当地安置了现代自我性。虽然我们必须栖居于我们之所在,但只要我们理解了我们是如何相关于我们行动于其中的那个可能性领域的授予过程的,我们的生活就将不再表现为那种受操纵的操纵者的活动了,因为后者只是我们这个时代给我们所指派的生活。在这个现代世界中,我们将拥有一种新的生存方式,并获得这个世界的最终改变之希望。虽然海德格尔思想的效应并非是明确无疑的,但我仍认为,他所提倡的既不是向"黑森林"的乡村化回归,也不是对现代世界的某种末世论拒斥。

在分别讨论了这两位思想家之后,我接着描绘了他们之间的相似与差别,并从他们各自的立场出发虚构了他们的相互批判。如果我们想在一个更为广阔的背景域中,利用普通的策略来定位这些无法用现代术语来加以描述的现代二分法和两难困境,那么,这种研究在给我们以某些提示的同时,也告诉了我们必须避免哪些陷阱。

海德格尔对现代性的描述在很大程度上与黑格尔在《法哲学原理》中的讨论相类似。海德格尔对导向我们这个时代的普遍化强制的存在史说明,在很多地方类似于黑格尔对历史的说明。这两位思想家对古希腊人的使用方式是极为相似的,即都把他们作为对照者和先驱者。然而,在黑格尔那里,存在着一种由范畴的纯粹逻辑序列所提供的最终明确说明。把海德格尔的关于本成事件的讨论看成是黑格尔的逻辑说明的类似物,是一种很有诱惑力的做法。虽然从策略上来讲,他们所起的作用确实是类似的,但是在这两位思想家之间似乎最有可能存在着某些类似的地方,他们之间的差别其实是最为分明的,尽管我坚持认为即使在此也还是存在着一些重要的相似之处。[1]

在海德格尔看来,黑格尔仍停留在现代性的原则之中,因为黑格尔所关注的仍然是主观性,而且他仍追求总体性的在场,而这种总体性却正是那种不可避免地导致了技术世界的形而上学的特征。我同意海德格尔按他对这个词的特殊用法来把黑格尔描述成是"形而上学的",但我不同意他指责说黑格尔仍停留在主观性形而上学的范围内。(用海德格尔的专门术语来说,我同意他根据主体性[subjektit!?t]来描述黑格尔的特征,但不同意他根据主观性[subjektivit!?t]来作这种描述。)海德格尔的解读方法并不能很好地适用于像黑格尔这样的思想家,而且,海德格尔自己的前提也在一些关键点上妨碍了对黑格尔观点的理解。

要是黑格尔能读到海德格尔的著作的话,他也会批判他没能克服现代性,因为海德格尔仍被束缚康德的先验哲学传统中的那些经典区分之上:形式与内容、本质与非本质,以及比现象学所描述的"自然"意识有着更好的理解的现象学姿态等等，结果就是，在海德格尔对使现代性得以可能的条件的特征描述中有着太多的统一性，而且这还进一步导致了某些基本的现代两难困境。

在最后一部分中，关于如何利用黑格尔与海德格尔所共享的策略，且又不至于掉入在其相互批判中所指出的那些陷阱中去，我提出了一些建议。我们是无法对这两位思想家作出某种综合的，但从这两人那里我们都能学到一些东西。我强调指出，不论是何种层次上的自洽性(self-coincidence)都应加以拒绝，借此，我提倡将我们自己思成为"被抛的筹划者"，但我们作为这种"筹划者"所具有的多样性要远多于海德格尔所会允许的。有了这种多样性，我们就可以在消除黑格尔对封闭性的强调的同时，把他的许多分析利用起来。

我们发现，我们自己总是已经运动于一个涵盖性的、但又是多样性的背景域之中；这个背景域是没有总体性的，而且它也没有为黑格尔和海德格尔在不同方式下所共享的那种先验方法提供出发点。当我们把我们自己看作为现代人时，我们据此就会发现，我们既不是形式化地加以定义的市民社会成员，也不是普遍化强制世界中的受操纵的操纵者。黑格尔与海德格尔都认为他们认识到了现代世界的本质。但是，我们即便接受了某种较深刻的多样性，这也不等于说它就是现代性的本质方面，因为此处所采取的并不是单一性的叙事方式。因此，我们就不能把那些不那么"现代"的方面视作为外围残留物而草草打发掉。我们也不可能期望有一个统一的"后现代"时代，尽管目前关于后现代的讨论对于描述我们的世界也许是极为有用的。我们的任务就在于，对构成现代世界观的那些基本二分之终极性提出质疑;而作为这一任务的组成成分之一,我们也对现代社会与传统社会之间的区分本身提出了质疑。一旦我们适当安置了现代性,我们就可以发现,我们既没有我们曾想像的那么自由,也没有曾想像的那么受束缚。

风格问题

我尽量避免把德语中的大写字母用法带到英语中来。这一决定使我失去了纯粹通过字母拼写方法来区分黑格尔的概念(Concept)与他的概念(concepts),或海德格尔的存在(Being)与存在者(beings)的便利。强迫自己对这些差异加以思索,而不是轻易地求助于大写字母,还是很有好处的。当黑格尔是在其专业含义上来使用概念(Begriff)这个词的时候,我就用concept(概念)这个词;如在日常含义上谈到概念(concepts),则用notion(概念、观念、想法)或其他一些词。这就颠倒了黑格尔翻译中的一些习惯用法,但却保留了con-cept与be-greifen(抓住)①之间的语源学联系。我用构思(conceive)及其他一些表述来使思(think)这个词的德语用法(denken)成为一个及物动词,但在有些场合下,德语用法在我的英文中也有所反映。至于海德格尔的存在(Sein),我则用第一个字母不大写的存在(being)来表示;那种带大写的标准译名具有这样一种强烈意味——把存在(Sein)看作为一种根源或原因。至于存在者(Seienden),我用过的词有很多:实体(entities)、存在

---

① 参见本书第四章第61页(原书页码)的说明。——译注

者(beings)(将它们用于一些不可能引起混乱的语境之中),而经常用的就是那个普通的英文单词事物(things)。最后这个单词的优势就在于它普通,不带有某种形而上学构造的意味;而它的缺陷就在于可能会和海德格尔的关于 Ding(事物)的用法混淆起来,后者在海德格尔的后期思想中是具有某种特殊含义的。在那些会引起混淆的地方,我都已作了明确的提示。它的另一个危险就在于,事物(thing)会使人产生这样一种念头:所有实体都将是根据《存在与时间》中曾讨论过的那种客体(Vorhandensein,"现成存在者")的简单在场来加以思考的,但是,这种涵义完全是学术性的,与这个英文单词的日常用法并没有关联。至于我把 Gestell(座架)和 Ereignis(事件)分别翻译成普遍化强制和本成事件,在它们第一次被引入时,我都作了讨论。[2]

正文中的大部分引文(例如,泰勒,1979)都可参照书尾的普通参考书目。正文中引用到的黑格尔与海德格尔的著作是用缩写形式表示的(例如,《哲学全书》,"Encyclopedia"),而且在参考书目中是单独开列出来的。我采用的是一些标准的翻译,但也作了适当的修改。

谢辞

当我在黑暗的日耳曼森林中寻找我的道路时,有很多人给我提供了帮助,我要向他们表达我诚挚的谢意。在研究黑格尔的过程中,我要感谢昆廷·劳尔、K.德夫及约翰·芬德莱。另外,我得感谢威廉·理查森和卡尔斯腾·哈里斯,因为是他们把我引到了海德格尔的面前,他们也许会觉得我已误入歧途了。斯蒂芬·科尔纳的建议和意见也间接地得到了表现。我还要感谢:美国黑格尔协会以及海德格尔联合会的成员们,他们在许多正式和非正式会话中给我以帮助;佩鲁贾现象学执行委员会的成员们,写作本书的想法就源自于他们。与保罗·利科、汤姆·希恩、大卫·科奈尔以及罗伯特·伯纳斯康尼等人的谈话也使我受益匪浅。我还得感谢我的同事肯尼思·萨佩罗和马克·奥凯伦特所给予我的很多鼓励与批评意见,得感谢他们以极大的耐心读完了本书前几稿的全部或某些部分。我坚信,本书的观点部分应归功于所有这些人,但是,他们当然是不用为本书中的错误负责的。

本书的写作之所以可能,得归功于美国国家人文学科基金会的及时赞助,在此,我欣然地表达我对于它富有成效的支持与建议的谢意。在研究海德格尔论技术的观点的同时,又在一个文字处理器上进行写作,由于这个机会显得太有诱惑力了,所以我没有要去感谢的打字员,但在那些引发本书的文章的许多草稿的写作过程中,朱莉·波瑞斯卡和克莱尔·希姆尔还是给了我相当大的帮助。最后,我首先要感谢我的妻子安妮,因为她在许多方面都是我的伴侣。

第一章 现代世界

关于现代和我们自身,我们有许多不同的信念。其中之一,就是认为现代人已斩断了与传统价值观和生活方式之间的纽带。那些把从传统中脱身出来看作一件好事的人对这一改变欢呼雀跃,而那些惧怕其结果的人则对根基的丧失痛心疾首。我们在周遭变幻不定的消费社会中可以看到这些变化的征兆;我们在近来的文学和反文学中可以读出这些迹象;我们可以漫步于通过对国际风格的挑战或以其后现代建筑风格的折衷主义标示这种改变的楼宇之间。

第一章将描绘一系列逐渐聚焦于这些话题的同心圆,由此来开始研究两位哲学家对现代世界的反应。首先,我将收集有关我们这个时代区别于传统社会的一些通常说法,尽管这是些片面的陈词滥调,但它们也展示出了困扰我们的那些问题。然后,我要考察一下社会科学关于这些现代时代问题的有益讨论。最后,我将探讨一些基本的范畴和区分,这些范畴和区分就存在于对现代世界的标准的观念和态度背后,它们也正是黑格尔和海德格尔所追问的。

"modern(现代)"这个术语源于一个拉丁词,意思是"在这个时代"。这一英语词汇迅速地演变出两种用法,一是意味着"当代、当今",另一用法则添加了这样的涵义——在现代时期,世界已不同于古典的和中世纪的世界。在这一词汇的现今用法中保留了这两层含义,只是当今时代与之相对立的历史时期已经不只是古典的和中世纪的两个阶段了。在社会科学中,而且某种程度上在它的通常用法中,已演绎出关于现代的和传统的生活方式之间的一种更为精致的对立。很多的时代可能也会觉得它们是与众不同的,但我们倾向于认为我们的独特性远非一般的差异可比;我们正在发展着历史中的崭新事物。

我们的一个自我形象就是,我们的生活与那些被先前时代甚至也许还被世界上其他一些社会视作当然的东西之间存有一种间距。我们不把因袭传统看成似乎是件很自然的事。我们不会用社会给予物严格地规范自己,这一点与我们认为的我们祖先的做法不一样。我们拒绝把我们在社会阶层、价值、角色以及制度等社会构架中的位置或这种构架本身看成是固定不变的。虽然我们生活于这些社会安排之中,但是,我们对此并没有我们所想像的中世纪农民或罗马士兵肯定会有的那种认同感。也没有我们所可能想像的现今西班牙人或日本人会有的那种认同感。我们有更多的选择,更多的可能性。

与间距一道而来的就是控制。我们追求先前社会不曾具备的凌驾于物理世界之上的某种力量。我们对这种控制有着嗜好。笛卡尔在其《方法谈》中说,我们将成为"地球的主人和主宰"。即使我们决定让一片土地一直处于蛮荒状态,我们还是通过这种使其不得发展的行为对之施加了意志与控制。

相对于我们在多方面对物理世界的成功控制,众所周知的是,我们对社会给予物的控制就要逊色多了,但我们也努力想成为社会的控制者和调节者。广告、经济干预、教育和再教育以及社会科学建议:所有这些都是想跟我们对自然的控制看齐。这是对自然的控制的另一翻版。

我们把周围的一切事物,包括我们自己,都认定为计划和控制的可能对象。这正是那种新间距的一个标志,而且它还引发了对这种控制的精神倾向的反叛。有人说,我们走得太远了;我们或是醒悟,或是造就那终将毁灭我们的魔怪。我们对自然的认识是有限的,而且我们预测因我们在生态系统或经济系统中的干预行为所导致的后果的能力也是有限的。但是,这些批评只是激励这种控制性的精神倾向变得更有成效而已。

对我们的这种间距的另一种常见的反应就是强调我们对生活网络的隶属性。我们不是离散的;我们紧密地共处于一个更大的整体之中,我们必须遵循其节奏与规律并可以从中获得支持。这种密切联系着的形象本身就是对我们的间距感和离散感的一种印证。这种离散感和间距感已被追溯至许多事物:创世纪、基督教、资本主义、科学和父权制等。

虽然这些标志所指向的离散和间距严格说来到底是什么还不是很清楚,但这与以往的或未来的某种状态之间始终有一个反差,在那种状态下,社会内部以及我们与自然之间具有更强的互联性。

我们与自身之间的关系也受到了间距的影响。我们被告知是自由的,我们应选择一种有益的生活方式。有人说,不管我们选择追求什么样的满足,只要我们通过努力去增进这种满足,就有机会成就一种幸福生活。我们根据我们的内在愿望和价值观以及周围环境来作出这些选择,但那些愿望和价值观自身却不是固定不变的。有人教导我们如何把正确的愿望和价值观灌输给我们的孩子,那些自助手册给我们提供如何改变我们自身愿望和价值观的建议。我们甚至把自己的内在愿望也当成了可操控的。对于我们来说,似乎已没有任何东西还具有我们所想像的以往人们所具有的那种稳定性,然而,我们自身却成了对我们的生活起统一作用的原点。

我们在自我发展。过程本身似乎比它所指向的特定目标更重要。时尚、奇思怪想或者广告都可以改变我们自我努力的目标,但是我们仍可谈论自我发展。那个过程可以离开它所包含的任何特定内容而得到界定。为了自由、发展、新的可能性以及个性,我们致力于整合自我。可以看出,所有这些目标都可以脱离我们选择的任何具体内容来进行谈论。自我发展过程本身变成了目标。我们可以在社会中看到这一点:演进就常被界定为一个无止境的变化过程,在其中,没有要达到的任何目标(参见贝拉等:1985,第126—127 页,第 139 页)。

传统同一性与现代同一性

我们是些现代个人(individual)并且希望我们的社会反映这一事实。然而,这是含混不清的。我们是否应把成为现代个人当作为成为人的一种特定存在方式,仅仅是另一种传统同一性而已?我们是些个人主义者;听说日本人喜欢把团体摆在第一位;在巴厘,无疑又有另一种排序。我们的个人主义是否仅仅是一套特定的价值观,是其他各种特定传统同一性中的一种?或者,是不是说作为现代个人不知怎的就与传统同一性划清了界限?作为美国个人是不是就有一种特别的种族同一性?或者它就是当你摆脱所有的种族同一性时所认同的同一性?

关于这一点,我们是前后矛盾的。我们经常把自己与他人作这样的比较:似乎我们现代人属于一个具有自身传统模式的团体,但当谈到现代个人主义模式的优越性时,我们又倾向于认为我们是摆脱了传统模式的人。我们是能进行判断、接受或拒绝的现代人。我们并不受制于传统——当然,也有人认为我们应是受其制约的,然而这只是印证了这样一种广为流传的感觉,即我们并不受制于它。我们的现代个人主义具有一种更加纯粹的"人类"同一性,与此相关的就是,人首先是"个人",然后才是意大利人、瑞典人或日本人。人们的选择是自由的,不受传统的固定价值观的制约。

如此来考察现代(或美国的)个人主义,也就把传统的种族模式看成了一种约束。在那些摆脱了不受质疑的传统价值观的束缚的人面前,敞开着一种更为广阔的可能性空间。如果自我只是被定义为一个不受任何特定价值观或选定内容的先行束缚而进行选择的个人,那他就拥有了最为广泛的可能性。不论这一自我如何选择,他或她都有能力进行自我塑造。这种自我界定就牵涉到了人与所有自然的或社会的给予物之间的一种间距。这一现代个性概念多少也就解释了先前所提及的那种间距。

相似地,可以这样来理解我们的公共机制:它或者是一套特定的个人主义品德以及传统价值的载体,或者是中性的、价值中立的程序化体制,作为纯粹个人选择的中介和助理。

我们对侵袭其他社会的这一变化过程的态度同样是含糊不清的。有时我们把这种过程称为"发展"。这似乎是说在其他民族内部有一些东西还没有得到发展，这些东西将会得到充分发展并演变为他们特定传统的一个现代版本。有时我们把那种过程称为"西方化"。这似乎是说，一套异质价值观正被强加于一个传统社会。有时我们又把那种过程称为"现代化"，这似乎又是说，一个传统社会变成了某种别的东西，即一个祛传统化的社会，其中都是些现代个人，而不是那种主要依据传统同一性来界定自己的人。

> 一个社会除了它可能具有的其他优点外，它的"现代性"也有其价值。现代的就是"先进"的，而先进的就意味着富庶以及从家庭权威、宗教权威和尊卑长幼中的解放。它意味着理性和"理性化。"……一旦达到了这种理性化，传统中除世俗主义、科学主义和享乐主义之外的任何内涵都将被超越（希尔斯，1981，第288，290页）。

这最后一个形象不由使人觉得，未来所有的社会都将是同样的——一个多么乏味的图景。然而，正如我们可以推想现代个人将部分依据他们有选择地保留的幼时经历来作出各不相同的抉择一样，我们也可以设想不同的社会也将保留他们传统同一性的某些方面，尽管他们将以一种新的规划性的和间距性的方式来与其发生关联。不同的社会也许会成为不同的个人生活方式的社团性的对等物，就像那些可以自由进出的俱乐部一样，而人们认可其规则也只是为了方便以及表示对以往惯习的某种尊重。

对进步和发展的某种一般理解激发出了诸如一种纯粹单个个人的和一种纯粹人类社会的构思或想像。在这同时,我们也感到了根基的重要性,因为它所给予我们的要超出现代间距感所能提供给我们的。反抗现代化、重新确认传统的呼声在世界各地此起彼伏。当然,有一些团体,如门诺派中的严紧派,始终拒绝认同现代同一性。也有一些群体把维持一种传统同一性当作旅游观光业的一个卖点。我们最近看到了一些摒弃普遍主义的现代同一性的激进团体。我并非只考虑像伊斯兰世界中那样强硬的反现代运动。更令人迷惑的也许是那些民族运动,例如在威尔士人、巴斯克人、苏格兰人、法国布里多尼人以及欧洲的其他一些地域性群体中的那些运动。甚至在美国,(民族)熔炉这一形象也已淡化,带连字符的美国人的时代已经到来。当今世界似乎充满了急于为自己的生活和语言划界的团体,但又不采取那种自愿者俱乐部的模式。如果巴斯克人真的建立了一个半自治的区域,人们也不可能像加入一个网球俱乐部或一个更为松散的社区那样随便进入该区域。并非所有的种族或少数民族同一性都已成功地转化成了商品。

这些运动的崛起对于现代意识来说是个难解之谜。是否存在着一种从现代社会向传统社会的复归倾向?或者是否可以说,它代表了现代选择权的可以预见的扩展,现在转而对抗大民族国家?抑或还是出现了某种我们的通常范畴难以准确描述的东西?[1]

我收集的这些通常说法显示:许多人认为作为现代人就意味着关于个人与社会的同一性的一种新理想以及与价值之间的一种新关联方式。统一化的以及起统一作用的自我变成了坐标原点。这并不必然意味着一种"自我第一"的自私态度;利他主义同样是一种人们可以选择的价值。关键在于人们的选择。如果人们决定继续在传统价值和模式中生活,那么这些价值和模式也是依据自我、一种经过挑选的自我定义而被统一了的,而不是去定义自我的理所当然之物。现代人被剥离为一个同一性核心,一个认知着、选择着的存在者,不论他追求的是什么,他都有潜力使满足达到最大化。人们在可能性的最为广泛的可能范围内进行选择,而其中没有任何一种可能性被看成是用来定义人是什么的。新角色的诞生,或是为了迎合新的需求,或是为了克服旧的束缚。人们生活于其中的共同体对抉择和行动主要在形式上所表示出的尊重,也是为了保持可能性的开放特征。

  我收集有关现代性的这些通常说法,并不意味着我认为与之相矛盾的其他一些通常说法不存在,例如当我们更多地关注国家激进主义派别时就会看到那些特征。我也不主张这些通常说法是完全准确的。我将在以后讨论它们所表达的理想的不可能性。但是,这倒是我们这个世界的一项重要特征,即在此人们相信他们以其间距性和分离性区别于先前的时代,而且他们还借此获得了越来越多的自由。

  这种现代理想或者是表现为从僵死传统中的解放,或者是体现为对传统的特殊改造,使其化简为作为一个人类个体所意指的基本要素。不论是哪种情况,这里最醒目的是其言外之意。人类同一性不受历史、固定价值或上帝之类的限定;更不用说种族、信条或民族起源了。选择过程与选定内容的分离就是定义单个人的方式。

现代性素描

如果要以一种更为清晰的方式来谈论现代性,那么,现在所收集的这些通常说法是不够的,我们可以回忆一下社会学对我们处境的一些典型描述。我们熟知那些用于描述现代间距的负面效应的语汇:**异化、祛魅、破碎及病态**等。在这个发端于马克斯·韦伯的传统中,可以找到些有助于我们更为严谨地阐明所有这一切与现代自由和个性的关联方式的概念。这将使我们关于黑格尔和海德格尔的研讨更具针对性。[2]

例如,可以考虑一下彼得·贝格尔对现代时代的描绘:"除其体制功能和角色功能外,作为最高实在(ens realissimum)的纯粹(naked)自我概念正是现代性的灵魂"(贝格尔、贝格尔和凯尔纳,1974,第213页)。贝格尔讨论的是,当与某人的职位或身份相适应的荣誉概念被一种为所有个人平等分享的人的尊严概念取代后,自我概念随之发生了怎样的变化。

荣誉概念暗示,同一性在本质上,或至少在重要性上与体制性角色相关联。相反,现代尊严概念意味着,同一性在本质上是独立于体制性角色的。……在一个荣誉世界中,个人是某种在其面具上饰有纹章的社会符号。骑士只有当他挂满相应于其身份的徽章在战场上驰骋时,他的真实自我才表现出来;相比而言,与女人在床上赤身相对的男人仅展示了自我的一个次要的实在性。在一个尊严世界中,就其现代意义而言,笼罩在人们的相互交往之上的社会符号只是一种伪装。面具遮蔽了真实自我。恰恰是那个赤身男人,甚至可以说,特别是那个处于性事之中的赤身男人才更为真实地展现了自我。因此,在这两个世界中,对自我—发现和自我—迷惑的理解是相互颠倒的。在一个荣誉世界中,个人在其角色之中发现他真实的同一性,弃绝于这些角色也就是弃绝于他自身。对此,人们常常忍不住要补上一句:他掉入了"虚假意识"。在一个尊严世界中,个人只有在将自己从社会施加给他的那些角色中解脱出来以后,他才能发现他真实的同一性——这些社会角色仅仅是些面具,徒使他陷入幻觉、"异化"和"不良信念"。进而,这两个世界对于历史的关系也是不一样的。个人是通过履行体制性角色而参与进历史之中的;在此,历史不仅是指特定体制的历史,也是指他所处的整个社会的历史。正是由于这个原因,就其关于自我的观念而言,现代意识具有一种奇特的反历史倾向。在一个荣誉世界中,那些典型行为被反复重演,因而同一性是与过去紧密联系在一起的;在一个尊严世界中,历史则表现为一连串的谜团,个人必须将自己从中解放出来以求得"本真性"(贝格尔、贝格尔和凯尔纳,1974,第90—91页)。

贝格尔充其量是现代尊严的一个谨慎的同伙。他感到,我们在此过程中一方面必须保持其积极成果,另一方面又得克服其负面影响。但是,我们却面临着一些两难困境,因为这些积极成果和负面影响的形成根源是完全相同的。贝格尔探讨了由于现代意识的广泛传播所形成的这些两难困境。技术化生产、科层机构以及其他一些现代化因素造就了一种极具效率的经济,但它们对于原子化的和计算性的模式向我们的其他生活领域的扩散也起了一种推波助澜的作用。现代生产内在的时间态度激发出了对未来的一种计划性的和工程性的态度;这种态度不仅表现在个人关系上,也体现于商业和行政管理活动中。在我们的劳动关系趋向于抽象化和角色专业化的时候,我们很难继续保持那种丰富而具体的个人生活。现代社会具有排斥中型规模的社会结构的趋势,这样,极度个人化的自我所直接面对着的就是一些非个人化的巨型结构。然而,建立中介结构的尝试却是有风险的,个人主义的积极效应以及它在道德上对于人类尊严和需要的敏感性或许会就此丧失。在现代视野中,任何事物都可以加以改变,它们可以而且或许还理应同以往有所区别。在一个容不得自满自足并要求我们不停顿地去追求改善提高的世界中,要保持完整性是很困难的。[3]

贝格尔注意到,应对这些两难困境的现代方法主要是,将生活划分为公共领域和私人领域并相应安置那些会引发紧张关系的对立面。虽然劳动生活很狭隘,但私人生活却很丰富;虽然公共时间是以未来为指向的,但私人时间却是以现在为指向的;等等。然而,现代化的压力仍有侵袭私人领域的倾向。不论怎么说,这样一种分裂似乎还是强化了与自我内部的间距与分离有关的这些两难困境。

最后,正如贝格尔所指出的,我们当下对我们社会的这种提问方式本身就是现代的。在此,我们假定我们可以研究和控制社会环境。我们在追问:何种改变是可以作出的,何种趋势是可以加以引导或控制的。我们希望对技术的效应加以节制,并且还想保护我们的社会价值观使其免受现代性的消极方面的损害。这些目标恰恰是现代精神的某种体现,而那些两难困境最初就是由这种间距性的、控制性的以及计划性的现代精神所引发的。然而,似乎却没有任何出路来摆脱对现代性的这种再次证实。还有其他方式来理解我们的可能性,并逃离计划与控制这一怪圈吗?

马克斯·韦伯

如果转而关注一下贝格尔的前辈马克斯·韦伯,我们就可以更清晰地把握到现代自我性的本质。把现代性等同于科层化或技术太草率了;许多文化中都存在着科层制,而且我们也无法确定地说先进技术只能存在于我们这种社会之中。韦伯试图描绘现代社会与传统社会之间的一种更为基本的对立。虽然并不是所有人都认可韦伯分析的细节内容,但是即便那些对其细节内容——如他对科层制的讨论或赋予宗教的那种因果重要性——持异议的人,也普遍接受了他的一般概念。

韦伯的理论本身就是典型的现代理论。他假设一切意义的缔造者都是个人自我。自我的信念与态度统一了经验并创造了价值观。社会世界及其意义和角色分工是个人所共享的意义构造的产物。当然,个人也要受自然现象的制约并受其遗传构造的影响。而且,意义的创造也并非始终可以获得意想中的结果,它们常常带来些极为出乎意料的副效应。然而,韦伯仍认为意义及社会可能性的基础是个人。"每门文化科学的先验前提就在于……这一事实,即我们是些文化存在者,我们有审慎地对待世界并授予其含义的天赋能力与意愿"(罗斯与施路齐特,1979,第73页注释)。在这段引文中,康德主义的回声遥响其间,但同康德相反的是:在此,意义的创造已变成了一种以个人为基点的审慎选择行为。有了这种所谓的"方法论个人主义"作为前提,这种将个人的信念和态度明确指认为社会构造之基础的现代观点相比于传统的信念,更接近关于人类自我性的真相,后者认为在某些事物的本质之中存在着一些社会和个人应该去遵循的范式。在韦伯的眼中,现代性就是对古往今来的自我和社会的一种明白确认。现代同一性并非仅仅是历史性构造系列中的又一个例;它是对那些构造之既有根基的一种去蔽。

不管是福还是祸,我们终于赢得了自我—意识——这是一个常见的现代主题。我们自身确信,我们的自我-理解是终结性的,因为它是形式化的;对于所有历史性构造都发生于其间的那一过程,我们已了如指掌。这一过程可以用一些非常形式化的术语来加以描述,其中的各种历史性的内涵都已被剥离出去了。也许,还有一些去蔽工作有待完成,仍有一些潜藏的偏见还有待根除,然而从原则上来讲,我们所取得的这种自我-理解是不可能再退隐幕后的,因为它已使自我变得空空如也,了无牵挂。这种信念模式也解释了美国人持下述信条的原因:美国式的个人主义是所有其他文化历史进程的自然目标。自信的现代人极少追问,这种形式化的和空虚的自我本身会不会又构成对某种更深层东西的遮蔽。

对于韦伯来说,向现代性的过渡主要是通过合理化程度的提高来实现的。合理性指遵循某种准则,与冲动性的或随机性的行为相对立。合理性意味着保持我们的思想或陈述联系的一贯性,在前提和结论之间建立起逻辑次序。它还意味着保持我们行为联系的一贯性,在手段与目的之间建立起效用次序。

> 韦伯所谓的合理化指信念和行为的连贯秩序,它们同某种起统一作用的核心标准相对应。信念的系统化就是排除逻辑的不连贯性;解除魔怪与地方神灵的武装;否决魔幻技术;提升理论的可理解性与普遍性;将个别事例——不论它们如何多样化——归纳简化到普遍性的类的水准上来。信念的合理化就是排除那些不能归类到某种更为普遍性的判断中来的特殊判断。行为的合理化就是排除那些无法按照其预期结果来加以论证的决定;这些结果本身是通过规定某些更为普遍性的目的而合理地取得的,而且还可依照普遍性的有效经验法则来进行合理的预测。合理化就是把各类行为组织起来,目的是达成各种目标的某种最佳组合;不论这些行为是指某一单独个人在筹划他自己的行为进程时所实施的行为,还是指众多个人的行为。合理化就是信念的系统化,行为的系统化(希尔斯,1981,第291页)。

罗斯与施路齐特区分了三个韦伯认为合理化可以在其中取得进展的领域:借助计算对世界的控制;将意义及价值观系统化地整合为一种具有连贯性的总括性的伦理观点;日常生活以准则为参照系的方法论生存(1979,第14—15页;参见格斯与米尔斯,1975,第55页)。某个领域合理化程度的提高是如何影响其他领域的,对于这类问题,韦伯尤其感兴趣。我们所认识的这个现代世界正是所有这些领域互为关联的变化所导致的结果。

形式合理性

在现代生活的这些领域中可以发现这样一种特殊变化:形式合理性相对于实质合理性具有了优先性。在韦伯的思想中,主导性的对立似乎存于这两者之间:一方面是一个氏族成员或宗教信徒的形象,他的生存根据是他当作惟一自然的生活方式去加以信奉的价值观;另一方面则是一个现代人的形象,他所追求的是通过某种实用主义的方法来实现自我-选择的价值的最大化。[4]

在实质合理性的情形中,有一些价值观是被当作纯然真实的价值观而被接受的,而且这些价值观与被如此接受的这一世界图景也很切合。现代性并不只是动摇了这种传统,而且颠覆了这种传统。对效率和一致性的考虑将不再受到一套给定的实质性价值观和生活方式的制约。而这些规范自身,反过来还要根据其在达成已选定目标和意义的过程中所体现出来的效率和一致性来加以判定。那些被选定的目标和意义不再具有任何更进一步的合法性;它们仅仅是被选定的。

自我在向其敞开的各种可能性之中进行判断和选择。一个实质合理性体系会通过承认某些规范而对这些可能性构成制约,而那些规范自身是无法按照一致性和效率来加以判断的。虽然所有合理性都内含着一致性与效率,然而,形式合理性却惟独把这两者指认为规范,不再受实质性限制的掣肘。因此,它所面对的就是可能性的最广泛的可能空间。韦伯根据他的方法论认为,这体现了个人态度的某种差别。在一个实质合理性体制中,个人从世界结构内部来取得意义或目标的根基,从而为所有决定提供尺度。因此,对于韦伯来说,具有极强逻辑判断力、以一套确定无疑的信念系统为基础的一个神学体系肯定是实质合理性的。在社会领域中,印度的那种世袭等级体系就肯定是一种实质合理性的社会组织。像古代中国的那种官僚国家肯定也是实质合理性的,因为它仍是根据对世界结构的信念来授予和认可皇帝及其家族所享有的那种权威。而像美国这样的科层社会则接近于形式合理性了,因为从它的行为方式来看,它更像一个程序化的国家,其权力是通过效率及抽象的程序规则来取得合法性的。

显然,在合理性的这两种纯粹形式中间还存在着一些过渡形式。韦伯所运用的这种区分方式是否有效,确实还是值得怀疑的。纯粹实质合理性的那些历史事例在仔细探究之下常会显得很空泛。例如在神学体系对传统信仰教条的态度中所包含的差异,常常就比韦伯所承认的要细微得多;印度的世袭等级体系及其相关信念,如果考虑到它们的历史学的和人类学的内涵,就可以把它们看作为一个极具效率的社会计划杰作。已有很多论者讨论了各种修正意见,如要使韦伯的这种区分在分析具体情况时的可操作性更强,这些修正将是必需的。[5]

在此,我本人的意图并不是想去维护或攻击韦伯的区分,而是希望借此更为准确地提示现代社会对自身所持有的某些信念。

韦伯认为,随着从实质合理性的约束下逐步获得解放,人类活动的自由度可能就会得到提高。现代性可能会最终驱散这样一种巨大幻觉,即认为存在着某一种价值和谐机制。现在可去信奉的神有很多,但那个高高在上的上帝或统率所有这些价值观的超级价值观却是绝对不存在的。我们遴选我们的价值观,并把各种价值观相互联系在一起,从而求取其效果。这一自由文化有潜力史无前例地建成一个变化多端的和令人鼓舞的世界。但是,韦伯却是个悲观主义者。现代性更有可能演变成一种灰暗的官僚主义国家,在其中,管理性的程式化将使自由受到严重制约。人们很有可能会逃避进行意义与价值选择的现代必要性,转而投入到宗教的或政治的一神论的怀抱中去,因为后者提供了一个安全的、充满自然意义的世界。科层制的发展会激发程式化,因为这可使行政管理变得更为有效。已没有可进行扩张的新大陆了,生活将被置于庞大的大陆帝国的宰制之下;对此,那些多样化的弱小民族是无力左右的。未来将属于乐善好施的封建制度和那些福利性的科层体制。我们所能期盼的最佳前景将是"等候友爱性伙伴关系的到来,并将艺术体验当作种种制度化规程的一种现世解脱"(见格斯与米尔斯,1975,第74页)。关于现时代生活的价值由什么构成这一问题,把韦伯和G. E. 摩尔的态度联系在一起将是十分有趣的;是否可以把韦伯归入上层文化之列呢?

如果可以从科层制与形式合理性这个"铁笼"中逃脱出来,那么所依靠的将是意志而不是理性(reason)。

> 问题在于:在高度发达资本主义的统治之下,从长期来看,自由和民主到底是如何可能的呢?只有当一个民族不允许自己像绵羊一样地受到宰制的坚强意志持久地处于活跃状态

时,自由与民主才是可能的。我们是些"个人主义者"、是"民主"体制的参与者,物质性聚合体是我们要加以"反对的横流"……体制性生存的理性构造,在摧毁了无数的"价值观"之后,现在毫无疑问,至少在原则上已实现了它的目的。随着标准化生产的来临,它已使外在生活方式程式化了。在当前经济条件下,这种标准化的冲击是普遍性的(格斯与米尔斯,1975,第71页)。

不容像绵羊般地受到宰制的意志在真正民主化的体制中是可以被鼓动起来的,但韦伯对于这些意志保持长久的活跃性却不抱什么希望。这体现在政治进程上,最大的可能是,一些富有感召力的政治家不时地在科层制这潭死水中荡起阵阵涟漪,这些政治家将其个人激情注入进一些新的价值观之中并唤醒人民的意志。然后,他们的魅力会消退,被归入正轨,最后仍以赋予官僚阶层以更多的合法性而告终。这一体系只会由于此类外部激情的干扰而产生一些波动;但是它们却无法阻止这个铁笼重新关闭。

重温韦伯的悲观主义是很重要的,因为它所表达的正是如今流传很广的那些忧患意识。韦伯相信我们是不可能再回到一个传统社会中去了。魔幻也不可能重归自然。稳定的意义也不可能获得再造。有些个人在他们自己的生活中也许会尝试这么去做,然而总体结构将仍旧是科层化的与形式合理性的。现代合理性将使生存非人道化,因为在以往,赋予生活以魅力和趣味的是实质合理性。任何事物都将与效率和一致性有关。韦伯只提出了这种坚强意志来与此相抗衡,而关于这种意志对铁板一块般的结构的反抗,他也担心其结局将注定以失败而告终。[6]

我们应冷静思考韦伯在坚冰般的结构与意志力量之间所作的这种简单的对比。没有必要把结构与力量之间的这种关系看作为纯粹静态与纯粹动态之间的关系。在弗洛伊德主义思想的某些流派中、在后结构主义者的著作中、在当今过程学派的某些领域中，存在着一些用新的方式来思考结构与愿望和意志之间关系的尝试。这些尝试与我们下面将在黑格尔和海德格尔那里所看到的那种努力是联系在一起的，即：思考规定性但却不以限制性为根据，或者，思考愿望和意志但却不以柏拉图的爱欲(eros)为根据。

韦伯认为现代人是没有什么机会的。然而，这可能是因为他的观点受到了他用以构建他的思想的那些对立的限制。我们已看到的只是其中的一种对立：结构对意志。这随即就暗含了韦伯所运用的另一种二分法，即某种形式过程与其内容之间的对立。

形式合理性所描述的是合理化过程的形式；实质合理性附加了一些限制这一过程的固定内容。现代社会剔除了这些固定内容，而留下的则是一个可以仅仅根据其形式来加以描述的生活过程。

形式过程可能有程度上的区别。一个明显实质性的构架可能是指这样一种政府和经济体系，它的运作或者是遵循伊斯兰戒律，或是服从印度摩奴教的律法。在这种社会之中，那种可按形式来描绘的经济过程会不时地受到一些禁令的阻碍，这些禁令就源于那些以宗教为基础的实质性法律。这种政府可能会追求一些与公民目标不相吻合但却为法律所规定的目标。

一种更为形式化的过程将有效地和前后一致地所实现的那些

目标,在一般看来,其根基并不存在于任何自然律之中,相反,其原动力却源于由某些机械性的而非"自然的"(如某个独裁者或政治寡头的)权威所作出的一些纯粹决定,这被称作为合理性的决定主义模式。

另一种更为形式化的过程可能是指这样一种行政管理体系:它负责判断自己的目标,并把这些目标重新确认为经验教条。这些目标并不是从外部来确定的,而是历史性地整合进来的。这被称作为合理性的实用主义模式。

还有第三种更为形式化的过程,在其中根本就看不到任何特定的政策目标,它仅仅以追求机械效率为满足,且对接收到的各种输入信息加以处理。这被称作为合理性的技术主义模式。在韦伯关于形式合理性的讨论中,他所指的到底是,或者应该是上述这些模式中的哪一种,存在着相当多的讨论。

所有这些模式在不同程度上都依赖于可形式化描述的过程与其内容之间的分离,就我们的意图而言,这一点令我们很感兴趣。以前,我曾注意到,现代人可能会把自己描绘成一些自由的选择者,毋需为这些选择确定任何内容。而现在,我们却听说可能还有这样一些社会系统:可以把它们描绘成一些装置,不论那些现代自我的选择在其中投进何种内容,它们都去追求效果的最大化。这种社会系统本身不会给这些个人提供任何内容,仅仅为它们的相互作用制定某种形式。

在韦伯的思想中还有第二种区分在起作用,即把普遍从特殊中区分出来。在此,我并不是直接指那场关于"抽象实体"的本体论争论,我所指的是社会领域。在普遍准则与其所适用的特殊事例之间始终存在着某种差异。在传统社会中,一个人生来就属于某个阶层,如鞋匠的儿子,他的整个意图都取决于这些事实和那些给他指定地位的普遍准则。在这样一种社会中,这些普遍的准则指定了大量的特殊内容。相应地,任何单个人的特定价值观和目标也可以被看作为这个和谐整体的局部——这种整体是通过地位、职责及义务等网络而联结起来的。从某种意义上来说,鞋匠的儿子把社会的普遍性的善认作为他的局部意图,因为他明白他的社会地位是如何和谐地融入那个整体图景中去的。

而现代情境的区分性则在于,那些普遍的准则已变得异常形式化了,而且也不为特殊事例指定任何内容,相反,它们仅仅通过形式化的过程为普遍的相互作用的通达设定某些限制。在这样一种社会中,这些普遍的准则没有指定任何特殊内容,而且对个人的要求也仅限于追求他们自身的善,那种普遍性的善则任由那个不可见的手来摆布。普遍同特殊的分离已变成体制化的了。

韦伯式的现代性由这两个区分组合构成:形式过程对内容以及普遍对特殊。这两种区分都在自由市场以及最低限度国家中体制化了。先前根据间距与分离而加以讨论的那种现代自我也可以根据这些区分来描述。一旦社会体制及其相关的态度和信念允许自我把自己和他人设想为一个纯粹的选择者,无需背负任何实质性的内容,此时,间距与操控也就现身了。

关于这种形式化体制,经济学为其提供了绝妙的事例,且几乎惟独经济学才能提供这种事例,这绝非偶然。现代性的标志之一就是经济学与政治学的区分。在经济学体系的构想中,它并不针对任何实质性的目标,它的取向是一致与有效地应付多种多样的个人目标——这是它的输入物。自由市场及与其相关的最低限度国家就被设想为这种体制。除为个人提出来的意图提供便利和保护而外,这种体制没有任何别的目标。当然,市场和国家也会给走进其中的个人设置一些界限,但是那些界限却被理解为来自于自然事实(例如稀缺性),来自于其他个人的目的,或者是来自于形式平等的需要,而不是来自于体现在这种体制之中的某些实质性价值观。

同样可以想像,某一个人对待生活的方式也可体现出形式过程与其内容之间的一种相似的分裂。这一个人可能会尽他或她的全部努力来实现强度和满足的最大化——不论与之相伴随的认知和愿望到底是什么;当然,也不会有任何总体性的目标或对长远一致性的要求。从这一个人身上我们可以看出某种现代性格,同克尔凯郭尔的审美人格相类似。这种人拥有一个没有任何内容的总体性"生活-计划",这个计划只是一个空洞的过程,恭候着偶然的输入物。

正如韦伯所展示的,现代社会是一个等待着来自其公民选择内容的过程。虽然韦伯也担心,这种过程的有效实施本身就会使个人选择沦为枯燥的程式,只是偶尔才会被个人的魅力打断一下;但是,除了返回传统社会——这又是不可能的,似乎没有任何其他出路。韦伯就此迷惑了,因为对于他来说,形式过程与其内容之间的分离已告完成。在较早历史阶段,在社会过程的形式与它们为之效力的实质内容之间还存在着复杂的交互作用。现在,所有这一切都已结束,分离已然体制化,我们已在劫难逃。

当以这些方式来讨论现代性的时候,似乎除了延续现代分离或返回传统社会外,我们没有任何别的选择。[7]

没有任何明摆着的方法可以把这些碎片重新拼凑在一起。如果我们可以回归到传统中去,我们会获得意义和人类生存,但却要以自由以及(对于韦伯来说)真实性(truthfulness)为代价。现代性允许了自由和合理性,但也可使我们的日程变得僵化不堪。而且,关于我们将持何种价值观,它强迫我们去进行选择,但又不给我们的选择提供任何基础。当前在美国展开的许多争论,就其结构而言,都暗含着由韦伯所提出来的那些线索。

我们能避免无根性的自由与压迫性的传统之间的这些两难困境吗？如果可以通过某些方式来对形式过程与其内容之间的区分的终极性提出质疑,那么可能就有了某种方法来为现代人揭示一些不一样的替代性方案。

在下面几章中,我们将看到,黑格尔和海德格尔在拒绝我们关于我们自身的标准图景的前提下,他们寻找到了什么方式来思考现代性。他们否认了构成现代性自身形象的那些区分。虽然他们并不同意说他们所采取的策略是共同的,但是,如果考察一下他们的策略以及他们尝试这些策略的不同方式,我们就可以为我们自己的思想开拓出新的天地。

现代性的其他标志

虽然到目前为止,我们把重点主要放在了社会学领域中,但我们却可以在许多生活领域中发现这里所讨论的这些模式和区分。我们这个时代的哲学已日益被我们所讨论过的那些分离或以它们为对象的一些批评所占据。这些分离的源头可以一直追溯至古希腊。黑格尔和海德格尔就作了这种回顾，但是目前只要指出下述历史就足够了，即在笛卡尔对孤立自我的认可中，在霍布斯和洛克的社会契约理论中，个人与公认的社会内容、价值观和意义之间的关系，已开始被用新的方式来加以思考了。而在康德那里，现代个人明显是用纯粹形式化的术语来加以讨论的。我们认知性的和意志性的生存被分析成一个追求统一化、一致性和普遍性的过程。这些生存都承受了些什么内容成了偶然之事；这种过程本身可以借助纯粹形式化的术语来加以认识。这些范畴及其相关准则、范畴的必要性及其推论，所有这些表达了这样一种自我定义：它与任何特定的实质性内容都没有什么关联。依康德的见解，正是由于他的体系的形式纯粹性才使其变成科学的和必然的知识。[8]

如今，康德的计划（project）在对语言的形式分析中已得到了重新运用。逻辑实证主义者们及其后继者们的立足点正基于我们所讨论的这些分离之上。哲学的目标被规定为对不同于其特定经验内容的语言之纯粹普遍形式的研究。奎因、维特根斯坦以及那些更晚近的科学哲学家们则将这些重要区分加以钝化或消除，并借此来攻击逻辑实证主义者们。然而，这些区分常常仍然以实证主义的面貌而被完好无损地保留在许多心理学和社会科学理论中。

在舍勒、海德格尔以及其他一些人对相关区分的终极性发起攻击的时候，与新康德主义者（还有胡塞尔以不同方式）对作为一种形式化过程的自我观的推崇相伴随，在欧洲这边也发生了一场类似的运动。结构主义及其反对者可能就代表着这同一个故事的另一个版本。

在本世纪的伦理学中,在那些提供实质性伦理规范的理论和那些为行为提供形式化指标的理论之间一直都存在着争论。起初,争论的双方分别是:以直觉主义者和自然法理论家的实质性伦理学为一方,以康德主义者、功利主义者和理性利己主义者的形式伦理学为另一方。现在,争论重点大多集中于形式化观点的相互竞争。康德希望从理性选择行为的纯粹形式必然性来获取道德规范。实用主义者和理性利己主义者都把道德生活描述为一个追求最大化的过程——不论自我选择了什么内容。不管所选择的"效用"是什么,某种形式化过程对其都具有可适用性。这种模式同韦伯的基本图景是非常切合的。

在当前的伦理学中,形式主义的批评者们试图对自我及其行为重新进行理论阐述,以避免把判断描述为某种形式标准的应用。这种趋势常常导向一种具有历史意识的亚里士多德主义,例如在A.麦金太尔和H.普特南各种各样的著作中就可以发现这一点。但是问题仍存在:这些做法是否避免了对形式和内容之分离的诉求呢?[9]

因此,我们可以发现,最近哲学对形式过程与内容、普遍与特殊之间的这些区分的重视,同我们在韦伯的理论和关于自我的那些现代普通表述中所看到的并没有什么不同。然而,在社会科学更多地把它们看成是理所当然的时候,哲学对这些区分的日渐有力和持之以恒的批判还是引人注目的。人们可能会赞扬哲学家们说他们变得更为激进了,或者会赞扬社会科学家们,说他们意识到了在不丧失现代性的好处的前提下对其展开批评有多么的困难。

对形式过程与内容之间的分离以及普遍准则与特殊个人之间的新关系加以关注、推进、赞扬和责难的另一个场所位于艺术领域中。艺术和批评理论的很多流派已致力于纯粹形式化的目标,而且现代艺术对于反思自己的创作过程也十分着迷。我们这个世纪的艺术已呈现出一种不断进行革命和发明新形式的现代主义趋势。打破前人的准则并创造新的艺术模式已变得十分重要。即使是现实主义者以及其他一些对现代主义者的冲动持反对意见的人,对这种艺术家的那种典型的现代自我性常常也是起了一种强化作用;这种艺术家在选择其风格和定义其自身时,反对传统的固定性——在此,传统就是现代主义本身。

艺术中的现代主义运动是一个意义含糊的现象;它拒绝被安置于任何准则或形式体系之中,而且它还经常进行自我-参照,因此,它表明有一种空虚的主观性在其中起作用。然而,对于那种在许多其他生活领域中作为典型现代意愿所表现出的对统一性和系统性的追求,对**那种纯粹形式的追求**,它却加以拒绝。这样,它还是现代的吗?抑或它是否在走向一种新型的后现代艺术?近来,**后现代**这个术语极为时髦,又没有什么明确的含义,但它却揭示了一个重要的问题域。

J.-F. 利奥塔根据启蒙运动的趋势描述了我们现代世界的特征,即通过对生活条件的控制来捕获这个世界、使其系统化,并且解放人类的可能性(利奥塔,1984)。这一描述仅仅触及了空虚的现代主观性面对这个世界的诸多可能方式中的一种;另外还有浪漫的、反讽的以及绝望的现代生活方式。但是,利奥塔却触及了现代性的一个中心主题。然后,他描绘了一个新的后现代时代;他对这个时代的特征的描述与艺术中的现代主义传统对新形式的不间断的创造是紧密联系在一起的。关于后现代性可能有的理解方式,我将在本研究的总结性一章中作一些评论,尤其要联系到由利奥塔和查尔斯·詹克斯所作的那些断言。

现在,我将转而讨论由黑格尔和海德格尔提出来用以取代标准的现代自我-描述的那些替代性描述。他们的建议从某种意义上来说是反-现代的,因为对于他们来说,现代性及其克服都不是从我们的个人选择与控制这个角度来加以理解的。但是,这两位思想家也不会鼓励我们回归实质性传统。黑格尔和海德格尔都不认可那些常使我们自己的讨论陷于困境的普通替代性方案。对于现代时代,我们既不能全盘否认也不能全盘接受,在此讨论过程中,我们从他们那里获益匪浅。

第二章　黑格尔对市民社会的批判

把黑格尔说成一个现代时代的批判者也许会显得很奇怪。他的哲学意图是赞美与完善现代性,而不是拒斥它。然而,对于黑格尔来说,完善某一事物就是指消除它在最初所表现出来的片面性和抽象性。现代性也不例外。

误导我们的也许是黑格尔的腔调。他并不是一个异化的批判家,而在我们的通常理解中,伟大的批判家必定是异化于他的社会的。黑格尔赞同他所看到的东西,将其称为文化和社会的普遍方向。他热情地支持他所理解的现代时代的重要进展。"主体的特殊性的权力,他的满足权,或者换句话说,主体自由的权力,是划分古代和现代的转折点和中心点"(《法哲学》,第124节附释[①])。对于黑格尔来说,那些造就现代时代的革命性变化将个人从社会和传统的束缚下解放了出来。个人已变成了共同体中的一个真实的力量;单个人可以直接同上帝发生关联,不必通过某一教会体系;特殊事物的可感世界在科学中也获得了某种地位,这就使人类活动可以有力地抵制自然的力量。这些革命标志着,在将人类的

[①]　以下凡涉及《法哲学》的引文翻译均参校了商务印书馆1961年版《法哲学原理》,但为了体现本书作者的引用意图,译者都根据本书原英文引文作了一些修改。——译注

主体自由从实质性共同体的奴役下,或者从自然的野蛮的给定性下解放出来这一任务中,人类取得了一些最为关键的进展。

另一方面,这些革命的后果仍是用一些对立的术语来表述的:个人对共同体、人类对自然、内在世界对外部世界。这就意味着,对黑格尔来说,它们不可能是最后的定论;必然还存在着进一步的发展,从而统一和对立都可以得到体现。

法国大革命期间,黑格尔还是一个青年。在他及其朋友看来,德国是一个固步自封的国家,它被分割成了一些带着不合理制度的不合时宜的王国,与此相对照,黑格尔认为法国的那些新事件带来了决定性的历史转折。主观性和个体性原则已变成了政治领域的运作原则。黑格尔及其朋友为大革命种植了一棵自由树,而且即使在其晚年"保守"时期,他也赞颂过路德的"不朽功勋"和宗教改革所高举的那面"自由精神大旗"(参见里特尔,1982,第52页)。黑格尔每年都会在巴士底风暴的周年庆典上开怀畅饮,而且他断言:"现在及未来的所有法律和政治秩序都必须以大革命的普遍自由原则为前提,并继续前进"(里特尔,1982,第182页)。

认识到黑格尔对造就现代时代的那些政治的和思想的变化抱着怎样的热情,而且他赋予了它们以何种决定性的地位,是很重要的。否则,他对它们的批判和调解努力看起来就像是一剂形而上学的解毒药了。黑格尔作为极权主义国家奠基人的形象仍存在,虽然它已受到了驳斥。[1]

黑格尔在进行批判的同时也有所肯定。黑格尔从不简单地赞同或反对任何事情,这一点只有极少的例外,比如他对冯·哈勒尔的政治理论的复辟就不屑一顾,大加嘲讽。——冯·哈勒尔的观点同黑格尔的那个20世纪的批判者卡尔·波普爵士归于他的观点很类似。

尽管黑格尔对现代性倾注了满腔的热情,但他也有他的担忧。现代主观性的原则最初是以一种抽象的和形式的方式而实现的。许多制度仍停留在那个水平上,而且许多理论家止步于形式的和抽象的个体性上,没有前进到那个最终的阶段——黑格尔认为可以在当前事件和当前哲学中识别出这个阶段的轮廓。因此,黑格尔自己对现代性的许多成果和教条的批判是在现代个体性下一个阶段的名义下展开的;这后一种个体性将证实,且通过某些方式还将克服现代主观性的自负。

黑格尔对当前事件和景象的评论常常很难被从他的抽象议论中剥离出来,或者它们就被打发到脚注和前言中去了。我们可以根据黑格尔在《艺术哲学讲演录》或《宗教哲学讲演录》中的评论来推论他关于现代性的一般观点。《精神现象学》的第6章中包含了对现代早期众多方面的一个尖锐批判。要根据黑格尔的《历史哲学讲演录》——这是许多人所读过的黑格尔著作的全部——来对他的意图作一个恰当的评价就更困难了。我将重点关注《法哲学》及其对市民社会的讨论和批判。我会转向黑格尔的逻辑学著作以审视他的批判的背景,然后再回到《法哲学》上来,以考察他在其国家理论中是如何进行批判的。

市民社会

黑格尔应是在其关于"法(Right)"即伦理学、政治学和法律等课程中最明显地遭遇到现代主观性问题的,这并不奇怪。从某种意义上说,现代时代的所有革命都聚焦于创造一种公共生活模式,这种模式以自由个体性、形式普遍的制度,尤其是货物和劳动的自由市场为基础。里特尔有点夸张地说,"[黑格尔]明白了,大革命和这整个时代及其所有问题的历史本质就在于,出现了劳动的这种现代工业市民社会"(里特尔,1982,第68页)。[2]

催生现代时代的事件有很多,例如基督教改革、法国大革命、新型科学、工业革命、笛卡尔主义与康德主义哲学,还有黑格尔称为"浪漫主义"的艺术或晚期基督教艺术。所有这一切都将个人主观性从以往的束缚下解放了出来,但是,只有在黑格尔所说的"市民社会"中,个人的自由才发现自身在社会制度与政策中得到了考虑。黑格尔术语的德文表达是 bürgerliche Gesellschaft,即市民(burgher)或城市居民的社会、卷入市场中的人的社会。对于黑格尔来说,它与那个拉丁文术语 societas civilis 并不相同。英文译名就源于后者。在罗马法中,这一术语指称同家庭领域相对立的公共领域。洛克以及其他一些英语作家所使用的 civil society 这个术语指的就是这一层含义。黑格尔从洛克和英国经济学家关于市民社会的讨论中继承了很多要点。但是他对这个术语的使用与他们并不相同。对于他们来说,它是指相互作用的形式,以及政府在自由主义的自由市场经济中所采用的政策——如今,也许会把它称为最低限度的或程序性的国家。对于黑格尔来说,它也是指这个意思,虽然他并不对政府制度作最低限度构想。但是,这个术语在英文中代表了同家庭或私人领域的对立;黑格尔的这个概念却代表着一种双重对立:市民社会相对于家庭领域是其超越者,而国家作为一种非最低限度的政治领域又超越于市民社会之上。

正是这个包围着市民社会的附加领域使黑格尔招致了一个极权主义者的名声。黑格尔对现代主观性的批判就是要求在"自由主义"最低限度政府之外有这类附加领域。黑格尔将政治与市民活动领域区分开来，分别都有各自相应的自由概念（参见佩尔森斯基，1984b，第4页）。

市民社会组成了一个经济体系，在其中，成员可以通过劳动和交易来满足他们的需求，另外还有一些必要的市民制度以维持这一体系的运行：市场、法庭以及一种公正的行政管理机构、公共工程、最低福利以及反垄断体系。黑格尔对市民社会作了如下定义："这是各个成员作为独立的单个人的联合体，它存于一种普遍性之中，这种普遍性由于其成员的独立性的缘故仅仅是形式化的。他们的联合是通过成员的需求，通过保障人身和财产的法律体系，和通过维护他们的特殊利益和公共利益的外部秩序而建立起来的"（《法哲学》，第157节）。接下来的几页则是对这个定义的大量补充阐发。

交互性确认

市民社会对个人所关心的某些动机和态度会给予鼓励，但是，它并不是由这些动机和态度以韦伯方法论个人主义的方式所构成的。对于黑格尔来说，所有社会体制都关涉到交互性确认的模式和结构，通过这种交互性确认，某人通过把其他人确认为正将其确认为一个人的人而获得自己的身份。那种可以为其指定信念和态

第二章 黑格尔对市民社会的批判

度的先验自我是不存在的,而在韦伯的术语中,社会体制的基础肯定就是这种先验自我。

一个人类主体就是一个具有自我意识的存在者。自我意识意味着:我可以意识到我自身——一个认识者和行为者,与我所认识的所有客体都有区别。它在结构上不同于对客体的认识,然而它却包含了对客体认识;因为自我知道它自己是另一种存在物,是以不同方式被确认的,因此它将其自我意识定义为对客体认识的对立面。

然而,黑格尔断言,人类并不是从一开始就自动和直接地就具有自我意识的。只有在与其他自我的关联中,自我意识的这种复杂构建才是可能的。它是通过将欲望、恐惧以及人的劳动生活等经验"内在化"而"学得的"(这两个词用在这里都不恰当)。只有同另一个自我联系在一起,这才有可能发生;单纯与客体发生相互作用是不可能造成自我意识所必需的那种反思性(reflexive)运动的。在与另一个自我的交互性确认过程中,这才有可能或平和或冲突性地发生。黑格尔总结道:

> 自我意识是自在自为的,这由于并且也就是因为它是为另一个自在自为的意识而存在的;这就是说,它所以存在只是由于被对方承认(《精神现象学》,第141页/第178节①)。

---

① 以下凡涉及《精神现象学》的引文翻译均参校了商务印书馆1979年第2版,但为了体现本书作者的引用意图,译者根据本书原英文引文作了一些修改。——译注

每一方[自我意识]都是对方的中项,每一方都通过对方作为中项的这种中介作用自己同它自己相结合、相联系;并且每一方对它自己和对它的对方都是直接地自为存在着的东西,同时只由于这种中介过程,它才这样自为地存在着。它们通过彼此交互性地进行确认而确认它们自身(《精神现象学》,第143 页/第 184 节)。

即使人们承认黑格尔在《精神现象学》中花费许多篇幅得出来的结论,这种论证也只是表明,我发现我自己处于交互性的关系之中,并不能说明我自己仅仅存在于这样一种关系之中。然而,黑格尔争论说,一个自我就是一个意识到它同其自身关系的存在者。这种积极的自我-关系只有在同其他自我的交互性相互作用中才能获得。当然,黑格尔并不否认,在相互作用之前,人类就必须被构造成具有这种能力,例如一块石头或一条鱼就没有这种能力。从这个意义上来说,个人先于相互作用,但在此意义上的个人还不是一个完全的人类自我。[3]

自我意识的交互性确认并不是一种抽象;它对相互作用提出了某种结构上的要求:一套角色体系、要作出的行动、要遵守的惯例等,这样,我才可以将你确认为正在确认我的你。这种相互作用的结构并不是相关个人所获得的自我性的逻辑结果。它恰恰是他们成为自我的一个途径。从这个意义上说,自我只存在于相互作用之中。

在此,问题的关键在于,是否应把那些社会模式、价值观及惯例看作为在逻辑上先于个人的一些相互作用结构,而个人是通过它们才得以可能的;或者,是否应像韦伯那样,把它们看作为,先于这种相互作用的、是那些已然是自我的个人的头脑中的一些相互关联的信念体系——这些信念有助于这种相互作用的塑造。黑格尔会争论说,仅凭我们可称之为信念和态度的那些东西存在于某人的头脑中这一点,这个人是不可能成为一个财产所有者、一名公民、一位父亲,或者甚至一个自觉自我的。需要有来自处于某个合适角色和行动领域中的他人的交互性确认。因此,对于黑格尔来说,那些以原子化的个人(不论他们是否处于某种"自然状态"之中)为出发点的政治学和社会理论是完全错误的。

交互性确认的结构并不是模糊一般性的。它们要么不存在,一旦存在,所采取的形式必是特殊性的。黑格尔探讨了人类可以发展出的交互性确认的许多种类型。在他的关于历史的讲演中,他采取了编年史的方式来对待这些问题,而在《法哲学》和《精神现象学》中,他的处理方式就较为结构化和概念化了,虽然也少不了对历史的参照。

现代自由并不是由个人与交互性确认的分离所构成的。现代社会对交互性确认结构的依赖一点也不少于对任何其他事物的依赖;这种交互性确认结构先于相关个人所取得的自我性。个人主义并不缺乏交互性确认,相反它也依赖于一种特定的交互性确认。现代社会的独特之处就在于:相互作用所采取的形式是特别贫乏的。

在一个传统社会中,例如英雄时代的希腊,人们通过把他们自己确认为归属于某种合适的角色或团体,来将彼此确认为人。每个成员都意识到他自己在确认他人并被他人所确认,确认的根据就是同这一社会整体相适应的某些特定的角色,而社会则直接体现于所有人的行为之中。

> 为他的存在与自为存在的这个统一体,这个普遍的实体,在其民族的伦常礼俗与法律里述说着它的普遍的语言。……法律规定每一个体之所是与所为;个体不仅认识法律,知道法律就是它自己的普遍的客观的……它同样也在它们(自己的个体性)那里和它的每一个同胞那里认识它自己。……正如这个统一体是通过我而存在的,它也是通过别人而存在的(《精神现象学》,第 257 页/第 351 节)。

> 单个人的意识……是一种坚定不移的信念,即精神还并没因个人而将自身溶解为它的抽象环节,因此他也就没有把自己看成为一个纯粹自为的个体性。但是当他有了这个思想的时候,他是必然要有这个思想的,那么这种直接的统一……他的信念,就通统丧失了(《精神现象学》,第 259 页/第 355 节)。

26 阿基里斯是一个英雄,但不是一个决定做一名英雄的人或被劝说去担当英雄角色的某个人。他所忧虑的是达到与他自身相同一的那一角色的要求;关于是否或者出于什么基础他被选定做一位英雄他没有任何存在论的忧虑。

这种直接的同一化在西方历史过程中被打断了。这种打断是由特殊角色与普遍的善的直接同一化中的内在张力所引发的。某人在履行他得到社会整体之神圣授权的特定角色时,他会与其他人发生冲突,这些人同样具有得到授权的角色。黑格尔在解释索福克勒斯的《安提戈涅》时就刻画了这一情形。这就导致人们开始把角色的特殊性与普遍社会的整体性清晰地分离开来。那些曾相互交融在一起并为个人自我提供同一性的东西就分崩离析了。个人自我从这两个方面的任一方面都不再能获得一个明确的定义。苏格拉底提出要复归整体性,但他的复归方式却要通过个别人的探索性心灵的中介,此时,他就代表了这种分裂的一个征兆。

　　黑格尔考察了这一发展的历史,直至其在现代时代的巅峰。人类摆脱了与偶然的社会角色和价值观——不论是特殊的还是普遍的——的同一性。"人之所以为人,正因为他是人的缘故,而并不是因为他是犹太人、天主教徒、基督教徒、德国人、意大利人等等"(《法哲学》第209节附释)。对这一原则的确认始于苏格拉底,而它的体制化过程则始于罗马法,但是只有在市民社会中,它才摆脱了所有的束缚,且使社会生活奠基于对人的一种以自由和财产为根据的纯粹形式化的描述。"如此存在的自由概念,没有进一步的明确内容和发展过程,它是抽象主观性,即作为一个有能力获取财产的人"(《哲学全书》第539节)。我们下面将会明白为什么说这个"概念"是"如此存在的";现在,我想考察在市民社会中所体现出来的这种现代个体性概念。

　　市民社会对作为自由存在者并有能力获取财产的个人定义,内含着相互作用的一个整体框架以及一些就其本性而言是非常形式化的体制性角色。获取财产的能力并不是个人仅凭其自身就可以拥有的一种品性。市民社会中的个人把彼此确认为这样一些自我,他们把每个他人都确认为有能力将其自由置入于他们所拥有的客体之中去的人。我对你作为一个有能力拥有财产的人的确认,即我像你尊重我一样地尊重你,作为一种交互性确认结构是通过一个整体性的契约和交换体系来实现的。所谓现代就是指,如果你要在此含义上成为一个人,没有任何特权或地位等条件的限制,而且关于我们可能会缔结的那些契约,市场也不会施加任何实质性的制约(虽然有一些程序性的制约)。现代个人将彼此确认为这样一些个人,即他们能作选择,而且还有需要:首先,需要生存,作出选择,并通过财产来在世界中获得一个地位;然后是与自我-维持联系在一起的那些自然需要;再就是在社会中发展的需要。即使这些自然需要的存在也被包含在一个交互性确认的社会结构之中。

通过这一结构,个人开始用第一章中描述过的那种现代方式来规定他们自身。市民社会中交互性确认结构的纯粹性和形式性规定了一个纯粹化和形式化的个体性,且区别于个人的社会角色。生活的所有实质性内容,例如不仅自然天赋、才能、劳动能力,而且价值观、思维方式和生活方式等,都变成了这些现已纯粹化了的个人主体的个人选择对象。市民社会的制度假定,个人会把明确的目标和内容带入他们的相互作用中去,然而,这种交互性确认结构却不依赖于这些内容所具有的这种或那种特殊性。在上一章中,我们已看到过形式普遍性和特殊内容之间的这样一种关系。

于是,形式过程与特殊内容之间就有了一种双重分离。第一,市民社会作为一个形式化规定的相互作用过程并不关心我所带进来的是什么样的特殊内容。第二,我作为一个现代公民的被确认了的基本同一性和自我-确认的同一性就是作为一个自由人。交互性确认,以及随之而来的自我-同一性,并不取决于任何特殊内容。我作为自由的同一性是首要的;我所选择的内容是次要的。即使我的需求和愿望也是一种内容,对其我也并不完全认同。当我必须根据标准和理性在它们中间进行选择并为其排序的时候,我就感觉到了这一点。对幸福的追求表明,我对我的需求并不认同,因为幸福并非仅仅是需求满足的总和,而是相关思想及我的需求次序的一个统一整体。我不可能通过作出这些选择和制定这些标准而重返任何有保障的传统内容或角色。我必须选择标准,这就使我感到我的同一性被规定成了一个形式的和空虚的选择者。

在黑格尔关于市民社会的定义中所提到的独立性并不是孤立性。在其中,绝不包含《鲁宾逊漂流记》式的理想。在市民社会中,人们要实现他们的需求,就必须相互依赖。这里所讲的独立性是指每一个人在赋予其生活以内容时所具有的独立性。所有人都可自由地构造目标,并追求选定的愿望和需求。他们无需关心整体。市民社会是那些以自我为中心的动机的产物,并不是古代国家所要求的那种政治智慧和美德行为的产物。除了那些程序性正义的形式化要求,以及关于贸易和交换的那些外部要求外,市民社会的成员不应感到有任何为整体操心的压力。诚然,前者也许也是些很可观的压力;但是,即使把它们考虑在内,个人在决定他或她的生活样式时,他或她在原则上也仍然是独立的。市民社会的独特性并不是指它排除了交互性确认的结构,而是指它使这些结构变得空洞和形式化。

市民社会的自由和新颖性

黑格尔对现代性的说明是不同于韦伯的,因为前者并不承认方法论个人主义。这种差异造成了历史性的后果。对于韦伯来说,实质性目标始终是以个人的选择和态度为基础的,但是个人却是被塞入他们的角色和态度中去的,个人并没有进行反思和选择。他们的基本自由是被遮蔽了的,但是,现代性却使人的处境祛魅化了。然而,黑格尔并不承认个人主义一直都是关于社会和文化的基础的一个被遮蔽了的真理。这种现代自我是一个漫长过程的成就,而且这种个人主义在历史上也是一个新事物。市民社会并不是对某种永恒状态的终极确认;它创造了一种新状态。这就是事情的真相,因为交互性确认的结构,以及随之而来的个人自我性,在不同的历史阶段上都有变化。

这似乎是一个不太可信的断言。虽然黑格尔举了许多历史事例,但是从某种意义上来说,人类肯定一直都是自由的。难道市民社会不正是对这种自由的一种确认吗?

在《法哲学》的开头部分,当黑格尔抽象地讨论人类自由时,他区分了两个组成要素(moment)。(黑格尔用要素这个词来指辩证法中差别性和统一性的方面。他可能并不是取这个词的时间短暂之义,而是取其在某事中表现出来的"惰性因素"这层含义,或是指可以被区分开来、加以衡量,却不可以相互分离开来的一些类似性质。)自由首先意味着抑制我的愿望和冲动,并将其上升为一个作为自我(ego)的我自身(myself)的统一体的能力;这样,我就不是无意识地听命于我的愿望和冲动的召唤了。"意志包含着纯无规定性或自我在自身中纯反思的要素。在这种反思中,所有出于本性、需求、欲望和冲动而直接存在的限制,或者不论通过什么方式而成为现成的和被规定的内容都消除了"(《法哲学》,第5节)。然后,自由是指离开这种无规定性状态进行自我规定的能力。所选定的内容将是**属于我的**,这相比于我偶然具有的某种愿望或冲动的属我性意味要强烈得多。"同时,自我也是过渡,即从无差别的无规定性过渡到区分、规定和设定一个规定性为一种内容和对象"(《法哲学》,第6节)。黑格尔并不认为自我是凭空生出他的选择内容的。在我们的选择中,我们或是从自然中或是从精神的逻辑发展中来自由地获取内容。"现在进一步讲,这种内容或者是自然所给定的,或者是从精神的概念中产生出来的。"稍后,在我们对黑格尔是如何发展现代主观性的内容这一问题的探讨中,这种区分将是很重要的。

在《法哲学》中,黑格尔或多或少求助于经验来证实这一描述,他还说,关于自我概念的发展的确切论证,在他的逻辑学中就已经提出来了(《法哲学》,第4节)。

现代性的新颖之处就在于,表现为抽身与自我规定的这一自由过程现在以一种更为彻底的方式被体制化了。在早期社会中,在一个人作为一个人的同一性与他或她确定的社会角色之间不存在任何分离现象。一个人在他或她自己的思想中描画这样一种分离,这种可能性确实存在,但是,这种制度却不存在:在其中,人们可以以那种分离为基础进行生活。分离并不是在结构中被确认的,借此结构人们在社会中证实彼此的自我性。没有为"人本身"

建立起交互性确认的形式,也没有真正清空偶然的社会内容。要给人本身下定义,总是要参照某一部落、某一人民、某一民族、某一角色、某些信念和某些方式。若是有人想脱离所有社会给定内容,按他或她对人性的抽象定义来生活,结果必然是过一种苍白的内在精神生活或隐居于社会之外。

在整个西方历史中,贯穿着一个人类同一性概念逐渐从偶然内容中纯化出来的过程。在法国大革命期间,人们试图建成一种具有将个人定义为纯粹选择者的确认结构的社会和政治学。但是,这种尝试仅仅否定性地定义了自我,即不受偶然内容的制约,其结果便是毁灭社会。

> [在自由的第一个方面中,]所描述的只是意志的一个方面……我像逃离某种界限一样逃离一切内容。如果意志的自我规定仅在于此……那么我们具有的是否定性自由。这是提升到激情和现实形态的那种空虚的自由;当它还停留在理论中时,它在宗教方面的形态就成为印度纯沉思的狂热,但当它转向现实实践领域时,它在政治和宗教方面的形态就变为破坏的狂热……这种否定性的意志只有在破坏某种东西时,才感觉到它自身的定在(existent)。诚然,这种意志以为自己是希求某种肯定的状态,例如普遍平等或普遍宗教生活,但是事实上它并不想望这种状态成为肯定的现实,因为这种现实立即就会导致某种秩序、制度和个人的某种特殊化;然而,特殊性和客观特征的消灭恰恰是这种否定性自由的自我意识的出发点(《法哲学》,第5节)。

第二章 黑格尔对市民社会的批判 63

在黑格尔的分析中,大革命期间的"恐怖"就是这种否定性自由的一个产物,这种自由绝不会允许自己被建构进制度中去。查尔斯·泰勒已研究了这种分析在我们自己最近历史上各种运动和观点中的许多运用方式。[4]

市民社会包含着这样一些制度:在其中,人们可以在他们的纯粹人类自由的规定下生活。市民社会是在交互性确认结构中做到这一点的,这种结构区分了自由的形式过程与内容。当我把你确认为一个有能力获取财产、制定契约、进行劳动的自由人的时候,我对你的确认就同时肯定了自我-抽身和自我-规定。一个人不会与一个没有自我控制能力——这是信守诺言所必需的——的动物缔结契约。在市民社会的交互性中,当你把我确认为一个不与选择的任何特殊角色和内容相同一的纯粹自我的时候,我也确认了你。结果我与我自身就可以有一种新的关系了。我自己的自由个体性就可变成我的存在的一个焦点方面,而这在以往的文化中是不可能发生的,那时,我的个体性根本还没有被包含在这种交互性确认过程中。

因此,对于黑格尔来说,市民社会在本质上是某种新事物,而且它所创造的这种个体性在以前也从未存在过,——即便以一种被遮蔽的方式。市民社会同时体现了自由的否定性和肯定性方面,其标志就是形式过程和内容的分离。在黑格尔的晦涩难懂的话语中,他其实**设定了**这种区分现在就存于共同体和个人内部。在社会关系和自我-关联的个体性的新模式中,自由以一种新颖而有力的方式得到了考虑。

显然,我至此对市民社会所作的描述有些理想化。关于平等、程序性正义或暗含于市民社会概念之中的其他一些理想,我们常常判断说我们的社会不够充分。然而,我们作判断这一事实本身表明,这些理想是以一种特殊的方式起作用的。诉诸人类同一性的一种纯粹化的概念,以及它给程序性正义所造成的影响,对于一个希腊奴隶主或中国汉朝的一个地主来说,是不会有什么意义的。而且,与现代社会有天然关系的无止境进步概念暗示着,没有任何实质性价值观的成就可以规定进步的目标。如果有这样的实质性目标,一旦这种实质性目标实现了,进步就会有一个可见的终结阶段,或者至少可以用一些方法来测量达成这些目标的进度。如此看来,我们社会中的这种交互性确认结构的确包含着对黑格尔所描述的那种形式纯粹性的参照,尽管我们社会的日常现实并不是始终符合它所暗含的这种纯粹性。总之,这是个易令人误入歧途的问题,因为它假定市民社会可以为人类生活配备完整的结构,但黑格尔会争论说这是不可能的。黑格尔会辩解说(我也愿以一种不同的方式同意这种辩解):纯粹的市民社会并不存在,而且也不可能作为一个社会整体而存在;因此,就现代体制而言,缺乏纯粹性并不奇怪。这就带来了问题:在何种更广泛的背景下,设想中的这种纯粹形式化的体制才会真正存在呢?

对市民社会的批评

黑格尔既赞扬市民社会的成就,也为其后果而忧心忡忡。市民社会是以分离为基础的,但充分自由又要求统一性。"意志……是自我的自我规定,这同时也就意味着,自我把它自身设定为它自己的否定的东西,即作为被限制的、被规定的东西;且它仍停留在自身之中,即留在其自我同一性和普遍性之中。它规定自己,然而同时又与其本身联结在一起"(《法哲学》,第7节)。市民社会的体制体现了自我规定,但不充分。形式过程与内容的分离似乎允诺了充分自由,但事实上它造成了一些导向下一个阶段的问题。在《精神现象学》第6章中,以及在《法哲学》中讨论市民社会向国家的过渡时,黑格尔分析了那些问题。

我的自由并不与任何特殊内容联结在一起。"意志作为**这种**意志,并无任何它自身的内容"(《法哲学》,第137节)。这并不是说我没有任何内容。在自然和社会的刺激下,我充盈着欲望、需求、冲动和理想;太充盈了,我必须在它们中间进行选择。我必须或者被动地接受那些最强烈的冲动,或者寻求某种选择标准。市民社会只教导我们要尊重他人、富有效率、选择一些与需求和商品的一般流通相切合的目标。关于手段,它讲得很多;但关于目的,它却缄默其口。这使我可以自由地选择我的目标。这种状况与韦伯对形式合理性的统治的描述很相似。黑格尔认为它并不令人满意。

许多人会争辩说,市民社会式的自由就是理想之所在。黑格尔不同意这么说,他从四个方面反对这种个人主义观点。首先,他竭力表明放任自流的市民社会产生了一系列的危害。其次,他争论道,市民社会导致了一种非人化的文化。第三,在《逻辑学》中,他试图表明,市民社会背后的结构性范畴预设了一个涵盖面更广的背景域,这也就是说,一个形式普遍过程只能作为一个更为具体的整体的一个方面而存在。第四,与这种逻辑分析相一致,他在

《法哲学》中试图表明,在市民社会之中,存在着一些自我超越倾向,这会在一个涵盖面更广的共同体——他称之为国家——中导向一种更为深入的交互性确认。在本章的剩余部分,我将考察前两个论点;第三和第四个论点将放在下面几章中讨论。

由于它们空洞的形式化特性,交互性确认的现代模式不包含对社会活动的任何自然限制。在市民社会的需求和货物流通中,可以容纳进的种类或数量有多少,没有任何实质性的价值观或传统来加以限制。因此,就其自身而言,市民社会的所有方面都可以无限制地加以扩张。资本的积累以及市场的增长受到了需求扩张的激励,因为局限在市民社会内部,怎么都不会有人说:有些需求是不自然的、是应该避免的。随着系统的扩张,生产方式变得更为精巧了,——对于黑格尔来说就意味着更为专门化了。工人的生活变得更机械化了;富人则可以过一种更奢侈的生活,即使那些已变得十分无聊的需求都可以得到满足。人类生活中越来越多的方面开始可以被作为可交换的商品来对待。没有神圣的东西了。

当然,外部的限制始终是有的,例如自然资源的稀缺或有限的人口。一旦需求扩张系统遇到这类障碍,它就会寻求新的资源和市场、跨越重洋,直至成为一个世界性的系统。正如 S. 阿温勒里已表明的,黑格尔对市民社会中的贫穷与异化、生产危机、殖民主义及国际紧张局势的讨论是对令人沮丧的前景的准确预见。[5]

经济危害的目录不论有多长,这本身并不说明在市民社会领域中需要国家来作过多的干预。实际上,黑格尔本人认可了市民社会大多数的不良经济后果,把它们看成是不可避免的。国家可以采取补救措施,但不可能根除植根于市民社会结构之中的这些危害。关于财富分配中日益增长的不平等以及暴民(Pøbel)的产生,黑格尔承认他没有找到任何解决办法,他也没有尝试去协调所有的社会对立。他尽可能把这些问题交付未来行动去疗治。在历史中,它们是些不良的但却是必需的"否定性劳动"产物。从某种深刻的意义上来说,即便算上其所有的形而上学乐观主义,在历史和社会中,黑格尔也远不如马克思乐观。

然而,黑格尔并不认为市民社会的文化危机也是不可避免的。因为市民社会的自由同其所有内容都是分离的,生活流于平庸琐屑、所有人类关系颠倒为商品关系的威胁就来临了。"个人意志仅作为他人意志对象的手段而存在,并'只作为所有者'而存在"(《法哲学》,第 40 节;里特尔,1982,第 137 页;比较:里德尔,1970,第 46 页)。这不可能是关于人类生活的定论。

同样,由于市民社会中的选择行为与所有特殊内容的解放性分离,个人也被连根拔起了,被剥夺了传统角色和价值观所赋予他们的生活重心。人类关系变成了某些契约事务,而且没有任何事物会因其自身而受到尊重。因为这一点,而且还因为个人在他们自身的定义中置空了所有实质性的内容,生活方向就由奇思怪想、意外事件和个人癖好来裁夺了。这种充满了游戏、没有任何方向的个人自由使人类生活沦为平庸琐屑之事。

在市民社会中,每个成员都以自身为目的,其他一切在他看来都是虚无。但是,如果他不同别人发生关系,他就不能达到他的全部目的,因此,其他人便成为这个特殊成员达到目的的手段。但是特殊目的通过同他人的关系就取得了普遍性的形式,并且在满足他人福利的同时,满足了自己。由于特殊性必然以普遍性为其条件,所以整个市民社会是中介的基地;在这一基地上,一切癖性、一切秉赋、一切有关出生和幸运的偶然性都自由地活跃着;且在这一基地上,一切激情的巨浪,汹涌澎湃,它们仅仅受到向它们放射光芒的理性的节制。受到普遍性限制的特殊性是衡量一切特殊成员是否促进他的福利的惟一尺度(《法哲学》,第182节补充)。

在此,那些把现代个人主义看作人类联合的终极形式、反对黑格尔的人有了一个强有力的论据。"黑格尔,你承认自由市场体系给某些人所造成的经济困难对于实现其功能来说是必然的,它们只能缓解,不能根治。为什么不对市民社会的文化后果同样作如是观呢?你所说的危害就是自由的代价。我们必须直面我们的生活在一个自由王国中可能的虚无性,然后勇敢地为我们的生活选定我们自己值得珍视的内容。"对这一责难的回答将把我们更深地带入黑格尔对现代性的批判之中。

市民社会是现代自由的一种实现。还有其他的实现途径,如在宗教中、在艺术中、在科学中以及在哲学中。在《精神现象学》的第6章中,黑格尔讨论了许多领域,在那里,现代性的典型分离在从路德到歌德的各个世纪中得到了体现:例如启蒙运动条分缕析的分析模式、自然神论、实用主义伦理学的等值效应、冷静清晰的非神秘主义知识与诉诸心灵的热情生活之间的斗争、康德对人类生活的形式分析、雅各比出于信念行为给所有知识所作的奠基、不以这种渴望的解构为代价就无从赋予其以内容的浪漫渴望、极端纯粹不容被行动玷污的优美灵魂之祭坛、背负着一个绝不与经验条件相妥协的无限任务的道德,以及成为艺术和生活中惟一稳定观点的对讽刺性间距的赞誉。虽然这些趋势异彩纷呈,彼此争锋,但它们的活动空间与争斗场所却是由形式过程与特殊内容、普遍准则与特殊自我之间的现代区分所塑造的。

这些生活形式和思维形式许多都是自欺欺人的,黑格尔发现在对自由的现代强调中遍布着这种欺骗。舍弃一切特殊内容来企求自由,最终也就把你自己更为彻底地置于偶然的和武断的内容的统治之下。如果所接受的内容没有限定性和权威性,人们所获得的并不是纯粹性和超越性;毋宁说,变幻莫测的奇思怪想与任意冲动控制了人,而人们却将其误认为至高无上的自由。一个仅仅根据自己决定自己的目标和价值观这一准则而生活的个人,可以达到:

> 把自己看作最终审的主观性的颠峰形式……即那种自命为真理、法和义务的仲裁员和审判员的主观性……作为规律和事物的主宰者,我可以玩弄它们,如同我玩弄我的偏好一样;我有意识的讽刺性态度使最高的东西毁灭,而我却沾沾自喜。这种形态的主观性不仅使权利、义务和法的一切伦理的内容变成虚无——它就是恶——而且还加上它的形式是一种主观的虚无性,它知道自己是缺乏一切内容的虚无,并在这种知识中知道自己是绝对者(《法哲学》,第140节附释)。

这些辩证绕口令表明,在这种状态下,个人生活实际上仍是他的一些冲动和古怪念头——生活中最直接和最没有思想性的内容——的玩偶。

问题仍然在于:这是否并非是我们必须为自由付出的一个代价。黑格尔争论道,为了纯粹而自由地与自己和他人发生关联,我们就被更为牢固地束缚于偶然内容上了。真正的自我规定并没有完全实现。市民社会是这种辩证法的一个例证,但它却用需求的有效满足掩盖了这种辩证法。虽然市民社会的成员实际上从不把自己等同于他的需求和冲动,但他的生活依然要受制于它们。除此而外,他没有任何内容赋予生活。他的自由的空虚性以及冲动对他的统治就其根源而言,就是那浸染了市民社会一切方面的对**更多**东西的无休止的索取。

听起来,黑格尔仿佛在提倡回归传统社会,——它会设置界限和规定目标。他确实想找到一些界限和目标,但不是在简朴传统的给定性中。他试图发现第三条道路。如今,人们也许会企图回归某种传统生活(发现某种宗教权威、重归土地、献身某种原教旨主义的宗教或政治信仰),或者,他们也可以过一种非种族化的和形式化的现代生活。我们的许多政治和文化辩论就是在这些术语的樊篱中进行的,不论贴上的是保守主义的还是自由主义的、宗教的还是人本主义的,或别的什么标签。黑格尔向往的是一种新型个体性,与等同于其角色和价值观的传统自我,以及同所有内容都保持间距的现代自我均有区别。

如何做到这一点呢? 问题在于发现一种非武断性与非强制性的标准来决定追求什么样的目标、什么样的欲望更可取。市民社会只提供了形式合理性,但它并不挑选目标;它仅仅检测手段。只有一种带有某些内容的标准方能提示：市民社会应在哪里受到限制、应被引向何方，以及应该禁止市民社会的等值效应涉足生活的哪些方面。

黑格尔说，我们所需要的指导标准就是风俗、伦常（Sitten）。我们需要风俗来告诉我们应做什么样的人。风俗是一个共同体的生活方式、交互性确认的结构。换言之，它们就是各种权利与义务体系。

但是我们如何找到这些风俗呢？在臣服于传统风俗时，现代性已然浮现出来了。我们不能只是返回传统共同体的稳定性，不能对自由主观性视而不见。我们只能反讽性地回归。我们的风俗是经现代个人选择并听任其处置的某种东西。在此过程中，等着我们的要么是矫揉造作，要么就是自我欺骗，——萨特称之为"不良信仰"。即使我们可以回归，现代性也会重新确认自己的权威，因为它就是从似乎稳定的传统文化的内在张力中产生出来的。可资逃避的退路是不存在的。

黑格尔认为康德提供了一条解决线索；虽然康德自己仍被束缚在形式与内容的分离之中，——费希特以及一些浪漫主义者就走得更远了，他们求助于一种形式自我，它将所有的东西都吞噬进它自身的自我关系之中，却让我们在实际事务中陷于彻底非超越性的经验自我及其偶然内容之中而不能自拔。

然而，康德发现可以通过对自由的条件的分析找到客观内容。[37] 在康德的认识论中，不只是各种知觉序列有资格成为一个独立对象的知觉；在对经验本性的分析中，产生了这样一些规则：它们允许人们去识别客观内容。从这个意义上来说，所谓"客观的"就是非武断的、不惟我独尊的——即使它只能通过我而存在。在康德的实践哲学中,不只是各种行为序列有资格成为自由的决定;在对自由本性的分析中,也产生了这样一些规则:它们允许人们去进行识别。

黑格尔调和了康德与亚里士多德的论题。我们需要用来赋予我们生活以内容的那些风俗,与亚里士多德视作当然的社会背景及其德性相类似,这些德性说明了我们应成为什么样的人。但黑格尔并不直接从任何特定社会博取风俗。他企图找到一个隐含于自由概念自身之中的风俗结构。康德的尝试与此类似,但他却仍受制于二分法,畏手畏脚,无力实现他的意图。黑格尔则努力在自由内部寻找一种更深层的结构,他称其为自由的"绝对形式",与自由的"抽象形式"相对立。后一种形式见诸康德的分析,化身于市民社会。较之于此前讨论过的抽身与自我规定这两个阶段,这种绝对自由形式更为复杂。一旦这种更为充分的自由概念之存在条件得到了研究,国家的结构也就会显现出来。国家是更为完满的共同体,在其中,市民社会有其具体存在,并被赋予了理性的限制。

这样,寻找这种既为现代个体性提供了内容、又不取消其自由的风俗这个任务,在黑格尔那里,就表现为他在反对市民社会的终极性的第三和第四个论点中所描述的那些过程。这些论点考察了黑格尔相信是内在于形式性、普遍性的逻辑结构之中,且内在于市民社会的具体生活结构之中的那些发展。结果就将出现一个更为广泛的背景域。从其使现代性得以可能的最初起,这一背景域在包容现代性的同时,也对它有所限制。

第三章　黑格尔的逻辑学及其运动

　　黑格尔希望肯定现代个体性及其体制的力量与成功。它们已在一个新的水平上取得了自由和创造性。然而，若不对其加以约束，它们会演变成空虚的非人性。为了克服现代主观性的过度滥用，黑格尔想对现代个人是什么以及他们适合于什么样的背景域作重新考虑。虽然他不同意现代性的某些关键特征，但他并不逃避它而使其原封不动。他也不同意现代性对它自身的描述，然后仅仅通过在其中添加一些东西来对其加以定性。他批判我们用以思考现代主观性的那些范畴，并提出一些新的范畴，以使现代性与一个更广泛的背景域相吻合。

　　黑格尔认定，把现代公民的自由个体性与传统社会的稳定共同体结合起来是他的使命；当然，这两者在新的结合体中都不会保持原样。用黑格尔的话来说，问题在于，现代人的体制与自我中所设定的是形式化普遍过程与特殊内容之间的差异性，而不是统一性。如果统一性和差异性都得到了设定，更深层次的人类同一性和共同体就会出现。

　　为弄明白为什么黑格尔认为市民社会必须存在于他称作"国家"的那种更深层次的共同体之中，我们得花些时间来研究黑格尔的那些用以描述自我与社会的统一性的抽象范畴。这要求我们认识到黑格尔的逻辑学是如何运作的,以及在他看来它能取得什么样的成就。本章及下两章所讨论的就是黑格尔逻辑学中与现代性相关的部分。

逻辑学的必要性

黑格尔确信,只有把现代性整合进一个系统化的背景域中去,现代性的滥用才能得到遏制。"系统"意指特殊内容已得到发展,且被联结起来,从而形成一个非武断性的整体。被糅合进系统中的将不仅仅是所有选定的内容。黑格尔对系统的向往并非出于对统一性的某种热情,而是因为,对于现代主观性立身于其上的那种分裂,他找不到别的治疗方案。只有系统、只有一个具有黑格尔式的独特循环性质的系统,才能包容现代主观性的力量。一切具有某种线性结构的思想或社会系统,都是从固定起点出发,然后得出结论;其起点和所给出的结论都难逃现代个人力量的质疑和超越。现代主体在定义他们自身时,超然于它们面前的一切事物之外,审视它们,作出判断,进行操纵,并加以选择。黑格尔相信一个系统,只有跟他自己的那种系统一样,把主观性运动合并进一个更大的循环运动中去,才能提供具有内容的现代个体性;而且,这种内容非常私人化,可以给个人的决定与活动作出非武断性的限制并指出方向。

另外,黑格尔感到,要对现代主观性加以定位和限制,同时又不侵犯认识和自我规定的现代权利,需要有一种明晰性,而这只有一个思辨性的逻辑体系才能提供。把明晰性这个词与黑格尔联系在一起似乎很奇怪,但是,这也许是由于人们如今不常阅读哈曼①、伯麦②或谢林的缘故。黑格尔感到,只有他的逻辑学所提供的那种自我包含和自我透明才能将现代个体性安置进一个合适的背景域中去,而且还不用冒险求助于不明确的信念或含混的统一直觉,它们都会侵犯认知的现代权利。

逻辑学是黑格尔体系的内核。当他把市民社会描述为"一个各个成员作为独立的个人在普遍性中的联合体——由于他们的独立性,这种联合体仅仅是形式化的"③(《法哲学》,第157节)时,**普遍性**、**个人**以及**形式化**这些逻辑学术语是关键所在。黑格尔对这些术语的运用是经过深思熟虑的。他重新思考了普通本体论和逻辑学的大多数范畴。在对这些同主观性和个体性相关的范畴的重新使用和重新联结中,他找到了他所寻求的作为一种比市民社会更丰富的生活方式的基础的"客观内容"。

许多黑格尔论者发现,他在《精神现象学》和《法哲学》中的具体分析充满了远见卓识,但他的逻辑分析却晦涩难懂、荆棘丛生。这些社会评论虽深埋于一个过时的形而上学体系之中,但却是富有见识的,我们为什么就不可以重新认真对待它们呢?查尔斯·泰勒断言:"虽然黑格尔的本体论几乎毫无可信之处,但他的哲学却与我们的时代紧密相关。"(1979,第135页)接受黑格尔的具体诊断,但拒斥他的形而上学治疗方案;泰勒是这种做法的一个最明

---

① 哈曼(Richard Hamann),(1879—?)德国哲学家,美学家。——译注
② 伯麦(Jakob Bøhme),(1575—1624)德国神秘主义哲学家。——译注
③ 商务印书馆1961年版《法哲学原理》的译文为:"这是各个成员作为独立的单个人的联合,因而也就是在形式普遍性中的联合",第174页。——译注

确的倡言人。安东尼·奎因顿在发表于《纽约书刊评论》上的一篇关于黑格尔著作的评论中所提倡的态度与此相同："黑格尔的形而上学全由康德的糟粕构成,完全抛弃了他的精华……[人们应该]告诫自己:黑格尔只是一个社会与文化理论家"(1975,第45页)。泰勒从黑格尔关于交互性确认结构的讨论中汲取了一个论据,以反对现代主观性观念。虽然我对这个论据也持赞成态度,但我认为,他对黑格尔的解释却是错误的;他认为黑格尔所提出的观点可以按相应比例类似地扩展到宇宙层面上去,这就弄错了黑格尔处理现代性的程序模式。

虽然我同意泰勒说黑格尔的解决方案不可行,但我的总体思路却与其不同。那些更为具体的分析是难以轻易地与黑格尔的逻辑分析分离开来的。如果可以把逻辑学扔在一边,那么黑格尔关于现代社会的研究的基础就将仅仅是关于市民社会的危害的讨论了,——我们将在下一章研究这个问题。现代性的一个顽固辩护者可以这样来打发这些危害:它们是些可以在现代性的范围内得到解决的问题,或者可以把它们当作自由的必然代价。韦伯可以同意黑格尔的所有忧虑,然后发出一声无奈的叹息。黑格尔想提出一种更为有力的论点,而他相信逻辑分析可以做到。我将努力探明这种论点的性质以及它是如何引导具体分析的。

逻辑学之所为

要理解黑格尔为什么认为他的逻辑学对于现代生活有发言权,我们就需要弄清楚黑格尔到底想做什么。这是一件难事,对此存在着很多争论。黑格尔说道:"可以说,哲学的任务无非就是把表象转变成思想"(《哲学全书》,第20节)。哲学使我们获得了思维的范畴结构,这种结构把想像和感觉变成了对世界中的事物的认识。在思维的规定和概念中,所有事物才是其所是。黑格尔所要研究的范畴是:通过它们,我们可把一切事物视为实在。这一构想与康德的先验推导相似,但黑格尔的目的却和康德不一样,即不是要在有限主观性中寻求思维的可能条件。[1]

黑格尔说,他的逻辑学是一种形而上学,但他用这个词时所指的是康德在讲"道德形而上学"或"自然形而上学"时所指的含义。对于康德来说,在这些领域中,它是指对我们认知活动必然结构的研究,因而,也就是对这些领域中的所有理性活动或可知对象的必然结构的研究。对这些结构的揭示,使康德能够对那些认识越界企图展开批判;认识的范围就是由这些必然范畴和原则所开辟和构序的。从康德的这种含义来看,黑格尔的逻辑学就成了一种形而上学,即是对思维的必然结构的一种研究。这是对思维范畴的一种先验分析,而不是一种前批判尝试,即对存在的必然结构的假设或直觉。

虽然黑格尔采纳了康德的先验分析,但他推翻了康德想在一个更广阔的领域中来界定认识条件的企图,康德认为这一领域可以被"思考(thought)"但却不能被"认知(known)"。这样,黑格尔的批判活动就不在于把认识限制在一个可思考的部分之中,而是说明那个将受到批判的观点所包含的范畴还没有得到充分发展。

黑格尔希望,对康德至关重要的主体与客体、现象与实在之分是在逻辑学的范畴顺序中作出的,而不是像他所解释的康德那样在有限主体的本性的范围内作出。他并不运用主-客体区分来描述范畴顺序本身的状况。对于黑格尔来说,我们用以理解世界的必然思维范畴与我们思维的本体论定位或基础,不可能是两回事。更不可能说:还存在着一些我们绝对不能认识的"物自体"。从这个意义上来讲,黑格尔是一个唯心主义者;但是,因此把范畴说成仅仅存于心灵"之中"或者是心灵的"产物",就弄错了他的观点。说主-客体关系存在于思想范畴体系之中,并不等于说,它以贝克莱所说的方式,存在于你的或我的思维活动之中。另一方面,我们所关注的主体和客体的同一性,又并非是无关宏旨的。黑格尔更接近于柏拉图和亚里士多德,他们断言事物的形式和范畴是独立于主观思维的;然而,他仍希望把这一观点同现代对主体的活动和首要性的强调结合在一起。

逻辑学之所不为

在黑格尔对思维范畴的研究中,他并不承认是由于某种超大心灵、精神或上帝的缘故,思维与实在的结构才得以是其所是的。黑格尔的断言既更为谨慎,又更为大胆。无物制定实在的范畴;它们是——且可被认识的——存于它们必然的自我-包容性、自我-发生性的相互关系和内涵之中的。逻辑学研究范畴的起源和相互联系。一旦完成了这一研究,思维就将达到一种彻底的自我描述,除其自身外,不再与任何其他事物发生联系。范畴的这种逻辑发展顺序将是独立的,无需参照意志、选择或构造等行为——除非它们已经在这种顺序中得到了思考。

第三章 黑格尔的逻辑学及其运动 79

现代个人主义和市民社会背后的那些范畴之所以要受到批判,恰恰因为它们是不独立的,如果要对它们进行思考,就必须将其包含在更为复杂的思维结构之中。因此,体现了个人主义与市民社会的范畴的那些生活体制和模式不可能是终极性的;它们总归必须被置入一套使其存在得以可能的更为丰富的体制和实践之中去。现代性存身于其中的必然背景域是无法用通常的现代术语来加以描述的。我们的任务就是不再伴称现代性是绝对的,从而在那种持存性的和限制性的背景域中展开行动。

黑格尔本人并不像我前面几段文字那样地去使用**先验的**(transcendental)和**范畴**(category)这些词汇。他用**范畴**这个术语常仅限于指逻辑顺序第一部分的思维结构,而**先验的**则主要用来指称康德。他偏爱用**思辨的**(speculative)这个术语来突显他自己的方法。在当代英语中,**先验的**肯定要比**思辨的**歧义更少;后者常常用来指没有任何根据的精致的形而上学构造。但是,从通常意义上来讲,黑格尔的逻辑学并不是一种形而上学。

当我说这种逻辑学不是一种形而上学时,我最嗤之以鼻的是这样一种观念,即认为黑格尔提供了一种宇宙论,它包含了对一种非常新颖的超实体、宇宙自我、世界灵魂或一种超心灵的揭示。在英语世界中,C. 泰勒以及近来的迈克尔·伊伍德所作的这类解释就很有影响。[2]

黑格尔并不是通过把我们都看作为某种超大实体的组成部分来解决现代性的这些问题的。对黑格尔的这种解释,其错误在于:非批判性地采纳某些范畴——通常有"心灵"或"主体",然后再把它们极端扩大(而且还常常抱怨说,我们被吞噬了,或者说我们与这种超大实体的关系难以捉摸)。也许从某种意义上来讲,作为一个整体,黑格尔的体系就什么是实在这个问题给出了答案。但是,他的逻辑学并不是一些形而上学主张的集合。它是对思维必须运用的那些范畴的研究。黑格尔的逻辑学声称,思维的各种结构实际上不能以其自身为基础,它们必须被作为要素包含到其他结构中去。关于黑格尔的那些宇宙论或超大实体式的解释就属被抛弃的思维方式之列。[3]

C. 泰勒解读的依据是表现性统一(expressive unity),他认为,黑格尔主张通过下述方法来解决所有的两难悖论:当我们作为一个宇宙论主体,被卷入生活的洪流,得以实现时,所抱的意图就是实现与表现我们有限的主观性。(参见泰勒1979,第55—56、62、79—80页,以及泰勒1975年著作中的一些类似段落。)然而,黑格尔与"表现性泛神论"的距离比泰勒所设想的要大得多(泰勒1979,第139页)。黑格尔的"目的论"与意图(purpose)无关,它并不像宇宙论主体那样忙于在这种或那种可能性体系中的各种可能性间进行选择;实际上它是想搞清,每件事情都有些可能性到底意味着什么。泰勒的解读构思太人格化了。说在黑格尔那里存在着一个希望"在世界中认识自身"的宇宙论主体,这不太可信;还不如说这一体系在一般现实性这一层面上从整体上强化了自洽性(self-coincidence)、在场、透明等。之所以如此,并不是由于存在着一个希望认识它自身的主体,而是因为这就是成为是或成为思想在最终所意指的东西。通过对所有事物存在条件的研究就可以和谐统一地揭示出黑格尔的愿望。一切宇宙论主体肯定都是这些条件的主体;但它们本身不可能是这种条件,——泰勒似乎就持这种观点。从总体合理性出发更合适。如果恰当地把逻各斯(logos)理解为将所有事物带进明晰和自洽性之中去这一过程,那么黑格尔更接近于一位泛逻辑论者而非泛神论者。泰勒的思考依据并不是这种逻辑学和体系的自我-闭合性的圆圈,而是一些形而上学主张。问题并不在于我们是否发现了某种令人难以置信的宇宙论主体,而在于这种圆周是否锁闭与闭合了。

这并不意味着这种逻辑学不带有任何传统形而上学问题的印迹。有些问题,例如"什么是身心关系?"因为依赖于一些不恰当的范畴,所以就被逐渐取消和抛弃了。一旦范畴得到了梳理,问题也就消除了。其他一些问题,例如"现实是否像原子论者所说的那样是一些偶然联系在一起各自分立的单个实体所组成的一个聚合体?"则找到了答案("在某些层面上,答案为是,但总体来说,答案为否")。但即使在这里,我们仍可以发现,除此"答案"而外的其他遭到拒斥的答案正是以一些不恰当的范畴结构为基础的。到研究这种逻辑学的"应用"问题时,我们将会重新考察这个问题。

我的这种努力看起来像是在消解黑格尔最为令人熟知的那种历史形象:一元论的绝对、现代版的斯宾诺莎以及经过修正的基督教形而上学。虽然黑格尔确实希望与康德和斯宾诺莎联合起来,并为在现代世界中思考基督教提供一种方法,但我坚持认为黑格尔关于现代性的解决方案没有使自我迁就于某种超大实体。黑格尔关于何物存在、如何存在的见解,不是通过形而上学主张,而是借助于这一体系的拱形(overarching)统一性表达出来的。他并没有先形成一个范畴体系,然后再通过何种外部实体存在或不存在这些假设来把它们呈现出来。

把逻辑学看成为对范畴起源和范畴关系的一个研究,常常会低估爱、生活以及生存论感伤等方面在黑格尔那里的作用。然而,他确实试图通过逻辑范畴来思考这些重要体验,并以此来重铸这些体验。他并不是用这些逻辑范畴来作为破译这些人们十分熟悉的观念和体验的密码。他希望把这些人们耳熟能详的词汇放置进范畴研究所揭示出来的那个基本语境中去,进而赋予它们以新的维度。

下面我们将会看到,海德格尔批评黑格尔说他太"形而上学"了(从这个多价词的另一种含义来说的形而上学)。我对黑格尔的逻辑学作上述冷峻解读的原因就是为了说明这两位思想家之间的对立。如果我们把黑格尔解读为提出了某种宇宙论或超大实体,那么海德格尔要论证他的看法真可谓易如反掌了。实际上,海德格尔的批评甚至也适用于对黑格尔体系的范畴解读;这将使存于这两位思想家之间的那些关键问题变得愈发鲜明。

螺旋状运动

随着逻辑的推演,在所讨论的范畴中出现了一些更为复杂的差异、统一和相互包含。黑格尔断言它们的次序是有系统的和必然的。开始较为简单的范畴据之得以可能的背景域,到了末尾阶段,就在那些较为丰富的范畴中逐渐明朗化了。最后,背景域就被彻底包含于范畴之内了。(长期以来,这最后一条主张是批评黑格尔的传统批评对象,——包括海德格尔的批评在内。)早期范畴是后期范畴更为完整的思维结构的抽象萌芽,它们包含在这种思维结构之中,获得了统一,并彼此相互关联。

一般而言,这个范畴链的推演方向是差异性愈益增强,但存在着重复与循环;绝不只是前进。尽管斯泰斯([1924],1955)绘制的图表很生动,而且大多数版本中所附的线状内容一览表也很能诱惑人,但实际上,链条这个比喻其实并不贴切。

黑格尔的著作确实包含了一系列叙述性的变迁,但运动并不是一个由一系列微观变迁所构成的线性总和。最好把运动想成一个宏观态势,这一态势由其本身的小规模重复构成,直至最终彻底完成,并把开始阶段包含在内。大运动包含从小运动中把自己打造出来这个过程,但它并不是由一些微小独立的变迁组成的。

没有一个逻辑范畴是经验概念。同时,它们还形成了一个使经验感觉与指称得以可能的构架。把它们展示出来并不意味着分析其组成成分,而是表明它们在差别鲜明而细微的背景域中的关涉性(involvement)。这一背景域其实就是这种逻辑序列和运动。黑格尔似乎为那种更加复杂、深思熟虑的本体论构筑了一系列的内核。但是,这种本体论不是指那些包容性更强的本体论,就好像一些中性收容所,可以把越来越多的实体容纳进来;而是指那些观念性更强的本体论,对于存在指什么,它们有着更为充分的理解。

黑格尔说逻辑运动的原因是矛盾。长期以来,关于这一说法在他那里指什么、他是否兑现了他的诺言,一直存在着争论。最普遍的意见(芬德莱与亨利希)是认为他对待形式逻辑术语不够谨慎;并且,他在仅仅意指一些对立概念或各种类型的概念张力时,采用了"矛盾"这一提法,而对于前者,他的确曾作出了卓越的描画。其他一些人则主张他指的确实是严格意义上的矛盾,但实际上他对此的说明并不成功(丢辛)。另一些人则争论说黑格尔既是指、同时也理解了现代意义上的矛盾(哈特曼、温菲尔德)。我自己的观点如下:在各式各样的逻辑进步观中,决定性的取舍标准是不存在的,这意味着,不论逻辑运动的"发动机"是什么,它都不能取得黑格尔想要的那种严格必然的结果。[4]

逻辑学的起点是仅仅作为有的实在范畴,即直接存在。随着考察的深入,直接存在终于让位于一些在其存在中包含了内在张力与区分(本质与存在、根据者与有根据者、事物与质、规律及其表达、形式与质料等等)的实在范畴。在第三个阶段,实在范畴是作为完整的统一体而存在的,它经历了内在差异这一过程。那些适宜用来思考市民社会的范畴就出现在这个阶段。

大运动(直接在场、内在区分、完整的统一体)是在较小规模上得以重复的。例如,关于市民社会中所看到的那种形式普遍性,在黑格尔的逻辑学中这一部分是作为内在区分的要素("特殊普遍性")而出现的,这种内在区分包含于作为完整统一体要素的直接在场("主观性")的直接表象("概念")之中,而这个统一体本身在整个体系中又是直接普遍性的要素。我指出较大运动的这些螺旋结构的目的是为了肃清下述观点,即认为黑格尔的思想是由下而上地建构起来的,而否认它是在一个总体运动的控制下以多重层次展开的。

中介与设定

在逻辑学的结尾部分,黑格尔说,无论现实还是思想,没有一样东西是像通常所想像的那么简单和抽象。没有一样东西是仅仅作为非理性的给定物而存在的,并且只拥有一种或两种完全肯定性的特征。不存在这样一种东西:它只是第一性与首要的,其他事物依赖于它,但彼此又不发生交互性关系。人们有思考这种东西的爱好,但是除非停留于想像性的构思这个水平上,他们这么做实际上是不可能取得成功的。若要想像这种东西是存在的,我们只有无视那些现实呈现出来的东西才可能(《逻辑学》,2:489/829)。初看起来是简单的和直接的,实际上仍是复杂的和中介性的。中介与中介性的(Vermittlung, vermittelt)及其对立面非中介与非中介性的(Unvermittlung, unvermittelt)是贯穿黑格尔著作——尤其是逻辑学——始终的关键术语。黑格尔到处竭力寻找中介、否定性环节,他总在试图弄清那些看起来简单与直接的东西实际上是如何通过复杂的中介与相互依赖而存在的。

从字面来看,所谓"中介"就是在中间、联结两个极端。这个含义说明被中介项已经是独立存在的了,但黑格尔却试图表明所有事物都是中介性的,没有东西是直接第一性的存在物。除了整体运动,没有东西是第一性的和独立的,但即使整体运动也不可能离开其中介性内容而存在。在逻辑学中,中介包含范畴的一种渐进发展,直至没有一种东西被设定为第一性的或独立的。

中介探讨细节问题;简单断言说所有的东西都是受中介的其实什么也没说。黑格尔要求人们追问每个原来被设想为直接存在的东西实际上是如何被中介的,以及它们各自受中介的方式都有些什么不同。正是由于对细节的这种关注就把黑格尔的体系与后来的"黑格尔主义"区别开来了,后者仅仅认可了将所有事物联结起来的内在联系的有关泛泛之言。从黑格尔的观点来看,这些"黑格尔主义"体系其实是把普遍性的中介这一事实本身当作了某种直接的东西,它们并没有表明这一事实是从其他准备性的体系中发展出来的,也没有表明它的基础是事物(die Sache selbst "事情自身")的细节事实。

到目前为止,"设定(posit)"这个动词已出现好几次了,下文还会更多地使用这个词。这个英语词汇是新造出来用以翻译德文 setzen 的标准译法;setzen 是个非常普通的词汇,意思是"放或置某个东西"。这个英语译法源自英语中**实在的**(positive)这个词的旧用法,比如与"自然法"相区别的"实在法"。自然法只是在那里起作用,而实在法却是由某个立法团体或统治者采取行动将其置于有效地位的。自费希特以后,在 setzen 的用法中开始有了一种后来在黑格尔那里相当普遍的专门含义。最一般化地说,它是指在某种体系中,一个差异(或一个统一体)是因为该体系的运作而获得意义的。因此,一个由于重力而聚集在一起的大物体——如月亮——不会在整体与部分之间设定任何差异,而当一个动物咬断它被机关夹住的尾巴逃命时,它却是作了这种设定的。整体与部分之间的这种区分在动物行为中是很重要的。并不是所有差异都需要作如此设定;在市民社会中,对于市场运转来说,我因为附属于某一特定宗教或种族传统而产生的欲望与我只因一时兴起而涌起的欲望之间的差异,是没有什么意义的。这种差异在市民社会中并没有被设定为一个差异。在黑格尔视野内的国家中,各种欲望之间的区分对于一个人的决策会受何种对待是很重要的。这种差异确实就是被设定的。

很显然,有关"设定"的事例首先见诸那些有意识的体系或者至少是自我-调节性的体系。黑格尔还在其他一些体系中类似地运用过这个术语。相比与黑格尔在谈论逻辑学范畴时对这个术语的运用,上述用法还容易理解些。一个范畴比另一个范畴更为先进,因为在前者中设定了某种差异或统一,而后者却没有。这就很难理解了,因为很难设想逻辑范畴会"干"什么事,更不用说像一个具体体系那样来设定一些差异了。

说一个逻辑范畴设定了某个差异,常诱使人们产生这样的想法:这也就等于说一个正在使用该范畴的思考者清楚地意识到了这个差异。很不幸,这样说并不恰当;如此一来,要么使这个思考者成了范畴结构的根源,要么就陷入了循环论证。说在英语中明确设定了每个名词的单复数区别(例如日语就不做这种设定),并不仅仅等于说讲英语的人意识到了这一差别。这么说还有另一层含义,即英语规则迫使讲这种语言的人不停地标示出这种区别。语言的言说者并不创造规则;从某种意义上说,规则有助于将他们塑造为语言的言说者。语言规则并不是强加在已然存在的言说之流上的一些限制。这些规则使言说者成为言说者并将一系列的语音事件置入言语之中。也可以类似地来看待黑格尔的范畴。它们并不是作为某种先前存在的思想之流的产物或限制而出现的;它们将一系列的心灵事件置于思想之流中。

说一个逻辑范畴设定了一个差异就等于说该范畴的结构明确地包含了这个差异。一个范畴并不只是一个东西;它是一种范式或结构,内含着与其他范畴之间的对立、包含、排斥及中介等多样性的关系。

把逻辑范畴看成为一些特立独行的东西是很危险的。但是，把思维范畴看成为一些我们随意制定与塑造的工具就更危险了。英语语系哲学具有这样一种强烈的唯意志论倾向：在我们谈论某个结构时，我们常常会追问这一结构的状态是由谁的决定所造就的。在早期洛克和牛顿年代，世界与精神结构的状态是由上帝的决定所造就的。后来，它们演变成了社会与个人的选择。这样，我们就将语言归结为一些规则，而且有一些规则被归为发明创造，另一些被归为社会选择，再有一些则被归为个人选择。所有这些都以一种典型的现代个人为前提，这种个人同他所面对的那些结构是相分离的。

黑格尔把逻辑学称作为对纯粹思维的一项研究。但是，这并不意味着存在着某种名为纯粹思维的能力或过程，——它凌驾于范畴之上，并通过它的活动产生出这些范畴来。逻辑学的最重要的运动即是根据范畴来定义纯粹思维。黑格尔强烈反对任何形式的唯意志论。如果非要选择不可，他肯定会说结构先于意志，而不是相反。但他是不愿被迫进行这种选择的，而且，他还着力破除静态结构与某种流动的力量、能力或决定之间的那种截然而然的区分。

在黑格尔看来，把思想者看成是积极主动的而把逻辑范畴看成为这些思想者的产物或工具是错误的。存在着的是些范畴和结构，它们在现实思想者和现实思想之中得到实现，——这样说肯定更为妥当。思想者与思想在同一水平上：它们两者都是逻辑范畴的体现。这种表述虽然确实抓住了黑格尔的柏拉图主义色彩，但仍会使人产生误解。它暗示我们可能先是罗列一些范畴，然后在涉及到这些范畴是如何实现的这一问题时,所讲的又是另外一回事,说它另有自己的结构。在黑格尔的解释中,康德就是这么做的。康德明白范畴需要一种演绎法,但是他却提出了一种分离性的说法,认为存在着一些自在之物,它们确定和解释了范畴的地位,而其自身所采用的结构却是非批判性的,这样,他就又放弃了那种演绎法。在黑格尔那里,说法是单一的,而且范畴的确定及地位、它们与现实的关系等问题都是在范畴序列内部产生出来并得到解答的。关于范畴到底是什么以及它们与其他别的事物是如何发生联系的这些问题,核心要点是由序列中的这些最终范畴所提供的。这就要求这种逻辑序列有一种独特的自我-指涉性,而且这也就是这一体系为什么必须是循环的一个原因。[5]

运动事例之一:形式与内容

在黑格尔对现代性的批判中包含了这样一个主张,即认为,在逻辑序列中,现代主观性借以理解其自身的那些范畴并不是终极性的。为了更好地理解这一批判,我们将考察黑格尔是如何得到,然后再超越形式与内容这一对范畴的。很明显,选择这对范畴并不是随意的,因为这一区分对于描绘我们在第一章中所看到的那幅标准的现代性图景来说是十分关键的。通过考察黑格尔是如何在逻辑序列中来确定这些范畴的,我们可以看到他在论证过程中是如何瓦解它们的恰当性的。结果将表明,带有该对范畴一般特征的那些范畴即使去描述市民社会也是不恰当的,更不用说去描述涵盖面更广的国家统一体了。我们将不得不从对形式与内容的讨论转向黑格尔对形式普遍性的研究。

黑格尔对形式与内容的讨论出现在他的逻辑序列的第二大部分即本质逻辑(本质论)中。本质范畴依讨论主题的基础及由其所奠基的东西的不同而各有变化,包含着实体在其现实性中的独立方面与依附方面的各种区别。这些范畴许多都是人们十分熟悉的:形式与内容、形式与质料、事物与性质、存在与现象、事物及其规律等。[6]

在本质论的这一部分,大多数的范畴都是成对出现的。实在被看成为具有某种内在的本质,这种本质是外在表现的基础。

> 事物的直接存在,依此说来,就好像是一个表皮或一个帷幕,在这后面还蕴藏着本质。……因此仅仅从一个质反复转变到另一个质,或仅仅从质过渡到量,从量过渡到质,那是不行的[逻辑学的第一部分即直接存在论部分(有论)就是这样做的];事物中有其永久的东西,这首先就是事物的本质(《哲学全书》,第112节附释)。

事物的内在存在将首先是它们的"本质",但随着各色各样的基础关系的变化,它将分别表现为它们的"根据"、"形式"或"规律"等等。这一图景的复杂性在于,这些本质范畴实际上并非由一个固定的基础再加上一个不停变动的表现或现象所构成。这正是人们的奢望之所在,但是黑格尔却试图表明,在每个场合这两极都将以相互依赖而告终,而且,这两极中的任何一方都不能被赋予固定不变的首要性。使这些关系稳定化并想让某一方面成为确定不变的

第三章 黑格尔的逻辑学及其运动 91

基础的尝试不断遭到失败,结果就导致向另一对范畴的过渡。[7]

由于它对曲折迂回的内在中介的强调,逻辑学的第二个部分是最晦涩的,而且这种晦涩还是混合性的,因为这一部分是以两个有显著区别的版本的形式存在的。我将探究《逻辑学》中那个长一点的讨论,在那里与形式有关的范畴是集中在一起的。要决定这两个版本中哪一个更可取是很困难的,我将在以后讨论这一困难可能会有些什么含义。

与形式有关的几对范畴出现在篇幅很长的论根据那一章的第一部分。在这一章中,某物存在的根据被设定为一个直接的开端、一个不是由其自身设定或被任何其他事物中介的基础。形式范畴作为一对叫作形式与本质的范畴中的一方而被引入,这对范畴也是从先前的序列中发展出来的。这对范畴演变为形式与质料,后者接着又演变为形式与内容。这后来又过渡到规定性的根据范畴及另一个主要探讨根据与条件的系列。

(a)形式与本质:第一对包含形式的范畴是形式与本质(《逻辑学》,2:67/448)。在该对范畴中包含了一种区别,即一方面是与每个事物相适应的一个基本的内在自我同一性,另一方面是它的规定性的外在表现形式。(本质在这里指的就是这种内在自我关系,而不是指一个基本的本性或本质特性。那种观念出现在后面的序列中。)事物的这种内在自我关系被当作第一性的,而那个规定性的外在特征则被当作第二性的或被设定的。这里所内含的这种区分看来也许有点武断,而且如果与接下来的那些更为明确而熟悉的范畴相比,它也的确有点武断。但是,形式与本质的这种区分是从先前的一个整体性的系列中产生出来的,在那里主要探讨的是按照超越单纯的直接呈现来思考每个事物的自我同一性（在逻辑序列的第一大部分中，黑格尔就尝试证明这一思考模式，且已发现它是不充分的）。

形式与本质这对范畴是不能令人满意的。使一个事物是其所是并将其与其他事物分离开来的那种确定的特征并不只是一个外部的和被设定的方面，——这个方面以某种内在的自我关系为基础，而这种自我关系虽在每一事物之中各不相同但却是非规定性的。形式不应该被理解成是与事物的自我同一性以一种依附性的、被动的方式联系在一起的。这种关系应该被颠倒过来。形式提供了使自我同一性得以可能的那种差异性。自我同一性不是那种先验因素；它是事物具有了一个确定形式之后所产生的结果。自我同一性应被理解成被动的，等着从形式那里接收确定性和规定性，但现在它却并没有被看成为一个被动的结果，而成了一个主动的规定性根源。先在性的这种转换就等于向形式与质料这对范畴的过渡。

（b）形式与质料：随着向形式与质料的过渡，先前的那对范畴即形式与本质就变成思考那种关系的一种抽象的和不恰当的方式了，那种关系如今在这对新范畴中得到了明确的设定。如果人们回顾一下，就可以发现前面的那对范畴没能在确定性的理由与实存(subsistence)的理由之间设定一个关键的区分。在前面那对范畴中，每个范畴都由确定的同一性和一个承受性的实存(enduring subsistence)所构成，后两者直接结成一个统一体，这样就无法对实在的确定性和有根据的实存性进行思考了。形式与质料这对范畴通过为每个范畴各自指定一个归属方面明确地设定了这种区分。

质料指承受者这一方面,它被定义为与形式无关。例如,雕像中的黏土对于是以这种方式还是那种方式被加以塑造是没有任何偏好的,虽然它必须采取某种形式存在。当然,这是一种理想化的说法,因为真正的黏土是不会支持某些形式的,比如太薄、太长的形状就不行。就黏土对于它将接受的形式施加了某些限制而言,它就不是纯粹的质料,而是已经被赋予了某种形式的质料。纯粹质料肯定是百依百顺的,不论给它施加什么样的形式它都可以承受与支持。理想化地说,形式给出确定性及质的规定性,而质料则给出承受者与实存。在它们的结合体中,每一方都使对方得以存在。

哲学家们对于形式与质料之间的关系到底是什么、一种纯粹的质料是否真正可能,以及黑格尔没有直接讨论过的其他一些技术性的问题是有争论的。他所做的就是论证,在这一关系中,任何一极都没有首要性。那个雕像整体可以被等值地理解成一个实现了的形式或被赋形了的质料。那个雕像同时是这对范畴双方的充分实现。每个范畴都"包含了这个整体关系",没有一方可以被当作另一方的基础。黑格尔分了三个长长的部分来批判赋予这一方或另一方以首要性的各种各样的做法。

(c)形式与内容:《逻辑学》这一章的目标就是在成对范畴某一方中发现一个牢固的根据,既然在形式与质料这对范畴中目标没有达成,那么向一对新范畴的过渡就是肯定的了。如果形式与质料是可以区别开来的,那么一方肯定就应是另一方的根据,但是它们双方之间的交互性关系使这成了不可能的事。无法把形式理解为最初的和直接的根据,因为形式只能被理解为是与其他东西即它自己的实存联系在一起的。对质料进行思考是以形式为前提的,因为质料与形式之间的关系就如同它与其自己的规定性之间的关系。规定性构形与承受性实存分别对应于形式与质料,因此它们是不能被分开的。然而,这两个范畴却又不能像形式与本质这对范畴那样被直接归并到一起来。对此进行弥补正是形式与内容这对新范畴的任务。从此新角度来看,形式与质料这对范畴就显得不充分了,因为它没有明确地设定它所暗含的必然统一。这种统一现在被明确设定为"内容"(《逻辑学》,2:74—75/454)。

在由实体所展示出来的内容中可以发现规定性与实体的持存性奠基于其上的那种真正的根据。内容是确定的,起初是内含的或间接的,后来则在形式与质料的某种确定的、外在的结合中得到表现。一个内容可以在形式与质料各色各样的结合中表现出来。例如,如果内容是一个圆圈,那它就可以表现为黑板上的一个图示、书本中的一段公式、一个铜制圆圈。罗密欧与朱丽叶这种内容可以通过一部戏剧、一场歌剧、一场芭蕾舞或一部电影来加以表现。每种表现本身都是形式与质料的一个整体,形式与质料现在已被看成是以所表现出来的这种统一性内容为根据的了。

形式与质料这对范畴现在就呈现为对某个可被表现出来的内容这一更为高度精致的概念的一种抽象。实际上,形式与内容的这种区分同希腊文 eidos(通常被翻译成"形式")这个概念相近似,eidos 先是潜在的,然后成为现实存在。(黑格尔直到发展出更为概念化的机制以后,才引入潜能与现实这对范畴,因为当前的这些范畴仍然处于一个与可能的基础性关系相关的早期阶段。)

形式与质料这对范畴是从第一对范畴即形式与本质中生发出

来的,因为形式与质料成功地设定了在前面那对范畴中曾被直接堆砌在一起的东西之间的区分。形式与质料这对范畴接着又被一对新范畴所取代,这最后一对范畴明确地设定了在第一对范畴中出现的那种统一性;在第二对范畴中也暗含了这种统一性,但第二对范畴却忽略了这种统一性。结果不是回复到那个早期阶段,而是达成一种新的统一,在这种统一中同时包含了明确的规定性与实存之间的分离与统一。然而,这种新的统一不可能是最终的定论,接着它也将遭受划分。结果表明,形式与内容这对范畴也是不能令人满意的,因为在它的根据性关系中缺少任何真正的规定性。它设定了统一与差异,但却没有任何方法来说明内容的明确性质,内容现在在每个场合只是作为一种最初的、直接的既定物而被接受。"内容"仅仅代表对一个根据的所有映象的某种同义反复,而这个根据也只是指内在地形成的那同一个质。在这一点上,黑格尔显然借助了"盲目性的力量(dormitive powers)"。根据事物存在的一个内在基础来进行思考这个企图仍然没有实现,而这一范畴序列也就继续向更为精致的以及差异性更多的条件和条件关系推演。[8]

黑格尔的论证模式

我们刚才所看到的就是黑格尔的重复运动的一个常见例子。从先前阶段中产生出的一套范畴本身也受到了批判,因为某些区分仍然没有得到明确的设定。对这些范畴的批判并没有使我们陷入对取代者的摸索之中;批判恰恰就是由对这种区分(或紧接着的统一）的设定所构成，而这一切在旧范畴中都没有得到明确的呈现。这种设定同时是对旧范畴的批判和对后面的范畴的揭示。这就是黑格尔所说的那种"确定的否定"过程。这样，一套新的范畴就发展起来了，通过把区分指定给各种分离的事物、领域或方面，这些范畴就明确地设定了这种区分。一旦这些新的范畴把这个设定了的区分当作为终极性的，那么就轮到它们自己受批判了，第三套范畴随之也就被引入了，进而，讨论中的这些方面或领域的区分与统一也就都得到了明确的设定。

　　在与形式有关的这些范畴中，先是直接性的、然后被区分开来、最后再统一起来的是确定性与实存。传统社会先是过渡到市民社会，然后再到国家；与这个过程相适应的那些范畴形成另外一个类似的序列。在这里，从广义上来讲，讨论将包括普遍的社会性相互作用过程和特殊的社会价值观或生活方式等方面。

　　然而，与市民社会相对应的形式与内容之间的那种关系，借助于我们刚考察过那三对范畴中的任何一对，都是不可能得到描述的。这涉及到事物的各个方面，而不仅仅是某一（社会的或别的）体系内部的形式过程与其特殊内容之间的区分。思考这种关系所需要的那些范畴是在此逻辑学的第三个主要部分中发展起来的。

　　我刚才所给出的说明是非常不完整的；我所提到的那些过渡都包含着更多的方面，而且它们都是在自己的三重运动或更长的运动过程中实现的。这种逻辑学要求的是乔伊斯的那种患失眠症的终极性读者。但是现在，我们可以考察一下黑格尔想展开的论证到底是什么样的。逻辑序列中在先的那些范畴被一些更为精致的范畴所取代，后者使先前的那些范畴显得抽象而过分直接。黑格尔的著作读起来很困难,但在阅读过程中这种困难却是有变化的。这种逻辑序列的许多早期范畴很难理解,因为它们太原始了。与我们所使用的那些日常范畴相比,它们远没有那么复杂。它们并没有设定我们已习惯留心到的那些区分、统一和差别。

黑格尔希望表明,我们的日常范畴,比如形式与内容,是从一个序列中提取出来的,它们与这一序列中间的某一段相吻合。正是在日常范畴的这些预兆的推演过程中,黑格尔找到了超越日常状态抵达最终范畴的正当理由。这些最终范畴人们就不那么熟悉了,而且由于它们不平常的总体化,理解起来也有了一种新的困难。黑格尔试图表明,日常范畴归属于一个系列,这个系列既可以说明这些范畴,也可以使它们得到超越。这种系列还使他可以对日常思维方式加以纠正。在形式与质料这个例子中,黑格尔的说法与日常的说法十分接近,但在其他例子中,他的说法的修正意味要浓得多。黑格尔其实是想根据形式与质料在逻辑序列中的必然地位来对其作出正确说明;他并不是想演绎出那一关系的日常的或亚里士多德式的观点来。

如果这就是黑格尔所建构的论证,那这个序列的开端就将是相当重要的,但是这个问题却超出了本项研究的范围。照黑格尔看来,只可能有一个开端——最为贫乏的、最为抽象的范畴,即"存在(being)",而且从它开始的那个过程肯定是必然的。

黑格尔论证的这种修正性质意味着,他认为没有必要把历史上思想所意指到的每个范畴都包含在他的逻辑学之中。然而,他确实必须证明,这种逻辑序列是完全的,而且没有被包含在内的那些范畴或者是些虚幻的企图,或者就是对某些真正范畴的一些不正当的综合。

人们常常有把这种逻辑序列说成为一种发生学过程的冲动,但是这样做却是错误的。我们讲后继范畴是从先前范畴中发源出来的,但这种依赖次序实际上颠倒的。一旦试图对那些早先范畴进行彻底思考,我们就会发现它们的独立性就瓦解了,而且它们是作为后继范畴的要素而进入的我们的思考之中的。对于市民社会来说,不论是指它的逻辑结构还是指它的实际运行,同样这么说也是极为准确的。黑格尔所采取的这种推论过程就是要表明,如果没有被包含在一个更大的整体,即黑格尔称为国家的那个更完全的共同体之中,市民社会的存在是无法设想的。

其他螺旋运动

通过与形式有关的这三对范畴的这些螺旋运动,基础性的根据概念已从空洞的内在关系(形式与本质的本质)变化到一个确定的内容上来了,在这里各种各样的形式就可以现身了。这一改变克服了根据与确定性的分离——这一点在该章的开头部分就已设定了。从逻辑学关于本质划分更大规模的运动来看,那些曾被过分直接地归并在一起的各个方面已被成功地设定为分离性的,但是这并没有破坏那个基础性的根基的统一性。从逻辑学最大规模的运动来看,本质已摆脱了它最初曾有的某种直接性,但暗含于直接统一性之中的那种区分还没有得到明确的设定。一旦它们也得到了明确的设定,运动就将开始转向对全面统一性的设定,而不再去寻找某种内在基础。

这就在各种层次上澄清了逻辑序列是如何由最隐秘的运动所构成的。我没有对各种小规模的形式与质料进行总结，它们都没能阐明该对范畴所意指的那些关系。这对范畴本身也没能在关于根据的讨论中成为最终定论。根据没能在基础性的根基中成为最终定论，——这些根基预设有一极是直接性的。那些根基也没能体现本质逻辑学所企求的那种完全基础性的运动。本质逻辑学作为一个整体又没能体现……什么？纯粹思维的结构？关于成为实在是指什么这个问题的一种观点？至少，黑格尔会断言，逻辑序列作为一个整体并不奢望阐明任何特殊的观点或内容，相反它只求阐明思维完整而纯粹的必然结构。

第四章 现代性范畴

我们对黑格尔逻辑学的探讨是以他对市民社会的定义为指导的:"这是各个成员作为独立的单个人的联合体,它存于一种普遍性之中,这种普遍性由于其成员的独立性的缘故仅仅是形式化的"(《法哲学》,第157节)。我们需要知道,黑格尔是如何发展形式普遍性这个范畴的、成员的独立性为什么会造成普遍性的形式化,以及形式普遍性将发展成何种更为完整的范畴。

这些问题的答案可以在黑格尔逻辑学的第三部分找到,在那里他发展了一些与整体和体系相适应的范畴。[1]

黑格尔在第三部分给他正在思考的这种自我差异性的统一性赋予了各种各样的名称:"普遍性"、"概念"、"判断"、"三段论"以及"绝对观念"等。这些名称取自于传统的学院逻辑学,先是被赋予了康德主义的色彩,尔后又被打上了黑格尔主义的烙印。它们所起的作用都与希腊文**逻各斯**(logos)这个概念相类似。对于希腊人来说,**逻各斯**(言说、争论、推理等都齐集于此)所指称的是确定性和统一性的一般原则,思考、说话以及行动正是通过这些一般原则才得以可能的。虽然不同的思想家对它有不同的解释,但**逻各斯**主要还是指一种聚集,有了这种聚集,存在或思想的所有领域中的统一性就获得了形式并得以可能了。黑格尔那个被翻译成

"概念(concept)"的词是 Begriff,它也是指把握和使在一起。它同样也是指这种使所有存在、思想和行动被统一在一起并得以确定的紧密统一性,而且它还让其得以恰恰如此存在。在后面我们将发现,海德格尔表面上与此类似,但从深层次上来讲,他与这种使事物是其所是的聚集式逻各斯教条是对立的。

在我们上一章简要地加以考察的那一部分逻辑学中,范畴从头至尾是成对出现的,但它们都没能解决关于什么是基础、什么是依赖性等问题的争论。一旦所有方面全部的相互依赖性都得到了明确的设定,那种逻辑序列也就达到了综合统一性这第三个阶段。

在本质论结尾部分,有一段对斯宾诺莎的潜在实体范畴的扼要说明——这一实体是通过有限的样式来表现自身的。然后,黑格尔探讨了一系列各色各样的范畴,包括因果性、规律以及相互作用等。在与受规律控制的相互作用有关的各个范畴中,使某一范畴成为基础性的这一企图被放弃了,并且所有的方面都被设定为是受其交互性的相互作用中介的。这就明确地设定了一种首要的直接基础的缺失,而且对这样一种基础性出发点的要求也被一个由交互性相互作用(Wechselwirkung)所构成的整体的运动取代了。在此阶段,每个构成因子都被看成是由与他者的相互作用所构成的,但体系还没有被理解为一个与其构成因子相区别的整体,这一整体仍然是非规定性的。

在这里,我们开始触及一些对于思考市民社会也许会有所助益的范畴。然而,我们必须继续前进,直至这样一些范畴:它们包含了一种根据整个体系来思考相互关系和特殊内容的思维方式。

要想对市民社会展开思考,我们需要能够将相互作用的形式过程与其成员们的特殊内容以及特定的相互作用区别开来。这就要求进展到逻辑学的第三部分,在那里整体被设定为一个第三者,它不与它的任一构成因子或它所包含的对立面的任何一个方面相同一。这种新的同一性的出现在此逻辑序列中是一个最为关键的步骤;在此,我努力揭示的也仅仅是这一步骤。[2]

由于同一性和整体都得到了明确的设定,所以第三部分中的所有范畴就是与总体性相关的——尽管它们都包括了一些在其内部得到明确设定的对立。与第一部分中牵强武断的变化及本质范畴的曲折经历相比,第三部分阅读起来相对就要容易些了。黑格尔断定(《哲学全书》,第273节附释)任何辩证法的中间阶段都是最困难的,因为在这里综合统一性既不像在第一阶段中那样是以直接形态出现的,也不像在第三阶段中那样是独自得到明确设定的。在第二部分中,统一性关联或者仅仅表现为外在必然性,或者就表现为各组成部分在独自说明它们自己的地位和共在性(togetherness)上的无能。对于市民社会来说,情况同样如此,在家庭、市民社会及国家这三者之中,它也是处于中间阶段。在此,那种深层统一性起初仅仅表现在市场相互作用的外在必然性之中。

在逻辑学的第三部分,综合统一性变成了中心主题。在一个总体性的内部是存在着某种发展过程的,这个总体性起初被看成过分直接地设定了它的内在划分和联结,然后又是在极端分离的状态中来作这种设定。在该部分,这种运动过程在各种水平上的重复贯穿始终。

现代性范畴

逻辑学的第三部分提供了把握现代情境所需要的一些范畴。第二部分所提供的那些范畴是不充分的,它们没有给出一个思考形式普遍性制度与独立的特殊成员之间关系的方法。自由市场并没有将各种不同的事物统一起来;个人带进市场之中的是他们的一些早已确定了的目的。自由市场也不是某种内在内容的一种同义反复性的展示——就像形式与内容这对范畴所提示的那样。虽然关于现代主体性的一些讨论似乎很有道理,它们认为主体具有一些可用于外化为行动的固定的内在愿望和需要,但自由自我与某人所选定的自我同一性之间的关系不能仅仅被理解为一种被赋予外在存在的内在内容。认识到本质范畴在描述现代形式自我和制度时所表现出来的不充分性是很重要的,因为许多关于现代性的讨论常常仍停留在作为黑格尔本质范畴之特征的持续张力之中。例如韦伯的范畴就没有进展到明确总体性这一水平。

黑格尔的批评者们所指责的也正是向第三部分及其总体性的这种演进。在许多解释者看来,在所有辩证法——尤其是在逻辑学——的第三部分,黑格尔就变得不真实了,而且他还离开了我们处境中的那种张力关系,而走向一种以某种假设性总体性为基础的调和折中神话。这些批评者主张对黑格尔的思想采取一种"适可而止"的观点。通过对黑格尔的宇宙论解读,即把他对共相及其继起物的讨论看成为关于一种超大实体的导论,这种观点似乎变得更为合理了。因为我们感觉我们是不可能对后者信以为真的,所以也就无需考虑前者的问题。离开了黑格尔主义"难以置信"的形而上学,我们也就只能在作为本质层次之特征的各种极端关系之间徘徊了。

黑格尔的思想是非常统一的,我们是无法适可而止地接受它的。我们或许不想采纳某一步骤,但它在很早以前就已被预置和预设了。如果我们想对黑格尔的最终统一化表示异议,那么我们就必须进行更为深刻的反叛,而不能只是从某一点开始来采取规避动作。黑格尔的概念需要从其根基上被加以改变,而不能在它们发展过程的中间环节上来将其斩断。

在逻辑学的第三部分,黑格尔的确讨论了一些与唯心主义问题及某种本体一元论相关的范畴。但是关于这些问题,逻辑学除了指出我们通常用以讨论它们的范畴是不恰当的以外,它本身没有对此作任何断言。这样,黑格尔实际上回避了许多通常认为他作了直接解答的问题。在探究黑格尔关于现代性到底持什么观点这个问题的过程中,关于唯心主义及一元论的这些问题对于我们的目的而言是无关宏旨的。在此,我不同于查尔斯·泰勒,对于他来说,正是这些问题——还有其他一些问题——促使我们摒弃了黑格尔对现代性的规定,而只保留他对现代性问题的充满远见的诊断。在对黑格尔所企求的那种包罗万象的统一性持否定态度这一点上,我与泰勒是一致的;但是,即使不把这种统一性强行纳入例如唯心主义或本体一元论中去,这种否定也是可能的,黑格尔肯定会拒斥在当前英国和美国意义上对这种唯心主义或本体一元论所作的描述,他会将其斥之为一些没有得到充分发展的范畴。

概念:普遍、特殊、个别

《逻辑学》第三部分的第一章探讨的主要是概念(das Be-griff),它明确地设定了本质范畴中所欠缺的那种总体性——即使在交互性相互作用这个范畴中这种总体性也处于阙如状态。我一直坚持把 Be-griff 翻译成"概念(concept)",目的是抓住拉丁文 con-ceptus 这个词的含义——"集中在一起把握",虽然在英语中这是一种学术性的理解,但这一含义在德语中却是语源学的反映。约翰·伯比奇的翻译"理解(comprehension)"也很值得推荐,而且我有时也在形容词用语中采纳这一译法。考虑到伯比奇所给出的那些理由,我从不用"观念(notion)"来翻译 Begriff(参见伯比奇,1982,第 252 页)。

概念有三个要素,即普遍、特殊和个别。这些术语的意思与传统的属、种和个别相对应。在德语中这三个术语分别为 das Allge-meine、das Besondere 和 das Einzelne,另外它们还有相应的形容词和抽象形式。我保留了这些传统译法,但那些对当代分析哲学中这些词汇的英语用法更为熟悉的人应特别谨慎小心。

(a)在黑格尔那里,**普遍**并不是指一个与具体个别物相区别的抽象实体。从黑格尔的观点来看,在当前关于唯名论和实在论的讨论中所争论的共相肯定只不过是另一种直接实体。

(b)至于**特殊**,困难之处在于,在当前的一种专门用法中,这个词已变成指一个确定的个别实体,即属性的载体。这样,人们就可以大谈可被加以量化的赤裸裸的殊相以及殊相的集合了。黑格尔是在一种更为日常化的意义上来使用**特殊**这个词的——就像我们所说的玫瑰的某种特殊颜色或服饰的某种特殊样式。特殊指一个实体的某种确定的特性。虽然这个词是对《逻辑学》第一部分中的**质**或第二部分中的**形式**的一种回应,但是它所指的却是这些术语只能去接近的那种更加充分的观念。虽然特殊性意指某个确定的内容,或是指被定义为与其他一些质相对立的质,但现在那种内容却被看作为某种普遍统一性的一种特殊化。

(c)关于**个别**,同样应特别谨慎。在当前英语语言讨论中,它经常具有与**特殊**十分相似的意思。黑格尔宁愿它更为接近日常含义,即一个处于分离状态中的(in-dividual)、单个的、独立的事物。并不是世界上所有可以承载特性的事物都会成为这个词的完整意义上所指的那种个别物。如果普遍性对于黑格尔来说就意味着统一性和一般性,那么特殊性就意味着确定性和区分,而个别性也就意味着实存性、单个性、自我关联的独立性以及自足性。虽然黑格尔的个别性范畴与亚里士多德的个别实体观念有着明显的联系,但从其含义来讲,它却是作为那种观念的后续者出现的。

我们必须小心不要对黑格尔所认定的个别物妄下判断。在范畴层次上,人们并非在决定世界上何种明显是个别的东西是真正的个别物。在黑格尔那里,其实并不存在那种与分析性本体论相对应的构想——分析性本体论总是想搞清楚哪些词真正是指实在、特殊个别物的。在黑格尔的语言中,他在许多层次上都使用了比喻,他这么做并不是要使对个别性的诉求归于无效,而是要将它们置于完整性和总体性的各种不同层次上。[3]

黑格尔认为概念的这三个要素完全是相互关联的。

普遍性、特殊性、个别性,抽象地看来,也就相同于同一、差异和根据[即《哲学全书》式的逻辑序列中的反思的三个要素]。但普遍性乃是自身同一的东西,不过须明白了解为,在普遍性里同时复包含有特殊的和个别的东西在内。再则,特殊的东西即是具有特定差异的东西或规定性,不过须了解为,它是自身普遍的并且是作为个别的东西。同样,个别事物也须了解为主体或基础,它包含有属和种于其自身,并且本身就是实体性的存在。这就在其差别中设定了概念各要素的不可分离性。——这也就是概念的明晰性,在概念中每一差别,不但不引起脱节或模糊,而且全部都是同样透明的(《哲学全书》,第164节)。

黑格尔在引入普遍时所遇到的问题,与康德在驳斥休谟时所面临的问题相类似。在休谟所描述的经验之流上,康德并没有附加什么观念,仅仅通过范畴来对其进行整合和统一。同样,黑格尔也没有给世界添加什么新东西,仅仅指出了世界背后和之中的普遍物——这种普遍物也被表述为世界的综合统一性。人们有时也许会感到,黑格尔是在规避他先前所看到的那些困难,普遍及其后续范畴成了某种可以消除对分离的恐惧感的神奇公式。但是黑格尔认为他已经表明,确定性与分离不可能是最后结论,它们只是达成综合统一性过程中的一个步骤。

黑格尔有时会采用这样一些意象,即普遍仿佛是弥漫于事物之中的某种空乏的力量、能量或生命。黑格尔从来也没有彻底摆脱他青年时代曾采用过的浮夸的浪漫意象的影响,但是他要求:必须用逻辑范畴来对这些意象重新进行思考,而不是相反。

黑格尔并不用**普遍**来指称一个抽象实体,例如牛或数字九。但是,他对这个术语的用法也并不是与这种传统意义毫无关联的。在关于普遍性古老的"波菲利的树"①中,我们从一个个别客体——比如说,一头叫作波西的乳牛——开始,然后通过抽象进行上升运动:波西、霍斯坦牛、乳牛、反刍动物、动物、生物、物质以及实体。在这一上升运动过程中,每一个阶段虽仍然是对波西的一种描绘,但是使它成为此一独特个体、使乳牛成为此一独特物种的那些规定性却被越来越多地忽略了。关于这种普遍概念,黑格尔曾这样说过:"至于一般人所说的概念……例如人、房子、动物等等,只是单纯的规定和抽象的观念[einfach Bestimmungen und abstrakte Vorstellungen]。这是一些抽象的东西,它们只保留概念中普遍性这一要素,而将特殊性、个别性丢掉,因而并不发展为这另两个要素,因此它们是从那种[真正]概念里抽象出来的"(《哲学全书》,第164节附释)。只有在具体个别物的所有这三种要素的相互关系中,概念才能完全成为它自身。

> [从特殊的东西]到普遍的东西的回归是双重的:或者通过抽象丢掉特殊的东西,上升到更高和最高的类;或者通过个别,普遍的东西在自身的特殊性中下降到个别。——这里出现了歧途,抽象离开了概念的道路,迷失于歧途,抛弃了真理。抽

---

① "Porphyrian tree",这是著名的亚里士多德逻辑学解释者波菲利提出的便于记忆概念之间关系的图表。——译注

象把自身上升到它的更高的和最高的普遍的东西,而这样的东西不过是愈来愈变得没有内容的表面;为抽象所轻侮的个别,却是深度,概念在这个深度中把握自身并设定自身为概念(《逻辑学》,2:260/619)。

在此歧途上所形成的概念是一些完美的经验概念,但它们的普遍性与内容却仍然是毫不相关的,而且这种普遍性也不具备任何哲学必然性。这些一般概念可由从无开始被选定的任何制约所限制。"乳牛"可以被限定在许多随意选定的分类中:雄的、雌的、白色的、站着的、坐着的、昂贵的、友善的等等。同样地,波西的任何特征也都可以被挑出来,使其抽象地突现出来,并用它来构造一棵种与属的树。我们没有任何标准来区分事物中的哪些方面是客观的或必然的系统性内容(《逻辑学》,2:453/796)。从这个意义上来说,我们大多数的经验概念都没有什么本质可言。

然而,在思想中却是存在着一些必然结构的,而且,这些结构还可以作为标准,对某些日常观念——例如国家观念——起到校正作用。只有那种完全黑格尔意义上的概念才会包含必要的必然内容,而这种概念正是在普遍性、特殊性和个别性这三个要素的相互关系之中出现的。

应如何对这种相互关系进行思考?黑格尔把普遍描述为"一种统一,即一种只有通过它"与特殊性和个别性"的否定性关联才可能的自我统一",描述为一种"它自身的否定性同一"(《逻辑学》,2:242/603)。黑格尔的大多数读者第一次碰到普遍这个概念,是在《精神现象学》第一章论感性确定性中,在那里黑格尔用

"此时(the now)"来作为他的第一个例子。

当其内容变化时,此时仍保持不变,但是它只有通过内容的变化才能成为不变的。此时因被从其过去及未来的内容中区分出来而存在;现在是白天而不是夜晚,但是此时却并不等同于白天,因为现在很快就会变成夜晚而不再是白天。一个具有某种内容的永恒现在会丧失作为"当下性(nowness)"本质的时间运动。此时并不是一个"它(it)",不是一个直接现存的实体,不是一个只是单纯呈现的实体。如果我们确实可以就它进行谈论,那么这是因为我们可以运用一种复杂的否定机制来对其进行思考。从一个意义上来说,此时就是它当前的内容,而从另一个意义上来说,它又不等同于那个内容。

经常有批评者指出,黑格尔应该把此时当作为一种表述性的东西,而非一种普遍性的东西。然而,黑格尔并不是在这个术语的日常含义上说此时是一个普遍概念的;他认为它是一个通过否定与关系来维持其同一性的统一体。从某种意义上来讲,它与进行表述所需要的活动和背景相类似。

在介绍了此时这个例子以后,黑格尔总结道:"一个这样的,通过否定作用而存在的单纯的东西,既不是这一个,也不是那一个,而是一个非这一个,同样又毫无差别地既是这一个又是那一个,——像这样的东西我们就叫作普遍的东西。"(《精神现象学》,第82页/第66页)在《逻辑学》中,黑格尔把自我用作为他的意义上的普遍的一个例子。自我是一种统一,但它并不是意识中的一个连续的、直接现存的东西,——如休谟曾徒劳地寻找的那种东西。自我也不等同于经验中的任何一种东西或这种经验中的一种顺序。它不是经验中的一种肯定性的东西,而是使这些东西成为经验之部分的那种联结与统一行为。自我是一种借助它与经验之流中所有特殊的东西的否定性联系而形成的统一。它是一种统一性,恰恰不是指经验到的那些东西中的某一个,但是,自我要存在,仍需要那个经验事物之流。虽然自我的统一性是通过与经验中所有东西的"非这一个"关系而构成的,但这却是把这些东西联结成**我的**经验之流的关系。(下面我们将会发现,国家作为一种普遍的东西也是通过一种否定性关系来维持其同一性的;这种否定性关系对各种利益集团加以限制,但它将这些利益集团的特性和权力确认为国家的关联性统一体的组成部分,并借此又与这些利益集团达成了肯定性的关系。)

这些例子显示,人们常有这样一种冲动,即把普遍看成为一种将各种规定性部分联合在一起的力量——只有通过其展现才可以看到它。但这仍是把普遍当成了一种肯定性的实体,而不是将其当成黑格尔心目中的那种否定性地联系着的自我同一性。这三个要素中的每一个都要借力于其他两个要素,而且要通过它们来进行思考;这与本质范畴不同,在后者那里整体其实并没有得到明确设定。而现在,整体得到了设定,但它既没有被设定为一种首要的直接基础,也没有被设定为各个独立部分的一个最终结果。直到将所有直接性的痕迹都剔除了以后,这种关系才在逻辑学的第三部分中得到梳理。在概念的这三个要素之间的关系中,没有一个要素是首要的——若是那种情形,普遍俨然就成了某种统治性的能量或灵魂。在这三个要素之中,没有一个是首要的,也没有一个是终极性的;它们相互间的区分和关系就是这种基本的运动,这些规定性的要素就存于这种运动之中,而这种运动也仅仅是这些因素的分离与统一运动。那种可得到充分展示并成为所有因素之基础的首要的和终极性的东西是不存在的,但这种循环运动本身却可以是自我透明的,而且人们也可以自觉地生活于其中。

从直接普遍性到形式普遍性

首要的东西的欠缺状态产生了一个重要的后果。因为这三个要素中的每一个都存在于它与其他两个要素的区分和运动关系之中,所以如果我们要想将普遍从其他两个要素中分离出来,我们就将只能得到统一和自我关系的那种没有规定性内容的抽象。如果有人想对普遍加以关注,以求发现在它背后都隐藏了什么样的深度,那么他会发现什么也没有。此时——区别于白天和夜晚——没有任何内容;区别于经验的自我仅仅是一种空洞的关联运动。如果我们把特殊内容从普遍之中分离出来,普遍就会空空如也,只剩下关于统一性的一个抽象形式。市民社会就是一个例子,它设定了普遍的制度与特殊的内容之间的分离,而这种普遍的东西也就成了形式化的和空洞的。

我们刚接触逻辑学时所遇到的那些问题之一在此就开始有了解答。关于各特殊个人的现代独立性使市民社会成为一个**形式**普遍过程这个问题,黑格尔是如何进行思考的?以及如何克服那种形式性而又可不丧失个人自由的成就?在范畴的这种推演过程中,这两个问题都得到了解答。这种形式普遍性始于普遍与特殊之间差别的设定,而它的克服则出于对它们的统一的设定,这种统一发生在概念的中介结构之中——这是一个我们一直在寻找着的作为"客观内容"的结构。

由直接普遍性向形式普遍性的推演过程构成了论普遍这一章的第一部分内容。从我们关心的社会层面来看,直接普遍的东西对应于黑格尔曾描述过的那种传统社会的结构。在这样一种社会中,个人是由他或她的社会角色来定义的,而且那种角色被直接感知为是对共同善的维护。社会中的差异得到了确认,但是这些差异却是被控制在一个在其各个组成部分中都得到了表现的和谐整体之中的。黑格尔经常用荷马史诗来作为他的例子,在那里,每个个人都**是**他或她的角色,并且对于所有角色与社会的善之间的统一性都有着坚定的信念。在这里可以发现的逻辑范式就是普遍(社会整体)、特殊(这个或那个确定的角色)以及个别(作为一个具体的人的安提戈涅)的直接统一。这三个要素可以被辨别出来,但却不能被分割开来;对这些差异进行明确设定的社会制度是不存在的。这三者合并成了一个直接的统一;一方无需克服任何设定性的分离就可以通达他者。

在此,我们所见到的就是作为论普遍这一章的开头几段特征的那种统一。在本质论的结尾所获得的那种统一首先被设定为普遍的东西——包含了所有直接存于其中的划分和内容。普遍的东西无需与某种别的东西相对立以获得内容。传统社会具有它自己的内在区别性内容;它并不是通过与河对岸的部落的对立来获得那种内容的。这些对立,比如希腊人对野蛮人,是随那种在联结性整体中发展起来的同一性意识而产生的。用黑格尔的术语来说:普遍的东西是在自身中并且是为自身而受到规定的。这样一种统一也不要求我们在本质论部分见到的那种两极对立。传统社会也许包含了许多这样的对立，但是它们并不构成它的统一。

在这个复杂范畴中，整体单纯的自我关联性的统一直接包含了它自身中的其他一些要素。区别并完成这个整体的那种内容并不是来自于外部的某些限制，而是整体的自我同一性之中的一个肯定性进程。

那么，逻辑学为什么不就此结束呢？看起来，黑格尔似乎已克服了他努力想克服的那些区分，但是，这种统一却太过直接了。到目前为止，普遍、特殊以及个别这些要素还只是根据作为统一性的普遍的东西来加以思考的。然而，我们知道，从逻辑序列的总体运动来看，这种直接的统一性并不是我们在讲某物是一个整体时所意指的那种整体。概念的这些要素必须不仅根据它们的统一性，还要根据它们的差异来加以思考，而且，这样一来还将开拓出更进一步的发展空间。

黑格尔断言进一步的发展已然暗含在直接统一性之中了。既然每个要素都被设定为与普遍的东西是直接合一的，那么它们中的每一个也就被设定为分享了整体的自我联系与独立性（《逻辑学》，2:245/605）。正因为整体被理解为是直接统一在一起的，所以每个要素也就可以是整体。整体就将不仅根据普遍统一性，而且也将根据特殊性与个别性来加以推定。

这就导致了一个微妙的变化。以前，普遍要素被理解为其他两个要素存于其中的那种统一性。但是，如果每个要素真的是与整体直接统一在一起的，那么它们也就等同于那个普遍统一性了。一旦我们意识到其他两个要素分享了这种整体性，那么第一种思维方法就不再是思考整体的"那种(the)"方法了;它仅仅是构思整体的统一性的一种方法,即那种强调统一性与直接的自我联系这个要素的方法了。在打上了特殊性与个别性的标记后,思考整体就有了其他一些方法。换言之,在第一个情形中所设想的那种整体仅仅只是整体的一个特殊种类。整体是不可能主要以普遍统一性为其特征的,因为后者只是一个要素。作为整体的那个运动必然是以所有这三个要素为其特征的,不会受其中任何一方的支配。

对各种不同的、特殊的总体统一性的构思方法进行这样一种思考,就已经是置身于第二种要素的阴影之下了,这已是根据它们不同的特性来区分这三个要素了。在这里我们明白了,黑格尔是如何调转逻辑学的进程使之回过来指向它自身的。

这一切似乎十分抽象。但请记住,现代性就是通过在制度以及个别自我中设定特殊个人(连同他们的愿望与需求)与普遍的东西——风俗与法律等社会事物——之间的差异而产生的。不论这种差异是通过路德式的宗教定义,即个人与上帝的直接联系,来加以设定的,还是通过笛卡尔的怀疑,或通过自由市场体制来加以设定的,在所有这些场合中,某种差异对于思想和行动来说都是至关重要的。但是即使某种差异已得到了设定,各个个体之间的联系以及概念的各种要素之间的联系也不会被破坏;这些联系仍然存在,但现在它们却没有了内容,变成纯粹化的和形式化的了。在市民社会中,交互性确认的结构并没有被抛弃,但是它们却变成形式化的了。在这种情形下,风俗与角色的传统社会整体就开始仅被看作为社会中的存在方式之一。它被看成了这样一种方式,即它强调了普遍统一性,但牺牲了特殊差异。还存在着另一种以特殊差异及形式普遍的制度为基础来组织社会的方法。一种新的拱形统一性是可以达成的。

这也就是在思考统一性的同时强调特殊性。它与其说是对统一性的一种瓦解,还不如说是一种新的统一性,即普遍、特殊以及个别之间的一种新关系——它强调普遍与特殊之间的差异。"当[特殊与普遍之间]区别的特殊性被设定起来从而具有存在时,普遍的东西就是在区别中的形式,而特殊的东西则是内容。当[特殊与普遍之间的]区别作为本质的[设定因素]时,普遍的东西就变成了形式"(《逻辑学》,2:248/608)。

作为特殊与普遍之间的区别的结果,在形式与内容之间出现了一种新的区分。这也就是黑格尔对现代性为什么同时保留个人权力和形式化制度这个问题的答案。如果所有内容都被放到了确定的特殊成员这一边,那么共同体的统一性就必须被理解为形式化的。在一个传统社会中,共同体的统一性通过"自然"被明确表述成了复杂的社会内容;在一个现代社会中,整体可以从所有特殊内容中区分出来。从某种更深层的意义上来说,整体统一性已变成了某种特殊的东西,可以作为一种特殊的东西被区分出来,——与特殊内容相对立的统一性,即成了相互关系与统一性的一种空洞而又必要的形式过程。

形式与内容之间的这种新区分与我们在本质部分所见到的那种区分并不相同。它既不是印在不同物质之上的一种形式,也不是无谓地复述其自身的一种内容。相反,它是关于一个社会整体的思想——它在特殊内容的某种集合以及某些形式统一性制度之中得到表述。每个人都需要他人,但是他们的差别在社会之中得到了设定;这也就是说,差别被构建成了制度的功能维度以及各个特殊的公民的决策。我们确认了市民社会的形式——市民社会是一种联合体,因为其成员是独立特殊的,所以它的统一性是形式化的。他们不依赖整体来为其指定规定性的角色与生活内容。

因为特殊内容与普遍形式已被设定为彼此不同的,甚至与每个整体都是不同的,所以在市民社会中,在这两者之间没有任何内在联系、在形式体制中没有任何原则、在特殊内容中也没有任何预先适应,可以用来说明它们之间的统一性(《逻辑学》,2:250/610)。在市民社会中,特殊的愿望和需求并非由心目中的一般福利所构成,而在另一方面,在人们的感觉中,由市场施加于个人身上的那些压力,相对于人们所希望实现的那些愿望,它们又是一些外在力量。这种不连贯性就是现代性的巨大成就。它将公民从具有传统生活方式的实质性统一体中解放了出来——那种生活方式直接存在于社会整体之中,并且与社会整体有着普遍有效的同一性。

从另一方面来说,市民社会也带来了一些问题,而这些问题又正根源于特殊公民与社会整体之间的分离。但是不论可以开列出多长的问题清单,也绝不会有一个问题会产生出对现代分离进行死心塌地的辩护的需要。黑格尔关于国家凌驾于市民社会之上的基本论据大多都基于这个逻辑学进程。正如它引发了与市民社会相适应的这种结构,它同样也超越了这一结构。

超越市民社会的范畴

我无意说黑格尔在写作他的逻辑学时心中想的是市民社会。

逻辑序列应该是范畴自身的一个纯粹的发展过程。但是，当黑格尔开始讨论市民社会时，他的确想到了他的逻辑学，这可以清楚地从他根据形式普遍性对市民社会所下的定义上看出来。

到底是什么促使这种逻辑进程继续超越由市民社会所展示的这种统一性？黑格尔说，困难在于"特殊性没有作为总体呈现"（《逻辑学》，2∶248/608）。特殊性是根据与其他规定性之间的关系来加以规定的规定性——例如，区别于绿色的红色、区别于乳牛的獾，都处于它们各自颜色与物种的统一性之中。在这些确定的特殊的东西之中，没有一个可以说表现了整体。在市民社会中，也没有一个人的特殊愿望或需求表现了社会的方向。没有一个特殊的规定性是作为普遍的东西的总体呈现的。即使被归并到了一起，这些特殊的东西仍然缺少内在的统一性。这些特殊的东西，不论是单独出现，还是作为从形式普遍的东西中抽象出来的一种集合体，都没有表现整体。

对于黑格尔来说，如果停留于此就会造成把中间阶段看成是最终阶段的假象。适于思考市民社会的那些范畴出现在逻辑序列的这样一个阶段：在此，特殊的东西和普遍的东西*已经*在它们的统一性中得到了设定。诚然，这种统一性仅仅是直接设定的，而且它还不得不崩溃为市民社会的分裂特征，然而，统一性终究还是已经得到了设定，而且，与市民社会相对应的那些范畴也不再明确地设定这种统一性。这就是为什么说，对于黑格尔来讲，下述判断是很重要的：适于描述市民社会的那些范畴不是出现在本质部分的无休止的冲突和两极对立之中，而是出现在逻辑序列的第三部分之中——此时，支配一切的统一性已经得到了肯定。

我们正讨论的这种总体性与统一性已经获得了肯定,它们已成了市民社会中那些典型区分的可能性的条件。这并不是说要从市民社会所提供的那些原本就根本不同的部分中构建出一个新统一性,而是说要明确地设定一种总体性,要使市民社会得以可能,首先就必须有这种总体性的存在。整体各个要素的相互同一和中介已经存在于逻辑序列之中了。这种中介是不可能被弄没有了的;与市民社会的典型区分相伴随,它必须得到明确的设定。如此一来,也就过渡到新的个别性范畴了。

在描述市民社会的那种与独立的特殊的东西联系在一起的形式普遍性时,黑格尔说道:"把这种普遍性变成抽象普遍性的,是这样的情况,即:中介仅仅是条件,或中介还没有在自身中得到设定。因为它没有得到设定,抽象的东西[普遍性]的统一就有了直接性的形式,[特殊的]内容也有了对其普遍性漠不相关的形式,因为这个内容并不是作为绝对否定性的普遍这样的总体"(《逻辑学》,2:249/609)。黑格尔此处的这个短语"内容不是总体",似乎与上文引用过的那个短语"特殊性没有作为总体呈现"相类似。但黑格尔现在又补充说,总体是"绝对否定性的普遍"。**绝对否定性**这个术语意指这样一种运动——在其中,第一性的是不存在的,而且所有的事物都是由所有别的事物中介过的。在此,这是指概念的那三个要素:普遍、特殊与个别。

与传统社会相对应,第一种普遍性的特征就在于,所有这三个要素都处于直接统一性之中。与市民社会相对应,第二种普遍性的特征就在于,每个要素都被设定为特殊的与不同的。因此,特殊的东西就被设定为独立的了,只是外在地同施加于其上的那种统一化过程发生联系。差异已得到了设定,但中介与统一却没有。所以就需要有一个第三阶段——在那里,每个要素都被当成是受另外两个要素中介的。

市民社会成员的独立特征是要求享有真正个人自由的首要动机,但这种动机却过分执着于同整体保持差别。在对它所要求的"从某处获得的自由"的定义中,它的根据就在于,是否能达到作为真正个别性特征的自我完整性与独立、其对立面状况如何,但是,这种定义却过分依赖于这种根据。

同逻辑学第三部分的大多数过渡一样,在悄无声息的发展中,一种指向更为完整的个别性的辩证过渡发生了。概念的每一个要素都被看成自我关联的(因为它是普遍的东西的一个要素)和确定的(因为它是特殊的,并且被规定为与其他的要素是不同的),但自我关联的规定性却正是黑格尔称作为个别性的那种独立状态。概念的三个要素中的每一个都可以被看成为自我关联的和自我完整的,因而也可以被看成为其他两个要素的体现。论个别的东西这一章讨论了这一成就,然而,这就带来了概念统一性的又一次崩溃。每个要素似乎都是自我完整的,而统一性,起初是所有这三个要素的直接统一性,然后变成了形式普遍过程的统一性,现在则分解成了统一性的三种不同思想——每一种都是自我完整的,各自分别以这三种要素中的一种为其主导特征。

在他的论判断和推论这些章节中,黑格尔回顾了从多样性到统一性的这个回归过程,但在这里所达到的统一性中,所有的分离和各个要素的中介都已得到了明确的设定。完整的个别性只是在这一漫长过程的结尾才获得的。它的成就同时也是客观性范畴的发展,这是一个重要的发展,但我们不准备在这里讨论它。

与先前在思考独立存在物时逻辑序列所采用的那些范畴相比(例如,规定性存在、有限、形式与内容、事物与现象等),黑格尔对个别性的讨论更为复杂,而且还包含了更多的中介及对整体的关照。如果我们追问,黑格尔在谈论的是世界上的哪一个个别的东西,那么这就提了一个错误的问题。黑格尔所讨论的是适于用来谈论个别的东西的范畴;他并非在开列一个清单——世界上都有哪些似乎是个别的东西真正证实了这些范畴。我们在下一章中将会看到,若把逻辑学看成为一个范畴体系,是作为一种假说提出来的,目的是为了描述世界中的个别的东西,那就错了。这样做会把逻辑序列定位于一个主观的应用行为之中,而不是把这些范畴看成为对于任何思想都因它自身而有效的条件。

客观内容

正是在个别性范畴的发展过程中,黑格尔发现,为了给出那种将对市民社会进行定位和限制的更大共同体的结构,客观内容是必需的。从市民社会中可以找到的那种水平的个别性来讲,黑格尔说:"这种个别性[它产生于普遍与特殊之间的区分]与概念的个别性的区别,就是:在前者那里,作为内容的个别的东西与作为形式的普遍的东西,是彼此分离的。——正因为个别的东西并不表现为绝对形式,而普遍的东西也不表现为形式的总体"(《逻辑学》,2:261/620)。

这个令人困惑的短语"绝对形式"指概念的这三个要素中的

各个中介的模式。那种更为完整的个别性,是通过将个别的东西设想成存于这三个要素中的完整运动而产生的。但那种运动是什么样的?在逻辑学第三部分主要讨论判断与推论的这两章中,黑格尔对相互中介作了详细说明。在这两章中,从普遍、特殊和个别的辩证法中产生出来的那些分离的统一性,结合或重新结合在一起了。在这三者中,没有一个被看成为是第一性的或基本的。这两章表明,这三个要素,虽然现在都被看成是各自独立的,演变出各种复杂的分离与统一,但它们逐渐通过大量细微的中介又将它们自身重新集结到了一起。在此发展起来的模式就是"绝对形式"及"普遍的东西表现为形式的总体"。这种形式的绝对性并不依存于某种实体化的本体论状态,而在于它无需被理解为与某种外在内容联系在一起,所有必要的区分和内容都是在它的中介环节中被提供出来的。

　　这一发展过程,实在太漫长了,无法在此追溯。绝对形式就出现在这一过程中。这种形式提供了黑格尔所要求的那种客观内容,因为这种绝对形式具有它自己的内容。"这个绝对形式在自身中具有其内容。……内容总之不外是绝对形式的这些规定;内容是由绝对形式本身设定的,因此也适合于它"(《逻辑学》,2:231/592)。对这一内容的详细解释在"大逻辑"讨论判断和推论这部分中占了大约 80 页篇幅;这些论述逐步提供了一些更为恰当的关于综合统一体的思维方式,与此同时也设定了所有必须被设定的区分和中介。(在绝对形式中所包含的中介还要多得多,而且它们还得到了更为深入的发展,但是就我们的意图而言,指出普遍、特殊以及个别之间的关系就足够了。我们将会看到,黑格尔是如何用它们来说明国家应该采用什么样的制度这个问题的。)

论判断和推论这两章由冗长的、复杂的,然而却不能完全令人信服的一些相互关系,即传统语法与逻辑术语之间的关系,以及概念的那三个要素间的一些更加错综复杂的关系所构成。在此,我并不关心黑格尔的下述尝试——将他那个时代的各派逻辑学术语统一起来,成功了还是失败了。对于我们来说,重要的是这种绝对形式的发展。这最终发生在论推论这一章中。

一个判断(在德语中就是 Ur-teil 或"原初区分")就是一个中介,它只包含了概念的两个要素,而且也不会把它们一起放到第三个要素中去。黑格尔把民事诉讼说成一种判断,而把刑事犯罪说成另一种不同的判断(《哲学全书》,第173节)。在民事诉讼中,一个特殊权利与另一个特殊权利发生了冲突;在刑事犯罪中,罪犯的特殊欲望被断定是与社会整体以及一般权利的普遍制度相冲突的。两种不同的逻辑模式支配着相关的分离和统一。

对于黑格尔来说,推论是用来思考繁杂整体的一个范畴——在这种整体中包含了概念所有的三个要素,而且每个要素都是其他要素的中介。黑格尔说:"一切事物都是推论。"这也就是说,每样事物从某种程度上来说都是一个独立的整体,都必须被理解成:概念的所有要素都在其中起着作用。在此,推论是指事物本性中的中介,而不是指用来表达这些中介的论证形式。[4]

值得指出的是,正是出于表达三重中介的需要,而不是因为某种神秘的直觉学说,黑格尔才说,包含着主谓形式的双边关系的命题不可能表达辩证法的结论。黑格尔声称,他的思辨思想只能通过一系列其中具有某种张力的命题才能表达出来。

论推论这一章不断前进，直到所有的要素都被设定为彼此中介的。没有一方是第一性的，也没有一方是最终的；每一方都通过第三方而与所有他者结合在一起。普遍、特殊和个别这三重中介被折回它自身两次，从而产生了二十七种中介模式。每个模式都包含了所有三个要素，各有不同的要素来担任那个中介性的统一性的角色——而这些统一性，每个又都轮流按照这三个要素中的每一个来被加以考虑（参见丢辛，1976，第 267 页及以下各页）。各种中介模式仍是按照亚里士多德式推论关于人称和语态的旧术语来命名的，这实际上是一个黑格尔只能勉强部分实现的任务。

黑格尔所提出的其实是关于综合的与独立的统一性的思考方法的一个概要。当我们对世界上的某一种状况进行思考时，如果我们可以发现，它的结构是由这些概念要素的何种中介和区分所造成的，我们就将知道，它在何处与逻辑序列相吻合，以及从何种程度上来说，它实际上还是一个独立的总体。如果说，它的模式与该章中的某些先前范式有类似之处（或者，在随后那些章节中，还可以看到更多明显的世俗性的类似物），那么我们就能明白，哪些东西仍是有待中介的。例如，在关于国与国的外交关系的讨论中，黑格尔注意到，在对有争议领土所展开的争论中，其实施方式是：几乎允许引用任何偶然事实（语言、传承关系、历史、地理等等）作为理由，来说明为什么是这个国家而不是另一个国家应拥有这块领土。这表明，在国际法中所形成的那个整体并非一个体系——在体系中，普遍的东西指明应将把什么样的特殊性列入行动与价值观之中；因此，这种整体也不是一个充分发展了的、可以以其自身为基础的共同体（《哲学全书》，第 184 节附释）。类似地，同国家相比,市民社会就更不恰当了,因为前者的相互作用模式,从其逻辑结构来讲,还构成了一个较为完整的推论。

克服现代形式主义

黑格尔非但不拒绝对于形式的现代强调,他反而竭力使其变得更好。绝对形式对现代性的所谓克服,就是指:绝对形式不能被设定为与其内容有所不同。人们不能设定这样的差异,因为绝对形式已经将差异作为得到克服了的某种东西包含在内了。如果企图创造一种新的和更为包容性的形式与内容的差异,那么这就会重又沦落回一个已被设定了的和超越了的阶段。

在所有这一切观点之中,弥漫着一种神秘的氛围。然而,黑格尔会声称,一旦人们已然进展到对普遍的东西进行思考的地步,那么,他们就别无选择,惟有走到底了。在作为现代性特征的这种区分之中犹豫不决,其实就等于未能将这些区分之所以可能的那些条件表达出来。一旦我们到了逻辑学的第三部分,就会发现,我们已经设定了那种综合统一性——这种综合统一性是通过一种相互中介而存在的,在其中,没有东西是独立的,而且那种其他因素都奠基于其上的首要因素也是绝不存在的。黑格尔会争论说,现代性应被理解成一种分离——这种分离就存于这样一种已经设定了,但却被作了过分直接理解的统一性之中。这种统一性重新肯定了它自身,因为它就是现代性的首要条件。这种统一性不是某种通过创造新的区分就可以被永恒超越的单纯直接性。它是被理解成直接性的概念的复杂统一性——的确是这样;但是,作为这种直接普遍的和自我关联的东西,在其中绝没有任何直接性。如果不能超越作为现代性特征的这些范畴,也就等于故意回避思想。

对黑格尔客观内容的这种说明必然会引起这样的疑问:黑格尔并没有真正克服形式与内容之间的那种区分。我一直把这种客观内容称为一系列的模式,而这就意味着它们将以一种外在的方式被加以应用。我们将发现这种模式是通过各种方式体现出来的:例如,作为政治制度,或宗教体系。难道这不是重又为所有这些现代分离留下余地吗?

黑格尔肯定会否认这一指责。那些看起来是分离的内容在形式本身看来,只是与其运动有所不同的他者,但是"看作为他者"就已经是某种被包含在形式本身之中的东西了。

逻辑序列的结尾部分重申了这一点。最终范畴是绝对观念。在这一观念中,逻辑学明确地将设定、直接性以及中介这些词汇都合并在一起了——它们已被运用到对范畴的阐释中了。这个终极性范畴将它自身的中介描述为思想所有规定性的内涵。所有其他范畴都被看成为对思想本身的这种最基本的运动进行思考的抽象的和不完整的方法。假如说我们可以把先前的范畴看成为有待秩序化的直接事实,那么我们就可以把逻辑序列这一方法看成一个与它们相分离的形式。但是,对于黑格尔来说这样一种分离是不存在的。"至于规定性是被采用作形式的还是内容的规定性,对于方法来说,倒是无关宏旨的。……它既然是绝对的形式,是把自身和一切都作为概念来认识那样的概念,所以没有任何内容与它对立并把它规定为片面的、外在的形式"(《逻辑学》,2:501/839——

840,比较:2:485/825)。黑格尔断言,这样一种拱形运动——它是自我包含的,是作任何在其他人看来是终极性的区分的最终条件。这样一种综合统一性已经设定和克服了人们也许想做出的那些二分。不论是在作为整体的逻辑学之中,还是在这种逻辑序列与"外在于"它的实在之间,形式与内容之间的终极性区分都是绝对不可能被设定出来的。

第五章　黑格尔逻辑学的运用

在考虑黑格尔从市民社会向国家过渡的细节之前,我们需要讨论一下逻辑序列是如何被运用的。黑格尔并不是在进行概念分析,也不是在为某些概念的运用寻找充分必要条件。他的工作是修正性的,因为他不仅想对那些已经在起作用的标准进行澄清,而且还提出了一些概念来替代我们日常使用的那些概念。黑格尔没有对国家的概念进行分析,从而说明它必须包括哪些制度;相反,他对作为概念的国家(即作为一种特定的综合统一性)进行了分析,从而说明了它必须体现哪些中介,并由此说明它必须包括哪些制度。这听起来像是有点闪烁其词,但差别是深刻的。在一种情况下,他可能是在对一个通过抽象的和经验的考察而构成的概念进行分析;而在另一种情况下,他则是在讨论一个具体总体——根据这些总体的必然形式,而这里的所谓形式就根源于逻辑学的纯粹进步。

黑格尔所要求的这种必然性来源于一种先验分析。但是,在这里我们必须十分谨慎。他并不是在构造某种"先验论证"——在这个短语的一个近期意义上。他其实并不是说:为了运用范畴 A,我们就必须已经知道如何去运用范畴 B。斯特劳森在其《个人》中就企图构建这样的论证,而查尔斯·泰勒则试图说明:黑格尔《精神现象学》中的论述怎样才能被解释为是提供了这种论证的。[1]

黑格尔所讨论的这些先验条件并不是非得认识了才能起作用。逻辑学中所包含的各种范畴已被精心编织进整个哲学体系之中去了——用不着已经发现那些后续范畴。在使用逻辑序列中的任何先前范畴时,人们是在这样一个语境中思考的:如果它确实被设定了,它就会涉及那些后续范畴。在运用先前范畴的时候,这一语境并不是非设定不可的,但如果它没有被设定,那么导向那种设定的发展就将出现。

黑格尔既赞扬也批评了康德就先验演绎所作的努力(《逻辑学》,2:227/589)。康德隐约觉察到了绝对形式,但他还是退缩了,回到了形式与内容的分离上,拘泥于主观性与事物本身之中。他对先验方法的应用仍局限在主-客体关系这个框架内。然而,虽说主-客体关系也是构建纯粹思想的范畴之一,但它只是许多范畴中的一个,而且还不是最高的或涵盖面最广的一个。这个论题充斥于黑格尔对康德哲学的各种抨击之中。

那么,以黑格尔的眼光来看,先验演绎到底是什么样子的呢?它与《逻辑学》相似。逻辑序列就是设定所有必须被设定的东西的过程——如果最初直接的东西要想是其所是。黑格尔论证道:这一序列必须从其有所动作时开始,而且从那以后每一步都必须是被设定的,因为它已成了使先前的那些较为抽象的阶段得以可能的条件。在这个过程中,内容并不是从早期阶段中抽取出来的,而是从那些使它们得以可能的不明确语境中添加给它们的。内容其实就是设定了的语境。但是,这种使内容可能的语境并不是一组实体或原则;它是思想的那种三重运动——思想就是这一设定运动。"逻辑的理念有其自身来作为它的内容的无限形式"(《逻辑学》,2:485/285①)。

黑格尔与有限性

黑格尔没有从公理出发来演绎逻辑序列,或使逻辑序列失去作为某种第一原则的深刻性。在他看来,就像他发现的那样,它是从设定运动中产生出来的,即是对普遍的东西的判断(Ur-teilen)。然而,在此要避免一种危险的误解。存在、本质、概念、普遍的东西、绝对观念等,没有一个是第一性的无形式实体——然后被限制,或者自我限制,从而产生出关于我们的思想或世界的清晰阐述。"概念不是无形式的实体那种无底深渊。……规定性不是一种限制"(《逻辑学》,2:242/603)。

黑格尔打破了西方哲学史上的一个基本传统——把确定性和规定性视作通过对某种先验非确定性的限制而产生的。黑格尔不是通过对某种原初完满性逐步施加限制来取得逻辑学内容的。逻辑学的那些最后范畴并非指向所有事物背后的某种无形式的能量。相反,黑格尔谈到了一种错综复杂地联系在一起的运动——它造就了思想空间。

从黑格尔所意指的那种意义来说,这种运动是无限的;它是自我关联的、独立的,而且包含了对它自身之他者的一种设定。然而,从这个词的常用含义来看,就它为我们的思想和行动所打开的

---

① 原文如此,应为第825页。——译者

可能性来说,这种运动却是有限的。并不存在着无限多的范畴;对于思想和行动来说,也不存在着永远新颖的可能性。

这种逻辑序列为我们的思想和行动提供了条件,而这些思想和行动则打开了一系列有限的可能性。这并不是说我们不能继续非确定性地走向未来,也不是说我们将不会有新的经验。但是,对黑格尔而言,我们拥有的总体结构的种类却是有限的。尽管他是乐观主义的,但黑格尔并不相信有永无止境的进步。若持这种信念,人们肯定就得把我们面前的可能性视为无限开放的,以至不论当前有什么样的结构与制度,我们都能从我们面前的那些仍然不确定的可能性中创造出某种新的机会来。请注意:我已涉及到那种同可能性相分离的现代主体了——这种可能性就近在眼前,等着我们去判断。作为一个理想,无止境的进步要求无限的可能性,相应地,它还要求有那种被空洞地规定的主体去穿越这些可能性。黑格尔对这两者都没有信心。我们的主观性出现在逻辑序列及其可能性的有限种类之中。我们出现在逻辑形式一定的历史表现之中——同样是有限的。黑格尔相信,我们现在处于一个有利的历史地位——现在一切都变清晰了,就历史已在向这种清晰性发展而论,历史的终结时刻到了。然而,那变得清晰起来的,并不是一个思想与行动永远有新形式的无止境的未来,而是人类行动的有限理性形式。在这些形式中有内容;它们明确指出了一些制度和社会角色。它们与现代性的那种永远开放的、形式合理的规则和制度并不相似。

我坚持这一点,是因为在我们同海德格尔作比较时它将是十分重要的。海德格尔是有限性的一个伟大倡导者。黑格尔也同样热情地拥抱有限性——这是一种同现代性的一些关键前提相对抗的有限性。

黑格尔破除了哲学中的一个长期传统,这种传统可以回溯到柏拉图和前苏格拉底,它把事物的一定外形看作为强加在某种无形式的可能之上的一种限制。古希腊人经常通过对成对原则进行限制来表达关于规定性的这种传统,即:一方面是限制,而另一方面就是无形式的可能性。例如,亚里士多德关于形式与质料这对原则,或现实与潜能。在柏拉图那里,则存在着有限与无限之间的双边关系,后来这种关系又重新出现在新柏拉图主义者的思想中。

在基督教哲学中,这一传统被艰难地纳入到创造观念中去了。最重要的问题是:对于上帝的创造决定来说,是否存在着任何限制。阿奎那通过在本质与存在的区分中所表现出来的那种限制,提出了他自己关于规定性的观点;由他所代表的那种更为理性主义的传统争论道,上帝自己的理性本性对他能创造什么东西进行了限制。例如,他就不能改变逻辑学或数学规则。由奥卡姆(Ockham)所代表的那种更为激进的唯意志论传统的论证是:正是上帝的创造决定首先建立了事物可能拥有的一切限制或模式。上帝可以创造任何他想创造的东西。我们发现这一传统在笛卡尔那里还在起作用,笛卡尔断定,上帝可以创造这样一个世界——在那里,2 加 2 等于 5(笛卡尔,1972,第 2 卷第 248 页)。

在一个决断性意志面前敞开着无限的可能性这种观念,在许多现代思想中得到了延续。社会选择正是以此为背景而作出的,而且正由于我们所面对的可能性具有着这种无限的开放性,所以我们才有必要寻找一个标准来在它们中间进行选择。这样就有了关于这种标准到底应该是理性的还是情感性的争论。黑格尔对这些争论的前提条件提出了挑战。我们实际上已置身于数目有限的一系列可能性之中;其实我们**就是**这一系列可能性自觉的开放性。我们并非站在一个无限开放的可能性领域的对面,单等着作出决定性的限制,从而对这些可能性实施我们的创造性行为。我们发现,我们自己就处于一套已经是运动着的结构和可能性之中,而它们的运作规范和价值观也并不是可以无限地进行修正的。这些可能性和结构在历史过程中是有变化的;而到了我们现在这个时刻,这种变化的规律已经变得很清晰了,但是这并不意味着我们现在已摆脱了概念的运动。我们现在可以带着一种透明的理性来享受它,但这并没有使我成为它的运动的主宰。

与这种传统的决裂,即不再将有限的形式与无限的可能性对立起来,也许将为勾画后现代状况提供一个方法。

关于通过限制所形成的规定性,黑格尔自己其实也进行过讨论,即:逻辑学第一部分中关于限制和应当(Sollen 与 Grenze)的辩证法。但这后来在先是根据本质,接着又是根据概念的运动,以及最后根据绝对观念而对规定所作的讨论中被超越了。我很重视黑格尔对通过限制来形成规定这种传统的背离,但他也背离了西方的另一个主要传统,即从古希腊的原子论中生发出来的那个传统,它把某些基本的规定性当作为单纯的给定物,并将其视作所有其他事物的基础。在黑格尔关于绝对观念的学说中,绝对观念以其自身运动为形式,并有其自身来作为内容,这一学说其实代表了这样一种努力:为规定性找到一个起源,而且,这个起源既不是对一种第一性的无形式原则所作的一种限制,也不是对给定性的基本规定的一种接受。例如,我们可以从他的下述做法看到这一点:他拒绝将政治制度的基本特征归结为一个社会或个人的某种意志行为,或者是将它归结为牢固地植根于人的本性之中的某种给定的动机和偏好。

逻辑学事业的成功

在刚才几页中,我已努力对黑格尔逻辑学的目标作了一些说明。如果他成功了,那么他就将从根本上克服现代性。黑格尔把他的赌注押在这种逻辑序列开始的必然性,以及序列本身随后的必然性之上。这种开始根源于《精神现象学》和《逻辑学》的那些引论性的文献。这种起源是否成功是有争议的;我略过这一争议,来看看逻辑序列本身。

与《精神现象学》相比,在《逻辑学》中,那种立即就会使读者感到不安的过渡也许要少一些。然而,我们需要知道,我们如何做才能掂量出:黑格尔是否已经获得了逻辑序列作为一个整体所必需的那种必然性。[2]

我在以前曾提到过,逻辑学有两个版本。《逻辑学》是黑格尔在纽伦堡当中学校长时期写成的。第一册出版于 1812 年,第二册出版于 1813 年,第三册出版于 1816 年。在随后的二十年间内,黑格尔为出版各种版本的《哲学全书》对这些材料重新进行了加工。1831 年出版了逻辑学存在论部分的一个修订版,但是黑格尔在完成对其他两个部分的修订之前就逝世了。因为这些原因,我们有

《哲学全书》的各种压缩本,但却没有较长的《大逻辑》①的修订本。这是很不幸的,因为《哲学全书》的各种版本,尤其是本质论部分,与时间在前的、篇幅也更长的《逻辑学》有很大的不同。

就拿我们前面举过的那些例子来说,与形式有关的各种成对范畴在篇幅较短的逻辑学②中被广泛替换了。对形式与本质的讨论完全消失了。在篇幅较长的逻辑学中,与形式有关的那些范畴被看成为一些发展**不充分**的范畴,是走向那些较为熟悉的成对范畴——如事物及其特性,或实在与现象——这一发展过程的中间环节。在《哲学全书》版本中,这些与形式有关的范畴是在这些标准范畴之后出现的。在这个晚一点的版本中,这些形式范畴被当成是发展**更充分**的范畴了,这也就是说,它们设定了差异和统一性,而那些较为熟悉的范畴现在却被说成没有明确地进行这种设定。

如果仔细研究一下,就会发现,对与形式有关的这些范畴的这种新定位是极富洞见的,但过后又会发现,那些旧定位也同样富有洞见。每个版本都指出了我们思维方式中的一些十分有趣和有意义的关系。更偏好某一个版本是不存在任何直接理由的。读者也从没有明显感到后一个版本更好一些。一般来说,修订过的《大逻辑》第一册十分接近于1830年版《哲学全书》中的缩写本,因此,他计划中对《大逻辑》其余部分的修订也许会和《哲学全书》版相一致。但是,不以传记性根据为基础,我们仍应能够分辨哪一个

---

① 即《逻辑学》。——译者
② 即《小逻辑》。——译者

版本更好。既然黑格尔相信,这种必然性的系列给了我们一种根据,来超越处于这一序列中间阶段的那些较为日常化的范畴,从而走向这个序列最后阶段的那些统一化的最终范畴,那么,这个必然序列就应该有一个明显要优越一些的表现样式。说所有各种版本都给我们的思想提供了富有远见的材料是对黑格尔智力的溢美之辞。但是,如果我们**从我们自身出发**不能分辨哪个版本更好,这就会使我们对黑格尔的主张产生怀疑。

从最高层面来看,黑格尔在他的那些修订版中并没有随意变更这个逻辑序列的总体运动——它规定了这个序列和体系的本质。但是,除非能断定黑格尔犯了将形式与内容分离开来的错误,我们不能说对那些较细微层面上范畴的安排仅仅与恰当性有关,而与必然性无关。虽然逻辑学的这些较为微观的细节不是那个更大运动的基础,但是它们却是这个运动变得越来越充分的场所。它们必定有它们自身的必然性。

但是,仅从它们的水平上来看,我们无法轻易地找到判断的标准。提出来的几种安排似乎都很有启发性;似乎没有一个是决定性的;每一个似乎都很有助益;关于如何改进这一个或那一个,人们应该作出怎样的决定,这是搞不清楚的。惟一可能的标准必然是那种较高水平的运动本身。我们能否在较为微观的细节层面上判断出,哪种特定的安排可以更好地实现作为整体的那个更大的逻辑学运动?在人们准备去应用它之前,这个标准看起来似乎很合理。但事实上到底哪一个版本更好地做到了这一点呢,人们又搞不清楚了。然而,这仍是作出某种判断惟一可能的方法——如果这种判断还能作出来的话。[3]

在决定哪个版本关于微观细节的说法代表了那种真正的与必然的序列时,把逻辑学的总体运动看作为关键因素并没有解决问题。那种宏观运动本身被认定为就根源于这种逻辑序列之中;想来那种外部标准是不存在的。但是,除假定存在着一个宏观运动,如果我们不能确定这一序列的细节本身是如何展开的,黑格尔所追求的那种必然性也就无法获得。如果没有办法以它们自身为根据来对各种版本作出判断,黑格尔的逻辑学就会更像康德的形而上学演绎,而不像康德的先验演绎。这也就是说,它就会成为对在语言、思想以及历史中找到的材料所作的一种系统化的和启蒙性的安排,而不是**一切**思想的**那种**必然范畴的一个必然根源。逻辑学的这种总体性的三步运动,从存在经本质,直到概念和理念,就会不大像是思想的那种必然运动,而更像是用以安排历史材料的一个线索,即一个黑格尔从他自己的历史处境中推演出来的线索,而且这种推演的方式还没有在体系之中得到说明。[4]

黑格尔这一事业的成功主要取决于逻辑学的这种总体运动的地位,即从直接性、经设定性的分离、直到设定性的综合统一这种运动;这一运动一次又一次地重复,并在这种螺旋运动中回到它自身,以形成逻辑序列的范畴。也许就是这种运动,以及它所暗含的那种循环性的自我根据性(self-grounding)的规划,表现了对理性以及成为实在所意指的东西的一种特殊理解;这种理解并不是以自我为根据的(self-grounded),而是黑格尔处境的一个历史性产物。这就是海德格尔批判黑格尔的要旨所在,我们在下文中将对此进行考察。[5]

如何"运用"黑格尔的逻辑学?

关于逻辑学与对市民社会的讨论之间的关系,我在刚开始研究逻辑学时,曾简要地提到过一个一般观点。从这个观点来看,黑格尔一方面在《法哲学》中对现代世界的发展作了敏锐的考察,并且对它的问题也具有一个清醒的意识;另一方面,逻辑学则被看为一次失败的尝试,它使黑格尔关于现代性的思想具有了一种一元论唯心主义的形而上学色彩。如今,已没人对这种唯心主义信以为真了,最好把它扔在一边(参见奎因顿,1975;泰勒,1979,第97页)。

与这种观点相反,我的观点是:正是这一逻辑发展过程使黑格尔对现代性的研究终于具有了某种力量与必然性,不再仅仅伤感不已,牢骚满腹。如果要对这个逻辑发展过程提出质疑,那我们就应该同样对这些批评者们十分青睐的那些描述提出疑问,因为这些描述正是围绕着从这种逻辑序列中发展出来的范畴而组织起来的。

在我们考察黑格尔对市民社会以及它与包容一切的国家的关系的讨论以前,我们需要搞清,在他的思想中,逻辑学与"那个真实的世界"之间的关系到底是什么。他并非在做本体论断言,严格来讲,他也不是在谈论把这一逻辑序列的范畴"应用"到这些范畴之外的某种东西中去——认识到这一点是很重要的。

黑格尔说,逻辑学不可能、也不应该包含成为哲学分支部门、即自然科学与精神科学的内容的那种实在(Realit!?t)。同逻辑学本身相比，这些具体的哲学科学是逻辑理念的某种更为实在的（reeller）形式（《逻辑学》，2：231—232/592）。在此，需要对实在这个词做一些评论，因为黑格尔是在一种传统意义上使用它的——从中世纪直到康德时代都有这种用法。这种传统意义与这个词在英语中的通常意义不同。按它的古老意义来说，我们可以说波西比乳牛这个概念更实在。这不是因为波西是外在的，概念是内在的，而是因为与波西相关的东西更多，关于它我们可以说出更多的东西，它的内容更多。甚至两个抽象的概念也能照这个意义区分为更实在的或较不实在的——如果一个概念比另一个具有更多的确定内容（如"紫罗兰色"同"色彩"相比）。一个更为实在的概念就是一个具有更多差异性和更为复杂的内容的概念。正是从这个意义上来讲，莱布尼茨和康德才把上帝说成是最实在的存在者，因为上帝的概念包含了所有其他存在者的内容。

　　黑格尔对具体实在的讨论仍属哲学性科学；他并没有把它们看作经验研究。它们延续了逻辑范畴的发展，但是这些范畴现在已在自然和历史中进入它们设定的他性（otherness）之中了。这很不容易理解，而且黑格尔对逻辑理念与具体实在之间关系的那种含混的形而上学描述，对此也没有什么帮助。这里有一个典型段落："逻辑表明了理念提高到这一阶段，从那里理念变成了自然的创造者，并超越而达到具体直接性的形式，但它的概念又打破了这种形态，以便作为具体的精神，来实现它自己"（《逻辑学》，2：232/592）。

　　说逻辑理念是自然的创造者是什么意思？在对黑格尔的解释中，也许这是一个最为隐晦的问题。意见千差万别，从传统有神论到非常严谨的范畴转换,各种取向都有(参见怀特,1983,第85—86页)。我自己的解释选择了后一个方向。就我们在本项研究中的目的而言,完全解决这个问题是没有必要的;我们只需要强调,从逻辑向那些较为实在的科学的过渡并不是一个**外在于**逻辑范畴的运动。黑格尔并不是先发展出一套范畴,然后再把它们应用到某种异在实体中去,或使其体现于某种具体物质之中。为了表明他的思想与传统基督教的一致性,黑格尔运用了一些隐喻来暗示这种过渡,但这样的过渡对于他所发展的那个结构来说是不合适的。

这种逻辑学的策略是追求支配一切的与包容一切的统一性。它与具体实在的关系不可能是某种整体性的和完整的东西(范畴序列)与其他整体性的和完整的东西(具体实在)之间的关系。《精神现象学》和这种逻辑学本身就努力破除那些用以构造这样一种区分的范畴。

> 当然,同逻辑学相比,这些具体科学在一种更为实在的形式中表现了它们自己;但它们这样做,却并非又转向那个被意识超出现象而提高到科学时放弃了的实在[这是指《精神现象学》为使那种主体对客体模式——作为思想在为他性关系中对自身进行思考的惟一方法——失效所展开的论辩],或是又回到那些在逻辑学(的本质论部分)中已说明其有限和不真的范畴和反思概念等形式的使用(《逻辑学》,2:231/592)。

对于一个已沉醉于这种逻辑进步的人来说,在逻辑理念之外绝没有这种理念可以发挥作用或可以体现于其中的场所。在向具体实在的过渡中所发生的事情,只能是逻辑理念以它自身为根据所进行的一种进一步思考。

根据这种逻辑学,除非借助于绝对形式的运动,没有一样东西可以被理解成为一个完全独立的实在。对于绝对形式本身来说,事实就是如此。人们常有这样一种想法:即认为这种逻辑序列出现在一个元-层面上,从这个层面开始,范畴就将被运用到实在上去,但是这种想法却是错误的。在这种情形下,对这个元-层面地位的忧虑就会引出一个在它之上的元-元-层面。它们就是黑格尔在《精神现象学》和《逻辑学》本质论部分曾抨击过的那种反思行动。这种反思暗示了一个最高(或最低)水平的思想就正好直接在那里,而且还有一个外部实在也直接在那里。对于黑格尔来说,在思想中或在现实中,没有一样东西是直接的。思想及它与实在的关系必须根据绝对形式的运动来思考:普遍性(逻辑)、特殊性(分布在自然的为他性中的那些逻辑范畴)、个别性(正在形成自觉个体、精神的那些逻辑范畴)。这些要素中的每一个都要通过其他要素而存在;没有一个要素是"第一性的"。这一点在关于三段论的学说中等到了最彻底的表述(《哲学全书》,第574—577节),在那里,逻辑、自然以及精神明显是相互中介的。这一学说就是设计用来挫败读者们的这样一种企图的:想用有关这一体系在某种外在于它的客体场所中的运用这样的问题来包围这一体系。对于黑格尔来说,对这些问题的查禁是超越康德的一个重要步骤,后者就用一些关于自在之物的说法来包裹他的范畴演绎。概念与理念的运动的绝对形式在它自己内部,为所有必须作出的过渡和运用，提供了属于它自身的空间。

当逻辑序列是根据它自身的样式而被思考的时候，世界和自我意识的所有内容就都被囊括在内了——至少是它们的那些必然的方面。这个已完成的范畴序列绝不会被运用到一个异在领域中去。这个包罗万象的统一体的这种无情扩张也就意味着：它已预先阻止了我们经常会提的那种关于原因和机制的问题的提出。需要某种外部原因的变化或过渡是不存在的；我们正在考虑的是我们在其中找到我们自己——通过思考纯粹思想的必然结构——的那个整体的必然结构。对于黑格尔来说，我们对解释性机制的渴望反映了我们的一种无能，即：关于逻辑范畴向自然和精神的过渡，我们无法理解这些逻辑范畴怎么就比我们所能给出的任何解释更具基础性。在这个逻辑序列之外，不论人们给出什么样的理由，它们都将是以取自于这个逻辑序列的先前阶段中的东西为根据而组织起来的，而且它们都不会在这个逻辑序列的背后或之外来谈论它的运用或体现。

这是彻底的先验哲学，克服了康德的不彻底性，从而使其革命得以贯彻到底。在他关于上帝存在的证据的那些演讲中，黑格尔说他的逻辑学可以被解读成关于上帝的本体论证明的一个扩充版。但这并不意味着这种逻辑学先发展一套范畴，然后再证明它们存在于实在和心灵之中——就像传统的本体论证明所做的那样。黑格尔说，他的尝试并不是根据对内在心灵和外在实在的那种已没人相信的二分法来加以组织的。相反，他把我们关于我们自身存在的意识，提升到对我们的充分必要的条件和内涵的意识上来。所谓由内到外的运动是不存在的。

第五章 黑格尔逻辑学的运用

我们开始能认识到我们之可能性的充分条件了。这些条件并不包含康德主义在思想与自在实在之间所作的区分。从这个意义上来说,黑格尔从不做本体论断言。如果那样做的话,就会承认以精神为根源的一套范畴与一种外在的实在之间的分离,而且还会在范畴之外附加一个主体,让它来下这种断言或实施这种运用。谈论本体论断言也就预设了现代主体的存在,即精神构造的主宰,并由它来面对那需要加以解释的事实资料世界。在黑格尔看来,我们被包含在一个我们能够去认识的整体之中;我们不可能置身其外。我们并不要求精神的存在;当我们开始意识到我们存身于其中的整个背景域时,我们就看到它了。意识到那个背景域并不是指去进行经验考察,而是说要意识到我们思想的可能性条件。而且,我们还应认识到,它是精神运动的一个部分。

我们对《精神现象学》末尾部分取得的、并作为体系结局的"绝对知识"会抱有期盼,希望它是一种决定性的本体论,指出什么是、什么又不是实在的。然而,它却是那些有效的东西的一种先验演绎。这种做法确实抛弃了那些形而上学选择——黑格尔认为它们的范畴是一些没有得到充分发展的范畴。但是,他却没有提出整套有待检验的范畴来与世界相对峙。那种运用与检验其实就是一种被抛弃了的选择。由于牵涉到这种包容一切的统一性,所以,有效范畴与存在着的实在这另一个领域之间的对立并不存在。有的只是:以它们自身为根据,从这些范畴中进一步推演出了越来越"实在的"(即规定性越来越多的)内容。具体实在的这种为他性是包含在这种逻辑序列之中的。

绝对知识不是某种最终的和最大的解释视域——在其中,我们可以发现世界的真实内容;它也不是一个约定性的视域——围绕着一个致力于解释世界的自我。毋宁说,纯粹思想运动的透明性才是有一个世界、有任何特殊的解释视域之关键所在。我们将会发现,这一运动不断重复,反复循环,从而成了世界的本质内容,但是,说到底,它仍是存在着世界与思想这一事件的运动。

黑格尔真的在建构先验哲学吗？

黑格尔不停地缝合着我们从外部带入试图与其体系相抗衡的所有二分法,这就引起了这样一种明确的反对意见:要是用以思考逻辑理念的那些必然范畴在 19 世纪的科学、社会和思想中就终结了,那该多方便啊！难道隐藏在所有逻辑反语背后的不正是某种经验审察吗？难道黑格尔不正是通过环顾四方来获得他所想要的那种"客观内容",然后再对他的体系进行相应的调整的吗？

这一反对意见暗示存在着下述两难困境:或者,黑格尔是进行一种不大可能的演绎,即从某些第一性原则中推演出所有内容来,或者,他就是在悄悄地进行着某种经验考察。这个两难困境依赖于普遍与特殊之间的分离。但是,黑格尔相信他已经克服了这种分离。在他的体系中,第一性的原则是不存在的;存在的只是概念与理念的运动,在那里没有东西是第一性的,并且,与此相对应,也没有东西是最终的。单向的依赖性是不存在的。虽然这一体系对政治、艺术以及其他一些具体事情也提出了一些主张,但它们是那种更大的循环运动的组成部分,并不是它的运用或它的结论。

这个反对意见要求对黑格尔关于历史的态度进行更仔细的考

察，而这又会使我们更为接近市民社会的问题。黑格尔是从他四周找到他所要的内容的，他并不是先验地演绎出它的。这是事实。黑格尔希望在世界的众多特性中找出必然性，从这个意义上来说，他是一个先验哲学家。但他不是一个预言哲学家。他从没宣称过能从某些第一性原则中演绎出具体内容来。如果我们企图让普遍的东西、概念或理念成为一种第一性原则，孤立地看待它，盯着它，想看看可以从中演绎出什么东西来，那么，我们会发现，它空空如也。

我们必须避免逻辑与历史之间的一种虚假的二分，似乎两者都是自我独立的。黑格尔既没有把一种非历史性的理论运用到历史材料中去，也没有在历史中寻找那种已独立存在于某种精神领域中的非历史性图式的对应物。

另一方面，对于黑格尔来说，在逻辑和体系中所达成的理解也并不是在任何时候都适用的。它不是可被自由决定的现代主体采用的某个观点，也不是一个主体可以加在某些客体之上的某种主张——只要以某种方式对其自身加以规定就行了。它是思想运动的自我理解。我们对逻辑序列的理解并不是一个外在事件：当其发生时，偶然地指向那个序列，或偶然地指向作为外部观察者的我们。去认识那种绝对内容，也就等于将我们自身认知为内含于其中，等于将我们的理解本身认知为那个运动中的一个要素。

虽然逻辑序列并不是通过历史才得以可能的（正相反），但是，我们对这个序列的理解，作为一个内含于其中的要素，还是有存在于这个序列之中的逻辑先决条件的，这种条件与自然的和历史的先决条件等值。我们只能存在于这个时空性的世界之中，只能用身体来展现独立的、有机的统一性,而且我们只能存身于一个特定的历史处境之中,并带着某些特定的纯粹化的交互性确认模式,进而我们就可以用新的方式来思考我们自身了。历史从结构上来讲,肯定已经发展到了这样一个地步,在那里,它不仅证实,而且还使我们在其完整性中觉察到这些逻辑形式。我们现身于其中的那个具体总体,在我们能想到探索其差异性这个任务之前,就已经是差异性的了;我们不必独立想到或想出这种差异性的内容。

在我们达成对逻辑理念和精神进步的理解之前,同样的逻辑内容必然已经在我们周围发展起来了,它以政治学、经济学、语言、艺术及哲学等的某些特定形式表达了同样一些逻辑范畴,而它们也就是我们正准备去理解的那些范畴。这似乎不正当地把我们自己放到了中心地位,但它其实只是这样一种努力的一个结果,即:以逻辑为根据来想出使对逻辑的理解得以可能的条件。与近来某些宇宙论对人本原则的运用相比,它的唯我论色彩绝不比它们多(也不比它们少)。

这些思考表明,黑格尔向历史世界的接近是带着一个来自于逻辑学的约定的:他所发现的那些东西将表现概念和理念的运动。他并没有从围绕在他周围的异质内容中寻找证据来证实或运用逻辑学。他已然对它源自于其内在发展的有效性深信不疑。这就使他可以自由地从他周围的东西中来汲取内容。所有企图独立地构思出具体内容的尝试,都会背离逻辑自身的那种包容一切的统一性。[6]

因此,黑格尔既不是把异质性的内容带进逻辑序列的视野中来,也没有通过对那个序列的演绎扩展来造就内容。他是在一个包容一切的统一体中进行工作的,进而意识到,这个统一体的运动是存在于多种多样比较特殊的领域中的。当他谈论政治学与经济学时,准确地说,他并非在把某一理论运用到实践中去,而是在说明那个我们身处其间的、早已在起作用的结构。而且这种说明行为也是这个结构在起作用的一个表现。

在《法哲学》中,黑格尔声称,他是在以法和自由自身为根据来发展关于法和自由的理念,而且,这同时也是在发展普通政治范畴和伦理范畴的对应思辨范畴。由于它们的思辨可靠性,他的这些范畴可以用来批判和修正对于所发生的事的普通理解。但严格说来,甚至不能说这是在运用他的这些范畴来表明它们已经在起作用。黑格尔并没有从他的理论中演绎出一种理想化的体制。他从当前实践中找到了各种体制可以凭其而得到发展的那些原则;这些原则表现了现在可以获得的精神形态。他并没有提出一种新的体制;在拿破仑之后的欧洲,他所建议的那些东西都已经出现了,至少在原则上已经出现了。他利用概念的逻辑运动,从当前纷繁复杂的实践中,提取出了那些与我们的精神发展阶段真正相适应的实践。我们对现代世界结构的认识并不是一个外在事件,而是内含于这个世界的运动过程之中的,而且我们对那些不恰当理解的批判也是这个世界的进步运动的组成部分。然而,与马克思不同,黑格尔没有为这种理解赋予任何因果效能。精神是独立发展的,它无需用我们的理解来实现那些通过我们所获知识将变得透明的东西。

因此,黑格尔并没有觉得他正在为现代性问题提供"他的"解决办法。他没有想出任何解决办法。他拥有可使他找到解决办法的逻辑,这种解决办法已然在世界中起作用了;他提供的是自我意识,而不是新的理念。

这一程序中的危险最明显地表现在黑格尔的自然哲学中。在那里,他似乎只是用逻辑范畴来包装他那个时代科学的结论,在此过程中,并没有为科学结论增添进一步的可认知性。而另一方面,当他涉及到社会和政治问题时,人们觉得他还是有新洞见的。也许,这是因为社会和政治探讨在他那个时代,或在我们时代,还没怎么得到发展。抑或,这是因为黑格尔对社会和政治问题的兴趣更浓。亦或,这也许表明了:我们希望得到的是某种别的东西,而不是黑格尔曾努力提供的那种思辨性基础。他并不注意对新事实的学习,而只关注通过对心中萦绕着的精神运动模式的展示来说明统一性和理由。

至此,我已间接地回答了这一反对意见:在其思辨过程背后,黑格尔隐藏了一个潜在的经验视角。他确实曾环顾四方,而且还从他所发现的东西中挑出了他的内容,但是这种考察是内在于这个思辨过程的,而且是由这个过程引导和保证的,这种考察自身就是这个过程的组成部分。

我们应简要地考虑一下另一个反对意见。从某些意义上来讲,这个反对意见与刚考虑过的那个正好相反。为什么黑格尔体系所提供给我们的**仅仅**是当前世界的内容及历史?请想想斯宾诺莎所说的具有无限属性——但我们仅仅知道很少一些——的绝对实体。比较而言,黑格尔的思辨总体似乎就极为贫乏了。在他那里,精神不可能是无限丰富,并不断有新的基本可能性的。正如我在前面所指出的,对于黑格尔来说,精神无限的自我关系肯定了一套特定有限的、然而却是有保障的可能性,这些可能性并不是从一套更广泛的可能性中挑选出来的。有待研究的经验细节的数量也许是无限的,但是时间与空间或历史与国家却绝没有各种不同的总体性结构。否则,精神的自我透明性就会受到损害。从一个极为重要的意义上来说,黑格尔的世界是有限的。

我经常求助于黑格尔主张的支配一切与包容一切的特性,这并不意味着这些主张是正确的,但是,我们需要注意到这样一种主张。实际上,它给一个主要的替代方案提供了思想基础,该方案即:不再永恒地停留在由韦伯及类似的现代性理论家们所提出的二分法之中。在如今,也不乏这种黑格尔类型的主张。它出现在关于语言的不可逃脱性的学说、拒绝形式化元-层面的绝对性的实用主义整体论以及后结构主义思想之中。所有这些,以及恰切地讲,甚至它们质朴的同路人如奎因,都开始提出一些同黑格尔相类似的主张。它们发起了这样一场运动——欢迎在它自身内部建立一个超出于它自身的场所的所有尝试,并用这种运动来取代局限于主体—客体框架之中某种最终的描述性语言。与黑格尔的要求相比,它们的总体化程度和自我透明度要少一些,但是在如今的许多思想家那里,某种与黑格尔的一般策略相似的东西还是存在的。

先验哲学与实在

在对黑格尔的许多介绍中,普遍存在着这样一种意见,即认为逻辑学就像是长在一些有意思的社会分析上的一颗不幸的形而上学毒瘤,我们一直在考虑这个意见。另一方面,对于某些熟悉先验哲学的思想家来说,逻辑学似乎才是黑格尔的努力中最有力的部分,而社会分析则需要同这种思辨力量更牢固地联系在一起。

克劳斯·哈特曼和他的合作者们,以及 K. 德夫和他的合作者们在不同程度上都论证过:黑格尔的逻辑学就是对范畴的一种先验证明。从他们的这一工作中,我也获益匪浅,而且,尽管我讨论逻辑学的方式略有不同,但实质却常常是类似的。哈特曼对《法哲学》也作了一次复杂的再分析。与泰勒有点类似,他发现,《法哲学》市民社会部分同扬弃它的国家部分相比更可信,但不同于泰勒的是,他提出应对关于国家的讨论加以改进,从而使其与那些他认为已由逻辑学证明了的东西更好地联系起来。[7]

黑格尔的"精神"有很多种解释方式。我已对我称作宇宙论的、超大实体式的解释方式进行了反驳,而赞成以一种更为先验的方法来进行解释。在我所提倡的这种解释与由上文提及的那些学者所提出的那种解释之间,还是存在着某种差别的。在讨论了作为一种先验分析和范畴证明的逻辑序列之后,这些解释者们接着又把这个序列与它在实在世界中的体现区分开来。但他们似乎并没有按黑格尔的方式来作这一区分。哈特曼在讨论逻辑学时争论道,他的目标是发展有效范畴。这种有效性将同存在明确区分开来。范畴的辩证法为某些特定的思想模式提供一种证明,而这些思想模式则应该成为我们的社会行为的规范。这种辩证法还告诉我们应如何考虑范畴与世界之间的关系——从范畴序列这方面出发。社会及历史的现实与我们在逻辑学中所想出来的那些东西,似乎并非总是一致的。哈特曼及其他一些人,并不像黑格尔那样对思想与实在的拱形统一性充满信心。世界也许与我们在我们的先验思索中所发现的东西并不一致。也许,我们没有能力使它如此一致。如果真的不能,我们也可以像费希特那样说道:"至少,我们已哲学化了。"

同黑格尔一样,对于哈特曼来说,哲学就是在思想中加以理解的它自身的时代;很有可能,未来的变化会使新范畴的某种新证明成为必然的。先验分析是一种再造活动,其实施基础就是从数世纪的思想中产生出来的范畴;它们是否会发生显著的变化,这是无法肯定的,但这是有可能的。社会变化将揭示出新的维度、新的现象,这也是有可能的,而这些维度和现象的范畴则要求被赋予效力。我们的思想结构需要按照逻辑的总体构造来加以安排。这种构造表达了这样一种持久要求:对那个只能通过黑格尔发现的那种循环过程而达成的总体根据作出说明。这一过程及其总体运动不会变化,但随着历史的变迁,可能就不得不把一些不同的材料安排进这个自洽性的根据链中来了。[8]

虽然我同意哈特曼关于逻辑序列的内在结构的许多说法,但他关于逻辑学在体系中地位的观点,似乎又引发了那些黑格尔肯定会拒斥的二分法。存在于这个逻辑序列之外的东西太多了。思想与实在、规范与成就都被分割开来了,而这是黑格尔绝不会接受的。

哈特曼及其他一些人会辩解说,黑格尔是从他所发现的那些完美体现物中取得他的拱形统一性及自信的——但这只有以设定一个没有得到证实的绝对形式为代价。我在前面已指出,情况并非如此。当我们认识到我们自己作为思想者的充分可能条件时,这也就足以使体系的拱形统一性获得稳定的存在了。

对于我来说，认为黑格尔曾经设定过任何是(being)的存在，即使是世界精神的存在，这都是一个错误。这样做就等于假定：在逻辑序列之外存在一个可以作出这种设定的场所，而且，这也就等于否认了整体的综合统一性。虽说黑格尔关于历史、艺术、宗教和哲学的系列讲演，确实并不具有核心著作的那种系统化的严格性，但它们也不需要一个如哈特曼曾试图找到的那种外在目的论。它们是一些在其为他性中来思考逻辑序列的尝试，但这种为他性并不是指逻辑序列在某种形而上学地设定了的异质性领域中的呈现。我认为，这是黑格尔为了肯定先验分析的力量而作的一些更为强力的努力。这种努力是非常有力的，根本没有必要再附加一个形而上学的累赘——就像哈特曼指责黑格尔的那样，也没有必要在先验分析与它的偶然体现之间作出区分——就像哈特曼自己那样。

在黑格尔到底在干什么这个问题上，哈特曼走的似乎不够远。对于我们如今的思想来说，什么才是可能的呢？——在这个更重要的问题上，同黑格尔相比，哈特曼的提议更谨慎，而且也更容易接受。实际上，哈特曼与其说是想对黑格尔进行解释，还不如说是想对他进行修正，从而使他有益于当今时代。他把范畴证明这个理念当作黑格尔思想的核心，但是，这个核心却被黑格尔的整个体系背叛了。经过修正并变得更为严格以后，黑格尔在今天也可以是很重要的，尤其是可以给我们的社会思想提供范畴证明。然而，这却取决于对这个逻辑序列的(再)构造是否能成功——这是一个我对其持怀疑态度的任务。

在本章中,我试图说明:黑格尔怎样才能成为一个基础论者,同时又不设定任何"第一性"来作为基础。甚至从其自身来考察的逻辑学也不能被看成为一个无条件的第一性原则——自然与精神就源自于它。当逻辑学对其自身展开考察时,逻辑学并没有给出任何稳定的要加以审视的第一性内容,有的只会是概念和理念的运动。这种运动并没有被呈现给我们的直觉,或者被当成一个有待审视的客体,相反它是某种我们通过在其中寻找我们自身来加以承认的东西。这一运动的自我透明性并不是一个清晰而明确的理念的明晰性。[9]

在近代,反基础论的思想家积极地同任何第一性的或总体性的设定行为展开了斗争,他们的思想已变得日益流行了。这就在黑格尔的总体化思想与海德格尔对"形而上学"的抨击之间引发了一场争论。我们在下文将对此展开讨论。在逻辑学的总体性构造中所表现出来的这种证明和自我奠基规划,表现了哈特曼所说的那种"理性的要求",对于我们来说,它是不是某种永远必然并可以获得的东西呢?或者,它是否从属于某种我们可能不再完全置身于其中的历史空间呢?

第六章　市民社会与国家

黑格尔解决现代性问题的自信源于他的这样一个信念：使一个问题得以可能的条件同时也可导致问题的解决。根据黑格尔的逻辑学，形式普遍与特殊内容之间的分离，只是由于概念的那三个要素已然设定了的统一才得以可能的。从具体生活这个角度来看，市民社会及其文化也只是由于已经存在着国家这个更为广泛的共同体才得以可能的。黑格尔的解决方案并不是为未来开出一剂处方——似乎可以根据那些成问题的体制和生活方式估算出未来发展并将其叙述出来。市民社会在其最初的纯粹性中是作为国家的某种对立面出现的，并且被设定为与国家这个载体相分离的。但在市民社会和由市民社会所孕育出的各种生活方式中，黑格尔发现了一些自我超越运动，它们导致了市民社会和国家的统一性的设定。[1]

在本章中，我们将对从市民社会到国家的运动进行考察。市民社会的成员，作为有需求的个人，他们有能力与他人缔结契约，不论想得到什么东西，他们都可以选择签订契约。"[这些]个人在其独立自由中……把存于其特殊性中的他们自身，以及他们的作为自为存在[Fürsichsein]的有意识的存在，视为他们的目标——由社会原子所组成的一个系统。通过这种方式，这种[社会的和伦理的]

实体就仅仅成了各独立单位[Extremen]及它们的各种特殊利益间的一种一般性的中介性关联"(《哲学全书》,第523节)。在市民社会中,除个人应尊重其他人的自由外,整体是不会提出任何要求的。由于市民社会中的交互性确认结构的这种形式化本性,每个自我都能把他或她的自由选择与他或她偶然的愿望、需求和满足的特殊内容区别开来。这种分离将个人从与社会角色的直接同一中解放了出来。然而,在这一解放过程中,同样是根源于这种分离,市民社会也产生了一系列经济的、心理的和文化的危害。

  市民社会的拥护者认为这些危害是自由的代价。黑格尔则争论说,个人自由要求有作为更全面的共同体的国家。市民社会背后的那些逻辑范畴是从一个更大过程中产生出来的,而且它们本身也不能被看成为完整的和独立的。如果将市民社会和国家搞混淆了,那么我们就会根据特殊与普遍的分离来构想自由,而这就会使自由沦于空洞贫乏。如果说所谓纯粹的市民社会是存在的,那公民们肯定就会生活于空洞的自由之中——实际上,这种自由受制于一些特殊的愿望和偶然的奇思怪想。如果说,我们的生活实际上有更多的方向和目的——确实也如此,那么我们就不是生活在一个纯粹的市民社会之中,而是生活在一种更为深刻的总体性之中,市民社会的范畴是无法将这种总体性正确描述出来的。这种更为深刻的总体性与市民社会的统一还没有得到充分的设定。

  必须把共同体的这两种形式仔细区别开来。

  如果把国家与市民社会混淆起来,而把它的使命规定为保证和保护所有权和个人自由,那么单个人本身的利益就成为这些人结合的最后目的。由此产生的结果是,成为国家成员是任意的事。但是国家对个人的关系,完全不是这样。由于国家是客观精神,所以个人本身只有成为国家成员才拥有客观性、真理[Wahrheit]和伦理生活。……个人的天职[Bestimmung]是去过一种普遍生活。他进一步的特殊满足、活动和行动方式,都是以这个实体性的和普遍有效的东西为其出发点和结果(《法哲学》,第258节附释)。[2]

似乎很矛盾,在黑格尔看来,已从传统中解放出来的市民社会中的自由公民的问题在于,他还不够自由。他仍被束缚于他的欲望的偶然内容,以及由市场上其他人的决定所造就的外部命运之上。他需要客观的内容,从而使他获得一种合理有效的但却是自由的生活方式。

客观内容与自由

为了弄清要求一种客观有效的生活方式到底意味着什么,我们需要将先前所说的黑格尔的自由观加以扩展。意志就是一种自我抽身(self-withdrawal)过程,这就肯定了我与我的欲望、需求和冲动中的任何一项的非同一性。自由的另一要素就是,当我将某个欲望或目标设定为我的欲望或目标时,我具有一种自我规定性。但是,在这众多的备选可能性中,我怎样才能确定将哪一样设定为我的目标呢?"由于冲动仅仅是一种没有方向的强烈愿望,从而它自身没有尺度,所以规定使它服从于[某种别的目标]或为[某种别的目标]作出牺牲,只能是出于任性的偶然决断。任性在决断时可以运用理智来较量,哪一个冲动会给予最多的满足,或者任性也可根据任何其他任意考虑作出决断"(《法哲学》,第17节)。

这里的关键词就是**任意的**(optional)。黑格尔并不认为选择某种形式化的准则,并将其应用到我们的欲望中去——就像现代决策理论及其最大化或满足准则那样,就会有助于完全合理的抉择的达成。有很多可能的准则,而且从自由的定义出发,也无法推断它们中的哪一个是惟一的准则——就像康德企图做的那样。选择仍然是任意的。在这样一种情形下

> 主体就是满足欲望的行为,即**形式合理性**——当它将这些欲望从内容的主观性,即意图,改造成客观性时……作为思维及它自身,这种意志自由地将它自身从它的欲望的特殊性中区别了出来,并且把自身看作为思维的单纯主观性而置于这些多重化的内容之上。……这种意志处于这样一种立场上:它可以在各种偏好之间进行选择。……然而,这种形式普遍性的意志据其来对它自身作出决断的那种内容,却仍然不外乎是一些欲望和偏好而已。这种意志只有作为主观的和偶然的才能成为现实的(《哲学全书》,第475—478节;黑体部分是作者后加的)。

这种决断,尽管是靠形式合理性原则作出来的,但它却仍不是完全合理的,因为内容仍然是偶然的,"只是形式上的无限"(《法哲学》,第14节)。"在此阶段,意志的自由是任性[Willkür]……偶

然性将其自身表现为意志"(《法哲学》,第 15 节)。

这种自由仍十分像一个随意的过程。它并不是真正的自我规定性,因为其中的自我是空虚的,"其内容不是自我规定的活动本身所固有的"(《法哲学》,第 15 节附释)。所谓自由地赋予其自身以内容的空虚自我这种理念是一种幻觉;它只会导致各种恰好偶然出现的东西的统治。因为要达到完全的自我规定性,在自我内部就必须有某种作为尺度的东西,而且它还可以通过一个自由决定而被现实化。然而,内含于我们之中的那种东西不能仅仅是关于我们的一个偶然事实。它必须既从属于我们自身,同时又具备一种并非偶然的有效性。当康德在自由"理性"内部,寻求某种既内在但又普遍有效的东西时,黑格尔是持赞同态度的。如果没有某种理性的指引与我们最深层的自我相一致,我们的选择就不再是我们的了。因为从某种特殊意义上来讲,有必要把作为我们**自身**行为的自由,与那些恰好发生在我们内心之中的随意行为区分开来(《法哲学》,第 15 节附释)。

在康德那里,范畴的必要性在于表达我们最深层的理性自我的本性,但它仍受制于普遍形式与特殊内容的双重性。由于这种分离,想为理性决断推论出一些形式化准则来的现代尝试也失败了,这些尝试或者因流于一般而苍白无力,或者有些用处,但它们却是从许多可能准则中任意挑选出来的。不论怎样,就其输入物与分量而言,它们仍都受制于偶然的内容。对于黑格尔来说,所需理性只能从任何自我借以存在的普遍、特殊和个别的中介过程中找到。这些中介过程将提供一种更为具体的理性,而这将克服康德与功利主义理性特有的那些分离状态。

自由与风俗

我们的任务就在于，要认识到我们的自由牵涉到概念的所有要素间的运动的绝对形式，并非仅仅相关于形式普遍与特殊内容之间的那种分离。怎样才能做到这一点呢？自我如何才能认识到概念的所有这些中介环节并参与其中呢？通过何种精神运思才能达成这种意识呢？

这不是一个个人意识问题，并且我也不可能通过某种精神运思而独自获得这种自由。

将自由看作为包含了概念的整体运动，也即等于不再将其看作为一个仅仅与我的意志和欲望相关的问题。作为一个单独的个人，我绝不可能把概念的所有要素都体现出来，因为我不可能作为一种普遍有效的内容而与我自己发生联系。虽然我可以通过反思成为我自己的"对立面"，但这只会产生纯粹自由与那些始终是"反复无常的"特殊欲望之间的分离（《哲学全书》，第469节附释）。

只有通过确定我在某种合理组织起来的共同体的交互性确认结构中的地位，我才能找到那种既普遍化又特殊化的内容；这种方式要比仅仅依靠我的私人思维更能奏效。这样一种共同体将作为一种带有须加以遵守的风俗的生活方式出现。

随着精神发展成了客观精神，哪些是好的偏好，以及这些偏好将怎样彼此依属，这些问题就变成了对由精神发展所带来的那些关系的一种揭示，而且在这一发展过程中内容也丢掉了它的偶然性和任意性。这样,关于这些冲动、偏好以及激情的真正内在价值的讨论,从本质上来说也就成了关于法律、道德以及社会义务的理论(《哲学全书》,第474节附释)。

真正自由是作为一种风俗性的德行[Sittlichkeit]而存在的,在这种德行中,意志不含有主观的或自私的内容,相对于其目标而言,它只有普遍的内容(《哲学全书》,第469节)。

国家对社会的控制所依据的不仅仅是法律关系,而且它也中介了……风俗、文化中的统一性,以及思维和行动的一般方式(里特尔,1982,第123页)。

一切都以某种社会整体中的生活而定,这个社会整体的角色分工与生活方式本身就是内在合理的,因为这个社会整体的根源就是概念的运动。它不必具有适应性的和最大化的合理性,因为那就又会变成市民社会了;它也不必具有那种被直接认可的目标的实质合理性,因为那就会成了传统社会。黑格尔试图以社会和个人自由为基础来肯定一种既是实质性的又是形式化的合理性。说它是实质性的,是因为有一些确定的结构和生活方式被当作合理性的而加以认可。说它是形式化的,是因为这些结构是从逻辑概念中的中介运动的绝对形式中产生出来的。它不是韦伯的两种合理性中的一种,因为它同时具有这两种合理性的特性,而且还因为在它之中没有一样东西是直接的,结构、过程、特殊内容或者个别自我等都不是直接的。

黑格尔希望通过这种中介来解决空洞选择与任意的偶然内容之间的那种两难悖论。在《德性之后》中，A.麦金太尔通过关注传统需要的有效性，并对形式化自我进行抨击来处理这一两难悖论。他诉诸下述事实，即：我们始终是处于某种历史传统之中的，因此所谓赤裸的选择这个问题根本就无从谈起。这一回答可能会和海德格尔的说法有某种相似之处，但却不可能让黑格尔满意。对于黑格尔来说，现代性已经带来了关于传统的一个无法回避的新观点。对于现代自由来说，我们确实不能仅仅诉诸我们在这种或那种历史传统中的置入性；我们必须要求合理的理由。但这种理由的根据必须是由逻辑所揭示的那种充分理性，而不是被应用到偶然性中去的那些原则的形式合理性。我们终归得置身于概念的这种运动之中；因为这种运动是那三个要素间的一系列中介过程，而这三个要素在一个已充分发展了的社会整体中是肯定会出现的。任何需根据其合理性来加以判断的社会总体性或多或少都会包含这些中介，如此，我们也就有了对它进行判断的能力。

社会整体的这种合理内容将在社会的交互性确认结构中被找到。个别自我的具有自我意识的存在，只有通过他们彼此的交互性确认才有可能，而这又提出了结构上的要求，这种确认只有通过这些结构才能得到中介。在市民社会中，这些结构是非常形式化的，但是在国家中它们就具有了相当多的内容。这种内容会延伸至何处？宪法、劳动分工的一般界线、国家中某些特定团体的总体品格，甚至各种不同国家的民族性格中的某些东西——通过对普遍、特殊以及个别间的各色各样的中介形式的考察，黑格尔发现了所有这些东西。这个或那个民族或团体的更进一步的独特性是很偶然的,受到历史运动中的相互作用、发展以及毁灭等因素的限制。

在为一种更深层次的然而却是合理的共同体寻找内容的过程中,黑格尔采用了一种古希腊的方法,并还将其现代化了。柏拉图、亚里士多德以及斯多亚,都曾想以公民对一个共同的**逻各斯**的共享和分有来重建社会整体。位于每个个人核心处的都是理智即**逻各斯**,它提供了一种共享性的运动和一种共享性的内容,而这就可以把公民相互联结在一起。这种联结既不是偶然的,也不是任意地创造出来的。黑格尔也使用了这一策略,但他将那些他认为对自由不够尊重的因素从中清除掉了。柏拉图可能会说当我们进入我们自身的时候,我们发现在那里有一种以现实为基础的对范式的开放性。对于柏拉图来说,我们遵守这些范式要比我们自由地对待这一切更重要。黑格尔会说,作为现实的基础,这些范式要求,我们对它们的遵从应是通过我们自己的个人选择和特殊性而做到的。[3]

就更为看重自由与真正的自我规定性而非选择的多样性的关联这点而论,黑格尔继承了康德的路线。虽然黑格尔坚持认为公民必须拥有一定量的选择机会,并且公民必须自由地选择他自己的生活方式,但他并不认为选择机会在量上的每次增加都必然会带来自由的进步。成为自由的也即成为自我规定性的,但是,这里所指的自我并不是那个面对着各种不确定的可能性的赤裸裸的选择者。在这种共同体的合理结构中,可以获得的选择机会是有限的;这一系列有限的选择机会以社会和个人生活为基础将各种中介清晰地表达出来了。

黑格尔主要在政治层面上完成了对社会内容的揭示。国家的经济模式属于市民社会的内容，但是因为受到政府的调控和相关团体的社会文化因素的约束，它们被禁止无限制扩张。在合理国家中可以获得的生活方式所表现的是概念的这些要素的基本中介关系，即普遍、特殊与个别之间的基本中介关系。在国家中，每个区分都表现了这些对其他要素起中介作用或受其他要素中介的要素中的某一个。从最高层面上来讲，这就表现在政府权力的划分和国家的政治组织之中；在劳动的基本分工中，这些同样的中介再次出现，而且它们是在相互中介层面上的社会集团的一些较细微细节之中出现的；而在这之下，要在偶然细节中区别出理性形式就较为困难了——为什么一个社区有每月都举行邻里聚会的风俗，而另一个社区却仅仅在圣诞节时才进行庆祝，关于这样的问题，黑格尔从未妄加评论。但是，关于社会的基本角色和同一性，其本质的交互性确认模式却可以从绝对形式的各种中介中推演出来。

关于国家的三段论

黑格尔对三段论的研究为概念的绝对形式提供了细节内容，在那里，概念的每个要素都依次受到了中介和进行了中介。黑格尔把国家看成为一个体系，在其中，每个要素都轮流成为核心，成为起中介作用的统一者。概念的那三个要素都得到了呈现：普遍的东西即社会整体、特殊的东西即每个人的特定需求和欲望、而个别的东西即作为独立自由个人的各个公民。黑格尔对这里所涉及到的中介作了如下概括：

在实践领域中,国家就是一个三段论体系:

(1)个别的东西(个人)通过他的特殊性(如当物质的和精神的需求等为了它们自身而得到了充分的发展时,就产生了公民社会)与普遍的东西(社会、法律、权利、政府)相结合。

(2)意志或个人的行动是起中介作用的统一者,它使得在社会、法律等方面的种种需求得到了满足,并使得社会和法律等等得到满足和实现。

(3)但普遍的东西(国家、政府、法律)乃是一个实体性的中项[Mitte],在这个中项内,个人和他的需求的满足享有并获得充分的实现、中介和维持。

三段论中的每一规定,由于中介作用而和别的两极端结合在一起,同时也就自己和自己结合起来,并产生自己,而这种自我产生即是自我保存。——只有明了这种结合的本性,明了同样的三项的三段论,任何整体才能在它的有机结构中得到真正的理解(《哲学全书》,第198节)。

市民社会和国家都包含了所有这三个中介,但情形却有所不同。在市民社会中,统一性是无差别的,而所有的差别都是从没有相互关系的特殊内容中产生出来的——这些内容是由各个个人带进体系中来的。在国家中,统一性是有差别的,而且它还包含了特殊内容——构成了个人在社会整体中相互确认的方式。可对这些中介作如下对比:

1. 特殊的东西将个别的东西与普遍的东西结合在一起:

在市民社会中:一个个人的特殊需求和欲望是将他与社会整

体联系起来的东西——通过市场。

在国家中:一个人的需求和欲望适合于或变得适合于他所选定的位置,即他在一个合理联结起来的社会整体中的位置,而这个社会整体则是由一些从属性的共同体构成的,这些共同体又具有体现着各色各样的需求和欲望的各种特殊生活方式。

2、个别的东西将普遍的东西与特殊的东西结合在一起:

在市民社会中:当个人根据他自己的需求和欲望作出各种决定时,他的意志和行为就带来了他自己的特殊满足,而他的决定也有助于社会普遍体的实现,即成为一个受经济规律统治的,并以各个个人对他自己的特殊善(good)的追求,以及对其他人的自由的尊重为基础的体系。

在国家中:当个人从他在共同体中的客观立场出发,并以他在那里所采取的生活方式为基础作出各种决定时,他的意志和行为实现了他自己的特殊满足,并且,他的这些决定也有助于联结性的国家的实现,这种国家的基础就在于:每个个人通过寻求他的特殊善来寻求所有人的共同善,因为他知道,他的特殊善是与所有人的共同善合理地联系在一起的。

3、普遍的东西将特殊的东西与个别的东西结合在一起:

在市民社会中:社会整体是一个由交互性确认的形式化模式所构成的清晰空间。在这个空间中,各个个人通过他们的特殊需求和欲望而彼此相互作用。社会整体仅仅对个人的特殊需求和欲望施加一些外在的约束。

在国家中:社会整体是一个错综复杂地联结在一起的整体,它由交互性确认的各种不同结构所组成,而这就创造出了个人可以生活于其间的多种多样的特殊社会空间。这些特殊的实质性相互作用模式是从市民社会中自然产生出来的,它们表现了私利的各种自然集团,而且它们还表现了国家的合理划分。这种多样性并不是无限的;它根源于概念的那些细节性中介。一旦一个个人选定了自己的生活方式,他也就将团体赋予给他的同一性内化了。这有助于对他内心的那些欲望和冲动进行排序。通过了解和参与国家的这种联结活动,他就可以同时追求共同善和他自己的善。

在国家中,概念的这些中介就体现在交互性确认的各种有差别的结构之中。个人可以找到这样一种生活方式:它既是他自己的特殊选择,同时也明确表达了黑格尔意义上的那种合理共同体。市民社会仅仅提供了一个空间并对个人的权利加以保护。国家提供了更多的结构;黑格尔称之为"生活理性的建筑结构——这种结构通过公共生活的各个不同领域和它们的权能的明确划分,并依赖全部支柱、拱顶和扶壁所借以保持的严密尺寸,才从各部分的和谐中产生出整体的力量"(《法哲学》,序言,第9页/第6页)。这类陈述使黑格尔获得了这样一个名声:将个人淹没在社会整体中。他的本意是将个人和共同体一起带进其最充分的发展中去。这确实包含了对市民社会所理解的那种自由的限制。那些攻击黑格尔说他将个人同化了的人,在做一个在其生活中拥有确定内容的自由个人到底是什么意思这个问题上,往往与黑格尔持不同的观点。或者,有人或许能同意他的自由观,但他们还是会对他所提出的那些制度结构提出异议。[4]虽然黑格尔的制度建议没能始终很好地贯彻他的本意,但他却是无意宣扬极权主义的。他想标明的是这样一种立场:它既不代表那种陈旧的中央集权式的专制主义,也不代表那种无限分裂性的法国大革命式的和市民社会的自由。

就美国当前的争论而言,它们正在走向歧途,它们或者把黑格尔看成为放任主义的同情者,或者把他看成为政府干预主义的爱好者。这些争论假定,私人利益和政治是两个敌对的方面,每方都是自我独立的,而且都是外在地对另一方面起作用。黑格尔肯定会对这种假定提出质疑。

对于他来说,国家并不是外在于市民社会的;它使从市民社会中浮现出来的理性变得清晰起来。正如在逻辑序列中,那些与市民社会相对应的范畴,只有以普遍的东西的已经设定了统一性为基础才得以可能一样,市民社会同样也只有以一个更大的共同体为根据才得以可能。如果我们在思考市民社会或在其中生活时,对那个根据视而不见,那么我们就会以那些没有可能性的对抗来收场。纯粹市民社会是一种理想化——就像一架没有摩擦力的飞机;它并非是如此存在的。它存在于一个更大的共同体之中,例如,"经济人"从来就是这样存在的。现代的独特之处就在于,市民社会已在整体之中被设定为自由的和分离的。在黑格尔式的国家中,国家与市民社会的差别性和统一性都将得到设定。这种国家是现代的,因为它确认了市民社会的相对独立性以及它的自由,而先前的政治形态,却没有做到这一点,而且也不可能做到。国家并非是市民社会,而是市民社会与其更大的社会背景域之间的设定了的统一性。国家并不是市民社会的一个取代者。不论是自由的市民社会,还是现代国家,它们都不可能离开对方而存在。

市民社会的自我超越

黑格尔认为,许多现代理论家的错误就在于,把国家仅仅看成为放大形式的市民社会。黑格尔对把市民社会当作为社会整体这种做法的恰当性进行了驳斥。正如我们在第二章所看到的,他审查了这样一种社会的危险所在。他对隐藏在社会总体背后的那些范畴的逻辑序列进行了分析,并把这一分析运用到自由观和个性观中去——正如我们在本章所看到的。最后,他还试图表明,在被设定为与陈旧的政治形态不同的市民社会中所包含的那些自我超越运动,是如何导致市民社会与国家的统一性的明确设定的。"国家概念的哲学证据就是伦理生活的这种发展,即:从其直接阶段开始,经过市民社会这个分离阶段,再到国家,然后国家又将其自身揭示为所有这些阶段的真实根据。哲学科学的证据只能是这样一种发展过程"(《法哲学》,第155节)。

在家庭中,个人是与某一特殊角色直接统一在一起的,例如作为一个母亲或儿子。对于黑格尔来说,家庭不是一个自由领域,因为在此,个人的意志和见识并没有被包含在他或她的角色的特殊性的决定过程中。如果听信现在某些人的说法——所有家庭成员间的关系都应当是某种契约关系,这肯定就会将家庭摧毁,使之成为一个分离性的生活领域,并将其归并到市民社会的模式中去。正如黑格尔在为国家作论辩时所说的,国家不仅是一个超出于市民社会之外的领域,而且它还将市民社会包括在内;同样,他也为家庭作了同样的论辩,家庭是国家中的一个必要的生活领域,但家庭却不能被简化为市民关系。鉴于这些辩证模式,这还表明,虽然黑格尔用诸如**家庭**和**有机体**这些词汇来描述国家,但他并不是取这些词的字面含义。它们暗含了个人与其特殊角色之间的一种过于直接的关联。就其本意而言,国家包含有自由;而从某种意义上来说,那些不怎么全面的领域却不包含。

黑格尔觉察到了市民社会中的许多自我超越趋势。我把它们整理成了七个范畴。

第一:由市场力量所强加的那些外在限制迫使个人去直面社会整体,至少得对外在必然性和其他人的欲望有所顾虑。个人不能完全沉浸在他自身冲动之中;他必须对这些冲动进行排序,并从中作出选择,这样,他才能成功地满足自己的需求。在此过程中,他也就增强了他对他自己作为一个个人的意识,即:他并非仅仅是一个各种特殊冲动的集合体。市民社会有助于"将特殊性教化成主观性"(《法哲学》,第186—187节附释)。

第二:在市民社会里,与其他人的相互作用很快就会变成一个独立需求,而不再仅仅是满足某个人的物质需求的一个手段(《法哲学》,第192—194节)。

第三:某人要想满足需求就得劳动的必要性,既增强了自我意识,也强化了他对整体的归属意识(《法哲学》,第197—200节)。

这前三种发展已开始侵蚀市民社会成员的纯粹原子论式的生活的根基。下两个发展则从整体上来考虑市民社会。

第四:市民社会包含了一些交互性确认结构,借此,每个人都将别人确认为把他自己确认为一个自由人——有能力作出选择和签订契约的人。这些结构的形式普遍有效性本身必须在市民社会中得到设定。这是在司法体制中完成的。欺诈行为和民事侵权行为不仅是对受侵犯的个人的私人性冒犯;它们也破坏了市民社会本身的基本结构。结果是,在司法体制中,市民社会被明确设定为存在于其成员的生活和行动中的一个整体。"在市民社会中,理念丧失在特殊性中,并分裂为内外两面。然而,在司法体制中,市民社会又回复到它的概念,即自在地存在的普遍物跟主观特殊性的统一,不过主观特殊性仅存在于个别事件中,而普遍物是指抽象法而言"(《法哲学》,第229节)。

这种司法体制对应于有些人所说的那种"最低限度国家"。但在黑格尔的眼里,它根本就不是一个国家,而是市民社会的一个特征。一个真正的国家并不是这种市民管理体制的一个扩展版,而是相互作用的一种新媒介,它包含了社群和个人的一种不同的同一性。我们可以用这个观点构造出一个黑格尔主义的答案,并以此来回答诺齐克的那个问题,即:一个政府怎么胆敢超出一个最低限度国家行事呢(1974,第334页)。

第五:除了处理一些做错事的人,市政权力机关还对某些影响到社会整体的偶然事件实施监管。当黑格尔强化他所说的警察(Polizei)的市政功能时,他就已背离了放任主义的模式。(Polizei 是希腊语 polis——"城市、社群"——的衍生词;参见里德尔[1970,第57页]和福斯特[1968,第157页]。)这个功能也即特殊个体性与形式普遍性的设定性统一。市政权力机关查找那些会对公民的交换参与权造成妨碍的偶然事项。例如,在由某些基本商品的价格——这对于所有消费者来说都是至关重要的——而引发的冲突中,这一市民管理体制就会采取相应的行动(《法哲学》,第

231—238节)。另外,市民还变成了一种普遍家庭,因为它削弱了所有其他的实质性社会纽带。这样,特殊个人就有权利要求市政权力机关在教育上提供某些保障,将那些挥霍浪费家庭财产的人置于监护之下,并向极端贫困的人提供救济(《法哲学》,第238—246节)。黑格尔为这种保护性福利功能所作的这些辩护,带有某种先入为主的意味;它对那种激进个人主义持反对态度,而后者则声称,严格说来,实质性纽带的削弱会导致一些具有自我负责能力的原子论式的个人的出现。黑格尔在这里的说法必须辅以他对原子论社会理论的一般抨击。

黑格尔并不相信经济形势会趋于平衡。市民权力机关所能做到的,往最好处说,也只能是对持续不断的过度生产、消费不足以及贫富悬殊的后果起一种缓解作用。经济体系中包含着一些不可调和的经济矛盾;必须把这些矛盾纳入国家的更为深刻的统一性之中来加以考虑,在那里,它们会从政治上而不是经济上获得和谐。[5]

这些矛盾是不可能被根除的。这是否定性力量仍然令人痛苦的地方之一。有些人为所有人的福利作出了牺牲,他们掉入机械劳动或极端贫困之中而无法自拔,而且,在国家的统一性之中还找不出什么解决办法。这就提醒我们,在黑格尔的世界中,国家还不是最深刻的统一性;还存在着作为过程的世界历史(它本身就充满了否定性力量)以及在艺术、宗教和哲学中存在的那种和谐。

在市民社会的最后一组自我超越趋势中得以显豁的是:在市民社会的形式统一性中发展起来的差别。

第六:市民社会中的人们发现他们自己跟其他人共处于某些

团体之中,后者分享着他们的利益和生活资料。这些团体是从共享性的个人自我利益中产生出来的,而这种自我利益的发展基础则是劳动的分工。这些团体是市民社会中非政府组织的最高形式,而且它们还成了被国家认可的特殊团体的最低形式。因此,它们就扮演了一种双重角色。它们是自由形成的,但它们也具有理性必然性(《法哲学》,第206节附释)。用市民社会的标准来衡量,它们是理性的,因为它们之所以组织起来就是为了促进特殊利益;用国家的标准来衡量,它们也是理性的,因为它们是必要的劳动分工的稳定连结,而且它们还反映了普遍物的中介作用。以这些团体为基础,国家建起了它的代议体系,并赋予了它们以政治功能,这样,国家就将市民社会包容进来了。在这些双重性的团体中,概念的"先天性(a priori)"就与特殊利益的"经验性(empirical)"结合在一起了。

黑格尔以行业协会为线索对这些团体进行了描绘,这令人更多地想起的是中世纪的行会组织,而不是现代的贸易联盟。他将它们称为"同业公会(Korporationen)"。[6] 一旦加入了某个这样的团体,个人就生活在一个具有某种特定生活方式的共同体之中了;他就不再是一个纯粹特殊的个人了(《法哲学》,第207节)。就宏观层面而言,团体为个人所提供的生活方式是社群性的和理性的,然而,它却根源于他的自由选择。个人的偶然选择被转换成了一种受保护的工作权利,并因此还取得了一个受社会认可的普遍性方面。社会整体变得不那么外在化和形式化了,而且现在,个人的特殊同一性还包含了对整体的一种参照。"除家庭以外,同业公会是构成国家的基于市民社会的第二个伦理根源"(《法哲学》,第255节)。

第七:在市民社会中存在着第二种类型的划分,它也包含在国家中。黑格尔把这种团体称为等级(Stände),这经常被译为"等级(estates)",因为它们并不是真正指我们所说的"阶级(classes)"。在这类团体中黑格尔作了三种区分——它们是从劳动分工中产生出来的。实质性的等级是与土地、家庭精神以及自然循环的直接给定性联系在一起的;它包括农民和地主。反思性的等级追求私人利益;它包括雇主和工人。上面所提到的同业公会是这种等级中最主要的从属团体。普遍的等级直接为普遍的善服务;它包括公务员、法官和教师。与同业公会不同,这些等级并不是具有其自身独立结构的组织。在国家中,等级划分用于构建立法机关。

上述要点说明了黑格尔是如何思考市民社会的——它被设定为与共同体的陈旧形式是有所区别的,它本身的发展方向是设定市民社会存在于其中的那个社会整体。市民社会对它的成员进行教育,使其达到普遍性意识这个水平,而且,它还发展了一些内在的划分,而这些划分将为国家提供合理结构。

黑格尔式的国家的成功

黑格尔寻求的是一种新的共同体,在其中,"经济人"所过的生活将受到改造,转而追求共同善。

> 国家是具体自由的实现;但具体自由在于,个人的单一性及其特殊利益不但获得它们的完全发展,以及它们的权利获得明

白承认……而且，一方面，它们主动地过渡到普遍物的利益，另一方面，它们还去认识和希求普遍物。……它们把普遍物视作为它们的最终目的，并积极地去进行追求。其结果，若没有一些特殊利益相伴随，并通过与特殊认识和意愿的合作，普遍物就无法得以通行，或得到彻底的实现；个人也并不是仅仅作为私人和为了本身目的而生活的，相反，在希求这些东西的活动中，他们恰恰是在根据普遍物而去希求这种普遍的东西（《法哲学》，第260节）。

黑格尔相当仔细地勾勒出了这种合理国家的制度轮廓。他以他那个时代所流行的各种极端保守的或激进的建议为靶子展开了猛烈的反击。虽然他认为，从法国大革命之后的政治变化中，可以一瞥现代国家的基本组织原则的端倪，但他独特的制度提议却并非是任何特殊欧洲国家的结构的回声。诚然，他曾受到他那个时代的普鲁士政府的影响，尤其是卡尔斯巴德法案之前的那些较为自由主义的形式的影响，但他绝不是任何一个体系的辩护士。

现代主观性与我们的论题关系最紧密的特征就在于，个人是通过他们的客观特殊性进入国家的，即通过他们在一个团体中所共享的价值观和生活方式而进入国家的。

国家的成员即……一个团体的成员……而且他只有具备这种客观特征才能在我们讨论国家时受到重视（《法哲学》，第308节附释）。

市民社会中的这些集团已然是一些共同体了。当它们进入政治领域,即最高的具体的普遍性领域的时候,如有人想把这些共同体重新分解为只是由个人组成的群体,那么,这种想法就等于把市民生活和政治生活彼此分割开来,并使政治生活悬在空中。因为按照这种想法,政治生活的基础就只能是任性和意见的抽象个别性,从而就是一种偶然性的东西,而不是绝对稳固而合理的基础(《法哲学》,第303节附释)。

如果把黑格尔的说法,同美国人在对个人作抽象的政治讨论时所作的那些标准的论证作一个比较,我们就会明白,美国民主理论带有怎样的唯意志论色彩:国家形式产生于公共意愿;相反,黑格尔却认为:国家形式才是使某种公共意愿得以可能的条件。若以黑格尔的眼光来看,美国体系似乎"相当于想给国家机体灌输没有任何合理形式的民主因素,可是,只有这种形式才能使国家成为机体"(《法哲学》,第308节附释)。如果从黑格尔的这种论证思路出发,来思考一下目标性政治要求和单面性政治团体在美国日益增长的统治地位,这肯定会十分有趣。黑格尔相信,无差别的投票权会导致投票者的冷漠感和软弱感,因为这会使选举被玩弄于政党核心小组的股掌之间(《法哲学》,第331节①)。

关于合理国家的政治组织,黑格尔所展示的那些细节已受到了广泛的批判。除某些有助于对他的整体论证展开批判性考察的建议外,我不准备详细讨论他的制度建议。对黑格尔的整体论证

---

① 原书有误,似应为第303节。——译者

持赞成态度,而对他的建议的大部分细节内容提出异议是完全可行的。例如,克劳斯·哈特曼就曾提出,《法哲学》就其细节性的建议来看是失败的,因为黑格尔仅仅讨论了从市民社会到国家的逻辑发展,而没有探讨这两者之间的相互关系。在哈特曼看来,黑格尔描述了国家从市民社会中产生出来的过程,而且他还成功地说明了这种包容性更大的共同体是必需的,但他却没有研究它所导致的复杂社会整体。相反,他把市民社会看作为一种总体,而把国家看作为另一种总体,并没有深入到它们之间的相互关系中去;但是,一旦这两者共存同处并发生交互性的影响,这种相互关系就会产生。黑格尔试图通过在他对国家的描述中下降到细节层面上去来弥补这一点,但是,在此过程中,他只是成功地丧失了它的范畴特征。哈特曼提出,可以换一个角度来总结《法哲学》对市民社会与国家之间关系的研究,即它改在国家之内来研究统治权问题。例如,哈特曼和他的合作者们就建议说,与代表制有关的恰当结论并不是等级体系,而是同政党联系在一起的一种代议制民主。虽然从黑格尔的论证语境来看,我并不认为这种独特建议是令人信服的,但在哈特曼的总体批判中还是有很多优点的。[7]

哈特曼批判的基本线索可以用我先前的那种担忧来重新加以表述,即表现了对范畴序列中的总体运动与细节内容之间联系的一种忧虑。在黑格尔努力说明不能把市民社会看作为关于社会整体的一种恰当理论时,他忽视了对他所提议的那种更为复杂的社会总体性的描述。我们有关于市民社会的经济讨论,也有关于国家的政治讨论,但对国家与市民社会之间的相互作用却没有给予足够的关注。逻辑序列其实就潜藏于那些重要运动的背后。这就意味着,如果在逻辑学的努力中,关于成功的标准有任何模糊不实之处,那么当遇到细节问题时,它们就会在《法哲学》中再现出来。在《法哲学》中,绝对形式的总体运动,即普遍、特殊以及个别的相互中介,在许多层次上都得到了重复再现。这一运动依赖于逻辑学总体性的构造结构。但是,正如逻辑序列是如何前进的,其细节还不是很清楚一样,同样,从《法哲学》中的较大运动这个角度来看,关于细节性的政治和社会制度,什么可算是它们的结论性辩护理由也是不很清楚的。一般来说,各种不同的制度体系似乎还比较适当,但是它们中好像没有一个可以令人信服地成为"那个"将总体运动明确表述出来的恰当体系。就像在逻辑序列中一样,总体运动与细节性的运动并没有充分紧密地联系在一起,而这就使得总体运动本身,即所谓的绝对形式,成了某种特殊的东西。

对黑格尔国家的细节的批判,一般来说可能有下述几种途径,对这些途径加以考察将是十分有益的。因为它们所提出来的问题将有助于将黑格尔与海德格尔联系起来。

第一,在黑格尔看来,从市民社会向国家的过渡是通过那些双面性的体制实现的,即同业公会和等级,它们是从市民社会中自由地产生出来的,但也表现了国家的合理结构。然而,它们到底提供了什么样的联系呢?如果说市民社会生成了一些带有某种性质的集团,这还是有可能的,但它们是否就将自己发展成了国家的某些因素呢?曼弗雷德·里德尔(1970)就指出过,这些集团并不能胜任黑格尔指派给它们的任务。它们的发展原则是市民社会及其集合性的善,并不是国家及其共同善。虽然国家确实需要这些集团来将其结构现实化,但这种依赖性并不是相互的。在市民社会中,这些团体要成为它们自身,是不需要国家权威的。它们自身也没有任何向那种权威化状态过渡的倾向。国家对这些团体的包容看来只反映了国家的需要,而非市民社会的需要。如果从外部来考察,并以总体性与和谐为着眼点,国家也许确实"应该"呆在那里,从而去涵纳市民社会的过分行为,并控制其对人类同一性的有害影响。但这些并不是市民社会的内在**问题**。它们只是些后果。**以其自身标准来看**,很难说市民社会肯定就不行,非得需要过渡到国家才行。市民社会其实很成功:它认可了特殊利益的权势,生成了财富,保护了自由。再有别的奢求就等于把一些外在要求强加给它。

逻辑序列中超出市民社会范围之外的那些范畴,似乎并没有内在地在这一过渡中得到表现,相反它们是从外部被强加进来的。这些双面性团体本意是要表现市民社会的自我超越趋势的,但它们仅仅表明了它的内部差别。它们自身并不要求新型的更大的政治统一体,即国家。[8]

第二,对于国家这个政治共同体来说,个人不只是追求他们的私利这一点是很重要的。他们在行动时知道:他们的特殊欲望和生活方式与共同善是吻合的。在一个传统社会中,成员们相信,他们自己的社会角色与普遍善是吻合在一起的。这种信任是一种直接的感觉;当个人自由得到了更为有力的肯定,并且特殊利益与共同善之间的差别也在市民生活中得到了设定以后,这种自信就幻灭了。在市民社会中,差别得到了肯定。在国家中,特殊善与共同善之间的统一再次得到了设定,但却是以一种现代方式。这也就是说,公民有"知情权"。公民有权知道:特殊利益与共同善之间是统一的,因为这明显是合理的;公民们不再把这种统一只是看作一个直接信任或盲信的对象。[9]

据前面曾引述过的那个段落中的讲法,公民是"根据普遍物而去希求这种普遍的东西"(《法哲学》,第260节)的。黑格尔希望公民们能够在他们自己的特殊性中找到普遍的东西。他所提议的那种组织安排能否成功地保障知情权是很值得怀疑的。公民们通过投票和舆论来参与政府管理。从各种社团中选出了各色各样的代表。借助于地方和家庭组织,这种选举有可能会提高人们的参与感,而且还强化了人们的这样一种感觉,即:某人的利益已被代表了,但是,选举并没有如此重大的意义。选举出来的地方行政官员是借助于官僚体制工作的,而后者自有其传统和价值观。选举出来的代理人并不一定就会按其选民的观点来投票;被称为等级(Estates[①])的立法团体也没有那么大的权力。它在行使其功能时,更像是一个中介、调解和宣传机构,而不像一个真正的立法机关(《法哲学》,第301—302节)。

被称作"立法权"的这种权力,实际上存在于国王、官僚以及各种等级(Estates)之间的相互作用之中。黑格尔不会相信自美国模式以来的权力分散,因为这仅仅设定了分散,而且还强迫各种功能彼此外在性地打交道。虽然他区分了政府的那三种通常权力,但他拒绝把每种都指派给一个单独的机构(《法哲学》,第273节)。

不应指望公共讨论会在国家中起多大的作用。也许会令那些拥护知情权的人很惊奇,黑格尔居然赞同柏拉图下述观点:群盲不能将真理与谬误区分开来(《法哲学》,第279节,第305节附释)。

---

① 这里指上院主教议员、上院贵族议员、下院议员。——译者

虽然言论自由是有保障的,但因为制度是合理的,政府是稳定的,并且等级间的争论是公开的,所以公民们就没有什么可说的了,他们也不用存这样的幻想,即他们所说的东西很重要(《法哲学》,第319节)。[10]

普通公民如何才能获得这样的意识,即认为国家确实是合理的,并且在他作出自由决定时,他是在"根据普遍物而去希求这种普遍的东西",而不是仅仅在追求私利呢?他可以保持与等级(Estates)的联系,从而知道他的利益正在受到关注,但这并不能使他对整个体系的合理性确信无疑。由此,公民就有了宗教和爱国主义。

> 制度的保障……就存在于全体人民的精神之中,即存在于一种规定性方式[差别性的与结构性的]之中——在其中它对其理由有了自我意识。宗教就是这种存于其绝对实质性之中的意识(《哲学全书》,第540节)。

> [爱国主义就是]一种**信任**,即我的利益被包含和保存[在]国家利益中(《法哲学》,第268节,黑体部分是作者后加的;参较:《法哲学》,第270节补充)。

在此,黑格尔遇到了那个其他人也曾碰到的问题,他们在某种更深的共享性**逻各斯**、理智,或与普通公民的表面意识不同的意志中找到了政治统一性的基础,但问题在于,必须说明这个所谓更深的因素是真正的一般性,并非仅仅是另一种被伪装成普遍性的特殊利益。

对于普通公民来说,黑格尔的国家没有任何保障可用来抵制虚假意识。公民不可能知道——他只能相信——这种国家是合理的。黑格尔曾说过,通过个人来进行中介是必然的,在此前提下,如果普通公民不可能知道国家是在黑格尔的意义上合理的,那么这个国家在黑格尔的意义上就是**不**合理的。

就此而论,思考一下黑格尔的君主学说是很有启发意义的。国王是国家的主观性,即那个说"我要这样"并将整个联结性结构统一起来的个人。但是,黑格尔说,在一个运转自如的国家中,国王用不着自己作出决定。他受到了他的顾问们的约束,只要签署他的名字就行了(《法哲学》,第 279 节补充,第 280 节补充)。对于普通公民来说,似乎也是这样:**政治**自由(与他选择某种生活方式的经济的和私人的自由不同)大部分在于认可他人的决定。

第三,在黑格尔看来,作为更广泛的和更深刻的共同体,国家对市民社会的运行施加了一些限制。并不是所有可能的商业交易或满足类型都会得到允许。这部分是出于为了福利目的所实施的官僚管理的缘故。另一个更为普遍的限制则根源于公民们的共享价值观。在各种团体及作为整体的民族内部,其种种特殊生活方式会阻止某些选择而提倡其他一些选择。存在于民族及其各种从属性共同体中的生活方式,是与劳动和社会活动的总体性的合理划分联结在一起的——这种划分根源于出现在国家结构中的那个逻辑序列。但是这些生活方式,同所有的合理结构一样,是通过各种偶然的生活方式体现出来的。

正像各种从属性的团体具有它们的生活方式一样,对于每个作为整体的民族来讲,也都具有某种性格和精神,这使其人民成为法国人、德国人或日本人。大多数国家最终都会采纳现代的合理制度,而它们的政治结构间的差别将是非常小的。然而,民族精神的差别仍将十分重要,从而保留对忠诚的一份关注,并对市民社会的自私自利心理的恶性膨胀保持一份警觉。民族精神必须继续在公民的政治意识积极中起作用,以免使政治退化沦落成各种自私自利的团体间的单纯竞争。

对自私自利进行警戒的各种价值观和生活方式,如果只是一些间距性的现代主体所作出的反思性计算和决定的结果,那么它们是不会有什么效果的。它们提供了公民与国家的联系的直接性要素。虽然这些生活方式和它们的价值观是从历史中产生出来的,而且也不是永恒不变的,但对于团体成员来说,它们事实上仍然应该从直接给定的习俗和生活方式中找到,另外,它们与他们的自由选择也是和谐一致的,并且还体现了他们的自由选择。

评论者们经常嘲笑黑格尔赋予农业等级的那种独特的政治作用,但是,该作用却触及了一个深刻的现代问题。黑格尔感到,在国家中,肯定有某个方面,同给予作为整体的国家以其特殊精神的那些价值观,存在着一种直接同一性。他在农业生活中找到了这个方面。有地贵族构成了等级(Estates)中的上院,而且他们还被赋予了获得委任职位的特权。他们的财产是继承来的,因此他们有稳定的生活资料,而且还可免受市民社会的自私自利的奋斗之苦。他们的生活与土地联系在一起,具有自然的节奏,还有家庭。

> 他们的生活方式不大需要反思和独立意志。……这一等级具

有一种伦理生活的实体性情绪,即直接以家庭关系和信任为基础的伦理生活。……农业等级将始终保持住家长制的生活方式及与这种生活相应的实体性情绪。这一等级的成员无反思性地接纳所给予他的东西,……在虔诚信仰中生活着。……这是种简单的、而非专心争取财富的情绪(《法哲学》,第 203 节补充)。

黑格尔对理想化的农民思想的描绘也许是朴素的,但他勉力解决的那个问题却是非常真实的:我们能找到实体性的价值观来逃脱市民社会的侵蚀吗?对由非经济人的生活所提供的规范的向往,对于今天的我们来说,已司空见惯了。

黑格尔意识到,尽管他把农业阶级理想化了,但工业化力量却已开始侵袭它了。[11]只是从黑格尔时代起,这种侵袭才开始增强;大型农场及对自然的科学运作方法使农业生活与市民社会日渐同流合污。一旦原有的农民直接性被毁灭了,那么农业生活会不会就由这些反思性的和充满希求的态度来主宰,并沦为又一个可以按其效率来加以判断的物品了呢?除了冷嘲热讽或者作以偏概全的评价以外,难道在这种共同体中就没有任何值得称道的价值观了吗?

海德格尔在他关于现代性的观点中假定,这种沦丧现在已真正彻底完成了。他对这一结果忧心忡忡,另外他也追溯到了农民思想,认为这可能正反映了现代主观性占据主导地位后终将发生的那种情景的一个征兆。

这样看来,黑格尔对各个国家的特殊民族性格的关注可能被误解了。假如各个民族都融进一个世界国家中去了,那么这些特殊性就会不那么重要了。世界国家只会是人类的,而不是法国人的或德国人的。黑格尔肯定会奋起回击:离开了特殊性及相应的多元性,就绝不会有普遍性。有别于古代帝国的重演,惟一合理的现代世界国家肯定是市民社会的形式合理性——连同其所有问题。在这样一个世界里,某种更深刻的人类同一性的可能性不是提高了,而是降低了。各种国家的特殊性,连同他们自身的实质性民族价值观,都必定继续存在,而且必然只受各种历史过程的中介,而不受任何更大的政治结构的中介。

一种世界范围的市民社会也许正是我们今天的方向所指。在我们的世界中,民族主义仍是一个可怕的力量。不过,历史似乎表明,与其说各种民族国家包容和限制了市民社会,还不如说市民社会包容了国家。与其说这是在市民社会背后潜藏有一种合理性的证据,还不如说,作为政治代理人,国家授权于各种团体的过程,也许恰恰是对国家作为一个特殊的利益集团的适应能力的一种证实,与国家相并列,在市民社会这个更大的背景域中还存在着其他一些利益集团。[12]

在对黑格尔的国家的这些批判中,最成问题的既不是他在构建政治结构上的创造性,也不是他预测未来的能力。真正成问题的是黑格尔的总体性以及他的逻辑学与世界之间的关系。他有义务从当前态势中识别出逻辑序列的运动。虽说他也取得了有限的成功,但在他那里,仍然存在着通过上升到一般性来维护这一计划的倾向,目的是降低有关断言的武断性。然而,这就威胁到了他谨慎地在形式与内容之间所达成的平衡,有可能使之重又演变成形式与内容之间的分离。而在另一方面,黑格尔对支配一切的普遍性的坚守又代表了对我们自身的倾向的一种拒斥;我们自身倾向于把标准的现代分离认作为终极性的。他迫使我们追问:这些分离之所以可能,是否是因为,即便在今天,我们也仍然生活在另一个维度中——在此维度中,这些分离是不能被设定为终极性的。我们将会看到,海德格尔就以此方式尝试了一次性质有所不同的思考,他拒绝了黑格尔式的普遍及其逻辑。

第七章　海德格尔与现代世界

黑格尔富有创造力的学术生涯主宰19世纪的前三十年,而海德格尔富有创造力的学术生涯则主宰了20世纪中间的五十年。这两人所面对的世界都是"现代的",但在历经革命、世界大战、达尔文、弗洛伊德、奥斯威辛,以及技术发展之后,世界已截然不同了。然而,尽管黑格尔的时代与我们的时代有种种不同,进行比较仍是可能的,连续性还是很明显。从黑格尔对市民社会和现代主观性的讨论来看,我们描述我们的处境的依据对于他来说肯定也是很熟悉的。

不过,人们还是有这样一种感觉,即我们的世界是由和解的失败造就的,而照黑格尔的描述,这种和解却是正在发生的事。普遍、特殊和个别似乎并没有在我们据以生活的交互性确认结构中顺利得到中介。市民社会也没有被整合到现代国家中去。不论是在形式化的意义上,还是在黑格尔的意义上,人类并不认为他们的生活足以称得上是合理的。否定性力量似乎并没有被纳入到任何和谐一致的统一性之中去。黑格尔信奉否定性、战争的必然性,并把历史说成一个"屠宰场"(《历史中的理性》,第3章,第2部分补充),但他也期望,那种纯粹耗费性的悲剧将不再支配我们关于历史运动的思想。[1]

第七章 海德格尔与现代世界

现在我们转向海德格尔对现代性的讨论。我们将重新探讨在黑格尔那里曾探讨过的那些论题:海德格尔对现代世界的描述、他对使现代性得以可能的条件的讨论、再就是他打算如何将此运用到我们在现代世界中的生活中去。同黑格尔的体系相比,海德格尔的思想故意采取了不那么系统化的形式,因此各种论题间的相互渗透性将更强,而且理论说明还会作一些自我回溯,每次都会引入更多的细节,触及更深的层面。在此过程中,我偶尔还会提到韦伯和黑格尔,但我将把主要的比较研究留待后文探讨。

我不会简单重复先前在讨论韦伯和黑格尔时曾提到过的那些论点,在海德格尔对现代的描述中,我将更为关注我们至此还没有注意到的那些方面。虽然我们将首先考虑海德格尔根据主观性对现代性特征所做的刻画,但在他20世纪50和60年代间的一些论文中,他的描述就有些变化了,注意到这一点是很重要的。在他论技术的一些文章中,他更爱说"座架(Das Gestell)"——这是一个很麻烦的术语,我们将在下文讨论它的翻译问题——是现代性的核心所在。虽然海德格尔并没有抛弃他根据主观性对现代性所作的研究,但他不再像早期那样声称它就是整个图景。然而,主观性这一主题却延续下来了,而且对于我们来说,它还是很重要的,因为它与我们已看到的东西具有类似性,再则,这还因为海德格尔认为黑格尔并不是对现代主观性的一种克服,相反,在黑格尔那里,它已达登峰造极之境。

无家可归的世界

同黑格尔一样,海德格尔试图表明现代性是置身于一种背景域之中的,而且它还是由于一些条件才得以可能的,因此,标准的现代二元性就不能被理解成最终定论。然而,对于黑格尔来说,他只想对现代性的权利要求加以矫正,并令其基本运动保持不变,而海德格尔却为他所认定的现代时代的基本方向痛心不已。黑格尔相信,尽管否定性力量仍将存在,但问题却正在得到解决。海德格尔的说话腔调就像黑格尔在《法哲学》序言中所提到的密纳发的猫头鹰。海德格尔的音调似乎很低沉,但他却决意给出希望。他认为我们恐怕必然会经历一个堕落时代,然而正如他经常引用的荷尔德林的那句诗所说的:"哪里有危机,拯救的力量就会在哪里壮大。"现代世界的危机同时也开启了走出以往西方传统的新的可能性。

海德格尔对现代世界的描述,至少在表面上,与我们在韦伯和黑格尔那里所看到的基本类似。现代性是由一种间距性的主观性来赋予特征的;这种主观性与客体相对立,它从自己所选定的目标出发,对后者加以判断和操纵。海德格尔对无休止的"更多索取"深恶痛绝,这种索取的根源在于:空虚的主体为证实其同一性及对客体的力量,它们得不停努力——尤其是在市民社会的扩张过程中。同黑格尔一样,海德格尔在追溯现代主观性的根源时,他回到了世界达成其富有意义的形态的过程中的某种更为基础性的东西上。

第七章 海德格尔与现代世界

在海德格尔对现代世界的描绘中,市民社会正在吞噬国家。所有传统因素都正在被摧毁或被改造成可在市场上出售的产品,恭候消费者的任意选择。海德格尔认为,统治着我们生活的是"计算性思维",而且他把这归因于那些同韦伯的形式合理性一样的基本结构。"每当我们作计划、探索及组织时,我们总是对给定条件加以估算。我们仔细计算它们对于实现特定意图的作用。这样,我们就可以指望有确定的结果了。……思维对那些越来越新的、越来越有希望的,并且同时还越来越经济化的可能性加以计算。计算性的思维从不停下脚步,绝不会让自己闲下来"(《纪念演讲》,第14—16/46页)。这种思维的结果是众所周知的:事物被转换成了商品,自然仅仅被当成为一个工具,而罪恶则将通过更多的计算来加以解决。可以预料到,这就是市民社会成员的思维。对于海德格尔来说,不必像黑格尔那样,非得说必须是原子化的个人才能有这种思维,社会主义国家和资产阶级个人都可能会提倡它。

就其本身而言,这种思维是没有任何错误的。"这种思想是必不可少的"(《纪念演讲》,第14/46页)。使其具有破坏性的是它背后的无家可归性,类似于韦伯所描述的实质性内容的丧失。计算是为空虚的主观性服务的。

> 关于人的本质,有些人承认、有些人否认的无家可归性,被转换为对大地的有组织的全球性征服,并直刺苍穹。……在我们时代的历史过程中,一直伴随着这样的幻想:就人性而言,人已是自由的了,他可自由地将普遍物纳入到他的力量中来,并随意摆布。正确道路仿佛已经找到了。接下来只需正确地

推进就行了,进而树立计算化的正确性(correctness)[Gerechtigkeit,"合法性"]的统治地位,并以此来作为意志到意志(will-to-will)的最高代表(《尼采》,2:359/4:248)。

对于海德格尔来说,现代人意愿的空虚性将自身表现在下述征候中:战争与和平融合成了一种经常性的骚动状态、真正的间距与亲合性退化成了一种平庸的可获得性、艺术作品和书籍的出版发行堕落成了流行商品的市场运作,而且大学也丧失了作为中心与思想场所的地位。通常提出来的一些解决办法,例如对新价值观的探索、为控制技术的增长所进行的缜密筹划,或者更为灵敏的社会管理等,在海德格尔看来,都是操纵性主观性这个基本问题的表现。

海德格尔对现代性特征的刻画

在《世界图像的时代》这篇文章中,海德格尔列举了现代世界的五个特征:数学化的自然科学、机械技术、偶像的丧失、努力构造适用于所有人的普遍文化以及将艺术领域转化成审美体验领域。所有这些特征的共同之处就在于:人的支配性的主观性相对于他所规定或喜爱的某些客体领域的关系。如要把前三个特征用韦伯术语转译出来,那是不会遇到太多的麻烦的,可以把它们翻译成世界的祛魅以及形式合理性的统治。后两个特征与韦伯的下述说法相类似:要想使生活保持人性化,并从形式合理性和科层体制这个铁笼中逃脱出来,现代人成功的希望微乎其微。对于海德格尔来

第七章 海德格尔与现代世界

说,"文化"和"艺术"上的这样一些努力只是这个问题的一部分;肯定有逃出这个铁笼的其他出路。

同韦伯不一样,在海德格尔的理解中,构成现代性的这些变化,并不是发生在个人主体关于世界的信念和态度之中的。韦伯的方法论个人主义是现代性的一个表现,而不是关于人和社会的结构的一种普遍洞察。使任何一个特定的时代与其他时代得以区别开来的那些条件,是先于这种个人主体的——尽管它们不可能离开他而"在(be)"。就此而论,海德格尔与黑格尔是一致的,然而,一涉及到这些条件的具体规定,他们的观点就分道扬镳了。

为了说明海德格尔是如何展开他的分析的,我将对他所提出来的两个现代性特征加以考察。在《世界图像的时代》中,他举了艺术领域向审美体验领域的转化这个例子。艺术作品是作为客体进入我们的世界中来的,它们被用来激发出一种独特的体验。为了对这种刺激物进行市场运作,还发展出了一种商业活动。而在这个发展过程中,艺术的原初功能却丧失了。曾几何时,艺术可以开拓或改变人类的生活世界。(把艺术说成是人类生活世界的表现肯定是不对的;"表现"包含了一种海德格尔希望避免的内—外二分法——他发现,在黑格尔的艺术观中到处都有这种二分法。)如今,艺术并不是改变事物对于我们的敞开方式和到达方式,相反,它操纵我们的感觉。整个艺术现象都被摄入到一种以主-客二分为中心的思维和生活方式中去了。除去艺术商业不论,这还在现代美学理论中造成了无休无止的争论:问题涉及艺术中所包含的内在体验的本质,例如它们到底是认知性的还是情感性的,它们是如何同可感刺激物发生联系的,等等。

海德格尔这里的论证程序包含两个步骤。通过对古希腊艺术和语言理念的描述性分析和讨论，他试图使人们认识到，体验艺术作品的现代方式，以及关于这些问题的现代思维方式，并不是惟一可能的方式。然后，通过对所有这些体验和思维方式的条件的考察，他试图表明，从这一充满意义的世界的诞生过程来看，我们与世界之间的最深刻关联是不能用主–客体模式来理解的。

艺术并非一直都是以现代方式生存或被思考的。海德格尔引述了古希腊人的艺术观以及与之相关的观念，即：围绕在我们周围的存在物是如何饱含着意义地呈现出来的。他论证道，对于古希腊人来说，真实地遭遇某物也就等于，在由 physis（通常译成"自然"）所提供的开放场域中，与其他存在物一起显现出来的它被遭遇到了。自然并不是——以现代方式——作为客体和规律的总和整体而被遭遇到的，相反，它是作为过程而被遭遇到的，在此过程中，事物从隐秘性中现身而出，进入豁然明晰之境，一入此境，它们也就在其秩序和张力之中得到了明示。对于古希腊人来说，使世界得以揭蔽的并不是具有知觉和理论的人，而且，人也没有将世界集合在一起，并使其获得秩序。人的任务是使其自身与所揭示出来的东西达到和谐状态。因此，艺术并不包含在人的主体反应之中——象征或刺激它们。艺术就是技巧性地使某种已经独自在自然遭遇者那里呈现出来的事物或行为再次呈现出来。

海德格尔谈论的其实就是通常所说的那种艺术模仿（mimesis）理论，但在他对这种理论的描述中，他竭力避而不谈那种间距性的主体——这种主体首先是在知觉中将某一客体内化，然后再通过一个外在媒介将这种原初性的内在经验再造出来，从而使其达到某种再现。他试图重构古希腊人的艺术理论,进而表明这种主-客思维模式并不是探讨这一问题的正确方法。

当然,古希腊人与艺术的遭遇具有完全不同的性质,这一事实并不能说明现代方式就是错误的或不恰当的。照海德格尔的本意,他想强调的其实是:那些大规模的历史差异是不能根据其正确性或不正确性来判断的。他不过是想说明,同古希腊人相比,现代人更为彻底地否认了他们自身较深层的背景域。虽然我并不打算在此对他的观点进行总结,但可以发现,他也竭力想说明,在古希腊人与现代人之间绝不存在着简单的对立;肇始于古希腊人的某些方面就通过现代方式得到了实现。

我刚才简要勾勒的就是海德格尔在开始讨论现代性问题时所采用的典型方式。他选取当前的某些现象或理念为例,认为它们是主-客体分裂(或者用后来的说法,"技术"——在他的特殊意义上)的表现,并把它们与古希腊的一些类似现象或理念相对照,从而说明现代方式并非自明性地就是经验或思维的惟一方式。另外,他还试图说明现代方式也依赖于对呈现的强调——这从古希腊开始就有了。然后,他通常是接着讨论使现代经验(以及古希腊)得以可能的条件。

海德格尔想对关于语言和艺术的这种主-客思维方式提出质疑。对于我们用来思考我们经验之本质的大部分基本概念,包括"经验"概念本身,他都想取而代之。"名为'表现'、'经验'及'意识'等等那些规定现代思维的指导性概念,理应受到质疑"(《关于语言的对话》,第130/136页)。

在《关于语言的对话》中,海德格尔指出,亚洲在其自身传统之内对艺术和语言的本质所展开的思考努力,可能正在受到西方在艺术和语言问题上的主观主义取向的腐蚀,他对此备感焦虑。在那篇对话及其他一些论文中,他努力阐发关于艺术和语言的一种功能性的观念,这种观念无需求诸标准的现代图景——通过某种外部可感符号表现出来的内在经验。他提出用对我们处境的更为基础性的描述来取代这些基本概念,尽管这些新描述在我们生活中将扮演什么角色还很难确定。

在替换以"意识"、"经验"及主-客分裂为中心的那些标准西方语汇这一进程中,《存在与时间》仍代表着海德格尔最为顽强的一次努力。海德格尔从没放弃过他在《存在与时间》中所采取的那些基本步骤,但他逐渐感到全面有序地创造一套新语汇是没有用处的。在他的后期著作中,他继续引入新的术语,但却不将它们系统化,并尽可能避免把他的术语硬化为专业行话。然而,尽管不断有新的词汇出现,但他所提倡的步骤和姿态却仍是类似的。在他后期关于语言的文章中,他与维特根斯坦走得很近,即:在思考语言问题时努力不去求助于一个内在的精神王国。海德格尔的方法也许并不像维特根斯坦那样倾向于行为主义的解释,但也很难把它同社会科学中的那些讨论联系在一起。

现在,我将转而讨论现代性的第二个更为明显的特征,即科学与技术的支配性。与黑格尔对它们的评价相比,很明显这些因素在海德格尔对我们时代的理解中的作用更大。对于黑格尔来说,新科学是人的知性从传统社会的束缚中解放出来这一过程的一部分。这些科学给人提供了一种分析和控制自然的新手段,但它们并不是最后定论。它们在知性(Verstand)层面上通过一种特定类型的抽象描述了自然;而这必须由对自然的内在本质的那种更为广泛的理解——通过辩证理性(Vernunft)来揭示——来加以补充。近来有些人断言科学描述可以穷尽实在,而这种断言若由黑格尔来看,他就会说这是前康德式思想的过时残留物;他在他的自然哲学以及《精神现象学》第 5 章中就曾同这类断言作过辩论。至于技术问题,黑格尔确实曾强调说,机器产品以及对自然的控制是极为重要的现代发展。最近技术发展的程度可能会令他很吃惊,但这也不会使他产生对其观点作根本改变的要求。对于他来说,在描绘现代性的特征的过程中,科学和技术所起的作用即便是从属性的,那也是很重要的。

黑格尔说现代科学的发生是出于人的存在方式中的某种更深刻的变化,虽然海德格尔同意黑格尔的这个说法,但在海德格尔对现代性的描述中,他还是赋予了科学和技术极为重要的作用。在《世界图像的时代》中,他给出了现代科学的三个特征:运用理论预先勾勒出一个客体范围的轮廓、对该客体范围的细致探索以及永不停息的有组织活动。所谓现代就在于实施这些活动的精确性——它表明了主体活动相对于客体的统治地位。我将对每个特征作一简要思考。

(a)预先勾画(Vorgehen,"先行行为"):科学包含创造一些理论,从而为调查研究开启一个可能的客体范围。定义和公理引出一些互为关联的变项,这些变项的值涵盖一些表现在观察记录中的限定可能性。只有那些根据理论结构被证实了东西才会允许被当作为真实的和实在的。对于如今的许多人来说,这可能就是对所有时代中的认知过程的一种直接明确的描述,但是对于海德格尔来说,这却是一种特殊的现代认识模式。人们过去并没有把他们的理论(theoria,"注视")预先理解为他们自身的一种行为——开启了一个被精确勾画了的探索领域。相反,他们把它看作为一种在一个已自然敞开的视域中更为紧密地与事物达成一致的方法——对这些事物的特性和行为还仅仅只有一般性的预期。

通过对客体领域的这种先在性勾画的讨论,海德格尔打算取消自然科学与人文科学(Natur-与 Geisteswissenschaften)之间的区分。如以现代方式行事,历史就会同物理学一样预先将它的对象勾画出来。只有那些同这种勾画相吻合的事件或事业才会允许被当作为真实的。

在试图把数量化和非数量化科学同化为一个单独的基本认知方式(在此他喜欢用一个古希腊短语 ta mathematika,"预先认识到的事物")的过程中,海德格尔很有可能在某种程度上忽视了那些名副其实的数量科学的特定本质(参见库尔珀,1983)。与他的思想中的其他一些方面相比,海德格尔在《世界图像的时代》中对科学的讨论同科学哲学的最近研究的吻合性就要差得多了。

(b)对客体范域的探索(Verfahren,"行事方法"):客体是通过那些借助于理论设计而预先勾画出的可能性显现出来的,并且就显现在这些可能性之中。客体所经历的那些变化被理论规律定义成、建造成可理解的。客体及其变化被建造成明显的和清楚的(er-klärt,"得到解释的"),这是借助于实验和观察来实现的。现代实验与以前对待自然的方法是不同的。在以前,人们观察事物如何动作,目的是发现它们在其运作中所展示出来的本质。而现在,人们在强制环境中迫使事物动作起来,从而将那些在正常条件下一般都隐藏起来的性质和规律揭示出来。差别并不仅仅在于现代人对周围自然的推动更多。这种推动之所以发生,原因就在于现代人从详加描述的客体出发对行为范围进行展望,并拥有了精确的预先规划,而古代人却只有一般的展望,并依赖于自然的自我展示。

正如海德格尔对自然科学和社会科学的归纳一样,在这里,他也引人注目地将所有的解释模式都简化成了一个解释类型,即使其都归类于规律。因为他理应是一位反简化论者,所以他并没有明确讨论由简化性解释所提出来的那些问题。因此,从某些方面来说,他对科学的讨论回避了一些如今仍悬而未决的问题,尤其是那些讨论关于同一个实体的多样性描述的问题。[2]

(c)经常性的有组织活动(Betrieb,"实施行为"):当自然被遭遇到时,它是作为世界总体图景日益详尽的素材供给源出现的;这就规定了科学将采取的体制结构。现代科学既不是类似学科的一个亚里士多德式集合体,也不是观察的培根式汇集。各种从属性领域的精确组织是现代科学的准确性的一个方面。作为一个受到控制的探索过程,科学马不停蹄地深入到那些被日益精致地勾画了的客体范域中去。这些专业化的考察研究相互作用,进而造成了一些更为深入的发展。科学变成了专家们的一种永远忙忙碌碌的、不停膨胀扩张的工作;这些专家们在一些研究机构中展开这种工作,而这种研究机构又通过通讯网络联结起来,并依赖于资源的精心分配。这种精巧的体制结构以及永远扩张着的活动都是下述努力的反映:"使方法论牢牢地占据着优先于任何东西的地位"(《世界图像的时代》,第78/125页)。

这是一个典型的海德格尔式步骤。海德格尔不是把科学的这种活动和扩张看作为某种将在社会和制度的日常背景域中得到解释的东西（例如，作为对社会需求的一种反应或政府支持的一个政治结果），他把科学的体制化方式看作为同自然的一种特殊遭遇的后果。这种遭遇是通过一种历史性的独特理解而得以可能的，即对自然在其具有特殊性质的现实中被展示出来的方式的理解。

海德格尔用康德的术语 Vorstellung（"表象、放在前面、前置"）来表达现代科学的本质。与先前的跟世界的遭遇形成对照，现代科学以作为一种客体集合体而摆在我们面前的自然为基础。实体如果能直接地或间接地出现在进行判断的间距性主体的眼前，那就证明它是真实的。说某物是真实的，也就等于说它是主体可以获得的东西。这并不意味着这些事物就像在贝克莱或叔本华那里那样仅仅是我对它们的再现。事物是一些独立客体，但是，作为一个独立客体就意味着某样东西具有了这样一种现实性——允许它以客观方式被前置在主体面前。它的整个现实性都可以被置于主体的审查之下。它的现实性即在于：它位于那里，置身于一个可以将一套客观事实支撑起来的实体领域中。以一种精确的方式将其再现出来始终是可行的。这绝不等于说这种客体是很容易发现的，艰苦的探索是没有必要的，所有事情都会搞清楚；关键在于客体在筹划中应有的那种现实意义有没有被发现。

有人说，他夸大了主体的作用，人其实是依赖于自然设计要显现出来的东西的；针对这种反对意见，海德格尔回答说，这种反对意见所求助的"自然"本身就是另一种按照现代方式预先勾画出来的客体。这种自然只是认识了的以及还没有认识到的客体及其规律的总和；这与过去作为 physis——即从绝不可能被全盘捕获的遮蔽状态中显身而出——的自然观是截然不同的。

不过,在现代人的自然经验中,仍可以看到古希腊渊源的作用。如今,曾被柏拉图和亚里士多德当作为现实之理智核心的永恒的呈现和显明,已转变成了自然客体不断的可获得性——任由冷漠的现代主体的客观化的眼光与手段来摆布。因此,当海德格尔声称,他对现代主体所作的描述,即他对于事物具有控制权,并不能同样适用于古希腊智者学派这类古代思想家时,他无论如何还是需要一些想像力的,而且他的论证步骤也并不是始终可以令人信服的。从某种程度上来讲,海德格尔忽视了普罗泰哥拉和高尔吉亚思想中的操纵性层面,以及古希腊文明普遍具有的那个技术性的方面(参见《世界图像的时代》,附录 8;《尼采》,第 2/4 卷,第 14 部分)。

与事物的现代遭遇

对科学的讨论表明了海德格尔是如何理解现代人同现实的遭遇的。一个事物,当它可以用对某一客体范围进行精确的预先勾画这种方法而被揭示给主体时,它就被证实为真实的。这里所强调的并非仅仅是：这是一种揭示世界的独特现代方法,更重要的是：为了实现这个目的(揭示世界①)而去寻求方法这一理念才具有独特的现代性。古代人也有一些技巧性的方法,其中包含思想

---

① 括号中的内容为中译者所加。——译者

技巧和语言技巧，但是他们却没有任何揭示世界的方法。世界自我揭示。人的任务就是与揭示出来的世界求得一致，或者使它在艺术中重新呈现出来。

对于古代人来说，世界就是 physis，即从遮蔽状态中显身出来；通过它，事物聚集进开放之境，并在那里被遭遇到。这同时也就是**逻各斯**（logos）。虽然**逻各斯**通常是用指称言说和思想的语词来定义的，但从**逻各斯**演化而来的动词形式却具有聚集在一起、展示出来的含义。对于希腊人来说，人是存于**逻各斯**之中的。现代人却相信他自身就是聚集行为的根源和中心，而**逻各斯**，则交由他的概念工具去操练。

正如我前面曾指出的，黑格尔的 Begriff（概念），与希腊语 logos（**逻各斯**）在词源学上具有类似性，即作为"聚集在一起并展示出来的东西"。黑格尔与海德格尔之间的许多最基本的差别，都可以通过同时向他们两人提出这样一个双重性的问题来加以定位："作为那里存在着一个有意义的世界的一个条件，到底什么使那些东西聚集在一起了？"

海德格尔说，从前，人被拉进这样一个场所，在其中，各种事物被聚集在一起，并独自呈现出来。被拉进这个充满冲突的场所——自然可能在场，也可能缺场，到处都是纷争和对抗，最后又归于赫拉克利特所说的那种神秘的和谐状态，这就是人的悲剧性的荣耀之所在。

到了柏拉图和亚里士多德那里，physis 平缓地陷入了一种和谐状态之中，从原则上来讲，他们认为这种和谐一直都是摆在心灵的眼前的，伸手可及。这样，黑暗、纷争以及时间性等就成了次等现实性的征兆,这种现实性就是从事物永恒可靠的核心处衰落演变而来的。在现代时代,黑格尔或许重新又对黑暗、缺场、否定性等作了必要的强调,但海德格尔却抱怨说,黑格尔重新又回到这些东西上来,仅仅为了将它们更为牢固地圈进现实本身的大规模呈现中去,而这却正是自柏拉图以来逐渐得到强化的那个主题。

对事物存在的各种理解

在柏拉图和亚里士多德那里所发现的我们的理解的改变并不是他们所犯下的一些错误。人对事物之现实的各种理解(understanding)的历史并不是人所作出的各种解释(interpretation)的历史。人与现实的遭遇在不同的时代是不同的,但是,改变了的是人—遭遇—现实这整个过程:人的自我理解、遭遇的方式、由理解中要去拥有的各种事物所构成的现实,所有这一切都改变了。这根本不是某个固定主体给事物指定各种不同解释的问题。

谈论与事物之现实的遭遇的变化可能令人非常困惑。如以当前哲学的眼光来看,对海德格尔的第一个解读冲动就是,他所谈论的似乎是:不同的时代是如何建立各种不同的一览表的——从而把那些可以算作真正存在的实体一类一类地列举出来。虽说这些一览表的确是有变化的,但海德格尔实际所谈论的与其说是这些实体,还不如说是人们在说"是(is)"或"真正存在"时所讲的东西。在大多数当代讨论的语境中,这样一种考察的答案似乎是明摆着的。我们如何才能确定到底什么东西存在,也许是个很困难的问题,然而,存在却只是指某物外在于我们存在在那里。存在就是关于是或非的问题;除此讲不出更多的东西来。然而,对于海德格尔来说,他认为要讲的东西是非常多的,而且,关于存在的现代讨论也不是人所拥有的理解世界存在的惟一方法。

在把握海德格尔到底在讲什么这个问题的过程中所遇到的困难,类似于在理解黑格尔关于在历史中存在着各种不同的个体性这个断言时所遇到的困难。当黑格尔在谈论作为某个古希腊城邦中的个人到底是什么样子的时候,我们常常把他解读成:他似乎在谈论一个单个主体在现代意义上所具有的各种不同的主观信念和态度。个体性的核心意义在整个历史中仿佛是始终如一的。这种核心意义通过韦伯的方法论个人主义得到了描述,他的依据就是以个人为中心的意识,在此,意识被剥夺了各种价值前设,直接面对一个只有个人和社会构造才能赋予其以意义的客体世界。这种核心意义允许不同时代的人们对其自身、他们的个体性、他们与其他时代的人的关系以及他们的整个社会等等,拥有不同的态度和信念。在现代时代,人们开始仅仅根据个体性的这种核心意义去思考他们自身,无需顾虑实质性的价值体系的影响。

黑格尔其实是在谈论某种更为根本的东西。作为安提戈涅或克吕昂意味着什么,是不能从现代个人出发、并通过改变现代个人的信念和态度而得到理解的。它不仅是指这些主观特性,而且还包含了一些不同的交互性确认结构。"作为一个个人"指的是一种社会性的和相互作用性的角色,它先于我可能具有的任何主观信念。如果把人看成是游离于所有这些社会框架之外的,那么人也就不成其为一个现代的自由个人了,而只是一个特定种类的具有可塑性的动物了。交互性确认结构使具有自我意识的个体性成

第七章　海德格尔与现代世界　203

为可能,而且它们还随着历史发展不停变化。克吕昂和安提戈涅并不是一些穿着不同服饰的现代个人。潜藏于变化着的个体性形式之下的并不是韦伯的方法论个人主义,也不是它的那种主-客体假定,而是普遍、特殊及个别通过相互中介而形成的那种逻辑运动。

海德格尔关于事物存在是如何被理解的断言也持一种类似的反现代立场。当我们听到他谈论历史中的不同理解方式时,如在以希腊人为例时,我们常常就会臆测道,希腊人拥有一套完全不同的关于客体的主观信念。"存在(to be)"有一个不变的核心意义,其根据是去除了所有主观附加物的中性的、事实性的、客观的存在。正如在个体性那里所表明的那样,单薄的现代观念似乎为历史提供了答案。现代人是直接经验到这种核心观念的,而传统人则在这种核心观念之上叠加了一些从其文化的实质性前提中生发出来的主观信念。

正如对于黑格尔来说,把现代个体性形式看作为所有这类形式的历史核心是错误的一样,对于海德格尔来说,把"存在(to be)"的现代意义看成在历史上经久不变的也是错误的。在黑格尔那里,现代个体性并不能解释它自己的条件,当然更不用说其他先前形式了,同黑格尔一样,在海德格尔这里,对现实性的现代说明,比如中性的事实性存在,并不能解释它自己的条件,也不能解释其他理解的发生。世界是如何被揭示出来的,并不是根据站在中性客体面前的主体来解释的。对客观存在的现代理解也并非它表面看来的那样——是被剥光了的、纯粹的。它有它自己的内容,我们最终会发现它是对时间、主观性、意愿、有序化、权力等等的一种特定解释,即是对海德格尔罗列在"技术"这个名称下的所有东西的特定解释。

然而,问题还要复杂得多,因为对于海德格尔来说,在西方,对于存在,我们可以得到的所有理解都是与古希腊这个源头联系在一起的;在上文对柏拉图和亚里士多德的简短讨论中,我们发现这一点正暗含于其中。因此,我们能够从我们自己的立场出发,以某种方式来理解西方早期历史,但是,其实施方法远非假设有一个贯穿历史始终的、不变的、惟一的核心理解。

另外,与事物遭遇的西式历史也仅仅是这种历史中的一种。还存在着其他的历史。我们与其他传统展开对话是可行的,但这就需要更为精致的理智手法,不能采取西方在试图理解其他传统时的那种典型做法。与他的历史性的和有限论的立场相契合,海德格尔在这个问题上是十分谨慎的。

海德格尔认为,我们所遭受的这种"形而上学"命运独独出现在西方。也许只有在西方才有与事物的这种遭遇,并且只有西方,它们才注定以根据"存在"而被经验到这种方式出现。在非形而上学的——非-西方的或后-西方的——的生活方式中,在(being)、实在以及存在(existence)这些观念肯定不会占据如此重要的地位,而且,对有待揭示的事物的意义的理解肯定也是通过其他一些方式获得的。当海德格尔讨论所谓四重整体问题的时候,他的努力可能就是针对这些其他方式的;尽管我将对他的那些令人困惑的术语的作用提出一种更为复杂的解释。人们应该注意不要把下述提法解读成一种唯心主义的观点,这种提法即:我们可以放弃以在(being)和存在(existence)为中心的话语;对于海德格尔来说,以意识为中心的话语仅仅是现代西方观点的一个变种。

前概念性理解

在事物存在(to be)到底是什么意思这个问题上,为什么我们应该尽量控制自己,不要把人们对它的不同理解解释成——似乎它们是由一些人类主体对一个中性现实所作的不同解释呢?为什么不应把这些不同理解看作为如今经常讨论的那些"概念图式"的等值物呢?

海德格尔认为,概念图式以及其他一些用于清晰理解的工具是次要的。与事物的遭遇首先发生在一个更为基本的层面上,以此层面为基础,我们才形成了我们的概念工具,并建立起一些清晰的命题。正是在这个层面上,人类的"存在"才能被称作为"此在(Dasein)"、"世界"之"在此"、我们的"在世之在(being-in-the-world)"。这个更基本的层面不能根据一个正在或有意识地、或无意识地接受各种命题的主体来进行描述。我们植根于这个层面,而且它也有变化能力,可以改变我们对事物存在(to be)的含义的理解,改变我们对我们自身的理解。

海德格尔对概念和命题是建构与世界的遭遇的惟一方式这个假定进行了抨击。

[我们必须对下述前设提出质疑:]知识等于判断,真理等于断然性、等于客观性、等于有效感(《基本问题》,第286/201页)。

> 某物若想成为某一断言的一种可能的指示(about-which),它在某种程度上就必须已然是为此断言而被给予的——作为被揭蔽了的和可通达的。就本质而言,断言本身并不揭蔽;相反,就其本来含义而言,它一直都是与某种被预先给予了的、被揭蔽了的东西联系在一起的。……只要它存在,此在就总是已经与某种存在共居在一起的了,而这种存在,则是在某种程度上、以某种方式被揭露了的。另外,被揭露了的不仅是此在与其共居的那个存在,而且此在本身作为存在也是在同时被揭蔽了的。……只有存在着(exists)的存在者(a being),才能理解什么是存在物——它**是**以在世之在的方式。只要有什么东西得到了理解,意义构造之本质中的某些东西也就借助于这种理解得到了明确的表达。这些构造具有潜在的语词可表达性(《基本问题》,第 295—297/208 页)。

对于海德格尔来说,概念和命题并不是使事物富有意义地到达我们的基本方法。命题只是对那些已然以别的方式寄居在别处的意义进行筛选,并使其明确起来。[3]

说存在着一个先于命题之明确表达的意义领域,这常常会把那些讲英语的哲学家们搞糊涂。我们关于这个领域的标准模式是由洛克和休谟提供的,而且这种模式也已受到了严厉的批评。海德格尔无意谈论由直接给定的素材所构成的这样一个领域;不论是原子论的感觉素材,还是感觉的绵延之流都不行。他所谈论的也不是这样一种先在领域:在其中,概念是独立于它们在命题中的作用而被拥有的。

要使事物充满意义地到达，它所要求的先行方法并不是对感觉素材的直觉，或者同某些持续存在的意义保持联系。海德格尔讲的是我们的在世之在。意义是在这个我们总是已经涉身其中的世界中发现的。"世界"不是由相对于主体的各种客体所组成的集合体；它是由各种事物和可能性所构成的一种结构，而我们则通过行动和持续不断的目的而涉身其中。在我们的行动中，事物作为与某个结构相契合的东西而被遭遇到；它们又继续导引出其他一些在行动的可能性中被揭示出来的事物。这些可能性——我们发现我们自身位居其中——不是意识的直接对象；它们不是作为主体的我们的客体。从侧面来看，它们呈现为这样一个视域：在其中，我们实践性地把握我们正在对付的那些事物。"世界"就是生活可能性的结构，它把我们周围的事物**作为**（as）具有这种或那种特性的东西揭示出来。门把是**为了**（for）扭；扭是为了进入；进入是为了谈话，等等，可以同时从许多方向和维度不停列举下去。

作为和**为了**这两个词用在这里并不是为了把一些特性明确地归属于客体，相反，它们是作为人们拥有的一种理解出现的。人们通过生活在被揭示出来的事物周围获得这种理解。我们经常用来谈论我们的处境的那些对立和两分（主体和客体、事物与特性），其实并不是发生在关涉性这个基本层面上的；它们反映了从这个层面上产生出来的思维方式和行为方式，但并不是这个层面的构造性结构。当然，主体、客体以及特性等的先兆是存在的，但是，这些先兆并不是分离的和对立的，以致允许应用标准的现代经验图景或关于基质和特性的形而上学分析。

我们并不是先挑选一些意义和目的,然后再把它们放置在客体的上面,从而创造出一个有意义的世界来;我们所以能说话或行动,仅仅是因为,我们就处于这个揭示出来的世界结构及由其所开启的各种可能性之中,而且还依赖于它们。我们将此世界结构规定为我们的语言和行为的前提条件。我们独自所做的任何事都无法像改变一个整体那样,使这种世界结构发生改变。这是因为就其最重要的含义而言它并不是一个整体,并不是某种我们可以集中在一起来看的东西。它并不仅仅是在某种背景下的一组东西,好像每样东西都是现存的并且都在等着成为核心焦点,或者,好像这个整体可以在某种宏观眼光下被集结在一起。对于海德格尔来说,意义不是现存的实体之间的一种现存的关系。它其实是**作为可能性**的生活可能性,即:作为不是现存的(present)、然而却具有影响力和塑造作用的在场(presence)。世界表现为造就意义的间距、缺场及可能性等的结构。使所有意义的在场得以可能的,就是所有视角的这种始终已预设了的结构——缺场者之结构。

因此,虽说命题的确可以反映和清晰地表达这个世界,然而海德格尔还是会反对这样一种断言:包含在我们世界中的所有意义都可以被整理进一个命题体系中去。命题从意义领域中获得其清晰的表达,而这个意义领域却不是一个由呈现给我们的各种事物所组成的集合体。世界绝没有任何疆界,并不是已经划分好而等着与各种命题相吻合的。因此,任何方法都不能明确断定,世界已经"全部"在某个命题体系中得到了表达。命题体系本身就是在世界中才变得具有意义的,它们不是世界的替代物或总结。

理解的空间

我们所以能遭遇到事物,原因在于,我们在我们的世界中理解了它们存在的特殊性质,理解了它们是何种事物。当我的手中握了一枝铅笔,我对它的处置就展开于对它的理解之中,即对它是用来干什么的、我被抛入了什么样的活动的理解,以及另一个更为一般性的理解,即对工具是什么样的事物、交流是什么样的活动的理解。不同的事物,工具、行动、历史行为、自然物、人的身体等等,都具有它们在世界中的独特的可能性"视域(horizons)"。如果说某人对这些事物中的某一个作出了理解,这也就等于说,他能够在这种赋予它以意义的可能性视域中遭遇到它,能够把他自己与包含在它的存在方式中的那些可能性联系在一起。这种理解就是我们在这个世界中的存在方式;它并不是我们后来反思性地实施的行动。或者更准确地说,它是那些反思性地实施的行动的基础。在此基本含义上,理解就是指以某种可能性为基础对某人自身进行筹划(project)(参见《存在与时间》,第31—32节;科克尔曼斯,1984,第33、45—46页)。这种理解不是我们所干的某件事情,而是我们所是的某种东西。在世界中即成为理解和可能性的所在地。

筹划听起来有点像是主观主义者的说法,由于这个原因,海德格尔后来没有再使用这个术语,然而在《存在与时间》中,他也无意用这个术语来指称发自我们的某个内在领域的、针对世界的某种东西。没有内在自我要投射(project)出来;我们是作为可能性的开启以及对事物的理解而存在的。严格说来,这种开启是由时间的三维生活交织建构起来的。既然意义和可能性涉及到了未来,那么,只要把那种笛卡尔式的含义扔在一边,"筹划"这个术语就并非是完全不恰当的。我们的生活就表现为以揭示出来的东西为基础而对未来可能性所作的筹划。

在海德格尔那里,存在着的是某种相互依赖性;世界或我们的筹划都不是绝对第一性的。世界——作为意义和可能性的结构——需要我们来作为它"发生"的"场所"。另一方面,世界作为可能性领域又引发了我们的筹划,并且塑造了生活时间。世界超越了我们的筹划,后者是对我们所找到的我们自身之居所的一个反应。海德格尔会说这是一种"呼唤",我们可以听到对我们的这种呼唤;这就是作为意义结构而被遭遇到的那个世界,我们的筹划无法穷尽它,而且,它还为我们开启了道路。生活世界已然是有意义的,它超越了我们能筹划出的或能明确说出的东西。它的意义从来都没有彻底明确过,始终都处于"仍在到来"的状态之中,因为,它绝不会被抓住或耗尽,相反它不停地开放着,并刺激我们作出进一步的反应。它就是那个我们总是已经活动于其中的开放性空间。海德格尔说,我们是"被抛的筹划者"(geworfene Entwürfe)。

在这个给予我们的开放性空间中,在场与缺场在日常含义上都是可能的。但是,这个开放性空间本身——世界,却是一种通过缺场来产生在场的过程,包含在其中的各种各样的"在场"都需要被拆解开来。在日常含义上,约翰在这个房间中,在此他就是在场的,或者他也可以是缺场的,他正在去加拿大的旅途中。海德格尔希望使日常含义与某种先验含义形成对照;他认为,约翰在加拿大这种缺场也是一种在场样式,而这就具有了一种先验含义。尽管约翰不在这里,但他却被包含在意义结构之中了,即被包含在我们的世界中了。他在日常含义上的在场和缺场的可能性被编织进世界之中了。这种编织是一种更深刻含义上的在场。海德格尔会说,约翰是"被揭示"给我们的。如果某个存在或存在的某个方面,是在这种较深刻的关联性含义上"缺场的"或者是"没被揭示出的",那它就肯定不在我们的世界中,**而且**,它的缺场也绝不会留下什么空隙、期望或未被实现的可能性。

海德格尔所关注的,就是对事物的这种较深刻的在场或揭示的条件的确认。"从《存在与时间》(1927)到《时间与存在》(1962),海德格尔一直都试图……把种子(Same)理解为时间性和此在的纽结、存在的清楚显明和揭蔽以及使人投身于任何在场的东西的呈现的那个事件"(科奈尔,1975,第8—9页)。

《存在与时间》以及《现象学的基本问题》的主要涵义就在于,在对存在的所有理解中,生活时间的维度是最重要的方面。事物的存在样式不是我们理解的最终根据,相反,它们本身只有在一个更为深层的理解视域中才能得到清晰的表述。如果存在样式不是在时间的一系列直线发展这一标准图景中来加以理解的,而是得到了更为基本的理解,那么,所有存在样式都可以理解为在过去、现在以及未来这些时间维度中所建立起来的一些恰当的、系统化的统一。存在样式是在场与缺场的规定性样式。这既包括古代人在讨论永恒时所提出的那种样式,也包括现代人的中性的、事实性的在场样式。海德格尔认为时间是所有存在样式得以表述出来所依据的视域,他为这一判断所给出的论据是十分复杂的,无法简要地概括出来；在《现象学的基本问题》的第 21 部分对此有一段最好的简要说明。[4]

理解事物的存在就意味着在世界中——在此，人们处于被揭示的状态中，相互交织，聚集在一种由可能性所组成的有机体之中，而这些可能性又规定和揭示了他们。虽然世界没有任何疆界，但它并不是不确定的开放性，而是一种有限制的结构。这种限制部分是定性的（古希腊世界不等于我们自己的世界），部分是生存论的，后者相关于有死性，即：作为终结可能性的可能性。这意味着，世界不能被看成为某种总体性在场的一个可获得领域。关于事物的存在，那种可以在完美的明晰性中将所有他者都包容在内的总体性理解是绝对不存在的。对事物的任何揭示都是有限的，尽管它是局部性的，但相对于它的总体性却仍然绝对不存在。

自我也是一个存在。既然如此，自我的揭示、我们的理解的条件也就可以获得了。我们在世界中到达我们自己的在场，且带着对于作为一个自我到底意味着什么的一种特定理解。到达自我的纯粹通道是不存在的；我们在世界中找到我们自身。我们在那里**发现**我们自身；我们不是在那里选择、制造或置入我们自身。我们在那里发现**我们自身**；我们是什么就存于开启世界的各种生活可能性的关节点之中。这些可能性具有某种确定的特征；我们并不是先从各种不确定的可能性开始，然后再收拢到那些切合于或规定着我们的周围世界的可能性上。

我们也不可能借助于我们对我们自身的反思能力而拥有某种到达我们自身的纯粹通道。"从返回[我们自身]这个含义来讲，反思仅仅是一种自我领悟方法，而不是那种根本性的自我揭蔽方法"(《基本问题》,第225/159页)。海德格尔认为,他借助于他在理解问题上的立场所达成的这一结论,掏空了那些把自我反思当作自我的原初行为的哲学的根基。照他的解释,包括黑格尔在内的现代哲学就属于那种哲学。

我们不是在某种不确定的、将由经验规定的开放性中来拥有我们自身或事物的。我们的可能性结构是有限制的。我们的世界并不受限于事物的某个固定数量——似乎事物就只有这么多关系;根本就没有那种限定。但我们的世界还是有限制的,即它是在特定的时间结构——而不是别的结构——中明确表达出来的。成为人即等于在一个开启出来的具有某种确定特征的意义结构中进入存在。事物的纯粹开放性这种理想,即没有限制的通达和纯粹的透明性,是一种幻想,其基础就在于以当下为重点的特定时间结构相对于其他时间维度的优先性。用《存在与时间》中的话来讲,当我们不再逃避我们在其中发现我们自身的这个世界的有限性时,我们就变成"本真"的了。在此状态下,我们积极地接纳这些向我们开放的可能性,并回过去探讨在其中还有哪些东西没有被考虑到和提到,从而与那些已经被给予我们的东西展开创造性的合作。

很显然,所有这些都将在海德格尔关于现代主观性的讨论中起到十分重要的作用。他否认现代主体具有它自己所希望的那种纯粹化的和间距性的作用。现代主观性的形式性和纯粹性其实恰恰就是它的实质性内容。纯粹的现代主观性及其关联性的客体世界并不是人之为人的本质,它们仅仅是我们的在世之在的一个可能的反思性特征。我们在世界中的有根性是不能根据现代范畴来描述的。那些范畴本身就是以某种特殊的方式植根于在世之在的，而这种在世之在则由对事物的某种差别性理解及时间性的某种差别性样式所建构。就其对自身的描述而言（例如，在韦伯的范畴中），现代主观性由于忽略了自己的在世之在——这是现代术语力所不逮的，所以它对自身作了错误的描述。但这还不仅仅是一个错误或某种不良精神传统所带来的一个后果。它不是我们通过改变我们的语词就可以改正的某种错误。我们对我们的有根性的遗忘不是偶然的。这种错误以及主观性范畴是从现代的在世之在的特殊性质中产生出来的。海德格尔把这个以主观性和技术为根据的现代世界也描述为对事物存在的理解。下面我们就转而讨论这些理解。

现代性与主观性

在他的那些论尼采的讲稿中，海德格尔曾说："西方历史现在已开始进入我们称为现代的这个时期的完成阶段了，而规定这个阶段的事实在于——人变成了存在的尺度和中心。人位于所有存在的最底层；这也就是说，按照现代原则，人位于所有客观化和可再现性的最底层"（《尼采》，2∶61/4∶428）。

当海德格尔说，在当前时代，人已变成了基础和尺度时，他的意思并不仅仅是说我们倾向于用主体—客体范畴来思考。现代主观性所涉及的要远比这套或那套概念工具深刻得多。从前概念性的层面来讲，我们在其中发现我们自身的这个世界已然如此了，即：主观性在我们的行为中已变成了中心。我们把事物经验为聚集在一起的意义和可通达性的在场要素。我们把这种聚集-场经验为主观性。现代思想家已根据我们的知觉、表象、理论、语言、经验等对主观性作了各色各样的命名。(与此形成对照的是:那些称自己为后现代的观点常常坚持认为,那个场根本并不在我们的控制之下。)

现代自我对所有其他存在物的寻找,都是在有序的和受到控制的表象中展开的,或者说,现代自我把所有这些存在物都放到这种表象中去了;同时,这种表象又得经受他的批判性目光的审视。笛卡尔对确定性的要求就是现代自我这种做法的典型体现。这种自我,通过对其经验的方法论研究,在进行怀疑的同时,保证了它自己的现实性。虽然对世界的这种精确研究似乎很关注客观现实,但这种自我却常常将其角色定位成集合人和法官。关于客观现实的知识其实是自我联系的一种特殊样式。

这样,自我就不再仅仅是主-客关系中的一极了;它成了这种关系的基础。

现在可以说,它或者是作为客体的现实[das Wirkliche,"真实、现实"],或者是作为客观化过程的现实功效[das Wirkende"有效性"]——在此过程中,客体的客观性得到了塑造。客观化过程通过再现、前置将客体交付给**我思**(ego cogito[①])。在这一交付过程中,自我被证明为潜藏于它自己的前置活动(即交付活动)下面的东西,即证明它自己就是**主体**(subjec-

---

① ego cogito 特指笛卡尔"我思故我在"中的我思。——译者

tum，即古老含义上的"潜藏物与支撑物"）。主体是它自己的主体。意识的本质是自我意识。（《尼采的话》，第236/100页）

在古希腊时代，达成在场的东西具有独立有效性，而人则有责任努力求得与那些同他聚集在一起、并共同进入开放之境的东西的一致性。在现代性中，情形完全颠倒。只有当事物的存在是一种可以通过某种精确方法被人的主观性再现出来的存在时，这个事物才能被证实为具有现实性。思想不再表现为开放的接受性，而是表现为主动的集合过程，就像海德格尔在讲到笛卡尔时，一语双关地提到的共合-鼓动（co-agitatio）过程。在主体对他们自身的定义中，他们是具有某种精神生活的，即某种由各种思考——共合-鼓动（co-agitationes）——所构成的内在活动。在这种活动中，自我与客体被搅合成形，并得以将它们自身在各种细心准备的可能性领域中通过某种有序化的方式揭示出来。不再有古希腊世界的那种不可数量化的悲剧性划分；自然将被写入数学书中，而作为客体的人很快也会在那里找到他的位置。独立达到在场状态的东西的开放性被取代了，事物被严密组织成现代判断性主体面前的映像。

1929年，海德格尔与恩斯特·卡西尔在瑞士的达沃斯曾发生过一场争论。海德格尔在他的一次演讲中说道："自古代以来，存在问题已……通过时间来解释了，而时间也一直都被归属于主体"（《达沃斯》，第37页）。正如我们在前面曾指出的，海德格尔争论说时间性是各种存在样式得以获得理解所依据的视域。在此，他提醒我们注意,时间性在传统解释中是以主体为中心的,因为主体具有记忆、当下知觉和预期。从柏拉图的《菲利布篇》和奥古斯丁的《忏悔录》开始,时间就已经被看成是聚集在我们的主观性中的了。在《存在与时间》中,海德格尔试图回溯到一个更为原初的时间现象上去,在那里,主体的能动性被归诸生活时间,相反则不然。现在,我们所关心的是海德格尔的这样一个陈述,即:几乎从最初开始,主体就是植根于西方关于事物的现实性的解释之中的。

海德格尔通过对重要思想家的一系列研究强化了他的历史解释。他讨论了那种显入我们理智视线中的不可见的本质。例如,他讨论了柏拉图与事物现实性的遭遇,这表现为**理念**(idea,"被看到的事物")和**形式**(eidos,"形式",可见的形状)。这种理智可以认识到,这是永恒在场的、是我们的生活以及所有现实的基础。时间性的相关结构是以具有可获得性的永恒在场为根据的,而且它还包含了对心灵目光的参照。这最终就发展成了自我-在场主体的判断面前的所有事物的现代保证。"接着,理念[idea,古希腊人对某个事物的存在的理解——表现该事物在敞开的感觉和理智的可见性中的显现]就变成了对某种知觉物(perceptio)[被某种知觉觉察到的东西]的知觉(perceptum),变成了人的再现带到它自身面前的东西。它恰好成了使将被再现(to-be-represented)在其再现性(representedness)中成为可能的东西。这样,理念的本质就从可见性、再现性的在场以及那个正在再现的人那里演变出来了"(《尼采》,2:230/4:174)。黑格尔与此也有很明显的类似之处,因为在他看来,现代主-客体区分也是由古希腊人所提出的某种区分发展而来的,即:不变的普遍与变化的特殊之间的区分,它与理智与感觉的区分相对应。这与海德格尔所讨论的那种区分并不相同,但却有密切的联系。对于黑格尔和海德格尔来说,古希腊人跟我们既有对立关系,也有渊源关系。海德格尔最困难的任务之一,就是在不变成黑格尔的前提下来谈论他在历史中所看到的那些变化。他希望,在从古希腊到今天的历史中,存在着某种联系、某种必然性,然而他却一点也不想要黑格尔的辩证发展(参见哈尔,1980)。

在他的一些论现代性的文章(《世界图像的时代》、《关于技术问题》及其他一些论文)中,对于为什么会有这种历史发展这个问题,海德格尔给出了一种没有什么说服力的说明。他提出,中世纪末期宗教信仰的改变,迫使自我转朝内部来寻求有那种保障的在场——自古希腊以降,这种在场就包含在对自我存在的理解中了。而在以前,自我是在上帝那里来寻找其自我确定性的。现代主观性就是由对它自身现实性的某种自我保障性的确定性的追求所催生的。但是,如果信仰最初的衰落是由一些历史事件造成的,或者是由对存在的理解中的某种不那么明显的先前变化造成的,那么,这种说明就仍然是不明确的。从海德格尔的一般观点来看,他可能不会选择第一种方案,但是第二种方案本身就包含了变化是如何发生的这个问题。信仰的丧失为什么会导致对以自我为根据的确定性的探求,而不是通过其他方式来获得这种保障,这个问题同样没有得到清楚的说明。另外,在现代还存在着把确定性和保障全盘抛弃的各种尝试,如蒙田和休谟就作过这样的尝试;对此,海德格尔也没有作出说明。

这种单薄的说明(例如,与布卢门贝格广泛的叙述相比较,

1983)是如此的笨拙,这说明海德格尔其实并不是真的有兴趣根据可定位的历史事件或思想体系中的结构压力,去追溯从古希腊到今天的变化。对于他来说,对存在的理解中的变化才是首要的。这些变化制约着理念和历史事件,而不是受理念和历史事件的制约。在他的各种后期论文中,海德格尔对这种历史说明又重新作了加工,让所有相关变化都发生在一个先于日常历史事件的层面上。在此,我们可以看到黑格尔赋予逻辑发展的相对于其历史呈现的那种优先性的影子。海德格尔也许会对这种对应不屑一顾,但是在我看来,这种对应同时驳斥了这两位思想家。

现在,我们来到了海德格尔根据主观性对现代性所作的说明的最后一个方面。在黑格尔的明确文本中,我们几乎找不到同这个方面的对应之处,但海德格尔认为,它对于所有现代人——包括黑格尔——的生活和思想都产生了一种决定性的影响。在海德格尔最为复杂的历史分析中,有些就是为了建立这样的论题:现代主观性的核心就在于根据意志对事物的现实性所作的理解——它最终表现在尼采的权力意志学说中。

当笛卡尔向内转的时候,他将其自我看成为一种经常在场的实体,而其他事物的在场就是由这一实体来保证的。它经常可获得的自我-在场是某物存在(to be)到底是什么意思这个问题的例证。笛卡尔所发现的这个自我不仅是在场的;它还积极主动地证实了它自身作为存在的在场,并为其他事物提供了尺度。从这个角度来看,笛卡尔的非物质心灵与物质客体之间的差别并没有想像中那么大,因为这两种实体都具有经常可获得的在场,并以此来作为它们基础性的存在样式。但自我通过将其自身与自身主动联系起来超越了这一点。海德格尔争论说,现代自我通过、并在给其他存在提供尺度的过程中证实了它自身。准确说来,在现代意义上成为一个主体即等于,能够将事物带到某人自身面前,使其在场;能够使世界作为一个客体集合体再现给某人自己。在主体形成一个有序的世界图景这一视角的约束下,这种再现就成了一种使呈现的过程。当某一主体强行排序时,现代主观性就作为一个主体而存在了。在其他事物身上强加某种以自我为根源的秩序是一种意志行为。现代主观性的自我肯定表现了它控制再现条件的力量;现代自我通过其判断作用肯定了作为意志的它自身。

只有在强调作为**标准**(Rules)的笛卡尔相对于作为**原则**(Principles)的笛卡尔的优先性的基础上,海德格尔才能提出他的某些说法。海德格尔是否成功证明了他的下述断言,即现代自我在所有现代形而上学体系中都变成了核心实体,是很值得怀疑的。在笛卡尔那里,自我也许是第一实体,它的现实性是有保证的,但在因果秩序中,或者甚至在类比秩序中,它并不是形而上学的基础。这同样也适用于同笛卡尔类似的其他一些思想家,他们采纳了亚里士多德在知识基础与现实基础之间所作的那种区分。从某种意义上来讲,海德格尔努力想把笛卡尔变得比其实际状态更"现代"。

海德格尔不满足于仅仅从本质上把现代主体看成为意志,然后再把某种意志严格性强加在其他存在物的映像上。所有存在物的存在都要根据意志来理解。这并非是在维护泛神论。海德格尔断言,对存在的意志性理解不是通过同人类意愿的类比而产生,相反,它是先于我们的自我理解的。

尽管从许多方面来说，这里所讨论的意愿的本质是很模糊的，也许甚至必然是模糊的，但我们仍可发现，从谢林和黑格尔的思辨哲学开始，一直回溯到康德和莱布尼茨以远，[所有的]存在其实都被理解成了意志。当然，这并不意味着人类意志的主体经验是作为整体而变换成存在物的。恰恰相反，这首先意味着，人是以某种还没有得到阐明的存在经验——在某种意愿仍有待考虑的含义上——为基础，而开始在某种本质含义上，将他自身理解成一个意愿性主体的(《尼采》,2:342/4:205)。

这种根据意志对存在所作的理解意欲深入到主-客体之分的背后去。它在尼采的下述观念中达到了登峰造极的地步：无需任何主体或客体，只要有一些相互竞争的能动力量以及一些便于控制的领域就行了。在当前流行的关于世界的许多观点中都可以看到这种观念。

对于19世纪的某些思想家来说，海德格尔关于存在和意志的这种较为一般化的历史断言似乎还有些道理，但对于19世纪之前的历史时期来说，它的真实性并不是显而易见的。笛卡尔虽然也有这种把意志当作现实核心的学说，但那说的是上帝。笛卡尔所认可的人类主体意志的首要性，其实是上帝意志首要性的一个缩影；只要上帝愿意，甚至数学真理都可以改变。许多早期现代思想家从中世纪唯意志论者那里接受了这样一种二分法，即：将意志决定性的能动性与意愿确定的被动结果截然区分开来。存在着的大多数事物都是意愿的被动结果，而不是能动中心。只是到了后来，这种二分法才在莱布尼茨和康德的自然理论中受到有意识的批判;在康德之后,这种批判就更普遍了。海德格尔忽视了这些早期思想家,如笛卡尔和经验论者,是怎样悉心维护这种区分的。他们把那些发挥意志作用的存在者,与那些对意愿作被动抵制或仅仅只是其结果的存在者,截然区分开来。第一类包括神的意志及其存于人的主观性之中的模仿者;第二类包括物质原子、意见和印象、广延性的物质以及诸如此类。海德格尔忽视这些例子而依赖莱布尼茨,后者运用其作为知觉和欲望统一体的单子学说公开反对这种被普遍接受的区分。

其实,海德格尔在他的早期和晚期著作中,对意志的这种中心地位都是持反对态度的。虽然他自己在《存在与时间》时期的思想由于强调意愿和本真性,一直都被看成是唯意志论的,但他的原意却是想废黜关于意志的传统观念。就其本意而言,他赞同把人看作为一种离散性更强的紧张关系,这种关系永远也不会聚拢到一起来,进而达到完全的自我确定性或自我在场。人存在于一种展开的时间性之中。现代自我要想取得他似乎有的那种自我在场和意志,那只能是在他采取了一种间接方法之后,即把他自身的处于展开状态的时间性忽略不计。

海德格尔从意志方面对现代性所作的讨论,将我们带进了他后来从技术方面所作的那种描述的门槛中,后者理清了、在某种程度上还改变了呈现在先前研究中的那幅图景。在转而讨论这后一种描述之前,对海德格尔关于主体的研究的涵义作进一步的引申将是很有帮助的。

由于他提出了关于主观性和意志的这些说法,因此海德格尔就可以解释为什么黑格尔曾认为已解决了的那些问题仍然存在了。就黑格尔而言，现代是市民社会、资产阶级或浪漫主义个人的时代。在《精神现象学》中，他也对个人与社会整体之间的其他关系、从主-客状态中发展出来的那些典型的认识论和伦理学问题进行了思考。但是资产阶级的个人主义仍然是现代生活的基本形式；其他形式只是先前时代的一些残留物，现在已被化解成了那个超越了它们的社会和精神整体的一些要素。

在海德格尔看来，个人主义仅仅是为现代生活打开的众多可能性中的一种；对于他来说，现代主观性和意志不用在原则上作多大的改变，就既可以出现在资产阶级个人的生活中，也可以出现在集体主义社会的生活中。政治、宗教或哲学上的那些典型的现代问题，始终难以解决，人们对此争论不休；这表明，虽然表述方法千差万别，但这个潜藏在背后的关于存在的现代理解仍然在起作用。

在海德格尔看来，充满着现代思想的那些持续不断的争论，其实都只是在同一个框架下所发生的一些波动而已。在个人意志或社会意志是否会为生活树立起某些标准这个问题上所展开的那些争执，都假定可以把人类在世之在的所有样式简化为一种样式，其特征就是再现和意志。对生活"价值"的根源的争论，都假设可以把与事物的所有遭遇简化为主体所拥有的经验；在此语境中，价值看起来就像是一种有待把握的独特客体。（在以往，根本就没有这种有待讨论的、被经验为客体的价值；有的只是一些生活方式，以及一些要求人们将其行动道路纳入被揭示出来的世界中去的事物。）关于经验的基础确然性这些认识论问题在"经验"被创造出来之前是不可能发生的。而这种创造就是通过将事物的所有呈现方式,都简化为间距性主体的一种均质性的再现线索来实现的。(古希腊人不"具有经验"。)现代争论所关注的是一些典型的现代问题。它们都是从对存在和主观性的现代理解中产生出来的。我们既不应对它们作历史性的解读,也不应企图以它们自身为基础来解决它们。只要可能,我们就应该抛弃这些问题,而代之以一些新的思维方式。

然而,思想的这种新起点不会是我们独自干的某种事情。也不会有什么历史辩证法来为我们干这件事。但是,与现代性有关的某种东西却使这个新起点得以可能了。在海德格尔根据主观性对现代性所作的这些讨论中,现代性的这种潜在的创新特征并不明显。要想看到现代性为它的自我超越所备下的这个层面,我们就必须转而从技术方面来描述现代性的特征。

现代性与技术

在第二次世界大战之后的数十年间,海德格尔讨论现代性的著作开始以 das Gestell 这个术语为中心。他把它用"作明确表达现代技术本质的关键词"(《艺术作品的起源》,第 97/84 页)。海德格尔这里所说的技术(technology)不仅仅是指机器。它们是一种转喻,指的是他称作为**技术**(das Technik)的特定的可能性领域。他把机器技术与数量化自然科学仔细区分开来,但他颠倒了对它们之间关系的普通理解。对于他来说,**技术**(technology)这个术语包含了对人和事物的存在的一种特定理解、某些特定种类的活动在世界中的开放可能性。这种关于存在者存在方式的理解以及随之而来的这些可能性,向自然科学提出了要求,即它们应为人们提供在世界中获得事物的恰当方式。技术不是某种已经独立完成了的科学体系的一种外部应用。科学如今之所以能存在,原因就在于自然现在已经以某种存在方式被揭示出来了。正是这种方式才使对自然的科学探索得以可能,并要求对自然进行这种科学探索。这就导致了一种由各种技术装置支撑起来的文明的出现,但是,技术的本质并不存在于这些装置之中,而存在于人和事物被带入共现(presence together)的方式之中。海德格尔想探讨的就是这一本质,即对人和事物所提出来的这种要求——如其所是地达及在场。他名之曰 das Gestell。

这个词很难翻译。按其日常含义来讲,它是指那些使事物稳定的构架:书架、搁物架、支架等。从词源学上来讲,这个词包含了 ge-这个前缀,其含义可以是指集合性(例如 Gebirge 这个词,"山脉",就是由 ge-和 Berg——"山"——所构成)。它后面跟了一个词根 stell,"放或置"(在对主体性的讨论中我们已经在 Vors～tellung——"表象"——这个词中看到过它了)。因此,Gestell 就可以是指放或置等行为的某种集合。海德格尔(《四个讨论班》,第129页)把这个词定义成将放置(stellen)的所有样式集中到一起(Zusammenbringen,"积聚"),在此,stellen 另外还有一个涵义——"向……提出某种要求"(Herausfordern,"向……挑战")。例如在 Gestellungsbefehl("动员令")以及 Gestellung("入伍服役通知")这些现存的复合词中,Gestell 在某种程度上就是以这个涵义出现的。这种军事涵义是很有用处的,因为在军事领域中,所有的东西都应有序摆放,以备不时之需。这种完全的和即时的可获得性对海德

145

格尔心目中的 Gestell 来说,具有很重要的意义,但是军事中可以见到的那种等级制度需要被剔除掉。Gestell 就是这样一种要求:与存在遭遇,使其具有可获得性,可为排序性的和意愿性的使用服务,但是在这里,那种自己可免除可获得性的中心意志是不存在的。这是一个由主体可获得的客体所构成的世界,但是,那种中心主体却被去除了,而且所有东西都被化为可获得性了。[5]

在阿尔贝特·霍夫施塔德对海德格尔论文的译文中,他使用的英语译名是"enframing(装配框架)"(参见他的注释,见霍夫施塔德,1971,xv)。为了强调 stellen 这个德语词汇意义的复合性,威廉·理查森的尝试是"pos-ure(摆放–过程)"(1981,第 66 页注释 24)。西奥多·基赛尔的建议是"com-posite(共–置)",他强调的是包含在其中的"挑衅性的放置过程"(参见他的译注,维尔纳·马克斯,1971,第 176 页注释)。约瑟夫·科克尔曼斯用的是"the com-positing(共–置)"(1984,第 229、237 页)。意大利学者吉亚尼·瓦蒂摩用的是"im-pozitione(置于)"(瓦蒂摩,1980)。这令人想起英语的"im-position(强加、过分要求)",我一般是在"universal imposition(普遍化强制)"这个短语中用到它,这一短语提醒我们所有存在者毫无例外都是在这一召唤下被揭示出来的。这种译法和别的译法一样都有一个缺陷:这种翻译有同抵制者进行某种斗争的涵义;而就海德格尔的本意来说,Gestell 并不暗示说存在着某种它主动地放置于其上的抵制物。所有东西都是开放和可获得的。——海德格尔用 Bestellbarkeit 这个术语来指认这一性质;我将把它翻译成"总体的可获得性"。

注疏者们谈论普遍化强制,有时是为了用它来指认我们的时代,认为这个时代同其他时代是有区别的,就像人们可能会说起浪漫主义时代或理性时代一样。严格说来,这个词并不指称我们的时代,而指称那个为这一时代开启空间的召唤。正如我们将在下文看到的那样,在它的用法中存在着一个有些自相矛盾的方面。因为,要想理解我们的说法,我们就必须已经以一种与时代对我们的要求有些不同的方式,经验到我们自身了。根据普遍化强制来指认我们的时代,就已经准备踏上克服它的道路了。

以普遍化强制为特征的现代性,似乎不同于前面曾讨论过的那种以主观性的统治为特征的现代性。那种中心主体已被从世界中去除了。权力意志已普遍化了,没有任何特殊起源或场所。虽然把存在理解成意志在这两种特征之间搭起了一个明显的桥梁,但海德格尔在他的晚期讨论中是否也是这样做的还不清楚。他是否认为普遍化强制一直都是潜藏于主观性之下的呢?或者,他是否认为现代时代可以分成两个阶段,第一个阶段以主观性的统治为特征,而第二个阶段则以普遍化强制为特征呢?(参见吉莱斯皮,1984,第124—126页;科克尔曼斯,1984,第9—11章。)虽然海德格尔也把这种关于普遍化强制的分析向前延伸到了现代早期阶段,但这种分析的焦点却是我们的当前时代。在海德格尔的描述中,这后一个阶段与从笛卡尔到黑格尔的那个时期是有质的不同的。

尼采是从现代性的准备阶段(从历史上来讲指从 1600 年到 1900 年这一段时间)到现代性完成阶段[Vollendung]的起点之间的过渡。我们还不知道这个实现阶段的时间限度(《尼采》，德文版，1:477）。

现代技术展开得越深入，客体的客体性也就越多地变成备用物的某种常备现成性[Beständlichkeit，"持续耐久性"]。在如今，已经不再有客体了（没有存在者了，因为它们都已被纳入了主体的视线，成了与主体牢牢联系在一起的对立面）——仅仅有一些备用物品（《四个讨论班》，第105—106页；参看第126页）。

在现代性的这一顶峰状态中，事物的存在不再是作为受到我们主观性严格证实的客体而被经验到的了。事物不再表现为同我们相对抗的对立面；它们准备着，表现为常备现成性。

所有事物都得到了命令，站在一边时刻准备着，以便直接上手；确实得站在那里，这样，它才可以响应下一个命令的召唤。在此方式下，不论下命令的对象是什么，这种东西都有它自己的常备性。我们可以把它称为常备库存（standing reserve）[Bestand"库存"]。这个词是有所指的，就其本质而言，它不单是指"存货（stock）"。常备库存（standing reserve）这个名称……所指的正好就是任何事物达到在场状态的方式。……在常备库存的意义上，站在一边的不论是什么，它都不再是作为一个客体而站在我们的对立面了（《关于技术问题》，第16/17页）。

所有事物都直面静候着命令和使用的所有别的事物。在我们自身的活动性这个范围内,主观性分析在某种程度上仍可被采用,但海德格尔现在强调的是交互性总体可获得性。人也从属于常备库存,成了人事管理的备用物。

存在的现代意义已纯粹化和普遍化了。现在,人不再被看作为某种意志性精确筹划的中心,且事物也借此而得以在一些预先勾勒好的轮廓中将它们自身揭示出来;相反,海德格尔现在讲的是某种一般性的"攻击(attack)"以及某种"挑战性的揭示",由它们向存在者展开猛烈的攻击,并使后者成为命令的常备物。这类似于把存在解释成意志的强行排序过程,我们在上一章的最后部分曾对此进行过讨论。① 但不同之处在于,不再是把每个实体都看作为一个具有能动力量的中心,并由它来作用于那些围绕着它的东西;现在,每个实体都是作为向命令开放、任由命令塑造的东西而被遭遇到的,但在这种命令的颁布过程中,却没有任何向外放射命令性力量的中心。

在现代性的较早阶段,这种使事物得到排序,进而获得精确性和清晰性的"攻击",还是可以被归入人的主观性的。但借助于普遍化强制,我们开始认识到,这种"攻击"并不归因于任何特殊存在者的行为方式。它归因于那种召唤、可能性的特定开放领域,以及事物本身的被揭示方式。人以某种支配性或盘剥性的方式来行事,其原因就在于他也受到了这同一召唤的挑战。

从人这方面来说,只有当人已受到挑战,必须去盘剥自然能源

---

① 原书有误,似应为上一节的最后部分。——译者

时,这种命令性的揭示才会发生。如果人受到了鞭策,被命令去这么干了,那么,这难道还不能说明人自身是比自然更原初性地从属于那些备用事物的吗?当前有关人力资源、某个诊所的病员供应等等的说法,为此观点提供了证据。在森林中丈量砍伐下来的木材的林业工人,尽管他像他的祖父一样,仍走在同一条林中路上,表面看并没有什么不同,但如今他却受到了林业市场利润的驱策——不论他有没有认识到这一点。他变成了植物纤维的定货量的附属物,而定货量又受对纸张的需求的鞭策,然后,纸张又被分配给报纸和插图杂志。后者又接着将大众意见充斥于版面之中,这样,一套意见构型就应需求而准备妥当了(《关于技术问题》,第17—18/18页)。

人发现他自己必须去探索和操纵自然,但他并不是意义的自主给予者。这与先前对现代性所作的分析有着重要的区别,人的自我确定性不再是他的筹划目标。如果说存在着一个总体性目标的话,那它肯定就是指世界整体所拥有的那种现成秩序的确定性,不过,这里所指的并不是某个作为中心的审查者或使用者的秩序。那种笛卡尔式的主体是位于这种中心之中的;而现在,对可获得性和进行排序的要求可以从中,或向其追溯的那种中心却不再存在了。人已被要求就呆在这种事物被召唤到在场状态的总体性方式之中。不过,人的确具有一种特殊作用,即:作为使所有这一切成为可能的接受场所。当我们谈到人与本成事件(propriative event)之间的相互需要时,我们将会看到这一点。

在普遍化强制的世界中,所有东西都是有序的,但我们不应有这样的错觉：对事物的"攻击"仍然像在盛气凌人的主观性世界中那样彻底。对自然的使用无需是暴力性的和破坏性的。正如林业工人那个例子所表明的，关键在于自然应被经验为一个巨大的备用材料库。不论它们是矿石还是木材，被消费了或毫发无损地作为森林景观被出售给了旅游产业，都没有什么区别。在这些情形下，那种与自然的旧式遭遇已变得不可能了。[6]

我们这个普遍化强制的世界彻底实现了以在场为根据来理解事物的存在。自古希腊以来，这种理解就一直与西方相伴相随。我们的世界实现了柏拉图对事物之本质存在的欲望，即使其开放、并稳定地呈现出来，但我们对于爱欲（eros）却没有任何先验尺度或目标。我们拥有黑格尔式的相互关联和透明性，但却没有辩证的对抗与深度。权力意志已然在握，但却没有尼采的抗争及变换性的视角。这个世界对于孔德来说肯定也是很熟悉的：敞开等待着记录和操纵的事实；但却没有了孔德对人性的信仰。

我们必须当心：不要把"普遍化的强制"或"常备性库存"当作社会和心理现象的名称。这就会把整个讨论并入典型的现代原则中去，即：客体通过心理信念或社会实践获得意义。海德格尔想描述的其实是这些现代信念和实践发生条件的特征。普遍化强制并不只是一种新的概念体系或一套新的社会关系，尽管它制约着所有这些心理的或社会的框架。它位于使事物和人得以成为彼此可获得的这条道路的起点。社会制度生存于其间的那个空间就是由它授予的。这些制度的存在将受到那个授予它们存在的空间的制约，但反之却不然。这个开放性空间是一种前概念性的、前命题性的发生过程。它是在场之时间维度的最终胜利，这样，即使过去与未来也作为将得以在场——通过探索或计划——的事物而被揭蔽出来了。这不是我们思考出来的某种理论体系或概念工具；它是一种空间，思维在这种空间中才被揭示为制造概念工具的过程。

尽管海德格尔的讨论原本想成为前社会性的或前心理学的，但他与黑格尔主义或马克思主义对交互性确认结构的讨论仍有相似之处。后两者都认为这种结构为个人的自我证实建立了可能性。因为没有剥削阶级，所以，海德格尔的图景似乎更接近黑格尔，与马克思的距离则稍远。然而，由于海德格尔的讨论是前社会性的，所以对于现代性就找不到明确的介入场所，来改变它的不良特征。革命杠杆找不到任何用武之地。这会不会是因为这幅图景是一种意识形态理论，因而将系统的最初推动者即具体剥削者隐藏起来了？海德格尔肯定会这样来回答这一指责：我们不能将此归委于某些特殊实体的行为，因为这些行为本身实际上就是一个总体性领域的问题，而所有的实体都是在这个领域中到达在场状态的。同福柯（福柯，1979）的"规训性（disciplinary）社会"一样，海德格尔的普遍化强制也绝没有第一行为者，只有各种角色和存在者的一种不断排序过程，它们吻合在一起，共在于一个不是它们任何一者产物的领域中。

对于海德格尔来说，理应如此，这是很重要的，因为在普遍化强制自身内不能有任何辩证对抗。这一点可以适用于海德格尔关于存在的理解史的所有历史时代；它们没有先前阶段的那种由于辩证对抗或缺乏而造就的相互引导关系。另外，普遍化强制还具有一种特殊的完成性。自古希腊以来，对总体性在场和可获得性的追求就一直在统治着西方，而普遍化强制则将这种追求发挥到了极致,现在它已无路可走了。对古希腊遗产,无法再通过进一步的转型来揭示它了。海德格尔把现代性中所有那些似乎是对抗性的关系,都看成它们在那个由普遍化强制所开启的空间中的一些自我运动。作为总体可获得性的存在的意义不可能独自改变;而那些活动于其中的东西,同样也不可能改变那个空间。很明显,规划和掌握技术的努力就驻留于这个秩序和控制的现代空间中;海德格尔感到,当前的各种宗教运动以及常常被当作新时代征兆而列举出来的其他一些变化,也都盖莫如此。

我们想知道的是:在普遍化强制的结构中,是否可能存在着一些转型性的对抗关系;借此,我们就接触到了辩证法与现象学的相对优先性这个问题。对于海德格尔来说,辩证法只是某种先在性的空间中的一种具有特殊性质的运动,而这一空间本身却是不可能被那些辩证螺旋运动所触及的。对现代性的辩证说明,同社会科学说明一样,都漏掉了我们世界的本质,而且出于同样的原因:这两种说明都没有认识到使存在是其所是的那个基本存在意义。当我们继续研究海德格尔对我们在其中发现我们自身的那个空间的开放性的说明时,辩证法和现象学的优先性问题还会重新出现。

第八章 适当安置现代性

海德格尔并没有建议说,我们应努力改变或逃避现代性。他也没有像黑格尔那样,企图将它糅合进一种更为完备的总体性中去。然而,他的确不希望我们相信主观性与普遍化强制就是人类处境的最终定论。说现代性是可以被克服的,还是有些道理的。

同黑格尔一样,海德格尔发现,现代性是通过那些无法用标准的现代二分法描述的条件而得以可能的。另外,他也同黑格尔一样,并不认为这仅仅是一个个人或社会决定的问题——不论现代时代会不会被另一个与其自身的基本可能性条件保持着更为密切联系的时代所取代。在他的《世界图像的时代》这篇文章的结尾部分,在用主观性对现代时代作了描述之后,海德格尔宣称:

人不可能自行抛弃其现代本质的命定作用或通过法令来废除它。但是,如果有人向前追溯展开思考的话,那他就能思量这么一个问题了:成为一个[支配性的和再现性的]主体……并不一直都是历史性的人的本质中的惟一可能性……将来也不会始终如此。一群浮云洒下了片片阴影,遮住了一块土地——这就是这样一种变暗过程:表现为主观性的确定性的真理……覆盖了一个揭蔽性的事件,主观性自身始终没能经验到这一事件(《世界图像的时代》,第 103/153 页)。

虽然我们不能通过颁布法令来改变现代时代,但我们可以理解它的历史性和有限性。这也许就导致我们遭遇到一个现代主观性无法经验到的"事件",一个在下一个时代也许就隐藏得不那么深的事件。本章将探讨海德格尔对下述主题的阐述:揭蔽事件。

意识到现代主观性对于历史性的人来说不是惟一可能性,就是抛弃这样的观念,即间距性主观性是人类自我性(selfhood)在整个历史中的永恒本质。然而,单凭这一点还不足以克服现代时代。纵然它不是惟一的,现代主观性也仍然可以是历史性的人存在(to be)的最高的、最好的或最有益的方式。但海德格尔认为,在做这种关于杰出性的判断时,我们可能采用的任何标准本身肯定也是包含在当前存在(to be)的方式中的,因而它们绝没有任何超历史的有效性。

至此为止,海德格尔的观点类似于历史相对主义。但是海德格尔并不是一个通常意义上的相对主义者。如果对相对主义进行严格定义,那它的主张就在于:某个给定时代的思想和价值观不是绝对有效的,因为它们是与其他一些事物联系在一起的,这些事物不是一种思想体系或一套价值观,但这一基础的变化会引起思想和价值观的变化。许多相对主义者把某种类似于韦伯的方法论个人主义的东西,认作为一个永恒的结构,而其内容则始终随着历史而变化。另一些人则说,存在着一种非常普遍的社会结构,它的变化是个别变化的基础。还有一些人把历史过程本身认作为基础。海德格尔不承认这些形式的相对主义。它们全都以某种基础为出发点,这种基础尽管自己也有变化,但却始终是永恒在场的,作为信念和价值观变化的基础起作用。而对于海德格尔来说,所有实体都是在可能性领域的有限结构即世界中被揭示出来的。世界不是一个在世界中呈现给我们的实体。即使世界变化了,如它在整个历史发展中那样变化,那也不可能有存于这个世界之外的所谓基础实体作为这种变化的原因被呈现出来。没有一种东西是仅仅通过一种方式而被永恒地揭示出来的——不论自我、社会、经济、历史,或者别的什么东西,都不可能是与信念和价值观相联系的那个基础。

海德格尔希望我们不要在我们所拥有的东西之外再有任何奢求,他希望我们把时间花费在对我们的历史时代的理解上;即使从这个意义上来讲,海德格尔也不是一个相对主义者。当他劝我们接受、而不是质疑我们发现我们自己存身于其间的那个时代时,相对主义也可以产生极为绝对主义的后果。海德格尔并不鼓励我们就驻足于这些向我们敞开的视域之中,仅满足于认识到所有其他的视域相对来说都是平等的。他对我们也没有这样的要求:把我们对相对处境的意识,当成某种似乎可以在我们的时代中起到某种根据和基础作用的东西。这与海德格尔所提倡的——生存在我们的有限性中,具有完全不同的性质(参见瓦蒂摩,1980)。

如果可以说在整个历史中有什么东西在承受着这一切,那么,对于海德格尔来说,它也不会是任何实体——如人类主观性或社会——的结构。关于历史,他也提出过一些一般性的断言,但他竭力避免黑格尔所要求的那种高高在上的立场。然而,问题仍然在于,在何种程度上,海德格尔能避免将某种永恒结构与其变化不定的历史内容区别开来。

现代时代的特许地位

本章开头部分的那段引文断言,现代主观性不是人在历史中存在(to be)的惟一可能方式。在其他一些场合,海德格尔在谈论普遍化强制和总体可获得性时,也作过一些类似的断言:存在着其他一些可能的要求、其他一些事物达到在场的可能方式。我们的时代是许多时代中的一个时代,但从某些特定方面来说,它却是特许的。当前时代有一些与普遍化强制的统治地位联系在一起的特殊特征。它不是存在的惟一的或最好的方式,不论这可能是指什么意思。但是,在这个始于古希腊的历史活动方式中,它却是**最后**一种方式。不论接下来是何种历史阶段,它都将从一个新的起点出发。

在此,我们就接触到了海德格尔在他讨论哲学的终结和形而上学的终结的那些论文中所宣告的那个主题。他认为,历史已穷尽了自古希腊以来西方一直生活于其中的那个宿命的所有变化可能性。这一断言是很难评价的,因为他从没有给出任何令人满意的方法来证明这个"所有"。那种方法似乎要求采取关于可能变项的某种超历史观点,而这却正是他所拒绝的。关于他的断言,更好的理由就存于时代本身的特征之中。在这个普遍化强制时代中,等量齐观获得了一种特殊的完成性。甚至连海德格尔先前曾讨论过的那种支配性的主观性也无影无踪了,取而代之的是将被排序的事物的普遍可获得性。没有任何可将秩序强加给其他事物的第一性存在。与西方历史上的先前时代不同,我们的时代给不出任何最高存在来作为最终根据。那到底是什么使得存在物达到在场状态的呢,对此我们惊讶莫名。

在过去时代中,对那个让事物得以揭示出来的开放空间的出现,也有过惊讶,但这一惊讶可以被转换为这样一个问题:是什么原因或理由在支撑着存在中的所有其他事物。就形而上学传统而言,总是有某种存在者(上帝、自然、原子与虚空、理性原则、现代主体、科学规律等等)为他者提供保证,而且在它为他者提供根据的这一过程中,这种存在者本身永远是可获得的。这种最高存在者既支撑了其他存在者的可获得性,而且它本身作为一个完成这种支撑作用的存在者也是可获得的。

在我们的时代里,最高存在者衰亡了。我们有的是一个从上帝之死中产生出来的世界。海德格尔解释尼采的话是为了说明,不再存在任何基础,既没有上帝,也没有任何他的替代物。在这个总体可获得性世界中,没有一个存在者是所有其他存在者的根据。所有东西都是功能性的;最高者根本就没有。从某种意义上来说,这是西方形而上学追求的顶峰状态:实在的意义纯粹就是可获得的在场。包括人在内的所有东西,似乎都一览无遗。不存在隐藏起来的维度——除未知信息外,没有更多的东西。

这种可等量齐观的可获得性提供了一个独特的入口,经此可进入那个从一开始就被遮掩了的东西之中去。我们的时代是对那种在整个西方历史中一直都是被隐藏起来的东西的最彻底的遮蔽,并且,我们的时代又不需要任何东西来实现它自身。但这种需要的缺失隐藏了一个更深刻的需要。这个时代为我们开启了一条道路，因为，没有某种最高的存在者，那两个迄今为止一直都是纠缠在一起的问题终于可以分道扬镳了。现在，我们有机会经验到：尽管某种根据性的最高存在者缺场，但那个使在场与缺场得以可能的开放空间的出现问题却仍保留下来了。我们是如何开始拥有这种我们确实拥有的对存在的理解的呢？什么东西开启了这个我们总是已经活动于其间的世界？

这个问题不是一个因果问题，因为那是理解存在的一种具体样式。它不是一个历史学问题——至少不像现代历史学中所写的那样，因为普遍化强制已将我们的历史解释磨平为形式合理性中的一些功能性差别。它到底是何种性质的问题？在现代时代中，我们有了找到答案的契机。正是由于我们被召唤到了普遍化强制和总体可获得性的面前，不再有任何最高存在者对我们指手画脚，我们才有机会实施返回，这将使我们能够遭遇到某种不可能在科学或形而上学中发现的背景域和条件。我们可以不用从根据和基础出发来思考我们的背景域。

海德格尔这种说法的理论渊源是关于可能性先验条件的讨论，这种讨论始于康德、并由黑格尔所延续。但是，海德格尔所追求的却不是那种严格的康德意义上的先验目的地；在康德那里，这就是主观性的必然结构。而且，海德格尔的目标也无意拥有康德为其结论所谋求的那种基础性作用。我在后面将证明，海德格尔的努力仍可以合法地称作为先验的，但是他论证他的主张的方法更多地是现象学的，而不是传统的先验演绎方法。如果我们不让那些带成见的假说将我们自身与现象隔绝开来的话，我们在这个世界中的前概念性栖居、本成事件以及海德格尔提到的其他一些条件,是可以被"看到"的(参见《基本问题》,第 88 页及下页、第 225 页及以下诸页/63 页、第 159—160 页)。尽管他没有采取胡塞尔现象学的那种主-客体方式来理解经验与反思,海德格尔仍然保留了这样一个胡塞尔主义(作为康德主义的对立面)的信念,即:无需为那些使经验得以可能的条件做间接辩护。

普遍化强制仿佛是所有事物为排序服务的稳定的交互可获得性。但是,海德格尔也用诸如**攻击**和**挑战**这些词汇来描述它。在平静的外表下面,强烈的冲动振荡不息,竭力想扩大秩序和可获得性的实际范围。如放到他对主观性的讨论中,海德格尔可能会将此归结为人对自我确定性的需要,然后再问,这种需要是从哪里来的。而在讨论普遍化强制时,他就比较直接了:人从属于普遍化强制,且不是它的根源;人是在可能性以及诱惑和刺激他作出进一步行动的某种时间性样式中展开行动的。

> 从其原初性来讲,人更多地是受挑战的,而不是自然的动力,这也就是说,人是受挑战进入这种排序过程的,正因如此,所以他才绝不会只是被转化成常备库存。因为人推动了技术发展,所以他也就参与了这种作为一种揭示方式的排序过程。但是,排序展开于其中的这一揭蔽本身却绝不会是人的一项手头工作。……它已经要求人……,这种要求是决定性的,因此在任何特定时刻,人只能是他被要求去做的那个人(《关于技术问题》,第 17—18/18—19 页)。

人是有机会发现他自己的存在与作为其世界的意义结构之间

的那种相互居有(appropriation)的。普遍化强制是一个挑战、一个召唤。人就是接受这一召唤和挑战的人。他不可能是其他性质的人,因为他只能是,以某种特定方式、在对事物存在的某种特定理解中,向这个世界开放着的。然而,那种发出这一召唤的最高存在者却是不存在的。之所以说他听到了这种召唤,就存在于这一事实之中:他始终可以发现,他自己已经在这些以某种特定方式将事物揭示出来的可能性中行动了。他不可能将他在其中找到他自己的那种意义消耗殆尽,与此同时,他也受到了这样一种诱惑的驱使,即:用他自己的明确筹划来对它作出反应。

供认与克服

把我们的时代定义成普遍化强制的时代,海德格尔的目的是想让我们供认:我们就是以这种方式受到挑战的。这一供认具有一种矛盾的性质。我们将把普遍化强制称作为我们的命运,即我们在其中是我们所是的那个世界之开启。在我们接受这样一种召唤的含义上,我们把我们自己称作为那种作为人类而存在的人,但这并**不**是指在现代性意义上的我们之自我性。关于我们的存在样式,有很多种现代描述:我们是面对客体的主体、我们是受操纵的操纵者、排序和被排序的单元、实施人和计划人、统治者与被统治者等等。这些自我定义都是根据主体和客体而作出的;在我们通过接受普遍化强制的召唤而存在这种说法中,则使用了一些新的术语。供认说我们的时代是普遍化强制的时代,就已然不想完全附和我们的时代了。我们之所以能这么做,原因就在于我们远超出现代性给我们所下的定义。现代性若真想存在,我们就必须更多地存在,而不能满足于现代性对我们的吩咐。

海德格尔认为,我们有机会**原样**经验到这些危险、挑战、普遍化强制的命运——没被又一个形而上学体系或最高原因遮蔽起来。这种经验已经起到了解放作用。一旦认识到我们是受制于普遍化强制命运的,我们也就在一个普遍化强制没有规定的水平上,承认了我们的栖居。在日常技术世界中,有的只是被呈现出来的一些事物。而一旦供认说,我们受到了普遍化强制的命运的挑战,就等于公开声明说,我们是包含在在场的授予过程中的,并非仅仅包含在那些被呈现出来的事物之中。由于这一点是无法用现代思想范畴来加以描述的,所以,在成为人到底意味着什么这个问题上,那些范畴也就不再具有最终的决定性作用了。正如海德格尔在一次杂志访谈中所说的那样,它们"将在黑格尔主义的意义上**被扬弃**(aufgehoben)"(《明镜周刊》,第 217/262 页)。这也就是说,它们仍然存在,但丧失了它们的那种不受约束的权力。不过,现代性的存留方式仍将是克服,对于海德格尔来说,新的方式根本不同于黑格尔曾想到的那种方式,即把现代的范畴和体制整合进某种更高的统一体中去。[1]

在某种更深层面上来谈论栖居会带来一些海德格尔想避免的危险。我们已经讨论过其中一个危险,即:这会使我们按照方法论个人主义来理解他的说法。另一个危险在于,这会使我们产生这样一种想法,即认为有某种奇特的宇宙论或某种非时间性的机制在起作用,并导致各色各样的以人与事物的各种共现方式为特征的历史时代的出现。抑或,我们还可能产生这样一种想法:各种历史时代本身是某种更为一般化的、可独自认识的形式的示例,这些历史时代或者表现为历史中某种内在必然性的产物,或者表现为人与事物的遭遇所具有的某种原初完满性的有限体现。

所有这些解释都会把海德格尔变成一个形而上学家,认为他给出了某种关于世界之基础的竞争性说明。他并不想成为那样的思想家;他希望,不论世界是以何种方式被揭示出来的,他都能给出该方式的条件,只要这些条件是在我们当前可获得的时代和历史中被遭遇到的。他所提倡的也不是反形而上学;只要有人试图构建形而上学或反形而上学,他就要求他们去直面其条件和限制,进而借此来打消他们的这种念头。他所提供给我们的,到底是某种新世界,还是任何世界的条件,关于这个问题,海德格尔有时是模棱两可的。因为,在他看来,这两者是联系在一起的。我们可以生活在我们的当前世界中,同时又意识到它的条件,而这就为一个可能的新世界作了准备。海德格尔必须小心行事,以免使这样一种生活变成那种具有其自身结构和条件的精神联合;在黑格尔那里就可以发现这一点。

居有(appropriation)[①]

如果它不是形而上学的一次复活,那么我们生活于其中的背

---

① appropriation 这个术语是德文 Ereignis(事件,关于此词的翻译,在下文中作者与译者都将有说明。)的英译之一,大致相当于 Ereignis 的另一个德文相关词 Ábereignen(转让)。但在本书中,该英译术语又常常对应于 Ereignis 的一个变形词 Er-eignis,两者之间的差别主要在于前者更为根本,而后者是其变形,更多地强调过程。因此,本书主要仍取 Ereignis 的基本含义而将其译为居有,只是在个别情形下才译为转让。——译者

景域和条件的授予,即在场的授予,又是什么呢？在褒贬不一的现代性日常后果背后,海德格尔将普遍化强制识别为对事物和人的一种召唤,即要求它们表现为等着定购与分配的常备库存。普遍化强制对我们的影响是直接的和总体性的(geht uns überall unmittelbar an,"全部走到我们身边来")(《同一与差异》,第 100/135 页)。但普遍化强制并不是最后归宿。海德格尔看到了这样一种可能性,即我们那种在普遍化强制中受到挑战的关于存在的经验,可能会使我们转向某种更为基本的东西。我们已经在普遍化强制中看到了那种使这一点成为可能的特征。

海德格尔想把普遍化强制定位在那个使其得以可能的场所之中。普遍化强制不是终极性的；某种更为原初性的东西通过它显示了出来(《同一与差异》,第 100/136 页)。在现代时代指定给我们的场所之外,还另有一个场所(《同一与差异》,第 104/139 页)。在海德格尔看来,普遍化强制是被包围在一个更为宽广的场所之中的(《同一与差异》,第 102/138 页；另参见《何谓思?》,第 57/33 页)。在《同一与差异》中,他曾说道,使它得以可能的就是那种从我们本地区(Bezirk,"区域")到周围更大的领域(Bereich,"领域")的旅行。从许多方面来说,这一图景都具有误导作用,但它所强调的是,一旦把它放到一个恰当的背景域中来加以观察,现代性就将得到"克服"。

试回忆一下,在黑格尔那里,一旦市民社会在那个以国家的具体总体性表现出来的概念运动中得到了定位,市民社会也就丧失了它的绝对性。概念的那三个要素之间的相互中介,为精神的所有历史形态提供了背景域。不可能把这种相互运动分解成一种纯粹的形式,然后再把某些偶然内容塞到它里面去。对于黑格尔来说,在这些精神形态与那种使其得以可能的运动之间,存在着一种决定性的同一性。概念的形式就是它自己的内容。现代性被纳入这样一种活动方式之中了:任何事物的存在,从根本上来说,指的都是那种终极性的运动;而这种活动方式的自我透明性也就等于那种终极性的运动。

对于海德格尔来说,同历史上的任何时代一样,普遍化强制就其自身而言其实是完整的。那种需要通过向某种更广阔的世界前进来加以解决的辩证张力是不存在的。张力可能是存在的,而且海德格尔完全有理由说,这里还涉及到了各种各样的非同一性和非统一性,但是那种黑格尔式的辩证法却是不存在的。把普遍化强制塞进一个更大的具体整体中去,以便完整地实现它自身是没有必要的。现代性的恐怖之处就在于这个没有缝隙的领域的威力。在这个领域中,所有事物都可以达到在场,虽然这一在场强化了对其自身的发生过程的遗忘。但是,那个发生过程在现代世界中并不是一个下落不明的事项。

从现代性中多出来的那些东西到底是由谁提供的呢?在海德格尔那里,终极性的领域是不存在的,在现代性之外,不存在着我们可以独立探究的场所。对于黑格尔的下述说法,他倾向于持赞成态度。这也就是说,那种包括我们在内的各种历史时代仅仅是其偶然内容的空洞形式是不存在的。但与黑格尔相反,最终的聚集、以某种绝对形式为其自身内容的逻辑等都是不存在的。这两位思想家都认为,形式与内容之间的终极性分离是不存在的,但是海德格尔这么讲的含义以及他所给出的理由都与黑格尔有着非常大的差异。

虽然海德格尔没有求助于任何最终的具体总体性,但他的想法也并非仅限于:对普遍化强制进行描述,或者认为除了以其自身为根据就找不到其他方式来研究现代性了。海德格尔说:"我们在普遍化强制中所经验到的东西,作为人与存在通过现代技术世界所获得的群集(constellation),就是那种被称为**事件**(das Ereignis[①])的东西的前奏。……在**事件**(Ereignis)中,通过某种更为原初性的发生过程(Ereignen),来克服普遍化强制的绝对统治的可能性向我们敞开了"(《同一与差异》,第101/136页)。

Ereignis这个词很难处理。海德格尔认为,它是不可能被恰当地翻译出来的,因为就像是古希腊人的**逻各斯**(logos)或中国人的**道**一样,它对于德国人的思维来说也是极为基础性的(《同一与差异》,第101/36页)。然而,我们却仍应把它翻成英语,否则,这个术语就会变成某种要去臆测而不是思考的东西了。[②] 海德格尔是

---

① 关于这个术语(Ereignis)的(英文)翻译问题,本书作者在下文中还将作详细说明。它是后期海德格尔思想中的一个基本概念。在德文中,它的最基本含义是事件,但其含义极为丰富也极为重要,相当于中文的"道"。汉译界对这个德语词汇有"大道"、"本有"、"本己"等译法。在本书中,当这个术语是以德文形式(das Ereignis)出现时,中译者就将其直译为事件;当这个术语以本书作者的英文译名 propriative event 出现时,中译者则将其翻译为本成事件,目的是为了强调作者对这个术语的理解。为此,译者专门向作者作了求证,库尔珀回信说他取此译名的意图有二:一是为了体现"自身"的含义;二是为体现其"一起来到面前"之义。——译者

② 对于中文译者来说,翻译这个词的必要性和困难都是显而易见的。尤其由于中译者在此的地位是翻译的翻译,所以总有隔了一层的尴尬感。词源及构词分析的意蕴在中文译文中几乎不可能原样体现出来。译者在此遵循的原则是尽量直译,力求准确。但有一点必须说明,关于德文的翻译,在本书作者作了英文解释的地方,中译者不再另作解释,只有当没有英文解释时才另作翻译,这么做的目的也是为了准确,中译者也只能主要选择原书作者的英文来作为忠实的对象了。——译者

作过仔细挑选的;这个德文单词包含和整合了许多不同的涵义。在这个词的日常德文用法中,它是指一次发生过程或一个事件。可以看出,这个词包含了词根 eigen,"自身的、特有的",这可能是在要求人成为他自身、发现他自身。这个词也反映了动词 er-eignen(发生),"居有(to appropriate)",这讲的是人和事物被转让了(ap-propri-iate,被带进他们自身之中),一起来到它们的遭遇的当前群集之中。另外,在这个词里还暗含着放到眼前、显示某种新的东西、显露出来(er-äugnen,"看见";这是目前的这一德文单词的历史词根)等涵义。[2]

由于众多主题都集中在一个德文单词中了,所以要找到一个单独的英语对等单词是很困难的。翻译者们通常使用一些以"appropriate(居有)"或"own(自身的)"为词干的新造词。这样我们就有了"居有(appropriation)"(琼·施塔巴赫)、"居有的揭蔽(disclosure of appropriation)"及"使自身化(enownment)"(霍夫施塔德)等词汇。事件(an event)这一层涵义体现在"e-vent(出自-出口)"(威廉·理查森)这个词中。将这两层涵义都表现出来的词汇有"event of appropriation(居有事件)"、"appropriating event(居有性的事件)"(西奥多·基赛尔及约瑟夫·科克尔曼斯),以及"propriative event(本成事件)"(大卫·科奈尔)。当我需要指称 das Ereignis(事件)这个词至此为止已讨论过的各个方面时,我一般用诸如"the opening of fields of possibility(可能性领域的开启)"这样的短语,或在翻译海德格尔的 Anspruch(要求)时我则用术语"call(召唤)"来表示。既然 Ereignis(事件)这个词已得到了明确的说明,我就将采纳大卫·科奈尔的翻译,"propriative event(本成事件)",它虽然没有把包含在这个德文单词中的所有那些有联系的主题都表现出来,但也可算是非常多的了。

开放空间

普遍化强制的统治地位耗尽并磨平了形而上学寻求原因和根据的冲动,因此,我们现代人尤其适合于经验这种独立的本成事件(propriative event)。普遍化强制可以把我们引导到这种本成事件的面前,但它不是作为结果导出原因,或作为内容导出形式,它更多地是作为一种声音,或者也许是作为一种沉默,将我们引导到我们自己与一个邻近山脉间的那种延展性空间中。

一旦我们意识到我们自身是在普遍化强制中受到要求和挑战的(对于海德格尔来说,这更多地是一个意识问题,而不是一个论证结论),我们就能意识到,事物与人的确定居有是以某些特定方式彼此开放的。这就是我们时代这样一个领域的群集:"这个自我振荡着的领域,通过它,人与存在都各自获得了它们本质性的发生[in ihrem Wesen erreichen]"(《同一与差异》,第102/137页)。

我们能够意识到那个领域的展开过程、那个空间的伸展过程以及它作为一个以某一确定方式居有(appropriate)我们的"事件"发生过程。我们能经验到,我们自身以及事物正在被聚集进在场与缺场的一种特殊群集中。这不是一个可以定位的事件。一方面,它始终都处于正在发生的过程;另一方面,它又是那个我们在其中找到我们自己的、始终-已经-在-运动中(always-already-in-motion)的过去的那种始终-已经-发生-过了(always-already-having-happened）事。

我们必须细心选择我们的说法，以免产生这样的错觉，似乎我们认为，在所有内容前面都有一种纯粹的和先在的开启（opening）——这就成了某种也许可以用一种形式化理论来加以描述的东西了。关于这种本成事件，海德格尔有一个基本要求，即我们不应把它看作有待用偶然的历史性存在样式来加以填充的某种纯粹空间的构造过程。在西方，我们对事物之存在的理解，一直都是受古希腊人对永恒在场的真实存在的理解的支配的，而且这还导致了对事物的现代经验，即：将事物经验为解释和使用可以获得的中性事实。进一步来说，这还意味着，我们把遭遇者历史性空间的开启设想成了某种形式化空间或中性空间的构建。但这仅仅是现代理解的扩展，并没有深入到现代理解的条件中去。据海德格尔说，在人的历史经验中，存在着某种持久的深层结构，它包含了时间性、有限以及自我抽身（self-withdrawal）等，但这些因素并不能构成为对某种纯粹空间的形式化描述——仿佛在遭遇到那些向我们敞开的特定可能性之前，我们首先就是栖居于这种纯粹空间之中的。

相互需要

在此，我们有必要提到的有：事物被揭示出来的方式、它们在世界结构中取得意义的方式、我们对它们特定的在场方式、缺场方式及时间方式——即海德格尔称作为它们的存在的东西——的先在理解。我们有必要指出的还有：人和事物之存在的相互归属共在(belonging together)以及它们彼此的相互需要(《同一与差异》,第92/29页)。

正如我们已看到的,海德格尔对自我意识的首要性持拒斥态度。人并不是先有自我意识,然后再从某种内在领域走向事物的。人是作为向事物的开放性(openness)而存在的,同时揭示出一个特定的意义世界。要意识到事物,意识到他自身,人就必须已经对它们的存在样式有了一种前概念理解。在《存在与时间》中,海德格尔曾根据人的接受性筹划来谈论生存时间的维度,借此,人既接受,也筹划那些形成世界结构的可能性。后来,他判定这种语言听起来仍然太主观主义了。他开始把人看成是站立于世界的开放空间之中的。这一空间的开放并不归因于人或人的筹划。人并没有制造这一开放空间;它并不等同于人或人的创造物。有时海德格尔还提出,这个自由空间把它自己作为一种命运透露给人,但这听起来还是像在谈论两个实体之间的某种联系。人并不是先存在,然后再将某种意识加以伸展,从而创造或接受那个开放空间。位于这一空间中的某种接受性的立场,正是成为人与获得意识的含义所在。我先前关于可能性领域中的前命题性和前概念性意识的那些说法,需要被接续到这种论说模式中来。人站于这一开放之境的方式,并不是通过拥有某些概念或理论,而是通过被实际地包含在他的有意义的生活世界中来实现的;而这个生活世界的特有模式就是各种时间维度的相互渗透。

如果确实如此,那么海德格尔就可以从人的角度出发来谈论人对那个开放空间的需要了。不然,人就无法是其所是了。但是,从开放空间的角度出发,同样也存在着某种需要。如果离开某种存在物——如人——的接受性栖居来谈论这种空间,那肯定是毫无意义的。如果有人想离开人来谈论这个开放空间,那他就会将这个空间具体化为某种先于事物的超实体(superentity)。但是,离开了作为其接受性支撑物、其"场所"(Unterkunft,"住处")的人,这个开放空间也就不可能"在(be)"了(参见《尼采》,2:390/4:244)。

不能把这种相互需要想像成两个实体相互依赖那种性质的需要;实体彼此相互需要是为了它们的充分实现,例如处于共生现象中的两个有机体。也不能想像说这两者之间存在着一种辩证关系。海德格尔争论说,关于同一与差别的那些传统范畴必须被加以重新思考。在现代,以一种新的方式来对这些范畴进行彻底思考的最复杂的尝试是黑格尔的辩证法,但对于海德格尔来说,这一尝试仍然依赖于自我意识的首要性,这也就是说,它要用这种自我意识来作为某种统一化中心根据的永恒在场。在这种思考方式下,这种相互需要及归属共在就沦为精神的内在发展过程中的一些阶段了;精神的这种内在发展作为一种基础性的存在获得了它自身的永恒在场。

事物要得以揭示,就需要某种存在,例如人的存在。必须注意,我们不能说这种开放空间需要某种有意识的存在。这会使意识先于在开放空间中的栖居,然而海德格尔在此试图描述的却是那些先于被设想成某种主-客体关系的意识的东西。所需要的不是某种认知性的意识,而是可能性的开放空间的一个接受场所,日常的在场与缺场就是由此而得以可能的。

从某些角度来看,对人与开放空间彼此之间的相互需要的这种讨论,与唯心主义传统中的下述讨论有类似之处:世界要获得意义,就需要有意识(或者用最近的说法,就需要有语言)。在这种情形下,意识或语言常常被当成了一种附属于人的财产,而这个人则被设想成了一个自我完成的存在者、一个既是古代意义上也是现代意义上的"主体"。

但海德格尔会宣称说,他以人在这个开放空间中的必然栖居为根据所作的分析,彻底根除了这样一些做法:把意识或语言看成为某种财产,拥有它就可以使我们成为人,而且还可以赋予世界以意义。人不是像拥有某种财产那样去拥有这个开放空间的;人站于这个空间中也不等于说他拥有了一种关系性的财产。人存在,就是说他站在这个空间中;人之作为人,就是说他接受性地站在那里(standing there)。在此之前,人什么也不是。在人的存在中,根本就没有把这一站在那里可附加于其上的基础或基质。

对于海德格尔来说,那个充斥于现代认识论之中的主体对客体的相对优先性问题,与这种思想根本就没有什么关系。按照尤金·芬克的说法,"所有那些从唯心主义与实在论之间的争论中产生出来的概念,并不足以说明事物之显现、出现为现象的性质"(《赫拉克利特》,第139/85页)。

在《存在与时间》中,海德格尔确实曾说过,离开了人,还会有存在者,但却绝不会有存在。会"有(be)"一些事物,但绝不会有意义,不会有在世界结构中的嵌入,不会有可获得性或揭示。关于这段陈述,很容易产生两种误读。第一种是说——例如萨特就常被这样误读了——离开了人以及他的筹划,事物就会被阻塞于它们自身之中,毫无意义,荒诞不堪。然而荒诞并不是遭遇的缺场,而是事物的一种可能的被遭遇方式,是对它们的存在的一种特定理解。第二种误读是说,离开了人,事物就会成为一些中性的事实,等着被作出某种解释。但中性的事实性也是一种在对事物存在的某种特定理解中揭示事物的方式。这两种误读都假定,事物首先是通过某种基本的中性方式被揭示出来或成为可获得的,然后再通过某种方式把意义附加给它。但是事物的那种中性的或先在的揭示其实并不存在。事物的揭蔽始终是在对它们的存在的某种特定理解中产生出来的。

可以说,离开了人,只会有一些处于黑暗中的事物。有的既不是意义,也不是意义的缺场。不会有什么东西丢掉了或缺场了,也不会有将被事物填充起来的虚无空间。有了人以后,事物就处于被揭示状态之中了,但仅以某种有限的、受限制的方式。[3]

本成事件的沉默

就其自身而言,本成事件最重要的地方就在于,几乎没有任何东西会来汇报它。海德格尔把本成事件说成是"抽身性的(withdrawing)"。对于评论来说,它是不可获得的。"那个封闭性地抽回自身的东西,并不是为了后来把自己关闭起来才先开放出来的。它并不关闭自己,因为它也不开放"(《赫拉克利特》,第241/150页)。

为了事物的映现,一个自由空间开启出来了,这并不是一件在别处发生的事。可以说,它不是发生于存在者之外或之后,而是在它们面前(《尼采》,2:第382页及下页/4:第238页)。然而这一发生并不是显而易见的。海德格尔发现,在整个西方传统中经常忘记本成事件。这并非出于人这一方面的粗心大意。这一事件的本性恰恰就在于,使存在者敞开并可以获得,但却不让自己挤进来。海德格尔说,本成事件"拒绝它自己"。

不必对此惊奇万分,因为本成事件自己没有什么东西需要表明。可以从好几种意义上来理解这一点。作为与存在者遭遇之空间的一种开启,本成事件让事物从我们上面曾讲到过的那种黑暗中浮现了出来。如果本成事件自己具有了某些性质,它们就需要被弄成可获得的、被揭蔽了的。它就会成为与其他实体一样的某种实体,而那个揭蔽事件却会被漏掉。本成事件本身不可能是其他实体间的一个实体、事件或关系。把它理解成一个实体,就会把对非遮蔽性的惊奇形而上学地改造成对根据和原因的追问。

如果说,依其本身的性质来看,它并不是一个实体,那么本成事件也就不会具有某种结构、内在必然性、规律,或与它有关的任何可以独自达及在场的东西。这意味着,没有任何东西,在它的里面或与它联系在一起,并作为它的发生的一个基础。因此,关于它,没有任何东西要去理解——就**理解**这个词的普通用法而言。在它里面,没有隐藏任何需要被挖掘出来、需要被分析的东西;没有任何将被用作为第一原则或第一根据,或用作为某种解释之基础的东西。

本成事件既非是(is),它也不是**那里**(there)。……还有什么要说的呢?只有:本成事件居有(Ereignis ereignet)。我们这么说,就等于从同一种东西出发就同一种东西谈论同一种东

西。(《时间与存在》,24/24)

居有这个事件只是它自身而没有更多的东西。它没有追问根据或理由的"为什么?"。海德格尔在他关于《充分理由的原则》的演讲的结论部分中说道,"它保持","只是游戏:最高的和最深刻的游戏。但这个'只是'就是任何事物、这一个、惟一者"(珀格勒,1978a,第107页)。[4]

它发生;仅此而已。它是人与存在者之非遮蔽性的归属共在。我们可以谈论那些归属共在的东西以及它们在不同时代共在的方式。但没有更进一步的东西要去"理解"。它可以被命名,而且那个名称还可以仔细地来加以挑选。我们可以沉思我们对本成事件的需要和归属。我们可以为其惊叹并可将我们自己开放给那个归属,寻找更多的原初可能性,而且还可以追溯开启了我们之传统的,但已被日常解释和筹划遮蔽了的,在场与缺场的原初授予。所有这些与《存在与时间》中的那个"本真性"相类似的事情我们都可以做。但我们对它不能"理解"或"理论化"。就像柏拉图和亚里士多德所说的,惊叹也许是哲学的开端;但在这里,这种惊叹永远也不可能变成知识,永远也不会过渡到那两个古希腊人所向往的"认识(episteme)"。这不是因为某种深层的、无法表达的直觉阻碍了我们的思维,而是因为,我们正在谈论的,不是一个可以在某种领域或背景域中显露出来的实体,而是条件。可以说,它是所有背景域的背景域,但是关于它自己,它却什么也说不出来。

既然如此,我们就不应该把本成事件解释成一个简单的事实问题,仿佛海德格尔所提倡的是一种现象学版本的实证主义。本成事件并不只是一个事实。对于海德格尔来说,"事实"通过被置于某个主体面前而得到它们的事实性;而本成事件则是某种我们总是已经被包含于其中的东西。但是,如果我们是在下述意义上来理解"事实"的,即把它看成是直接的、始终在先的、且仅是被接受的,那么本成事件就是我们自己与我们的世界的那种特殊的归属共在的直接"事实",并使这两者是其之所是。

在他采用 Ereignis(事件)这个术语之前,海德格尔用 Sein,"存在(being)",这个单词来指称向揭蔽状态的开启,并用它来说明存在者在以某种特定方式被揭蔽了以后所具有的意义或含义。而且,在采用了 Ereignis(事件)这个术语以后,他有时仍会以这种方式来使用 Sein(存在)这个词。[5] 在那种语境下,海德格尔的说法是,"being(存在)"拒绝了它自身,然后保持对它自身的拒绝。这种拒绝,即存在的离去是自我隐藏的。使那种追问性的揭蔽向西方形而上学的过渡得以可能的,正是存在的这一双重隐秘性,而不是我们粗心的思维。在现代时代,由于普遍化强制的支配地位,并且由于它磨平了所有的根据和原因,这种双重拒绝就变成可见的了。在赤裸裸的现代世界中,那些旧式的形而上学根据丧失了它们的力量,而本成事件的缺场也可以被原样经验到了。我们能够经验到这种抽身。在那些将一连串的名词串在一起的长句中,海德格尔曾在其中一句中讲道:"思维从形而上学再现那里撤了回来。存在[发生性事件]亮起来了——作为对其揭蔽的拒绝的自我保持(keeping-to-itself)的出现"(《尼采》,2:389/4:243)。将事物从黑暗中带出来的揭蔽本身已被遮蔽起来了,而且这种遮蔽本身也已被遮蔽起来了,但是,本成事件却可以作为那个缺场向在场的进入而出现。

技术世界消除了所有的旧式绝对者,而且也没有用任何别的东西来取代它们的位置,剩下来的只有普遍的功能性。存在着这样一种可能性,即我们也许可将此经验①为世界的最终揭示——作为可知的和可操纵的事实之总体。但是,还存在着更进一步的可能性,即我们也许会对总体可获得性和全面的无意义性的这一奇怪结合——技术世界——产生某种不同的经验。我们也许会经验到普遍化强制中的事物存在样式,而且也许还会经验到对那种存在样式的召唤。这个召唤,即我们自身与普遍化强制世界的归属共在,并不是从这个普遍化强制世界中的某个地方那里产生出来的。我们可以把这个"不在某个地方(nowhere)"经验为本成事件的抽身,经验为某种无法列入旧式绝对者名单中去的东西的缺场。上帝之死可以被经验为本成事件的隐秘性(hiddenness)的达及在场。在西方根据在场与可获得性来理解事物的存在这种努力的顶峰状态中,我们可以经验到那个使这种努力得以可能的条件抽身而退了。"最适合于本成事件的运动方式[是(is)]在抽身中转向我们的"(《时间与存在》,第44/41页)。

---

① 译者对本书中 experience 这个词的翻译采用了一个通用的译法:"经验"。但实际上,这个词的内涵在具体语境中其实是有着一些细微差别的。除了在讲康德和黑格尔时,它主要是指与感觉联系在一起的那种"经验"外,在讲海德格尔的思想时,它主要是取"遇到"这层含义。然而,如果就翻译成"遇到",除了会破坏译名的统一外,更重要的是:这又会丢掉其中的理论意味——不是认识论含义,因为认识论是海德格尔试图抛弃的旧式理念。所以,中译者不准备在译法上再另作区别,而是试图通过具体的语境让读者自己去体会包含在这个词中的这另一层含义。——译者

我们并没有去经验本成事件本身——似乎本成事件是某种迄今仍没有被注意到的基本实体或神秘发生。毋宁说，我们经验到的是它的隐秘性、它的抽身，这也就是说，经验到的是它的——不是一个实体——这种性质。因此，我们经验到的是我们的世界和我们自身对某种条件的依赖，而这个条件自己却没有什么要说明。从某种意义上来讲，这就克服了西方"对存在的遗忘"，但它并没有将最终的清晰透明性带进我们的历史条件中来。我们经验到了我们对这样一种条件的依赖：对于它，我们什么也把握不到，而且它也不可能通过黑格尔的绝对知识这种方式而自我在场。那种将成为在场的绝对形式是不存在的；那种可与完满的自我意识分享的概念运动也是不存在的。

本成事件的有限性

我们的那种已经被包含在本成事件中的关于存在的经验是一种对有限性的经验。本成事件并不是一种等着被填充的不确定的开放性；在每个时代中，它都具有某种特定的性质。它是有限的和受限的。这种限制并不是通过某种强加在一个先在的全面开放性上的制约产生的。我们不能把它想像成一盏聚光灯，仅仅有选择地照射在一个黑暗舞台的某个角落上。在那种情形下，始终可以设想，存在着某种总体阐明（illumination），即使这种总体阐明是来自于对各种局部观点的整合。各种不同的局部观点似乎都具有某种总体可通达性，可接通某种神圣的视域或那些与我们可以设法创造的某种完整视野相近似的东西。

第八章 适当安置现代性 259

实际上,海德格尔的意图是,在不与某种可能的总体性揭示相对照的前提下,确认本成事件的有限性。非遮蔽性仅仅作为一些有限的可能性发生。为了照此方向来转变我们的思想,海德格尔提出,我们应该避免那些自柏拉图以来就一直包含在部分与整体的各种对比中的阐明图式。他所用的德语单词是 Lichtung("林中空地")。这个单词可以指"阐明、照亮",但他用的是这个单词的另一个意思:"一块林中空地(clearing)、一个光线可以透过林木照射进来的地方"。本成事件开启了一块空地,使事物不那么量大而稠密,让光线进来。"清场(clearing out)"可以不用参照阐明来加以理解。

"清除"意味着:清除、起锚、清场。这不是指清除清除(clearing clears)哪里,哪里就有光明。清除出来的是自由、开启。同时,清除出来的东西又是隐藏自己的东西。……诚然,黑暗就是没有光线,但却被清除了。我们关心的是把揭蔽经验为清除。这才是在整个思想史中都没有被思考到的东西(《赫拉克利特》,第 257 页及下页/第 161 页及下页)。

在清除这个图式中几乎看不到这样的一种冲动,即:想像有一种总体性的清除有待实施。根本就没有总体性、总体观点、第一性或最终定论。[6]

至于这种限制是如何造成本成事件的,我们需要回忆一下海德格尔早期对死亡和虚无所作的一些议论。本成事件的这个被清除出来的开放空间,与对**此在**(Dasein)的向死之在的所有描述一样,仍具有不稳定的有限性。在《存在与时间》中,海德格尔争论道,人不是一种无限地接受各种客体的意识,而是一种限定性的开放性——这种开放性就存于生存时间和可能性的某种有限发生之中。人必须放弃认为自己是一个具有某种坚定不移的本性的客体的幻觉。人必须接纳源于其有死性的各种内在限制。死亡并没有锁闭那个无限开放的可能性领域;它是那种开启了一个有限领域的限制的表现。人不应再牢牢抱住那些无限的东西不放,并装作似乎可以分有到那种为其提供根据的东西,相反,人必须通过接受其诞生、传统及其历史处境的这种无根据的、有限的事实性来获得本真性。

人并不拥有不受限制的可能性,历史制约性约束了这些可能性(而技术发展将会把这些可能性归还给它)。人是某种受限处境中的开放性。所有处境都是受限的。不置身于这种受限的开放性中,就没有可能性;那种可从中挑选出现存世界结构的更大领域是不存在的。

人是可以有创造性的,因为可能性并不是一些已被做成的客体;这些可能性的存在是由我们对各种生存时间维度的接受性编织工作支撑起来的。我们接纳过去,让其作为未来的可能性;通过这一行动,我们还可以追溯到我们所接受的、并将继续承受的命运中的一些基本的可能性。

虽然表述方法有所不同,但所有这些都保留在海德格尔的后期思想中了。我们现在所接纳的这个处境是由我们这代人以及我们这个时代的工作所造就的,西方命运的顶峰状态就包含在其中。《存在与时间》的旋律被填上了新词,反复回荡,尤其唱响在海德格尔的那些论前苏格拉底思想家的文献中。我们存在,并接受性地支撑起了一个有限的开放性;而这种开放性,并不是从某个更大的可能性体系中挑选出来的。

在前面,我们在黑格尔关于概念的客观内容的分析中,曾看到过一个与受限可能性相类似的观念。对于黑格尔来说,这些向我们开启的有限可能性是植根于某种无限性之中的,即植根于精神与它自身的自洽和自我透明之中的,而且,后者还将我们特定的受限可能性判定为惟一合理的可能性。海德格尔的有限性则更具渗透力,而且它们也不扎根于任何可为它们提供证明的东西之中。但在用他们的有限性学说来质疑自我确定性以及暗含于现代主观性之中的那种对无限性的诉求这一点上,这两位思想家是一致的。

本成事件的有限性使历史中有了不同的时代。"本成事件并不包含思维无法确定的那种揭蔽可能性"(《时间与存在》,第50/52页)。我们生活于其中的那个被清出来的场所与中国人传统中的这类场所是不相同的。柏拉图头脑中的对事物存在的理解与笛卡尔的理解,尽管有传承关系,但仍然是不同的。但海德格尔从来也搞不清不同时代的时间界限;它们似乎是可以相互重叠的。例如,黑格尔和他的大学同学荷尔德林,就被描绘成了似乎是在极为不同的空间中活动的。这个与海德格尔有关的、如何确定各个历史时代的特色的问题,是与这样一个极为困难的问题联系在一起的,即:我们到底应该是把本成事件理解成包含了个别人的东西,还是应该把它理解成通过某种社会的或前社会的模式影响了我们的东西。海德格尔那些讨论语言的论文暗示,把开放空间设想成是为个人——被单独看待的——而发生的是错误的,但是,到底用什么来取代这种思维方式这个问题,在他的文本中又从来也没有得到充分清晰的说明。[7]

必须注意,我们不能把本成事件本身看成为某种变化着的东西。那么做,就使它变成一个在整个历史中持续存在的实体。更进一步来说,既然它不是一个可被弄成在场的、然后又拥有了一系列属性的东西,那么,我们就不能说,在其中有某种内在规律、目的论或必然性在起作用。在历史背后,根本就不存在那种派送出各种不同时代的力量。从某种意义上来看,我们可以说本成事件是比这些时代更为基本的,但我们不能把它变成为一种根源,仿佛它是某种第一性的原因或根据。

> 各个时代的次序是如何被规定的?这个自由的次序是如何规定它自身的?为什么恰恰是这种次序呢?人们想到的常常是黑格尔的"理念"史。……另一方面,对于海德格尔来说,人们不能提"为什么"。只有这种"那个"——即存在的历史就是以这种方式——可以被提到……在这种"那个"之中,并从这种"那个"的意义上来说,思维也可以断定说,诸如次序中的必然性、有序与一致性这样一些东西是存在的(《时间与存在》,第55页及下页/第52页)。

在西方整体命运中,一致性和有序是存在的,它们为思想提供了某种命运。但从更大范围来看,如果把西方作为一个整体与其他传统相比较,所谓理由或必然性是根本不存在的。只有本成事件在起作用。很明显,海德格尔与黑格尔在此会发生正面冲突。因为,对于黑格尔来说,逻辑序列的结构要求,那些制约并聚集所有事物的东西应该是一种运动,而这一运动的必然结构是可以从其自身内部来加以把握的。思想可以在条件的历史和必然性中把握并认识到它的最终条件。对于海德格尔来说,黑格尔仍然是从统一性和根据出发来进行思考的;相反,海德格尔认为,应返回到那种无根据的游戏上来,正是这种游戏才使黑格尔的统一性与根据思想处于那种第一性的位置上。

本成事件的先在性

本成事件显然是先于任何我们在它之中可能做、说或想的东西的。它对我们的影响是总体性的和直接的。它为人与存在者的遭遇以及使人与存在者保持一致开启了可能性,但它本身并不是一个将被遭遇到的存在者。这就意味着我们的行为或计划都不能影响到它。记载人的行为与计划的普通历史,不可能触及由本成事件所开启的各个时代的深层历史。通过使用一些与"存在"而非"本成事件"有关的术语,海德格尔说:

[我们在此讨论的是]存在本身的领域,我们不可能从任何其他立场出发,对它作进一步的解释和判断(《尼采》,2:364/4:223)。

思想家的基本经验从来都不是导源于他的气质或教育背景。相反,它们的产生却是源于存在的本质性地发生着的真理

[存在的非遮蔽性]（《尼采》,2:239/4:181）。

存在本身的历史的那种本质性的打开是否是现在发生的所有历史以之为基础的那种出现呢？（《尼采》,2:376/4:181）

终有一天，我们将不再回避这样一个问题，即这一开启，这个自由空间，也许并不是那种在其中只有纯粹空间和出神时间（ecstatic time）的空间，而且其中所有在场与缺场的事物都具有那种聚集和保护了所有事物的场所（《哲学的终结》，第72页及下页/第385页）。

至于说本成事件的这种先在性与我们对意识、大脑功能以及诸如此类的东西的科学认识之间的关系到底如何，海德格尔会这样来回答这个问题：这些科学说明和因果解释其自身就是事物的一种可能的揭示方式，因而，它们也依赖于本成事件。因此，它们绝对不可能解释那个使它们得以可能的基本揭蔽。若谈论存在者，就已经置身于某种被清除出来的地域、对事物存在的某种理解中了。而谈论原因则回避了这个问题；本成事件并不是一个因果过程，甚至根本就不是一个过程。它飘然而逝，隐藏在所有解释它的企图之背后。"由于存在与时间仅仅在本成事件那里，因此这就带来了这样一种奇特的性质：将人带进他自身之中——作为一个通过置身于真实时间之中来觉察存在的存在者。……人被让进本成事件中了。这就是为什么我们永远也不能把这个事件放到我们面前来的原因，不论是作为某种与我们相对立的东西，还是作为某种具有整体包容作用的东西都不行"（《时间与存在》，第24/23

页)。

乍看之下,海德格尔似乎在说,本成事件对于我们来说是不可获得的。然而,我们全都在想方设法地谈论我们的生活和言说的前提条件。这有时会导致自相矛盾,但是,我们找到了避免或限制这些矛盾的方法。正因为我们是在这个由本成事件所开启的领域之中的,所以才不应阻止我们来谈论它。

海德格尔当然用了很多篇幅去谈论本成事件,而且他还承认,他的思考必须从现代领域中推演出来;在非遮蔽性的开启之外的那种阿基米德支点是绝对不存在的(《时间与存在》,第9页及下页/第9页及下页)。但是,海德格尔谈论本成事件的方式与我们在谈论我们的前提条件时所采取的方式,是截然不同的。我们在谈论本成事件时所遇到的那些问题,不是通过找一些规避自相矛盾的聪明方法来加以解决的。那种方法实际上是在回答一些错误的问题。本成事件并不是某种前提条件、我们"掌握"的某种东西、我们的语言或行为的某种性质。去探询与本成事件有关的知识,去问"它是什么?"也就假定了它是一个具有某种我们可以报告出的本质特性的"它(it)"。但本成事件并不是一个"它",不是一个我们可以使其在某个领域中在场的实体。从**在场**(presence)这个单词的通常含义上来讲,本成事件根本就不可能被弄成为在场的(present)。

但我们可以意识到在本成事件中的生存,而且我们还可以对此加以谈论。如果对**经验**(experience)这个词加以恰当的处理,不再根据主体和客体来解释它,那么海德格尔还是愿意说它是可以被经验到的。

本演讲["时间与存在"]的风险存于这样一个事实之中,即它用命题性陈述句来表述某种在本质上与这种论说方式具有不可通约性的东西……[本演讲]所直接指向的问题,就其本性而言,恰恰是直言式陈述所不能通达的。另一方面,它也只有用参与者来说明他们自己的经验——这种经验按说应是根据对某种不能被公开揭示的东西的经验而获得的。因此,它代表了这样一种尝试,即:去言说某种不能被认知性地传达的东西,甚至以问题的形式都不行;但它却必须被经验到(《时间与存在》,第27页/第25页及下页)。

这里所讲的这种经验包含了对语言的一种新的运用。作为我们讨论对象的这两位思想家都有这一要求。黑格尔抱怨说,对语言工作方式的日常解释极不充分。语言还可以做其他一些事,例如思辨命题就表达了辩证的见识。思辨命题并不新颖——黑格尔在主要的哲学家和神秘主义者那里都找到了这种命题,但是,黑格尔将它们系统化了,并说明了它们是如何相互联系的。海德格尔对语言的运用和功能的日常解释也有怨言。那些通常的分析暗示说,语言的任务就是表达实体的性质和关系,而这些实体的存在样式就是永远在场。不论是在过去根据主-谓形式对语言所作的亚里士多德式的分析中,还是在现代根据功能与关系对语言所作的分析中,上述判断都是成立的。在他那些讨论语言的论文中,海德格尔提出,语言还有其他一些受形而上学影响较小的方式,可表达那些使自身呈现出来的东西。这些语言方式也不新颖——海德格尔在早期古希腊思想、诗学以及神秘主义者的一些著作中找到了它们,但是,海德格尔聚焦于它们,且断言,与传统哲学或科学的语言运用方式相比,它们更为原初。同黑格尔一样,海德格尔并不认为我们应放弃语言的日常运用和技术运用,但是,他认为我们应根据其他一些包容性更强的语言运用来对它们加以定位。

我们在讨论本成事件时,用不着把我们的讨论变成传统的形而上学或诗学,虽然它与后者的距离并不遥远。我们讨论本成事件,并非是想重申某种不可言说的直觉。实际上,我们的讨论根本就不是想去重申任何分离性的经验,因为本成事件并不是一个分离性的客体,而是"在语言中作为允诺语言而被经验到的东西"(《走向语言之途》,第 258 页/127 页)。

作为先验思想家的海德格尔

我们应该牢记,尽管在海德格尔与传统形而上学以及康德的批判哲学之间存在着很大的距离,但海德格尔关于本成事件的思想仍然停留在先验哲学的一般界限之内。海德格尔不喜欢把他的思想称作为先验的。这个词通常指那种在主观性中寻找客体经验条件的康德式尝试。海德格尔是明确反对所有这类尝试的。但我还是想使用这个称呼,因为我认为海德格尔仍保持着先验思想的一般姿态。我将对这个术语加以概括,并以下述方式来使用它:先验思想家一般都努力辨识那些使经验、命题以及真理在我们日常生活方式中得以**可能**的条件。他们所追寻的这些条件,并不是这个或那个命题或思想的**现实性**(actuality)的因果性条件,或其他一些"实体的(ontic)"条件,它们也不是康德意义上的那种必然主观性的或形式化的条件。但是,它们与人的那种基本包含性——通过这种包含,日常生活、经验、命题以及真理便得以发生了——的确也是有关系的。把它们与由常识和各门科学所发现的那些必然的日常生活条件相对比是可行的;而且,它们也包含了那些条件。

在我的理论框架中,先验思维并不是一定得以发现那些使知识确凿无疑——在康德或黑格尔意义上——的基础为要务的。只要这种思维希望我们意识到那些条件,并且这种意识还通过某种变形在我们的生活中起了作用,这种思维就足以被称为先验思维了。

自康德以来,先验哲学一直就是大陆基础论者的主导性思想模式。但是,与以往的做法不同,从更一般的意义上来讲,我所讲的先验哲学的目标并非一定就是基础论者的目标。然而更重要的是必须认识到,即使放弃了基础论,对那些超出于"日常"条件范围之外的可能性条件的探索,还是可以继续进行的。海德格尔作为一个非基础论者却仍然保持了这种一般性的先验姿态,而且,他也不是惟一的例子。解释学思想家们以及那些受最近法国思想影响的人也可算在其中,另外,有些分析哲学家也超出了经验论,但却算不上是基础论者。[8]

海德格尔确实放弃了对根据的探寻。但是,如果我们过分强调他与基础论之间的距离,可能就会难以理解他对可能性条件的那种先验探寻。尽管那些在他看来可接近的东西就其自身而言是极为贫乏有限的,远非全面和基础性的,尽管他对这些东西的接近并不是对主体把握自身结构的一种确证,但是,他仍然要求深入到其他人的朴素性背后去,并与那些并不是通过日常探究而揭露出来的条件相遭遇。

例如,海德格尔常常将他的这种探寻与科学家们的探索相对比,而且他还一贯主张,他是站在那个可以搞清科学家们其实正在干什么的立场上的。思想家可以穿透科学家们的狭隘性,对于科学家们来说,这种狭隘性也许是必需的,但它却使他们远离了他们生活于其中的完整的经验背景域。海德格尔的追随者们经常通过对其他哲学和其他思想领域的轻视来表现这一姿态,他们常把后者说成是"仅仅实体的(ontic)",或者说它们没有达到海德格尔的那个思想水平。这里所表现出来的傲慢与海德格尔在任何传统形而上学中所看到的同样顽固。虽然海德格尔的说法要比他的追随者们有分寸得多,但他仍然这样来表述他自己的思想及其与科学的关系:"我们不需要自然哲学。相反,有它(他自己的那种思想)就足够了,我们自己只需搞清:控制论从哪里来、将向何处去。对于那些通常的批判——那种哲学对于自然科学其实什么也不懂,它始终都只是跟在后面亦步亦趋,我们可以泰然处之。对于我们来说,重要的是告诉自然科学家们他们实际上都在干什么"(《赫拉克利特》,第27/14页)。海德格尔的思想无需从科学那里得到任何材料,而且也不会被这样的材料所改变。恰恰相反,它可以告诉科学家,他们自己在工作过程中到底都在干些什么(另参见,《何谓思?》,第90/131页)。

这些海德格尔式的思想家所寻求的东西,既超出于日常话语模式的范围之外,同时又是使这些日常话语模式得以可能的条件。由此而来的这种对待科学的态度在大陆哲学中并不罕见。许多盎格鲁-撒克逊哲学家同样也持有这种态度。因为,他们也要求去理解关于科学本质的各种必然的、常常还是形式化的命题。海德格尔是不会根据必然命题来谈论这个问题的,但他要求抵及那个使科学如其所是地呈现出来的特殊空间的开启。这些条件并不提供确然性可由之导出的某种基础,它们只提供一种返回步骤,抵及某些条件,从而使海德格尔得以声称说,他处在一个更为优越的立场上。而且,按上文的一般性定义来看,这种立场也是先验的。

其次,在讨论他的语言思想与当前以信息论为依据对语言所进行的研究之间的关系时,海德格尔说,真正的哲学与对语言的这种控制论解释之间已不再有任何共同的讨论基础了(《四个讨论班》,第89页)。而且,也没有了进行讨论的任何真实需要。海德格尔声称说,他已深入到其他人的做法背后去了,且确定了它的思想模式的条件,他认为这是极为彻底的做法。因此,按他的观点,对话是没有必要的;而从其他人的观点来看,对话是没有用处的,除非其他人也准备返回到海德格尔的观点所由之出发的那种立场上去。他已在一个其他人无法企及的高度上对其他思想进行了定位;对称式的对话是不存在的。我们也常在黑格尔那里听到这种说法,但黑格尔总是还要仔细考察一下:其他的话语领域为什么会因其自身的内在张力演变为某种更为广阔的——他认为是包容性的——领域。

与黑格尔相反,关于存在者的各个领域的细节内容,海德格尔的这种返回没有作出任何规定,它只是指出了使所有领域的揭蔽得以可能的条件。海德格尔并没有为先验立法。虽然这似乎有点单薄和有限,但它仍然实现了先验行为。这种思想家自己无需关注在其他领域中所发生的任何细节内容。同海德格尔这个有限的现象学家相比,黑格尔作为一个伟大的普遍化的形而上学大师,他对当前科学、文化以及政治学的依赖程度要高得多。完全可以这么说:黑格尔一直在努力克服经验与先验之间的二分(以他自己的独特方式,即根据那种不需要对细节进行理性主义演绎的必然的偶然性逻辑),而海德格尔则承袭了将先验与经验分裂开来的做法。

在其早期著作中,海德格尔似乎想追溯科学和日常生活中所揭示出来的存在样式的起源。人们一直在大肆宣扬他想放弃他从新康德主义者和胡塞尔那里继承来的这个基础论目标。但在他的后期著作中,海德格尔却仍然保留了新康德主义者和胡塞尔的那种非对称式的关系,且不在观察性的思想家与朴素的自然意识之间展开对话。[9]

可能会有人反对我说,在我对海德格尔的描绘中基础论者的色彩太浓了。海德格尔提请我们注意的是事物的在场过程,而非事物本身,是在场的事件,而非在场的事物。这其实并不是标准意义上的可能性的条件。对此,我的回答是,通过上面的引文,我们就可以发现,海德格尔其实是作过这样一种论述的,即:要求某种超出于日常思想家的朴素性之外的超越立场。他还讨论了各个时代的历史,在某个给定时代对存在的理解中寻找某种东西,这种东西先于并制约了发生在那个时代中的所有事情,而且这种东西还不会反过来受到所发生的事情的影响。而且,他还把根据在场来理解存在这一宿命,看作为存在在整个西方历史中的可能性条件(参看德里达,1982,第325页)。所有这些远非等于仅仅关注在场者的在场过程这一事件。它们提到了特定条件、在场事件的特定呈现。忽视海德格尔的这个方面，就会把本成事件弄成某种形式化的东西。作为这种形式化的东西，它就可以被无差别地运用到所有的个别实体上去了（如这张桌子、这块云彩、这个时代等的呈现），或者，这会使它变得极端差别化，以至于每个实体都将具有它自己特殊的在场样式。然而，这些都不是海德格尔的本意所在。

对每一实体的这种有限在场过程持一种禅宗般的意识，不去对可能性条件进行任何历史性的讨论，这种做法也许会得到海德格尔的某种认同，而且，这与他隐约觉得的那种在未来的非形而上学时代也许将是可能的东西还有几分相似（但并不完全相同）。但是，如果海德格尔对西方历史及其各个形而上学时代的分析，要具有他所希望具有的那种穿透力，那么，对这种分析所应采取的态度就远非仅限于此了。

他是否能够获得一种优越于现代时代的立场，而且这种立场不同于现代时代对它自身的图绘，甚至在某种意义上还比这种图绘更为基础，这对海德格尔关于现代性的研究来说是极为重要的。他的后期思想中的许多奥秘就根源于这一需要，即：保持这一优越立场，同时又不必使它变成某种黑格尔式的精神对其自身的自我透明性的基础。

海德格尔的这种在日常言说方式之上或背后的姿态使人们觉得，他在谋求神秘传统中的某些方面的复活。前面曾引用过的那段文本的话里话外都值得好好玩味一番：本成事件"只是游戏：最高的和最深刻的游戏。但这个'只是'就是任何事物、这一个、惟一者"（《根据律》，第188页）。诸如此类的文本为这样一种意见增添了某些说服力：海德格尔的思想在某种程度上是"神秘的"。

海德格尔有援引神秘文献的习惯,而且他还常常从中寻找他自己的有关理念,如清除(clearing)和世界达及在场,它们都超出了根据因果律和形而上学所能给出的所有根据。这又使刚才的那种意见得到了进一步的支撑。这是一种理应得到守护和保存的神秘性,如此才能使其免受我们渎神的不良思想传统的侵害;这是一种自身从在场那里抽身而出的神秘性。这种神秘性,即世界通过本成事件的在场,在通常解释下的日常语言中是不可获得的。然而,它并是一个隐而不现的基础实体,或一种只能由某种神秘直觉或顿悟来通达的过程。尽管海德格尔常常借用这样一些术语,但在他那里却找不到神秘主义筮师们所倡导的那些精神道路或戒律。大多数经典的神秘主义还是免不了要去探索根据和基础。如果说海德格尔的思想与神秘主义是有联系的,那也不是说它同这种探索有联系,而是说它与在佛教和基督教的某些少数派中可以找到的那种虚无性神秘主义有联系。当然,在海德格尔的思想中还有着这些传统中所没有的那个历史性的方面。虽然把海德格尔说成是与神秘传统联系在一起的很有诱惑力,但是,由于可贴上神秘标签的著作的多样性,以及海德格尔自己的先验姿态的模糊性,因此,我们应该警惕不要把这种联系看得太过紧密了。[10]但是,不论我必须对海德格尔与神秘主义之间关系的这些讨论作多少限制,这种讨论都指出了一个我们必须转而思考的问题:他认为他的思想以何种方式对我们在现代世界中的生活产生了影响?

第九章　现代世界中的生活

海德格尔在与《明镜周刊》编者的访谈中,曾谈到过思想在现代世界中的作用问题。

> 我并不把人在此全球技术世界中的处境看作为一个难以排解的和不可摆脱的宿命,但我恰恰对思想的作用作如是观,这也就是说,正是它在其自身的界限内帮助人本身与技术的本质达成了一种令人满意的关系(《〈明镜周刊〉访谈》,第214页/第61页)。

> 与技术的非思想性本质的全球统治的神秘性相对应,尝试性的、谦逊的思想则努力去对这一非思想性[本质]加以沉思(《〈明镜周刊〉访谈》,第212页/第60页)。

在被其家乡授予荣誉公民称号的纪念演讲上,海德格尔问道:

> 在未来,还能期盼人以及人的劳作在故乡肥沃的大地上枝繁叶茂,高耸云霄,直至苍穹和精神的遥远边际吗? 抑或,如今所有的东西都将跌入计划和计算、组织和自动化这个万劫不

复的渊薮?(《纪念演讲》,第 17 页/第 49 页)

尽管在这个时代中,过去的有根性正在沦丧,但是难道人不能重又被赋予一个新的大地和根基,虽身处原子时代,人的本性以及他的所有劳作,难道不能从一个新的大地和根基上重新生长出来吗?(《纪念演讲》,第 23 页/第 53 页)

《〈明镜周刊〉访谈》中的那些引文告诉我们,思想可以遭遇到技术的本质,普遍化强制的命运可以为本成事件开辟出一条道路。而《纪念演讲》给人的印象则是,海德格尔抱有这样的希望:至少这有可能在现代世界中引导出一种新的生活方式来,这也就是说,比现代世界对其自身的理解更好地理解它,且触及它不知道它所拥有的那些根基。这与到目前为止所作的解释还是吻合的。但也出现了其他一些主题。就在我们认为海德格尔会就此收场时,又出现了对大地和根基的观照。与其他著作相比,在此更为强烈地出现了这样一种意向,即:在技术之外,有可能开启出一个全新的时代,在这个新时代中,我们可以直接而诗意地与人的存在的最深层的所在和谐地生活在一起。

然而,海德格尔对于在此和现在所能获得的东西的期望是非常有限的。没有东西将把我们带入和谐与和解中去。我们也不会健步迈入任何新的时代中。如果说将会有一种新的生活方式的话,那它也将是发生在我们当前时代的边缘。其中心思想是有限性。这是从有限性这个词的一个新的含义上来说的,这也就是说,不是实现或和解。

海德格尔于1929年在达沃斯曾这样谈论过他在《存在与时间》时期的哲学："哲学行为的基本特征就在于,解放人类生存的内在先验性……。这种解放[在于]潜到我们生存潮水深层腹地上去,即直达那种铭刻于自由本质之上的冲突"(《达沃斯》,第44页)。在他的后期思想中仍然保留了这一观点,这也说明了,在他看来,他的哲学到底可以在这个普遍化强制时代起什么作用。海德格尔于1968年在多尔(Le Thor)说道:"《存在与时间》并不打算提出关于存在的一个新含义,它只是开启了我们对存在这个词的聆听"(《四个讨论班》,第83页)。在此普遍化强制时代,我们自身和世界是以特定方式彼此居有而达及在场的,而这种聆听就变成了对这一过程的经验。这种经验解放了我们,使我们达到了我们在无根据的在场演进过程中的历史有限性。这种经验解放了我们的生存的"内在先验性"。在西方传统中,通常的说法是:将人**从**他的有限性中解放出来。而海德格尔却想**为了**人的有限性而解放人,并将他就解放**进**这种有限性中去;这种有限性是无可逃遁的,但只有在这种有限性之中才是自由。

同黑格尔不一样,海德格尔除了有时会用这个或那个制度来作为那个统治着我们的总体领域的某种标志外,关于我们的具体生活形态,他说得非常少。但是,他意识到,即便这些他确实说过的少量的话,也对那些站在现代民主和经济体制基础之上的人的观念构成了挑战。"如果我们想以这种方式来达到明晰性,最重要的事就是获得这样一种洞见,即:人并不是一个他自己制造的存在者。若是没有这种洞见,人们就只能停留在市民社会和工业社会的表面政治对立之中,人们就会忘记,社会概念只是扩大了的主观性的另一个名称,或者只是它的一面镜子"(《四个讨论班》,第97页)。作为他自身和世界的制造者的人只不过是统治性的现代主观性的另一种说法而已。那种在如今受到高度吹捧的所谓个人与社会之间的对立,完全是用主体与客体这种语言拟定的。从原子论到社会主观性的过渡并不是进步。在不确定的开放性中,即在一个中性客体世界中,不论是某个决策性的个人,还是签订契约和协定的某个社会团体,都不可能对态度和意义起到塑造作用。人和社会总是早已处于某个场所之中了,该场所的轮廓既不是他们创造的,而且也不受他们的控制。现代经济与政治理论和体制假设了那种间距性的现代主体、个人或社会,就此而论,它们理应受到质疑。

在此质疑过程中,在尽可能多地保存现代人的自由和自我规定性这个问题上,海德格尔没有黑格尔那么大的兴趣。对于黑格尔拍手称快的许多经济和政治发展,海德格尔却是痛惜有加。然而,海德格尔也不提倡向传统社会的回归。

与他关于过去在构造世界结构过程中的作用的观点相一致,海德格尔的确维护了某些历史传统之根的重要性,而现代社会则企图化减这种有根性,想让其成为一种根据形式化、功能化的合理性来加以判断的事实集合体。

> 所有事物都是功能性的。这正是怪诞可怕之所在,所有事物都具有了功能,这种功能作用越来越强烈地驱策着所有的事物,迫使其获得更为强大的功能,技术日益将人放逐出大地家园,将他们连根拔起。……我们所有的关系都已变成了纯粹

技术性的关系。如今的人已不再生活于大地之上。……从人的经验和历史来看,至少在我看来,只有当人具有一个家园,当人扎根于传统中,才有本质性的、伟大的东西产生出来(《〈明镜周刊〉访谈》,第206—209页/第56—57页)。

一方面,海德格尔的目的是想复活传统感,克服现代主观性,把传统感从其所忍受的客体化过程中拯救出来。传统并不是某种我们可以从某个间距性立场出发,并按照主体选定的目标来加以判断的东西。另一方面,我们已经看到,对于海德格尔来说,虽然我们的根可以扎入传统的土壤之中,但是,在其下层却是找不到那种形而上学基石的。这同一个意识,一方面使我们再次扎根进我们赖以生长发育的这个世界的土壤之中,另一方面它也告诉我们,最终的根据是不存在的。我们栖息于有限开放性的渊薮之中。对于那些已被授予我们的东西来说,是无法问"为什么"的,这种无根据性是无可逃遁的,除此仅有:我们意识到了我们对本成事件的参与。这一意识超越了那个为我们而开启的空间,但是,它也绝对找不到自我确定性的基础,能找到的只有那个空间开启以及其他无根基性开启的历史。我们仍然处在我们的有限性和有死性之中。

海德格尔并没有停留在标准的现代两难悖论之中。他既没有肯定无根的现代主观性,也没有将我们打发回传统社会中去。我们需要考察的仅仅是,在他看来,所有这一切对于我们的日常生活和现代体制到底可能会产生哪些冲击。

第九章 现代世界中的生活 279

思

在海德格尔的后期著作中,他用**思**(Denken)这个术语来取代**哲学**(philosophy)。他用这术语来命名下述任务:把人的原初先验性,以及人在人与事物共处空间的有限开启中的居有(appropriation)解放出来并使之激进化。如果说现代性将被克服,不论这将是在何种意义上成为可能的,那么这个思都是必须发生的事。

这个思既不是科学也不是哲学,后两者在传统中被理解为对确然性、基础以及最终统一性的某种探索,而在此一思之中,我们可以经验到潜藏于西方世界和我们的当前处境背后的那块空地(the clearing)。

> 我们所关注的是把揭蔽经验为清除。这就是整个思想史所思考的东西中的非思的东西。对于黑格尔来说,他所需要的是思想的满足。而对于我们来说,恰恰相反,思考的东西中的非思的东西之困境才占主导地位(《赫拉克利特》,第259页/第162页)。

> 内在于存在居所[Ortschaft]之开放性中的出神就是思的本质(《尼采》,2:358/4:218)。

我们正在受到催促,要我们去解放并完整地成为那最初使我们成为人的东西。我们将变成我们之所是。我们到底能否获得这样一个机会呢？那个让我们**不能**完整地成为我们之所是的条件，其实最终也就是本成事件的自我抽身。它退隐到了那些已被揭蔽了的存在者的背后，因为，关于它自身，它无话可说。此一抽身让我们完全在被揭蔽出来的存在者的范畴内来定义我们自己，而且还使我们漏失了我们自身作为本成事件的接受场所这一角色。这样，我们就可以沉沦进某种同海德格尔在其早期著作中所讲过的那种非本真性相类似的东西之中了（参见齐默尔曼，1981）。我们就可以不用坚持使我们自身非得成为那种实际上作为我们的最深刻的能动可能性的东西不可了；我们照样可以生活。正如海德格尔的那些早期著作所说的，这一"沉沦"是不可避免的，虽然现在这么说又有了某些更为复杂的理由。在普遍功能性的现代世界中，这一点更是显得尤其准确，虽然我们的世界也提供了一个以适当的方式进入思之中去的独特机会。

　　此一思听起来可能非常个人主义化，仿佛是某种对现代世界本身不会产生什么影响的单个人的调整。而且，它听起来似乎还带有极强的精英论色彩。海德格尔说："有一些人，他们超出于所有大众性之外，不知疲倦地工作着，努力捍卫一个以存在为焦点的思的生活"（《四个讨论班》，第90页）。这样一个思的结果会是什么呢？它都干些什么呢？

　　海德格尔耗时费力地去做的那些事，表明了这种思都会投身于一些什么样的活动。他努力辨识那个使现代性得以可能的总体领域，审视现代性的方方面面，考察它们的历史，并试图从中找出对普遍化强制的召唤、人和本成事件的相互需要及其有限性。他竭力重思西方的起源，识别古希腊人所授予我们的这个命运、它的

第九章 现代世界中的生活 281

局限性以及它可能还会包含的某些非思可能性。他努力重思人的本质和语言的本质,但却不用那些传统的范畴,如主观性、意识、再现等等。这种思大都涉及到这样一种努力,即更为原初性地经验某些基本词汇,这常常表现为真实的或设论性的词源学沉思。他殚思竭虑:我们如何才能栖居于我们的处境的有限性和相互需要之中,同时又可避免作为西方传统特征的那种遗忘性。所有这一切思的成果就是论文、谈话、一些诗以及一种相当孤僻的生活方式。

所有这一切似乎毫无效果。他也从没为社会变革付诸过努力。海德格尔对现代生活展开了大量的批判,而且他还会说某某现代社会分析方法是有缺陷的,但是他却几乎从没有提出过什么积极的和直接有用的建议。

海德格尔可能会回答说,在指责他的苍白无力之前,我们应该先考虑一下都有些什么选择。我们也许会着手进行计划,准备去控制技术和社会变化,决定我们到底想要什么样的社会,并对达到这种社会的手段进行评估。但这或许仅仅是权力意志和现代主观性的重演。我们可以竭力灌输一些价值观,或努力在这个世界中寻找意义,但这也许又是主观性和再现。海德格尔甚至提出,即使有人接受了他的下述分析,即现代性之根就存于本成事件自我遮蔽性的抽身之中,他仍有可能会紧接着就决定去"攻击"该"问题"。这个人在生活中也许仍会把存在者的揭蔽看作为,似乎是某种我们使它变得呈现在我们自己面前的东西。但是,这恰恰正是现代态度,我们又转回到了起点。

我们不能通过我们自身的行动来克服现代性。我们最多只能把普遍化强制经验为本成事件的抽身。在思中,我们让本成事件作为抽身过程呈现出来,这与我们能使其呈现的所有实体都是不同的。我们将它经验为对我们的要求,即使这种要求是否认这样一种要求的存在的现代召唤。

这种思可以导向对现代性的一种经验,在这种经验中,我们超越了人在普遍化强制中作为可操纵的操纵性单元的自我规定。这会导向何方? 除了我们现在居停的所在,它无处可去。"把本成事件思成居有[Ereignis als Er-eignis],就意味着从事于这一在自身中回荡的领域的建筑的建造工作。思从语言处获得用于这个飘浮在其自身之中的建筑[Bau]的建造工具"(《同一与差异》,第102 页/第38 页)。当我们把语言所给予我们的东西当作一块空地和一个召唤的开启,将其接纳为我们自身的东西时,我们就栖居了。我们呵护有加地、心存感激地栖居于这个授予我们的场所中。我们通过与那些磨平语言的高度与深度的行为作斗争来维护并建造语言。我们孜孜以求地追溯那些被日常生存和日常语言遮盖了的可能性,我们可以在传统的古老词汇和诗歌的新创词汇中找到这些可能性。当栖居于我们的世界中时,我们的生活就将与本成事件联系在一起,而本成事件则"在语言所造就的揭示中如其所让地被经验到了"(《走向语言之途》,第258 页/第127 页)。

海德格尔说道,通过思,我们也许就能够使我们两千多年的遗产不至于在十年或二十年内就被挥霍殆尽(《四个讨论班》,第90 页)。这具有一种十分有意义的双重作用:我们开始把西方传统体验为封闭的、完成了的、耗尽了的,但在这么做的同时,我们其实也就是在作着某种斗争,即:使其开放,从西方命运的授予过程所提供的东西中,抽取出那些至今仍是非思的可能性来。这也是海德格尔与德里达的努力的一个关联之处。

但在这之中,是找不到那种将把现代性克服掉或者为我们提供一个新世界的东西的。没有什么东西将会使普遍化强制消亡。我们栖居于我们之所在,栖居在现代世界中,但保留着对那块空地的一份经验,这就使我们不会驻留在我们的世界所提供的任何统一性或根据之上——仿佛它们就是最终定论。

我将把现代世界中的这种生存样式称作"解构性的生存"(这会引起一些争论)。这个术语并非直接来源于海德格尔,而且它在最近的思想中还有一些十分微妙的内涵。但是,海德格尔确也曾谈到过对传统的某种去-构(Ab-bau),而这在他的实践中,就比较接近于这样一种栖居(bauen)方式,即不驻留在我们的世界提供给我们的根据、统一性或原则的终极性之中。

为遥远的未来作准备

解构性生存是海德格尔对在现代世界中的生存所提出的一种忠告,但他似乎还提出了其他一些忠告。海德格尔也曾说要把思作为"关于遥远的未来"的一个准备。思准备着一个新的在地球上的栖居样式的到来。思不可能使这个新的东西来到;它只能为这样一种转折"开始去预先准备好条件"(《四个讨论班》,第128页)。

在《〈明镜周刊〉访谈》中,海德格尔曾谈到过他的思想的效果问题。

哲学是不可能直接在当前的世界状态下起到任何改变效果的。不仅对于哲学来说是如此,而且对于所有纯粹的人类反思和努力来说,都同样如此。只有一个上帝能救渡我们。我们所能获得的惟一可能性就在于,通过思和诗化,我们为上帝的现身,或为在这个堕落的时代中上帝的不在场作好准备;为由于上帝的不在场而导致的我们的堕落作好准备(《〈明镜周刊〉访谈》,第 207 页/第 57 页)。

这一准备就绪也许是第一步。世界之是其所是,以及世界之所以如是,并不是通过人才得以可能的——但也离不开人。……通过另一种思产生某种间接的效果是可能的,但绝不会有直接效果(《〈明镜周刊〉访谈》,第 209 页/第 58 页)。

我丝毫也不知道这种思怎样才能"具有一种效果"。这可能是因为思的道路会导致人们保持沉默,以免使这个思想在一年之内就变得分文不值。这也可能是因为,它需要三百年的时间才能"具有一种效果"(《〈明镜周刊〉访谈》,第 212 页/第 60 页)。

海德格尔关于准备的言论,连同其有关形而上学的终结和西方历史的顶峰的议论,给人以这样的感觉,似乎这是在为某种状态的到来作准备:人的世界将会彻底改变,重新开始。那个可以拯救我们的上帝似乎是本成事件的一个新的转折点(但请参看科克尔曼斯,1984,第 6 章)。这意味着对海德格尔的思想进行一种"末世论"解释:最后一个时代就在我们面前,伟大的转折正在到来。我们自己必须准备好迎接这个新时代的到来。施洗礼者约翰是个令人愉快的角色,至少在最后一次聚会前是这样的,因为作为这种人,他可以感到,他比其他人知道得更多,而且还担负着详细预言新时代的重任。

然而,如果我们把海德格尔解释成:他在告知我们应开始去为一个新世界作准备,那么,他的大部分思想其实都已扭曲变形了。对海德格尔完全作末世论的解读,就会企图逃避我们的命运,就不能像海德格尔先前曾建议地那样遭遇到命运的本质了。

在《四个讨论班》的其中一个专题中,有一段与这个问题有关的文字。这个专题讨论了马克思用生产者对人所下的定义。然后,海德格尔问道,我们是否能够做到拒斥作为生产者或作为产品而存在这一现代召唤呢?他指出,这么做就必须承受对进步理想的拒绝,并且还会造成生产和使用的一种普遍衰退。他似乎是在讨论我们能做些什么样的社会变革,但他接着就提出了"一个简单的、极为明显的例子:若从这种拒斥的视角出发,那就不可能再有什么'旅游业'了。相反,人们就会约束自己并待在家里。但在现在这个时代,还有所谓'待在家里'这类事情吗?还有栖居吗?还有居留(Bleibe)吗?没有。有的只是些'居住机器'、城市居住中心,简而言之,只有工业化产品,而所谓家园却是再也没有了"(《四个讨论班》,第127页)。海德格尔接着又谈到了一个人可生活于其中的"新领域",一个摆脱了主客体规定的领域,一个人可以栖居于其中并从中接受他的召唤的领域。但他接着又说,进入那个领域的通道并不是通过他已发动的这个思来完成的。如果我们设想,思可以完成这样一种改变,那我们就仍被桎梏于一种作为生产者的人的模式之中了。海德格尔的思只能是开始去为这样一种改变作准备。他否认我们可以直接进入这样一个世界:在其中,我们纯粹栖居于本成事件的切近处。我们只能准备并等待。这就意味着,事物仍将继续按照普遍化强制而达及在场。

我们怎样准备和等待呢?如果就像海德格尔在前面引用过的谈话中那样,只是说新世界不能离开人,这仍是一种模棱两可的说法。如果从人与本成事件的相互需要这个角度来看,这种说法固然没错。但是,这是否也意味着,任何给定的变化要发生,都需要有某些特定的布置和接受性呢?看来不一定。在存在的意义从古希腊人的**形式**(eidos)到罗马人的**现实性**(actualitas)变化过程中,从罗马人这方面来说,他们是否也需要做一些准备性的活动呢?若海德格尔真这么说的话,那么很显然,他就会为所有领域中的日常"实体的(ontic)"活动打开方便之门,让它们去影响关于存在的理解史。但是,据他说,关于存在的理解史是不可能如此被影响到的。

我们的生存就位于那个被授予我们的空地之中,且穿过这个空地;我们的行动就是在那个空地中得以可能的。我们无法通过我们自身的行动来修缮那个空地。看来,我们是不可能为某个新时代作什么特殊准备的。本成事件不是通过力量来战胜我们的,而是通过改变我们所有的活动在其中取得意义的那个视域、通过改变那个塑造我们的自我理解的召唤来战胜我们的。

如果本成事件具有海德格尔认定的那种首要性,那么,不论我们做什么都不会对它起到促进或阻碍作用。在是否会有一个新时代这个问题上,我们没有任何选择余地。柏拉图就没有为赋予他的那个新的"存在一词(word of being)"作准备,而且这也不是他的选择结果。新的世界也许会到来,但我们不能使它们到来或拒绝它们到来。

思想精英也没有任何方法可以加速这一到来。能不能说,这些思想家们或许比其他那些拒绝上帝的人准备得更好一些,当上帝到来时他们能更好地迎接他呢?但是,说有些人比其他人更适合于接纳某种新的揭蔽之揭示,这是错误的,因为这就会把个人与本成事件分离开来,而且这还暗示:在我们的居有(appropriation)之外,我们还可以做一些事来影响我们的居有。而这正是现代主观性的曲折重演,并不是从它那里获得了一次解放。

因此,这种预言新时代并要求我们成为少数特权人物的末世论解释,与海德格尔的说法是极为矛盾的。他在这里讲准备,主要关注的是我们与当前时代的关系以及它的承受性条件。实际上,它们正是我们一直在讲的那种解构性生存。如果说在形而上学之外将会出现一个新的时代,那么我们所作的这些准备,即让我们与我们自己的时代的在场、与它的条件更协调地生活在一起,就会使我们更适应新的时代,使我们更为清醒及更富思想性。如果这个新的时代不再是一个受形而上学主宰的时代,那么,我们的这些努力,即把当前时代经验为本成事件中的一种命运和召唤的努力,这也就是说,非形而上学地经验当前时代的努力,就不会与新的时代格格不入。但是,不应把这些准备看作为对某种还没有到来的完整经验的部分预见。而且,它们也不会促进它的到来。

对于准备的这些忠告作如此解释得到了海德格尔的下述议论

的支持:"思处于一个准备性阶段上,但这一事实并不意味着那种经验[即正在被准备的经验]与这种准备性的思有着本质的区别"(《时间与存在》,第 57 页/第 53 页)。因为我们与那种清除是相互需要的,而且这两者都不是一种牢固的根据,所以我们将始终经历那些在某个有限事件中被授予我们的回溯性可能性,而关于这个事件,我们则可以在其自我抽身中经验到它。尽我们所能地生活在本成事件的切近处,关涉到对普遍化强制的洞悉,包含了对形而上学在根据作用和最终统一性上所作努力的揭露,然而它却不能通过看穿这些东西而达到任何新的统一性,它只能认识到我们脆弱的栖居与有限的清除事件之间的相互需要。这使我们能够追溯到我们"两千年的遗产",同时,却不会完全受制于这份遗产的惯常力量。通过这一方式,我们就可以赋予海德格尔关于思想的"间接效果"的议论以意义了。

四重整体

在海德格尔关于准备的讨论中,与我至此为止允许他说的东西相比,似乎还有更多的东西值得一提。例如:"离开了人的本质的帮助,技术的本质就无法被导向它的命运的改变。……存在的某种命运的克服,在此和现在即普遍化强制的克服,在每个时代都是通过另一个命运的到来,即通过一个不容其自身被逻辑地和编年史地被预测的命定作用(a destining)实现的"(《转向》,第 38 页/第 39 页)。这段引文的第一部分涉及到我们对空地的遮蔽性接受。第二部分则似乎建议我们等候一个新的空地的一次新的开启。合在一起，它们的意思是说，那个空地的开启依赖于我们将我们自身变成接受性的，不过我们无法造成本成事件的新的转向。

正如我在上文所指出的，海德格尔从没说过先前历史中的转向需要准备性的接受性。我们的处境能有什么特别之处呢？与罗马人或其他人相对照，我们的独特之处就在于我们位于终点；在"存在"的历史中，不会再有另一次转向了。那个命运的演出已然结束。那将到来的东西，如果它真的会到来的话，将具有一种完全不同的性质，不会再被中心化地强加上某种"存在的意义"。当海德格尔谈论那种没有我们自身弊端的可能的未来时代时，他似乎期望它们是非形而上学时代，而不再是这样的"历史时代"：在其中，本成事件的抽身本身退离了我们，隐退到被理解为各种永恒在场的存在的某种意义的背后去了。在这样一个没有形而上学的时代中，我们的有限居有（appropriation）将成为（仍然是自我抽身性的，但抽身本身却不会被遮蔽）世界的共聚性（togetherness），但对于存在，却不再作那种统治性的、统一化的理解。人与物的这种时间化的共聚性，就其本身来看，将包括不同物的许多不同的在场样式；在此，物完全是在海德格尔把物与客体对立起来的那种意义来说的——海德格尔在其标题为"物（The Thing）"的演讲中就曾作过这种对比。[1]

在此，海德格尔的**返回**（step back）这个术语是非常有意义的。我们从普遍化强制向本成事件的返回，或许就是对这种新时代的准备，因为它已开始摆脱形而上学考虑。在他的一个讨论班上，海德格尔说道："在本成事件中的存在史与其说到达了它的终点，还不如说它现在表现为存在史了。绝没有[es gibt]①本成事件命中注定的[geschickliche]时代。命定性的派送[das Schicken]与本成事件是没有关系的"(《四个讨论班》,第 104 页)。

这听起来有时使人觉得,我们似乎只要从我们的思想和行动中去除一些传统的西方范畴就可以到达那个未来时代了。于是,有些解释者们就拼命鼓动人们去反对主观性、实质、在场或再现,仿佛这些东西是我们所犯下的一些错误。这当然是对海德格尔原意的一种误读。要克服的并不只是一些精神上的或道德上的错误。然而,的确有这样一些段落,在那里,海德格尔似乎在说,甚至现在我们就可以开始以一种摆脱形而上学的新方式来进行思考。

人们用这些存在概念和这种存在历史来思考本成事件是不会取得成功的(《四个讨论班》,第 104 页)。

关于同一性的演讲的结尾部分道出,本成事件居有了什么,也即本成事件把什么带入本己之中并且把它保持在相互居有中——那就是道出了存在与人的归属共在。进而,在这种归属共在中,归属共在者就不再是存在和人,而是——作为被居有的东西——在世界之四重整体②中的终有一死者(《时间与

---

① 这个"有"(es gibt)在海德格尔的著作中经常被打上着重号,通常表示有什么,但又含有"它给予……"、"呈现"的含义,此处的英译为"there is"。——译者

② 所谓"四重整体",即"天、地、神、人(终有一死者)"的四方整体,这四方构成一种相互内含和相互映射的"世界游戏"。这是后期海德格尔的一个基本思想,显然也是与他的"本成事件"学说联系在一起的。本处引文的翻译和注释均参考了:《海德格尔选集》上卷,孙周兴选编,上海三联书店,1996 年版,第 708 页,注释①。

存在》,第 45 页/第 42 页;另参见维尔纳·马克斯,1971,第 240 页及下页、第 228 页)。

海德格尔在其后期著作中提出了"四重整体"(das Geviert)问题。他似乎是想引入一套新的词语体系来取代传统的形而上学言说方式。他的讨论经常带有一种乡村怀旧气息,令人回想起黑森林中的农村生活,而海德格尔所谈论的似乎又是现在或未来。这里所说的这套词语体系在那篇标题为"物"的演讲中得到了发展。另外,当他在讨论由终有一死者、大地、天空、神之间相互内含(inherence)和相互映射(mirror)的游戏所构成的"世界的世界化"(the worlding of the world)时,他也对这套词语体系作了发展。在这四个世界"区域"或"居邻性(neighborhoods)"中,每一维都将被允许去"当下化"或时间化——以它们各自的方式彼此包含和相互映射。海德格尔推进这个主题的方式是极为复杂的,难以在此进行概述,况且,我们所关心的也只是这个主题在他的总体思想中所占据的位置,并非是它的细节内容。[2]

海德格尔关于四重整体的讨论与他的一系列努力是合拍的,即在思考人的栖居时不使用传统形而上学的或主观主义的范畴,但是,这种讨论似乎还具有某种特殊的重要性。这套新的词语体系的作用到底是什么?如果我们能根据这种四重整体来进行思考了,那么我们是不是就在迈入新的时代呢?它最终会不会把我们的西方遗产抛在一边呢?

我一直都反对人们对海德格尔关于为新时代作准备的话作"末世论"解读,我一直坚持认为,他就我们在为新世界作准备过程中所起的作用而说的那些比较极端的话,应该根据解构性生存来作宽泛的解释。他关于四重整体的这些话提出了一些互有关联的问题。是否可以说,他谈论的是我们当前的世界、过去或一个新的时代的某种深层意义,或者从某种意义上来讲,他谈论的只是那里有世界这一事件?

我们可以把第一种建议称作为对四重整体的"浪漫主义"解读。19世纪的浪漫主义诗人和思想家所面对的是一个在胜利在望的牛顿科学的描绘下的世界。这些浪漫主义者们竭力反抗那个被他们指认为冷酷的和机械的世界,另外他们还与他们时代的其他一些方面相对抗,他们说,借助于某些特殊的禀赋——不是科学理解,或许是直觉或想像——我们就可以与富有生命力的**自然**保持联系,而且是在一个比科学描述更为深刻的层次上保持这种联系。我们将生活于一个更为广阔、更为深刻的世界中,而科学仅仅对这个世界作了一种外在描述。

可不可以说,海德格尔的四重整体学说就是这样起作用的呢?这样,他的观点就变成了:如果我们用心去体会,我们就会意识到四重整体的回响性的归属共在,并达到这样一个层面,在这个层面上,即便是现在也有一些不是"客体"的真正的"物",这个层面先于我们日常生活浅薄的技术意识所展现的那个贫乏的世界,且比它丰富。

这种浪漫主义解释是很有诱惑力的,尤其当涉及到"物"、"筑·居·思"以及"从思的经验而来"这类文本时。这些文本使人觉得,在乡村生活的角落里仍可以找到的某种深层意识几乎已完全被技术的胜利所掩埋了。海德格尔某些著作中那种挽歌般的旋律，宛如一曲浪漫主义的战歌，对我们在更深层实在性中根基的丧失痛加指摘。因此，四重整体所描述的就是与事物的一种更深层的遭遇样式，借此，这些事物的真正本性将得到更为彻底的揭示。

诚然，在海德格尔看来，我们已与我们的根基失去了联系，但是，那些根基能否在事物之存在的某种不同的、更深层的揭示——从某种意义上来说，它就在技术世界的"下层"——中找到呢？尽管这种浪漫主义的解释可能是令人满意的，但它却是错误的。在前面我就曾同这种现代假定作过争论，批评它们把中性事实性看作为事物的"真正"存在方式，且把关于事物存在的各种变化性的历史解释看成为叠加在存在的某种永恒基础意义上的一些主观的东西。对于四重整体的这种浪漫主义解释，也可以进行类似的批评。在海德格尔那里，对于事物是不可能有历史性地永恒的、但后来却又被遮盖起来的所谓基础揭示的。

如果说普遍化强制真的就是那个为我们存在而清除场所的东西，那么，它就不会把根据四重整体而对事物所作的某种更深层的和更全面的揭示遮盖起来。在技术的表层下，除了有限性以及人与本成事件的相互需要外，什么东西也没有。认为事物先是在四重整体中达到在场，然后普遍化强制又把这个原初在场遮盖起来，这种说法是说不通的。

在为什么说对海德格尔的思想所作的神秘主义解释需要被谨慎对待这个问题上，还有另外一个原因。他们之中的绝大多数人都假定，我们正在重新回到某种更深层的方式上，并认为事物实际上一直都是采取这种方式存在的，但是这种观点同海德格尔关于所有非遮蔽性的有限性和历史性的思想是相违背的。如果普遍化强制就是我们现在所栖居的那个被清除出来的场所,那么我们现在就不可能到达任何更深层的世界,而那种浪漫主义的解释就应该被抛弃掉。

如果这个四重整体学说以及对乡村生活的这些描述所道出的,并不是关于事物的某种历史性地永恒的基础揭示,那么,海德格尔到底意欲何为呢?看来,还剩三个可能性:四重整体描述了一个我们现在已丧失了的**先前**(previous)世界,或者它描述的就是一个也许将向我们开启的**未来**(future)世界,再或者它所描述的就是**任何**(any)世界的"世界化"。在我的心目中,最好的解读是后两者的一种结合。四重整体描述了任何时代中"世界的世界化"。它并不提供一个更深层的世界,它只提供了一种不同的经验方式,去经验在我们的世界中的前概念性的和前命题性的寓居。它是对归属共在的一种形式化描述,这在本成事件的任何一次转向中都会出现。谈论这种四重整体有这样一个好处:可以把世界事件中的那些被忽视了的维度包含进来,而且它还避免了根据永恒在场对人、事物以及存在作形而上学解释的冲动。

在这种解读中,甚至普遍化强制都可以根据这种四重整体被经验到;这不会是对事物中的某种更深层的揭蔽的经验,而是以一种非形而上学的方式去经验揭蔽,甚至去经验技术性客体的揭蔽。这并不意味着,我们将再次经验到那种由人类亲密性和传统所构成的世界——这种亲密性和传统见于海德格尔关于酒瓶或桥梁的描述。我们的世界仍将处于普遍化强制中,但我们能够以一种新的方式经验到包含在操纵和排序命令中的交互性要求,经验到这个颠倒着的大地,经验到上帝的不在场。我们将从中经验到我们的终有一死性在未揭示出来的、但却承载着我们的世界的大地上的有限开放,并使其能动化。[3]

如果四重整体为任何世界——包括我们自己的——的世界化给出了一种非形而上学描述,那么它肯定尤其适合于去描述期盼中的未来时代,到那时,世界的世界化将不再被时间与存在的形而上学意义所遮盖。谈论四重整体不用描述那个未来时代的内容,因为这样一个时代是没有"内容"的——这是从西方历史中的先前时代都被统治性的存在意义所引导这层含义上来说。四重整体描述了在一个非形而上学时代中对事物在场过程的经验。

这样一个时代不是我们将要去创造的时代。谈论它就把我们抛回到了对我们当前时代的发生过程的理解中。若果真如此,而且对海德格尔的文本的末世论的和浪漫主义的解释真的都是有问题的,那么在最后,他的思想对于我们生活的冲击就将聚焦于这样一个建议之中,即在事物被揭示给我们的当前样式之外,找到我们向那个开放空间的居有(apprpriation)的有限的无根据的发生过程;这就是我先前所说的"解构性生存"。

我已间接地拒绝了对四重整体的这样一种解释,即:使其成为对一个过去了的或消失了的世界的描述。但是,那种解释也提出了一个很重要的问题。在西方命运中是否包含着它的自我克服的种子?关于四重整体的这些描述确实回应了先前的生活样式。所有时代中的思想家和诗人都曾做过海德格尔所催请的这种返回,虽然不那么明确。而我们则处在一个特别有利的位置上,因为在我们的时代,出于普遍化强制的本性的缘故,本成事件有可能不那么自我遮蔽性地就存于我们的切近处。但是,这种切近性已间接地在整个历史中被经验到和说到了。那么,在何种含义上,我们才可以说克服现代性的可能性本身就深埋于西方命运之中,另外,在何种含义上,我们才可以又说它们是某种新东西呢?

在这个问题上,海德格尔似乎犹豫不定。其中一个原因就在于,他断言普遍化强制是西方的顶峰状态。技术是否像黑格尔的历史的最后一个阶段那样,把所有的西方可能性都吸纳进其自身之中呢,他在这个问题上左右徘徊。技术是否已将命运消耗殆尽,达到了它的完满状态,或达到了它的枯竭状态,因而需要一个新的开始,或者在西方命运中是否还存在着技术无法达到的其他一些可能性呢?(参见维尔纳·马克斯,1971,第116—118页)

在《〈明镜周刊〉访谈》中,海德格尔宣称只有一个上帝能救渡我们。普遍化强制已使西方遗产难以再有进一步的发展,因此还能找到的就只有它的技术性命运了。我们必须等候本成事件的一次新的转向。然而,他又说(《〈明镜周刊〉访谈》,第214页/第62页),普遍化强制只有在西方传统中才能被克服,它不能靠输入某种外来传统如禅宗佛教来克服。照此看来,在西方似乎还有一些贮备物没有被普遍化强制的统治所捕获和耗尽。我们没有必要去等待一个新的世界。

海德格尔的习惯做法是,努力从过去的思想或诗歌中追溯出一些当前时代对之视而不见的可能性。但是,这些可能性是如何与我们的当前世界发生关系的仍是个模糊不清的问题。可供选择的答案与我们在讨论四重整体时所看到的那些答案是一样的。海德格尔是在追溯一个位于我们的日常世界下面的更深层的世界、某个古老世界的碎片,或一个将到来的世界的预兆吗?或者他是否是在向我们说明从我们的世界向我们的世界的发生的演变过程？我还是认为后一个答案是惟一说得通的解释。

在这一点上，使海德格尔感到棘手的地方在于，既要使关于世界世界化的意识对于我们的生存产生某种效果，同时又不能把它变成第二个世界或变成一种浪漫主义的更深层的世界。我的尝试是根据解构性生存来描述这种效果，在下文中我还会提出，这还应包含着：在我们的世界中(in our world(s))接受更大量的多样性，其数量远远超出了海德格尔所能允许的范围。在此，更深层问题就在于，本成事件的首要性被指认为：将我们转让(appropriating)到存在的一个统治性意义上。即便是现在，能不能说普遍化强制也并不是问题的全部，也就是说，在现代时代中是否并非只有一个存在的意义？在下文中，我将指出，海德格尔对命运、可能性之开启的思考方式仍然过于统一化了。

政治与社会后果

海德格尔思想的效应是否并非全然是私人性的和个体化的呢，这是我在前文提出来的一个问题。这个问题虽然无法直截了当地加以回答，但他的思想还是有一些公共的和实践性的后果的。关于在他看来他的思想对我们在现代世界中的生活所产生的冲击，我已在本章中对各种相关解释作了详细讨论。而且，我还重点强调了解构性生存，这既包括它对于我们的有限居有的意识，也包括随之而来对我们的统一性和"第一性"的无根据性的洞识。

这似乎并没有多少社会后果。那些以海德格尔的特殊方式来进行思考的人,除了私下将其自身从普遍化强制世界的总体规定中拯救出来,他们还能做些什么呢?按海德格尔的说法,他的那种精英型的思者有助于为一种超出当今可能性的栖居准备条件,但我已证明,这实际上只是指将我们与如今对我们所提出来的要求之间的关系加以深化而已。

这会产生社会的或政治的冲击吗?在一个世纪以前,黑格尔在提出关于现代世界的建议时几乎没有丝毫的犹豫。虽然他在《法哲学》序言中确实曾说过,在世界未来应是怎样的这个问题上提出建议并不是哲学家的任务,但是,辨识当前的精神运动却是哲学家的任务,而以此为基础,他还是可以对当前现实或理论中的那些与原则上已经取得的东西不协调的方面提出批判的。他能提这种建议,其原因就在于他想达到某些可以起到基础或尺度作用的根据。

海德格尔确信,提建议这个传统的哲学功能已经结束了。哲学已耗尽了建议以之为基础的形而上学根据,而他所提倡的那种具有独特先验步骤的新的思也不会达到任何根据。科学已占据了寻找原则和提出建议这个角色,尽管他对这种建议的价值持怀疑态度,认为它是以对人与其使命之间真实关系的一种有局限性的理解为基础的。我们在接受决策理论家和社会科学家的建议时应保持清醒的头脑。

除了发表这类谨慎的话语,这种海德格尔式的思者不在任何细节问题上充当建议者的角色。思者的任务就是对人与本成事件之间的关系进行沉思,并实现它。它是"人的一种解放,即从我在《存在与时间》中所称的此在之'沉沦'中解放出来"(《〈明镜周刊〉访谈》,第 209 页/第 58 页)。

思以一种开放性的和接受性的精神来开展这项工作。它不通向任何可以判断被揭蔽出来的东西是什么的规范。如果在我们应该如何生存或我们应该努力去创造何种形式的制度这些问题上提出建议,就会把思放进一种实用主义的计算性语境中去,这就会对其本质造成破坏。

海德格尔有时也会冒险提出关于制度的这种或那种建议,但他是以一种质疑的方式行事的。"对于我来说,任何政治体制怎样才能被采用到一个技术时代中来,以及可以采用哪一种体制,在如今这是一个决定性的问题。我没有关于这个问题的任何答案。我不相信那是民主……在[如今的政治体制,包括民主制]背后,一直有这样一种观念,它认为,就其本质而言,技术是人掌握在他自己手中的某种东西。在我看来,这是不可能的"(《〈明镜周刊〉访谈》,第 206 页/第 55 页)。海德格尔对民主的忧虑根源于权力意志——他在我们对各种问题都想加以控制这种愿望中看到了这种权力意志,他的这种忧虑还根源于他对舆论的反思,在他看来,舆论就像是普遍化强制世界中的一种可以操纵的商品。不论怎么说,这类断言都是没有任何实践价值的,它们无非是想激发我们的思想而已。以这样一些意见为基础是不可能建立起任何政治理论的,而且海德格尔也没有宣称自己具有必备的政治经验。

海德格尔并不想建构某种政治理论。1950 年,在对斯大林进行了一些反思以后,他写道,政治学领域看来像是现实性中的一个独立领域,但它实际上仅仅是存在与意义中的一些先行关系的展现("存在境遇";参见珀格勒,1982,第 49 页)。造成我们之世界的决定性关系以及可能克服它的决定性变化,虽然在政治领域中可能会有所反映,但它们都不是在那里发生的。我们再次看到了海德格尔先验姿态的迹象。思者可以试着去阐明那决定政治可能性领域的对存在的理解,但就具体问题而言,思者除了指出它们的活动空间外,他不能给出任何建议。

在这一点上,海德格尔与纳粹的关系问题是不容回避的。有一段时间,海德格尔相信,国家社会主义者们可能正在直面着技术世界的本质,而且他们所采取的方式在他看来也是必然的。在其任大学校长的那个短暂时期中,他对他们表示了支持,而且还代表他们做了一些很不体面的事。在从校长职务上退下来之后,他就不再在公开场合对他们表示支持了,而且在一些演讲中,他还对纳粹哲学作了一些隐晦的批评,然而他却保留了党员身份。[4]

正如卡斯滕·哈里斯(1976)所指出的,关键问题不在于为什么海德格尔会转而去支持纳粹。思想家们常常会就一些没有价值的政治运动提出一些问题和选择,他们觉得,这些问题和选择对于他们的时代是极为重要的。也许,海德格尔是把他在恩斯特·荣格尔(科克尔曼斯,1984,第267页)的著作中所发现的那种引人入胜的理想塞进纳粹中了。海德格尔有关存在之历史的统一化时代的观点使得这种可疑的同一化过程变得太容易了。真正的问题在于海德格尔此后在政治上的沉默。他是不是想通过他的这种沉默来宣告:辨识时代的先兆是根本不可能的?

海德格尔也不想把我们交到专家们的手上去,任凭他们的计算性思维处置,但是他又提供不出超专家型的哲学家来取代他们。然而,我们仍要作出决定。思者对我们就毫无帮助吗?访问海德格尔的那些《明镜周刊》编者就此反复对他进行盘问,几乎恼羞成怒。但他们没有得到任何建议,只是在一个真正的思者能否提供建议这个问题上,得到了一个否定的回答(《〈明镜周刊〉访谈》,第212 页/第 60 页)。

然而,虽然我们没有牢固的根基,但我们在作出决定时并非是无以为据的。我们拥有我们曾拥有的所有辨别力和洞察力。例如,可以考虑一下海德格尔在是否去柏林执教这个问题上他所作出的决定,以及他所接受的"建议"。

> 最近我第二次接到要我去柏林大学执教的邀请。为此,我离开了弗赖堡并退回到了那个乡间小屋。我聆听高山、森林和农场都说些什么,我还去会见了我的一位老朋友,一个 75 岁的老农。他已在报纸上读到了柏林的那份召唤。他会说什么?他缓缓地用他那双坚定的眼睛充满信任地盯着我,紧闭双唇,然后沉思着把他忠实的手放到了我的肩上,无比轻缓地摇了摇他的头。意思是说:绝不!("我为什么留在乡下",第 218 页/第 30 页)

用系统和科学的方法对人类的这种洞察力所作的铺陈支撑始终是很脆弱的。不管我们有什么样的理论,一旦我们作出了决定,我们就总处于一种缺乏确定无疑的尺度的状态之中。但我们可以通过静思默想,以及在好朋友那里,得到一些难免会有错误的帮助。早在海德格尔讨论死亡和本真性时就已唤起的那些主题也适用于此。

有人可能会反对说,若赋予本成事件以这种首要性,我们的人类洞察力就会在一个包含了一些奇特途径的世界中行事了。但海德格尔是会认可这种局限性的,因为舍此途径就会又回到那种形而上学努力上去,就会去为我们的生活寻找根据和可靠的道路——而不是在没有保证的有死开放性中生活和作决定。这也许会导致冲突和悲剧,但他做好了去接受这些冲突和悲剧的准备。

"但是",那个反对者可能还会继续发难,"你不是说过,只有一个上帝能救渡我们。只有在场的一次新的开启才能改变我们的世界;决定权并不取决于人。那么,人怎么才能知道他是在被一个上帝还是一个恶魔引导呢?"海德格尔可能会回答说,最终是无法作出这样一种区分的,因为没有东西可用作为本成事件的尺度。这种尺度将如何"存在(be)"并成为我们可获得的东西呢? 也许,古希腊悲剧要比基督教的那种明朗的和救赎性的传说更适于用来描述我们的处境。就此而言,海德格尔把他自我弄得很像尼采的那个眷恋着命运的个人(amor fati)。

即使我们接受了海德格尔关于我们人类的洞察力及其有死性处境的暗示,仍然还有一个问题没有解决。问题仍在于,这种肉身性的、脆弱的生存如何才能被转译为公共实践,从而为作出决策和共同生活服务呢。关于这类问题,海德格尔坦承他没有任何建议好给(《〈明镜周刊〉访谈》,第212页/第60页)。

我们在海德格尔那里不会找到有关制度方面的任何明确提议,而黑格尔为了解决现代世界中的问题就曾提出过这样一些建议。不过,在他的思想中还是有一些宽泛的政治性的和制度性的内涵的,虽然他没有把它们明确地表述出来。

那个最常被引用的实践性的和政治性的内涵其实问题最大。海德格尔对我们与事物及本成事件之关系中的开放性接受和让-在(Gelassenheit)的讨论,在一些解释中,被看成是有利于某些特定种类的共同体和政治的。海德格尔对政治、超级权力拥有者的普遍怀疑,他对乡村生活、有根性和传统、在一个还没有堕落为可操纵客体的地球上栖居的需要等的怀旧性的迷恋,都助长了这些解释的出现。虽然海德格尔没有作过任何乌托邦式的提议,但有些思想家发现,他的某些断言和图景对于他们自己的提议还是有帮助的。这些提议的运动方向常常是整体论和生态学,它们对技术扩张和现代进步一般都充满敌意。

虽然对他思想的这种运用,其背后的用意也许会得到海德格尔的同情,但他很有可能会担心,这些提议仍是在现代主观性的支配之下的。尽管他们说的是海德格尔的语言,但他们的提议仍局限于个人态度的改变和社会改革的程序,仿佛社会排序和个人心理就是现代性问题的最终条件。而且这些提议常常还包含了一种整体论形而上学,虽然其术语听起来可能很诱惑人,但它同其他的所有形而上学一样,都是完全异质于海德格尔的本意的。[5]

在那些可以较为合法地从海德格尔的思想中抽取出来的社会和政治内涵中,有三点比较突出。第一,海德格尔恪守事物应按其之所是来命名这一信条。在他对现代性的说明中,从头至尾都贯穿着一个摘除假面具的过程。许多思潮、理论和实践都被指称为权力意志的面具,被看作为这样一些治疗方案:它们原本想治愈,但实际上反而加重了病情。

第二,海德格尔的思想不提倡有计划的革命。我们可以通过计划来实施的任何东西其实处于普遍化强制的空间之内。我们是无法建立一个新的领域的。没有一种以人类行动为基础的革命可以改变那个我们在其中行动的空间。

第三,我前面提到过的那种解构性生存不必纯粹是理论性的。海德格尔发现,形而上学"第一性"的支配地位始终都依赖于本成事件中人与存在无根据性的交互游戏。赖讷·舒尔曼已表明,由此会引发怎样的政治和社会后果。在现代时代中,形而上学牢固的第一性原则向普遍功能性的衰退已日益成为生活中的一个明显事实。我们生活在一个上帝死后的时代中,这提供了一个进入本成事件的良机。然而,虽说上帝死了,但其他领域中的"第一性"却仍然存在。在政治和社会中,我们的生活依然照旧,似乎仍有一些根基稳固的第一性原则,它们继续使一切分类和统治得以合法化。得让这些领域中的"第一性"也死亡,但是,不能通过主动的谋杀,而要通过为衰亡提供帮助来实现这一点——这一衰亡其实早已开始。用舒尔曼的话来说,我们有"抛弃寻找尺度给予性之最终权威的任务"(1983,第36页;参看舒尔曼,1982)。[6] 这就导致一种混乱的"无原则生存",它的政治与制度后果极为模糊,遥不可及。[7]

这些效果是不可能根据关于统一性和秩序的某种原则计划出来的。虽然**混乱的**(anarchic)这个词含有没有秩序和个人主义的意味,但海德格尔思想的反原则涵义还是开创了一种关于公共统一性的思维方式。这与其说是一个新制度形式的问题,还不如说是一些要求,不论我们能取得何种公共决策模式,都会遇到这些要求。那些确实需要建立的社会联系和制度联系是人类洞察力和创造力的任务。这些混乱的后果会对决定的作出和规划进行审查,但它们不提供蓝图。没有任何形式是得到了保证的。

这个拆卸"第一性"的要求不是规范性的,它并不是对事物的某种奠基性的应然方式的呼吁。尤其必须注意的是,它并不是另一种版本的现代个人主义。社会及政治的"第一性"的产生基础并不是先在性个人自我的信念和态度;它们的可能性就存于这些现代个人在其中遭遇到他们自身的世界结构之中。"第一性"也不是以个人主义的名义而被拆卸的。相反,对它们的解构要求就根源于对人的开放空间之当前形态的一种觉察,而这对于人来说也就意味着,要意识到这个空间的无根据性的开启。

这种解构性生存不会把旧的政治原则都一扫而空,然后又去建构一个新的世界。这种生存仍将是离心的(offcenter),而且也不会去找什么新的中心。在海德格尔的想像中,这个无中心的世界超越了这个黑暗的技术时代,而我们是无法仅凭我们自身的力量来造就这个世界的。但我们能识破这个技术世界。瓦蒂摩说,要意识到本成事件"对各种背景域的断然性和确然性的悬置",而我们就在这些背景域中经历我们的历史性生活。在我们这个时代,我们"就站在各种奠基性的和被奠基的关系的总体性的面前",并将其视作为一种历史可能性,而不是将其视为实在(reality)的本质。我们把我们在其中找到我们自身的"那个结构文本(tessuto-testo)的连续性悬置了起来"。然而,这并不会导致另一种温和的历史相对主义。而且,这种意识也不会把我们提升到我们的时代之上,并将我们置于某种超历史的优势地位上。我们仍处于我们的当前世界之中,但它的根据却被抽空了。我们的行动可以考虑到这一点。这种无原则生存所可能意味的东西是无法被预先规划出来的,但这里所涉及到的解放并不是现代形式主观性的解放。要对此进行更深入的讨论就需要对愿望和自我性之间的关系进行更仔细的考察,而这在海德格尔那里是不可能找到的。[8]

因此,从海德格尔的思想中可以汲取出一些模糊的、然而却是真实的政治涵义。海德格尔本人并没有对这些涵义作过描绘。这可能是他的个人立场和社会立场的一种反映,但这与他作为一个思想家的姿态也是联系在一起的。他的思想固守于一种区分,这种区分虽然并不等同于理论与实践之间的古老区分,但它在这里还是产生了一些类似的效果。他的思想仍局限于胡塞尔在观察性现象学家与朴素的意识之间所作的那种二分之中。现象学思想家理解了生活可能性的背景域与条件,而自然态度中的意识却没有觉察到存于其生活经验之中的这种背景域与条件。海德格尔的思想虽然在正式场合中回避了这种二分法,但它实际上仍然保留在他的先验姿态中。他几乎从头至尾都屈从于这样一种冲动,即要把那些包含在现实生活中的东西,作为朴素生存列入自然态度在海德格尔那里的对等物之中。这种思想家描述了现实的自然生活的条件,但同那种想理解现代科学的本质和条件的思想家无需研究当前科学的细节内容一样,这种思想家也无需涉及自然生活的细节。

在现代性问题上,与黑格尔相比较,海德格尔既更为激进,同时又没什么用处。对于这两种评价,海德格尔都会感到自豪。在海德格尔那里,我们是听不到任何与黑格尔对市民社会和国家的讨论相类似的讨论的,但我们可以看到,海德格尔试图通过他的分析来发现那些使黑格尔之类的讨论得以可能的条件。当然,关于那些条件,黑格尔也有他自己的观点。因此,我们现在就转向对这两位思想家的比较研究。

第十章　黑格尔与海德格尔

我们前面所探讨的那些研究现代性的途径都超越了描述我们之处境的标准方式。虽然我们是分开来考察黑格尔和海德格尔的，但我们也作了一些比较。而现在，则是对他们展开明确比较的时候了，这样我们才能从他们的差别中有所得。我将首先勾勒这两位思想家之间的基本类似与差别，然后再聚焦于一些最重要的问题。接着，我将试着让这两位思想家相互对话，而我则将探讨他们为什么会认为对方是不恰当的原因。在这之后，我们自己需要对哪些问题加以进一步的思考就应该很清楚了。

类似与差别

用通常的方法来处理我们的这两位思想家，即把一些相似点和差别点搜集起来，会同时受到他们两人的抵制。他们并不认同那种标准的哲学观念，并不把哲学看作为已经得到论证的一些论题的组合，彼此进行面对面的对抗，并提出一些争斗性的隐喻。这两位思想家都是以一种更为包容性的方式来看待哲学的，而且如果有人批判他们，他们都会努力深入到批判者的背后去，而不是与批判者们展开针锋相对的斗争。当他们打算进行讨论时，他们会竭力使批判者们还未说话就哑口无言,因为这些批判者们的论说所由之出发的思想模式,综合性的思想家早已考虑到了、察觉到了,且发现了其中都缺少些什么东西。

但是,就这两位德国人深入到关于现代性的那些标准描述背后去的方式这个问题来说,如果我们想就此达成某种结论,我们必须加以明确考虑的,正是这些包容性的方式,即黑格尔的辩证法和海德格尔的返回。至止为止,我已着重指出了他们是如何努力深入到由韦伯所代表的那种基本的现代立场的背后去的,以及他们是如何超越这种立场的。现在我们要来看看,黑格尔和海德格尔可能会如何相互批驳,其结果将丰富我们自己的思考。

我们已经发现,尽管在黑格尔与海德格尔之间横亘着一个世纪之久的剧烈变迁,但他们对现代时代所作的第一个描述的相似性就使比较得到了足够的保证。对于这两位思想家来说,"现代性"所指的都是自宗教改革以来的这个时代,即一个在他们自己的日子里就已达到了顶峰的时代。在他们各自的眼光中,这个顶峰的本质是有区别的。黑格尔关于现代性的图景可能更接近于如今普通人所设想的典型现代:生活中日益增长的合理性、资产阶级自由主义的个人自由、新经济体系、向一种在原则上合理的政府的进步、科学中的新发展以及更高的生活水准等等。海德格尔的那幅较暗淡的图景也包括了这些特征,但他是根据普遍化强制和技术化的生活模式来解释它们的,因而这对于普通人来说就有了一种陌生感。然而,在黑格尔对现代性的描述中同样也有一些方面是外在于普通人关于我们的时代的观念的,例如艺术的"终结"、战争的不可避免性以及哲学所背负的重要作用等。

这两个德国人都同意把现代时代看成为一种统一出现的事物,都认为它并非仅仅是经济、政治、艺术以及其他领域中各色各样的潮流的一个组合。这里有着一种格调上和结构上的类似性,这就允许我们把许多不同的发展都称为现代的,而且这还意味着,它们并非只是一些刚巧碰到一起的事。黑格尔说的是统一化的精神形态,而海德格尔说的则是对人与事物之存在的一种单一理解,通过这一理解,现代性的各个不同方面就得以可能了。

这两位思想家还一致认为,在现代时代中,我们的生活方式实现了西方传统中曾表达过的许多希望。但是尽管实现了这么多东西,我们却仍没有尽可能近地与我们的存在的最基本条件生活在一起。对于黑格尔来说,这是指现代性仍处于片面的前期形式中,当他在写作的时候,围绕着他的多数还是这种形式,但是它在最终阶段上肯定是会被克服掉的,而且这个最终阶段早已在原则上完成了。最终阶段整合了传统社会中的某些方面,而典型的现代意识却仍相信传统社会早已被扔在一边了;与此同时,最终阶段也保持了现代自由的成果。对于海德格尔来说,现代性在其所有阶段上,都从未间断地延续着西方对人与本成事件的根基性关涉的遗忘。现代性的最后一个阶段,即普遍化强制,尽管其扩张似乎是不确定性的,但它还是可以开辟出一个通向本成事件的道路。然而,话虽如此,这却既不会导致现代性的完成,也不会将那些已被现代性破坏了的东西带回来,或开创一个新的世界。

区别现代性的最明显的现象就是空虚的主观性,在这一点上,黑格尔和海德格尔是一致的。自我断定它自身是凌驾于其生活内容之上的,同时它还通过超越所有既定的客体或生活方式来证实它的自由。不论主体选定何种目标,内容都是被锁定、被再现、被操纵和被支配的。这种通过间距与操纵而对自我确然性的追寻,根本忽视了那些使现代主观性得以可能的基本条件,在这一点上,这两位思想家也是可以取得一致的。

在个人主义从何种程度上来说是现代主观性的本质这个问题上,黑格尔与海德格尔是有分歧的。对于黑格尔来说,历史始终都在向个人自由前进。个人主义对于现代性来说是本质性的,而且尽管它将会被整合进合理国家中去,它却不会被否定掉,因为在精神运动中,它是普遍、特殊和个别之间的中介关系中的一个必然要素。而在另一方面,海德格尔却把资产阶级个人主义仅仅看作为由现代时代的本质所开启出来的可能性之一。

海德格尔对现代性的那些盛气凌人的层面的强调也要远超过黑格尔,如权力意志,以及把所有的存在样式都磨平为由各种可呈现客体和常备库存所构成的单一领域。在黑格尔的《精神现象学》中也有一些带有几分类似的描述,但当他谈到现代个人的态度时,黑格尔要么是讲现代公民身份与自由,要么就是讲现代意识中的那些指向内部的层面,如反讽和自恋。他较少谈到技术和权力意志。海德格尔会说,黑格尔没能理解到意志在现代时代中的重要性,因为黑格尔自己对于这些现代性问题的解决方案本身就是作为意志的主观性的一种隐秘形式。

然而,对**永远更多**(always more)的欲望,在这两位思想家看来,都可以说是现代主观性的一个标志。与此相对立,黑格尔和海德格尔同时强调指出,人必须放弃永无止境的直线进步这种梦想,必须进入某种循环中去。他必须意识到这个他已然生存于其中的循环,即一个从质上来讲被限制在其可能性之中的循环。关于这种循环的本质,这两位思想家泾渭分明,但是,对于把自我生存空间看作为无限可能性的一种开放的中性背景这种观念,他们则异口同声地痛加谴责。

无论海德格尔还是黑格尔,都不会把现代主观性连同其成绩和痛苦说成为我们自己的成就,或我们的错误。它是通过某种本身并不是主观性的东西才得以可能的:精神中的发展与中介关系,或那个以一种特殊的方式将人与事物带到一起来的本成事件。但海德格尔会反对说,在某种黑格尔式的精神状态与某个存于他自己的存在史之中的历史时代之间,其实只有表面的类似。

黑格尔与海德格尔都相信,现代时代实现了某些始自于古希腊、并把古希腊历史一分为二的东西。对于黑格尔来说,所开始的就是,通过个人从实质性共同体向所有社会内容的全面中介的运动。他在古希腊悲剧和智者那里,看到了从荷马时代之实质性社会向苏格拉底和柏拉图之苦难时代过渡的征兆。这就开始了一种新的中介关系,而这种中介的实现则是在现代时代。

海德格尔断定,他在古希腊人身上所看到的发生的事情要比黑格尔所看到的更深刻。根据在场来理解存在,以及随即对根据和基础的寻求,这些都始自于古希腊。这可以用来说明黑格尔曾研究过的个体性中的那些变化。对于海德格尔来说,黑格尔对于古希腊生活的描述,就其特征来说,并没有以存在者的被揭示方式来审视那些最深层的变化。

按海德格尔在其论文"柏拉图的真理学说"中的说法,存在着一种从作为揭示或揭蔽的真理到作为正确性或相符性的真理的变化。这是对某物存在(to be)到底指什么的理解中的变化。思考与实在都是作为实体而被遭遇到的,它们的存在样式是永恒在场的,而真理就是它们的相符性。所丢掉的是:对从黑暗和遮蔽中运动出来、对作为一种终有一死者的有限开启的揭蔽过程的意识。前苏格拉底思想家们曾用 aletheia①(无蔽、真实)这个词来指称这个过程。在希腊语中这个词是可以被分开来的,指"非-遮蔽"或从遮蔽中涌现出来。后来,它的意思变化了,仅仅指"相符性"。真理的这种深层经验的丧失,以及作为实体——作为纯粹在场而被遭遇到的实体——间的一种关系的真理对它的取代,可以在柏拉图下述信念中找到:事物的本质实在性是理智的见解永远可以获得的某种东西。

后来,海德格尔承认,最早的古希腊文献实际上表明了,aletheia 的意思在整个古希腊历史中并没有发生变化。他放弃了认为前苏格拉底思想家曾在他的含义上使用过"真理"一词这个论点,但他仍坚持认为,他们曾用 physis(自然)与 logos(逻各斯)这些词来指揭蔽过程中的黑暗方面,尽管他们没有对它进行过明确的探讨。[1]

随着他对古希腊人的解释的这种改变,海德格尔放弃了认为

---

① 即希腊文的 Ἀλήθεια,海德格尔在其论文"哲学的终结和思的任务"中曾对这个词作过详细的讨论,他反对用流行的名称即"真理"一词来翻译这个词,因为"就人们在传统的'自然的'意义上把真理理解为在存在者那里显示出来的知识与存在者的符合一致关系而言,而同样也就真理被解释为关于存在的知识的确定性而言,我们不能把 Ἀλήθεια 即澄明意义上的无蔽与真理等同起来。相反,Ἀλήθεια 即被思为澄明的无蔽,才允诺了真理之可能性。"(参见《海德格尔选集》下卷,上海三联书店,孙周兴选编,1996年版,第1257页。)——译者

可以对本成事件之自我抽身的西式遗忘之起点进行定位这个断言。他仍认为，紧跟在这种对抽身和黑暗具有更为清醒的意识的生存样式之后的，是一种受澄明和在场统治的生存样式。但是他不再在古希腊世界中作出区分，虽然他仍坚持认为古希腊人接受了一个西方仍然生存于其中的命运。

海德格尔对古希腊人的解释的这种改变减少了他与黑格尔关于在古希腊历史中有一个变化这种观点之间的相似性。而从另一种意义上来讲，海德格尔后期对古希腊人的解释与黑格尔走得更近了。对于黑格尔来说，古希腊生活中的这种变化并不是古希腊人的一个独特命运；它反映了在其他地方的人类历史中也可以看到的一种人类对抗关系和二元性，只是在其他地方，这一点并没有得到如此明确的设定。在海德格尔后期对古希腊人的解释中，对于从黑暗中在出来这一有限产生的经验，以及对于那一事件的遗忘，是同时发生的。这反映了所有人类处境的一个特性，在《存在与时间》中，这一特性被称作为"沉沦"。这是我们的有限性的一个部分：即使对于我们的有限性，也没有牢固的拥有、可靠的领悟。我们迷失在包围着我们的存在者之中，而且我们也忘记了我们对那个清场事件的居有（appropriation）。这是放之四海而皆准的真理，非独适用于西方。虽然西方的独特命运对于海德格尔来说仍是一个"没有为什么"的事件，但在他改变了他对柏拉图的解释以后，那个命运与人类的普遍处境似乎就有了更多的连续性。

黑格尔认为西方仍然是忠实于那个由古希腊人所开创的发展道路的。现代性以一种片面而决定性的方式实现了古希腊人的遗产。把早期古希腊人的某些类似于实质性共同体的东西，与晚期古希腊人关于个体性的一种全面发展观结合在一起,就可以获得平衡。海德格尔也认为那些始自于古希腊人的东西在现代性中达到了顶峰状态。然而,在普遍化强制中,在早期古希腊生活那里还可以看到的那些东西,并没有得到恢复,而是被更为彻底地遗忘了。现代性也不能通过对古希腊生活的某些不同方面作某种综合来加以克服。至多,我们只能在它们之间保持一种解构性的关系。[2]

黑格尔和海德格尔一致认为,我们需要超越无内容的现代自我。那个基础性的现代二分法肯定是有问题的,因为它认为,我们的价值观、风俗以及我们生活中的其他一些内容,要么是粗暴地给定的,要么就是随意地选定的。黑格尔在风俗和生活方式中寻找一些可以从自由本身的结构中梳理出来的内容,因此这种内容与自由并不像客体与主体那样是对立的。对于海德格尔来说,这种现代二分法同样必须被连根拔除。"这个开放空间的自由(der Freiheit des Freies)既不是由无拘无束的随意性,也不是由纯粹的法律约束所构成"(《关于技术问题》,第 25 页/第 25 页)。我们发现,我们自己是被召唤的,已经走在路上了,这个道路并不是我们进行判断的价值观,而是我们之所是的可能性。我们可以恢复并更新那些可能性,但它们并不是摆在我们起判断作用的主观性面前的一些事实。

现代个人的自我独立性是一种幻觉。现代主体只有通过寓居在某种比主-客体关系更深层的东西之中才能存在。在现代性对它自身所作的大多数说明中,都包含了对这种主-客体关系的假设。按黑格尔的说法,那个更深层的东西就是精神向其自身的聚集过程,通过这一过程,事物得到了它们的存在;或者,用海德格尔的说法,那个更深层的东西就是事物的被揭示过程。

在这一事物遭受其存在的过程中,是需要人的;对于黑格尔来说,在精神到达其自身的过程中,人为个体性与自我意识提供了一个本质性的要素,而对于海德格尔来说,人则为本成事件提供了一个接受场所,并让被揭示出来的东西到达语言。但这两位思想家对 logos——作为一个有意义世界之发生的那个聚集共在——的描述是各不相同的。虽然两人都认为,人的更深层的关涉性打上了差异和否定性的印迹,但是在这到底意味着什么这个问题上,他们的观点却大相径庭。海德格尔批判说,黑格尔在思考人与世界的聚集过程时所采取的方式,仍然带有古希腊人对在场和可获得性的强调的痕迹。人与世界的聚集过程应该被弄成自我透明的,这一点对于黑格尔来说绝对是极为重要的;而对于海德格尔具有同等重要性的是:这种透明性是绝对不可能的。就这点而言,这两位思想家都会认为对方仍局限在现代性的基本问题之中。

黑格尔和海德格尔都认为,一旦我们发现了人是如何参与到他的全部背景域中去的,我们就可以不再执着于现代性凭其来构造它自身的那个二分法了。形式化过程与内容的区分以及主-客体关系的所有变种都不是关于我们的处境的最终定论。这接着又影响了其他一些基本的现代二重性,如个人与社会,或自由与秩序。

对于黑格尔来说,一旦整体的绝对形式出现了,我们就可以为生活找到一种并非随意性的内容(这个内容就是精神本身的结构化运动)。它也不是仅作为一些有待我们判断的事实而被给予我

第十章 黑格尔与海德格尔

们的(我们就是那个变得具有自我意识的结构和内容的运动,即作为那个运动之组成部分的一个事件)。现代间距性的和形式化的主体被替换为一种具体的总体性;对间距或形式性的任何肯定都是一种片面的抽象。现代个体性的那种似乎是无限的否定客体并创造距离和需求的力量,始终都再次证明它是植根于这种具体的无限总体性以及那种虽受限制但其开启之轮廓却得到了明晰的保证的东西之中的。

对于海德格尔来说,我们把我们自己认作为受召唤的,即已作为被抛的筹划者而被启动了——在一个可能性的世界中,而这个世界并不是对呈现给间距性主观性的某种更大领域的一种限制。在这里虽然不像在黑格尔那里那样有某种独特的或得到了保证的内容,但是,这里有一个可能性领域。这个领域既不是我们的构造物,也不是我们必须越过的某种障碍。我们的自由被维持为一种接受性的可恢复物及允诺给我们的那些可能性的让-在(letting-be)。我们是在它们之中达及在场的,而不是相反。现代主观性被替换为被转让到一起的人与事物的有限共在。对间距或形式性的任何肯定都只能是否认这种更为基本的寓居的存在方式的一种衍生物。现代性的那种看似无限的否认、超越和断定其自我肯定性的力量,原来都位于揭蔽的这种有限允诺之中。

因此,这两位思想家都把这种对人的全部处境的意识看作为对现代二分法的破除。黑格尔在消减这些现代划分的绝对性时采取了一种调和的方法,他同时又维护了它们的重要性。而海德格尔却没有作任何调和,在他那里,只有一种向某种有根处境回归的召唤;这种处境在作为现代性的特征的那些划分之中是无法得到描述的,尽管它也有一些属于它自身的带有另一种性质的划分和否定。

　　这两位思想家都认为有可能出现一种新型的生活,在这种生活中,人在世界之聚集过程中的关涉性将不会像以前那样被掩盖起来,虽然关于什么样的在场将被关涉到,他们是有分歧的。现代性是不会消失的。对于黑格尔来说,它是一个带有必然性的阶段,在一个现代世界和古典世界已实现了全面统一的世界中,它的成就将得到保存,而它的片面性将被克服。对抽象主观性的克服是开创一种完整人性的最终步骤。这样,人的生存方式就可以是合理的和明晰的了,虽然这并不是说,在这种生存方式中就不再有痛苦和否定。对于海德格尔来说,技术和普遍化强制的统治将在"黑格尔的意义上被**扬弃**(aufgehoben)掉"(《〈明镜周刊〉访谈》,第 217 页/第 62 页)。现代性的要求将丧失它们的终极性;我们将能够把在这个世界中的生存视作为我们所接受的一种命运。除此之外我们什么也不能看到;我们只能希望,一个非形而上学的新世界或许可以被开启出来。现代性以及它漫长的终结过程在西方经历了一个相当长的历史时期,但是,这个历史仅仅是人和本成事件这台没有方向的演出中的一幕而已。

　　最后,在黑格尔和海德格尔那里,思想家在克服现代性的过程中都起到了一种特殊作用。思想家可以用一种其他大多数人都无法企及的方式来领会在他那个时代中所发生的事。对于黑格尔来说,这种领会使思想家与他那个时代的中心运动保持联系,并使这一运动得以完成。而对于海德格尔来说,思想家仍处于边缘状态。他对我们之有限性的洞见使他免除了柏拉图或黑格尔所能扮演的那种角色。另外,海德格尔是否会喜欢这种角色也是搞不清楚的。黑格尔接受了要他去柏林执教的召唤,这部分是因为他希望在政策和重大事务的策划过程中有更大的影响力。而海德格尔却拒绝了要他去柏林执教的召唤,他选择留"在乡下"。陷入事务性活动中的代价太大了;它会阻碍返回(step back),而这却正是思的本质所在。同伟大的立法性思想家如黑格尔或柏拉图相比,边缘性实际上提供一个更深层的定位。海德格尔断定,中心的丧失就是我们这个时代的中心事件,这是一个思想家可以识别的事件——大多是以黑格尔的方式。

在克服现代性的过程中,思想家的关涉性部分是通过他按事物之所是而对它们所进行的命名活动来实现的。对于黑格尔来说,精神的自我把握的实现并不是由哲学家所开创的,但是,哲学家通过让它达到具有自我意识的概念化形式确实也参与了它的这个最终运动。这样,哲学家就可以对精神的早期形态的遗留物来加以判断和识别了。他并没有使用任何外在的标准,他所凭借的仅仅是逻辑序列本身的运动所提供的结构。同所有的思一样,这一行为就足以把重大的对抗关系包含进来了,并且,这还可以使它们停留在调和运动内部。而对于海德格尔来说,思想家则让被揭示出来的东西达及语言,而且他还道出了我们在自我抽身的本成事件中的关涉性。这样,他就可以识别出:对人的真正栖居的否认以及对现代性之权力意志隐晦的重新确认。他也没有使用任何外在的标准,他只是把那些授予我们的真实可能性恢复出来。同所有的思一样,这一行为是在对风险和有限性追问的开放性中实施的。

关键问题

我们的这两位思想家不以那些标准的二分法和选择为先决条件。在韦伯以及关于现代性的许多讨论中,都可以找到这些二分法和选择。他们两人都试图把现代性定位在一个无法用这些标准的描述来加以描述的背景域之中,而且他们都青睐这样一种生活方式的可能性:与我们在那个较为全面的背景域中的寓居更为协调的生活方式。

我们最深层的关涉性,就其方式而言,它并不等于把客体呈现给主体,不论主体在此被设想成起判断作用的个人还是具有惯例创造作用的共同体。我们不是在一种空洞的结构或中性的空间中发现我们自己的;不论提供给这种结构或空间的是什么内容,它们一概笑纳,而且它们允许各种可能性进行无限的扩张。我们处于可能性的一种有限的和确定的开启之中。在这些可能性中,我们被关涉到,成了它们的聚集场所和运动方式,并没有成为它们间距性的判断者和计划者。

海德格尔的思想从日常生活的普通层面发展到了世界,即:那个使日常生活得以可能的弥漫性的林中空地。在这个场所中,作为被抛的筹划者,我们找到了我们自己。这个场所就是那个始终作为先决条件而存在的背景域。后来,海德格尔又接着思考了这个背景域的发生,它的伸展,我们在其中的居有;这并不是一个粗暴的事实,而是人与事物以某种确定的方式在一些有意义的可能性间所展开的交互性归属共在。最后,通过对内含于那个事件中的否定与差异的思考,海德格尔确认了事件"从中(from which)"

发生的那种抽身和隐秘性。

黑格尔也把日常语言和日常行为定位在某些形态或领域中，这些形态或领域构造了我们的历史性生存，并且，它们始终都是作为先决条件而存在的。他还考虑了这些精神形态的发生，思考了人与事物在精神运动中的归属共在。从黑格尔的特殊含义上来讲，那个运动是无限的，而且它还包括了否定和循环性的相互归属。但是，在黑格尔那里，抽身却是绝对找不到的。这些精神形态可以在系统化的逻辑中通过一种纯粹形式来获得，而这种逻辑的最后一个步骤就是精神运动的绝对形式的自我理解。

对于这两位思想家来说，现代性的这种背景域在某种解释视域中变成一个作为对象的客体是不可能的。对于他们来说，它也不可能通过通常的分析和推论方法来得到理解。但是，对于黑格尔来说，在精神运动的透明性中存在着一个自我给予过程。这一运动还是要给出某种东西的：它自身。精神对其自身的这种自我给予过程并不是一个不同于事物之揭示的过程；这就是为什么我们可以用精神运动的绝对形式来理解国家和经济的原因。但在海德格尔那里却不存在这种自我给予过程；本成事件没有任何属于它自身的东西，没有任何结构、原则或形式要给予。

因此，关键问题就在于，那使现代性得以可能的东西，即那个为了思的事情（Sache），到底是给予还是抽回它自身呢。更为准确地说，它到底是作为没有总体性的抽身而给出它自身，还是作为在场、可获得性和自我封闭性而给出它自身的呢？对黑格尔来说，让事物得到揭示的东西是精神的达及在场；而对海德格尔来说，则是本成事件的抽身。黑格尔会争论说，离开了封闭性和自我在场，我们就无法克服我们所面对的这些二分。海德格尔会争论说,带着这种封闭性和自我在场,我们就仍局限在那种造成这些现代二分的关于事物存在的理解之中。

因此,我们需要思考现代性发生于其中的这个背景域,考虑那些使它得以可能、然而却无法用它的术语来加以描述的条件。需要被确认的并不是一套最终的事实体系或原则,而是那个使事实和原则得以可能的发生(happening)。[3]

听起来,我们似乎必须去思考某种终极性发生,并让它去为所有其他东西提供根据。在哲学传统中,存在着很多关于终极性发生的形而上学或认识论思考模式。但是,我们的这两位思想家却没有使用这些标准模式中的任何一种。由某个神的或人的代言人的意志行为所实施的秩序的创造,并不属于这两人的思考范围。他们所考虑的,不是在某些中性的或混乱的质料上强加上形式;不论这种质料是宇宙论的混沌还是认识论的感觉材料,结论都一样。他们所思考的,也不是对某个更大的本体或认知可能性领域施加某种限制。最后,他们所关心的,也不是从表现为宇宙论、个人或认识论统一性的某种第一性原则出发作出一种推论。世界的这一发生没有任何源头。

所发生的是某种可能性领域的扩展、分隔、打开以及在那里,不是作为某种既定事实,而是作为总是已经存在的展开。我们必须认识到人与事物、世界与人、存在者与存在、绝对与有限以及这两位思想家所使用的其他一些对立面的归属共在。所有这些对立面都是一些展开或扩展,都不是对立面中某一方的排他性行动。对立面是相互依赖并彼此包含的,因此,不论哪一方都不能被看作为是单独行动的。为了成为它之所是,每一方都需要对方。在由这些对立面的归属共在所形成的这种循环中,那种躲在背后并被部署到这种循环中去的第三者是不存在的。然而,在这种循环本身是否应被理解成构成了一个第三者、一个新的统一性这个问题上,黑格尔与海德格尔还是有分歧的。

这种发生是不能用通常含义上的吻合或相互依赖来加以理解的。它不同于拼板玩具,因为每片玩具自身都是完整的,只是通过被动的相互作用来构成一个更大的整体。但它也不是一种主动的相互作用——如在生态依赖性中,几个物种为了生存而彼此依赖。这两位思想家都认为,这种交互性发生是带有差异和否定的痕迹的,但这是在一种比日常形象所暗示的差异和否定更为深刻的含义上来讲的。

黑格尔和海德格尔一致认为,存在着这样一种差异和否定:它们比我们可以反思性地区别开来的任何东西都要深刻。反思性的区别是通过把某个统一性的实体或实体群中的某些方面或某些关系分离开来实现的(黑格尔称作为"外在反思":把桌子区别为平的、棕色的、高的等)。不能把这种深层否定性降格为他性(otherness);在他性中,两个实体只肯定他们自身,彼此完全不同。这两位思想家同时断定,只有从某种层面上来讲,事物才能是其之所是,因为那个让它们得以在其存在中被揭示出来的过程包含着差异和否定。

正如我们已看到的那样,在黑格尔那里没有一样东西是直接的。事物所以能按其之所是地被揭示出来,是因为精神运动已经将它们打开来了,而且还超越了它们。在它朝自我封闭性运动的

212 过程中,精神"超出了"由它所构成的这些有限事物。有限事物衰亡了,因为它们不可能包含那一运动的全部否定性和差异化过程;只有精神才能够包含这种否定,而精神却不是一个事物。这一点同样适用于自我。我们通过被包含在精神运动中而存在,而精神运动却不是我们独自创造、想要或做出的某种东西。成为一个自我也就是成为某种在那个运动中以某种特定方式被超出了的东西,但同时,它却还可以从否定和差异中回到它自身上来。自我并不"作"否定和差异——似乎这些否定和差异是它的行为的产物。自我借助于差异和否定而存在;这一运动及其绝对形式所构成的可能性领域就是自我向事物的开放性。在这些向我们开放的可能性中是存在着一些限制的。这些限制是由这个运动逻辑建立起来的。精神通过这个运动超出它前面的形态,并走向它与其自身的统一。

对于海德格尔来说,我们是被包含在并非由我们所制造的否定和差异中的。在本成事件中出现了人与世界的一种共在性,人与世界在这种共在性中彼此超越对方。它们并非仅仅吻合在一起;每一方都通过超越对方而是其之所是。这个世界包围着并超越了我对象性地遭遇到的东西;世界之为世界的特征就在于这种超越。我的筹划就是由这个世界诱发出来的。这个世界超越了这些筹划,但实际上,它要成为一个有意义的世界,又需要人的筹划。我对世界的这种揭示是通过我向无物(no-thing)的开放实现的;而在无物之外,则是它的发生这一事件。我与世界都是通过在这种差异和相互超越中被伸展出来而"存在"的,这种差异和超越既不是我也不是世界创造出来的。世界或我都没有内在可靠性,而且同在黑格尔那里不一样,它们的相互超越并不会造成一个走到一起来的整体。在那些向我们开放的可能性中也是存在着一种限制的,因为它们是出现在相互归属这一事件之中的,但是,关于这种限制却没有任何逻辑。[4]

对于这两位思想家来说,没有任何一点是存在于我们被包含于其中的这种否定和差异之外的。在这个事物借以取得可获得性的过程之外,是不可能找到一个我们可以在上面进行观察的平台的。我们必然会采用那些源自于康德的方法;康德设计这些方法原本是为了从内部描述思的运动和背景域。虽然间距性的现代自我可以在其中将分析性的工具运用到现代性的背景域上的场所是不存在的,但还是存在着这样一些方法,借助于这些方法我们就可以使现代性的背景域以恰当的方式呈现给我们自己。然而,关于什么样的在场是可能的和恰当的这个问题,黑格尔与海德格尔是有着根本分歧的。

海德格尔对黑格尔的批判

我们在黑格尔和海德格尔之间已经找到的这些类似,鼓励我们去探索他们在现代性问题上所共有的一般策略。但是,他们之间的差异也并非是次要的;它们关系到他们的思想的核心层面,如果我们想为我们自己的思考找到一些新的方法,对它们进行更为仔细的考察就是必要的。

海德格尔和黑格尔都会说,对方虽然原来是想克服现代性原则的,但实际上却强化了它。在接下来的两小节中,我将发起一场由黑格尔、海德格尔和我参与的三方讨论,而我自己也并非是作为一个不偏不倚的仲裁人来判断他们相互批判的恰当性。虽说他们每人都具有一些为对方所疏漏的见解,但把他们的观点放到一起形成一个和谐的整体却是根本不可能的。我们不能奢望对这些差异作任何黑格尔式的调和。我们所能希望的是,这些冲突将会提出一些问题,并在指出应避免哪些失误的同时,向我们表明一些积极线索。

我们将首先来看看,海德格尔必然会对黑格尔说些什么——至少在我们所关心的那些问题的范围内。我们可以想像一下,海德格尔把他对黑格尔关于现代性问题的观点的意见总结如下:

"虽然黑格尔描述了许多根源于现代性的症状,但他却没能看穿现代性的本质。他生活于注重主观性的现代性层面中,并推动其达到了顶峰状态,然而,尽管他说明了在如今已处于统治地位的普遍化强制的许多征兆,但是对于技术和现代性的本质,他却知之甚少。

"黑格尔对我们处境的思索努力根源于对存在作传统的形而上学理解的要求。他必须使所有已被思考到的、已发生了的东西明晰起来并得到统一,从而满足理性要求。他必须具有某种洞察力,去说明历史和思想的整体性,并找出其根据。相反,我自己对我们处境的思索努力,则根源于去思考那些没有被思考到的、在已说出来的东西中没有得到表达的东西的需要。我无意于去发现某种隐秘的第一原则,并让所有的东西都按照有根据的统一性从中涌出。那没有被思考到的东西也就是世界的发生,就是我们在其中行动的那块林中空地的有限发生。这就终结了对整体性、根据性和完满性的要求。

"黑格尔无法猜出现代性的真正谜底,因为他仍被束缚于形而上学的宿命之中。他仍停留在相符性之中来理解真理、停留在永远可获得的在场中来理解存在。他无法真正经验到本成事件及其具有实现作用的抽身。他不可能找到那潜藏着的较深层有限性,即使在精神向其自身回归的无限性下面也有这种有限性。

"黑格尔所思考的是那些允许他去说的东西,而这仍是一种关于存在的传统理解,只不过采取了作为自我肯定的主观性这种现代形式。因为他没有得到去认识我们的这种较深层有限性本身的授权,所以他的这些努力所提供的仅仅是关于某种形而上学状态的一种形而上学对策。他追求的是根据和封闭性;他竭力在绝对自我的自我肯定性之中来调解现代性的二分法。他也研究了许多居有性的起点,然而,他却这样来看待它们:似乎事物借以得到揭示的那个过程本身就是某种最高实体的奠基性活动。

"黑格尔并没能克服现代性,因为他与整个形而上学一样,注定是要忘记我们的真实有限性的。他所渴望的生活,仍甘于停留在合理性的完全在场之中。这个目标尽管听起来很崇高,但它仅仅是下述企图的另一个翻版而已:使事物及其达及在场本身完全呈现出来,而将作为核心的并在我们的处境中留下印迹的遮蔽、抽身和有限性等全都抛在一边。虽然他也竭力想按他的理解来克服现代性中的过度主观性,但黑格尔所展示的,实际上仍是对自洽性、自我肯定以及总体在场的渴求,并且,他还将这种渴求带到了新的高度,而这一切,就其根基而言仍是源自于现代主观性和权力意志。因此,他所描绘的那个世界在我们看来应该就是当前技术统治的一个直接原型,这就不足为怪了。"

下面，我们将转而讨论海德格尔对黑格尔的详细批判。在他的著作中，有很多地方都可以找到这些批判。在《存在与时间》的第 82 节中，他指责黑格尔仍然停留在对时间的传统理解中，说黑格尔没有深入到他所描述的那种处于展开状态的时间性中去（参见埃马德，1983）。在《康德与形而上学问题》中，他常常把他在德国唯心主义那里发现的那种对我们的有限根基的理智化遗忘，同他在康德的第一个《批判》①中所看到的那种对想像力和时间性的强调加以对比。他还批判了黑格尔的辩证克服（Aufhebung，"扬弃"）概念，认为它过分彻底地依赖于自洽性这个目标。他还在其他地方重复过这个批判。在他 1930—1931 年关于黑格尔的《精神现象学》的演讲及论文《黑格尔的经验概念》中，海德格尔认为黑格尔是笛卡尔式的形而上学的登峰造极之作，因为黑格尔坚持认为，所有存在者都是以绝对自我的自我肯定为根据的。在《同一与差别》中的那些论文中，海德格尔把黑格尔定位在这样一种传统之中，即：根据自我肯定和某个最高存在者的起根据作用的在场来形而上学地思考，而不是真正去认识我们最深层的有限性。在《黑格尔与希腊人》中，他再次把黑格尔描绘成了一个超级笛卡尔主义者，且断言黑格尔仍停留在柏拉图和亚里士多德关于真理和存在的定义中，忘记了人的真正背景域。这些问题在他与欧根·芬克一起主持的《赫拉克利特研讨班》中再一次得到了讨论。

这些关于黑格尔仍然停留在笛卡尔主义主观性和西方形而上学传统中的断言，将是我的主要关注对象。而海德格尔在《存在

---

① 即康德的《纯粹理性批判》。——译者

与时间》中所提出来的那些关于时间的批判后来并没有令人信服地得到发展,至于他在《康德与形而上学问题》中所作的那些对比,则是以对康德的一种可疑解释为基础的,虽然这些批判和对比也是有价值的,因为可以通过它们来展望海德格尔后来将更为充分地加以论说的那些东西。[5]

我不同意把黑格尔说成一个超级笛卡尔主义者,我将证明这是错误的。而关于黑格尔仍停留在形而上学传统中这个论点,我将认可它的绝大部分内容。后者是一种更为宽泛的批判。

海德格尔把黑格尔解释为一个主观性思想家,这种解释来源于一个涵盖面更广的断言:海德格尔保持了形而上学对根据、统一性以及永恒在场的基本指向。按黑格尔的理解,所有存在者的根据都在于那个在它自己对自己的再现中获得自我在场和自洽性的绝对自我。所有其他存在样式都被降格为在绝对自我的自我回归中所设计出来的客体样式。

> 黑格尔的思首先是在主客体关系这种基础性框架中展开论说的。……因此,黑格尔的绝对观念就是绝对主体的自我认识的实现(《赫拉克利特研讨班》,第184页/第115页,第198页/第124页)。

> 真正的现实有限性……就是主体,……作为精神的绝对主体。主体,自我,首先被理解为"我认为"……黑格尔以及德国唯心主义一般……把那根据自我-性(ego-ness)而在其存在中的东西的总体性理解为无限性。(《黑格尔的精神现象学》,

第 111 页）

精神就是认识，即**逻各斯**（logos）；精神就是我（I），即**自我**（ego）；精神就是上帝（God），即**神**（theos）；精神就是现实性，就是绝对是（is）的东西，即**在**（on）(《黑格尔的精神现象学》，第 183 页）。

海德格尔在其论文《黑格尔的经验》中详尽地展开了这一批判，他在那里主要关注的是黑格尔《精神现象学》的导论。通过对一些关键语句的仔细分析，海德格尔试图说明，对于黑格尔来说，所有事物是如何以绝对存在者对总体在场的意愿为根据的，以及这是如何成为黑格尔在他的书中所谈到的意识的各种形态变化的基本尺度的。

对黑格尔文本的这种解读是极为复杂的，很难捉摸，但最终它还是误入歧途了。它忽视了黑格尔给规定性否定以及意识的形态系列所赋予的作用。海德格尔认为在黑格尔那里，在绝对者自我在场过程的流动性中，存在着一个从自然意识到关于这种自然意识的背景条件的意识的单一重复运动，海德格尔就用这个单一运动取代了那个具有各种复杂对应物和渐进运动的系列。《精神现象学》中的每个过渡都被解释成了实施这同一个返回运动的又一次尝试。

由于对这个单一重复步骤的强调，海德格尔结果就过高地估价了《精神现象学》中向论自我意识这一章的过渡，仿佛那就是这本书的基本运动。然而，《精神现象学》的后三分之二部分（这在海德格尔关于这本书的所有讨论中都被忽略掉了)的意图之一却在于说明:只要人们仍根据自我和主观性来进行谈论,那么,无限性、根据作用、自洽性以及黑格尔所追求的所有其他形而上学目标(在这一点上,海德格尔的看法是正确的),恰恰是**不**可获得的。所有与自我有关的结构都必然会发展为精神结构,自我仅仅是这种逻辑的与交互主体性的运动中的一个要素。它必然包含某些社会中介和交互性确认结构,而这些东西是不能用某个单一自我——不论它是人还是绝对者——的性质来加以解释的。

正如《哲学全书》中"精神哲学"的前几节所明确说明的,在黑格尔那里不存在任何直接给定的自我。主观性是在一个更大运动中所取得的一个成就。把这个体系的最后一个阶段描述成某种绝对主观性的成就同样也不恰当。逻辑序列在其第三个环节上设定并克服了主体与客体之间的对立。黑格尔是通过逻辑范畴来构想主观性和自我的,而不是相反(不管海德格尔在《黑格尔与希腊人》中作了什么样的断言)。黑格尔的逻辑学所讨论的并不是一些在某种主观性中起作用或在某种主观性面前预先–提出来的(pro-posed)范畴,它所研究的也不是某种自我、人或神的自洽性。[6]

可能会有人指责说,我似乎忽视了海德格尔在《面向存在问题》中在主观性(subjektivität)和主体性(subjektität)之间所作的区分。[①] 海德格尔认识到了黑格尔的精神并不是一个通常意义上的

[①] 对于海德格尔来说,主观性(subjektivität)和主体性(subjektität)这两个概念是有区别的。前者更强调与主体、自我或自我意识之间的关联,以及与客体之间的对立。而后者则具有更强的本体论含义,它更强调基础、根据作用。就两者的出现先后次序而言,后者更为古老。主观性的出现是近代以来的事,本书的讨论主题是现代性,所以作者所关注的当然主要也就是主观性。关于这两者之间的区别,另可参见《海德格尔选集》下卷,孙周兴选编,上海三联书店,1996年版,第778页注释①。——译者

自我，而且他还给出了一个黑格尔也没能逃脱的更具普遍性的主观性观念。我的回答是：正如前面引文所表明的，海德格尔确实曾想根据主观性来解释黑格尔。而那个更具普遍性和基础性的术语，即主体性(subjektität)，则可以把那个并不适用于黑格尔的基础(substratum)概念，以及那个确实适用于黑格尔的对根据性和自洽性的一般要求，都包含在内。而这就会把主观性批判化简为对黑格尔的一些其他批判，例如说他仍然停留在形而上学之中，但这些批判却早已得到了我的承认。

有必要追问一下为什么海德格尔会如此肯定地认为黑格尔是一个笛卡尔主义者。这部分可以归因于海德格尔的解读方法：先截取一小段文本，然后再以它为原点，来解释某个思想家的总体思路以及那个思想家在其中活动的那个未曾言明的关于存在的理解。虽然对于有些著作家来说，这种方法还颇为有效，但是一遇到黑格尔它就失效了(在柏拉图那里也同样如此)，因为黑格尔的文本常常反复使用一些比拟性的和具有多重层次的术语，这样，某个段落对于另一个与之似乎相似的段落就会起误导作用。举个例子来说，海德格尔十分重视黑格尔对笛卡尔哲学"视界"的论述。海德格尔断定，这说明了黑格尔是多么希望哲学获得那种坚固的主观性基础。但是，黑格尔在其哲学史中的其他一些地方也使用过这个隐喻，如在赫拉克利特那里就用过，而在那些地方，它是不能作为主观性的有利证据来加以引用的。黑格尔经常把某个特定的辩证转换的所有收尾性要素都当成他的终极目标的某种预兆，黑格尔的这个习惯误导了海德格尔。黑格尔会对当前的成就如自我意识大加赞赏，把它说成是真正完成了的，就是我们所需要的一切,但仅隔一会工夫,在下一章的开头部分,他就会对此发难,并谴责说它贫乏不堪,直接,且与那个目标有着天壤之别。

从更深的层面上来讲,海德格尔把黑格尔解读成一个笛卡尔主义者的原因就在于,他从他自己的哲学出发假定,所有思想家都必须在对存在(to be)的含义的一种统一化解释中来进行活动。海德格尔之所以觉得,他可以仅仅通过对少量文本的考察来识别某个思想家在其中活动的整个基本解释视域,原因也就在这里。218 在后面,我们还有机会来同这种假定展开争论;这个问题已被提出来过好几次了——本成事件的纯粹优先性。[7]

虽然海德格尔把黑格尔解读成一个笛卡尔主义者是错误的,但他关于黑格尔仍处于形而上学传统之中这个一般性解读却是正确的。黑格尔追求自洽性、自我透明性和调和性的在场。然而,他却并不完全符合海德格尔为形而上学家所描画的标准形象。他并不诉诸某种超大-实体的自洽性,并以此来作为世界的奠基石。在《逻辑学》中,关于标准的形而上学根据的许多问题,他都曾盘算过用某种方法来战胜它们。虽说某种一起进入在场的过程确实是存在的,然而,与其把它设想成一个起根据作用的实体的经历,还不如把它设想成一个所有实体都出现于其中的运动过程。

黑格尔是自古希腊以来的形而上学传统据海德格尔看来所拥有的那些一般目标的追随者,虽然这一点似乎是很明显的,但是,认为黑格尔是根据纯粹的永恒在场来解释存在的意义的,且就局限于这种解释之中,这种观点是否能成立就不怎么清楚了。至此,我们就接触到了一个令人头痛的问题,即:否定和他性在何种程度上在黑格尔的体系中得到了克服。当然,它们没有变成非存在。

而且，它们也没有像在经院学派关于罪恶的研究中那样被当成了纯粹的匮乏。黑格尔竭力想达成的那种调和并没有将否定全部消灭，并从而取得某种永恒统一性。我们已经看到，由于贫困、阶级划分以及战争的缘故，否定还将在相当长的时期内存在于我们的社会之中。黑格尔绝没有提供任何神奇的和谐。

对于黑格尔来说，他的体系的目标绝对不会达到静态的直觉性在场。尽管他从新柏拉图主义传统那里受益甚多，但黑格尔并没有像谢林那样将他的体系终结于对最终统一性的某种直觉之上。精神的自洽性是在运动中获得的某种东西。时间没有被提升为永恒性；它是在运动中变得自我透明的。人对现实合理性的意识是通过对人发现他自己涉身其中的某种运动的意识取得的。这种意识被理解成那个运动所遵循的某种模式、它自己的运动方式的一个展现。

然而，尽管有这么多证据都证明，不应该根据纯粹在场来解读黑格尔，但黑格尔所强调的是差异中的**统一性**却仍是确凿无疑的。正如杰克斯·塔米奥克斯所总结的：

[黑格尔哲学的中心问题是否定与差异，]但这个结构、这些论题、这些主旨都是通过绝对这个词来加以构想的，这并非是一个毫无意义的问题。……绝对按其定义来说是与任何东西都没有什么关系的，在差异以及它所附带的那些参照物的游戏中，它变得自我等同与自洽。结果就是，一旦它被确认为根本性的，差异就不再是根本性的了，而仅仅成了被推演出来的，或等于说，成了被彻底铲除了的东西。进而，一旦它似乎

受到了怀疑,那个自洽性图式也就仅仅成了一些夸夸其谈,并且,诸如和谐、合适、同等这些词汇也就会充斥于黑格尔的整个文本之中(塔米尼奥克斯,1997,第141页)[8]。

为什么说黑格尔属于形而上学传统是件应受批判的事,而不仅仅是一种分类,这仍是一个问题。实际上,与其说海德格尔是在批判黑格尔,还不如说是在对他进行定位。但是,如果海德格尔把他自己与我们定位于形而上学传统的终点处是正确的,那么把黑格尔牢牢地定位在它的内部,实际上也就等于说,我们不能把黑格尔的哲学(或其他一些保持了他的哲学的关键特征的后继者们的哲学)看作为如今研究现代性问题的一些有生命力的选择。海德格尔还会说,关于人类的处境,还有一些黑格尔所不知道的东西,而对于一个像黑格尔这样努力追求总体性的哲学来说,这是一种最为致命的批判。

这些多出来的东西也就是指本成事件的本质有限性,以及人在其中的居有(appropriation)。海德格尔想为黑格尔体系的可能性找到一个条件,即一个黑格尔无法在那个体系中来加以确认的条件。从这个意义上来讲,海德格尔反对黑格尔的基本理由就在于:克尔凯郭尔所提倡的那种"生存"的一种复杂衍生物,成了黑格尔体系的可能性条件,而它却是这个体系力所不逮的。然而,海德格尔并不非常敬佩克尔凯郭尔对黑格尔的批判,因为他认为克尔凯郭尔的批判仍停留在主观性哲学的轨道上。[9]

黑格尔无法把握的这个条件就是存在、真理以及时间的意义的有限授予;黑格尔以存在、真理和时间为前提,且在其中工作。

换海德格尔在《同一与差别》中的话来讲,这也就是说,黑格尔的关键词汇(同一、差异、辩证等等)所产生的回响远比黑格尔能听到的要多,其中有一些就可以导向一个远离黑格尔体系的封闭性的方向上去,或者深入到这种封闭性的背后去。[10]

虽然认为黑格尔根据自我性和自我来思考无限性和封闭性这种断言是错误的,但另一个较为宽泛的关于黑格尔思想的形而上学本质的断言却仍是正确的。我在前面就曾指出过,从根本上来说,黑格尔依赖于表现在逻辑序列的那三个环节中的结构。从黑格尔提出关注"理性的要求"或追求"思想的满足"这些戒律之初起,它就出现了。它提供在逻辑序列的各种细节性的观点中进行判断的惟一可能标准。或许可以说,它提供了黑格尔对何谓存在(to be)的理解,而且这还包含了通过否定和他性所实现的自洽性。我们可以发现,黑格尔在这种传统中的所有植根性(rootedness)使根据作用和自洽性成了思想的中心内容,就这点而言,海德格尔是正确的,虽然他错误地认为黑格尔把绝对自我设定成了一种起根据作用的"第一性"。循环运动比任何"第一性"都要强大。

如果形而上学传统没有被视作为思想的永恒本质,相反,它本身被看成了一个有局限性的时代,那么,突然之间,黑格尔逻辑序列的纯粹性和必然性好像就变得不怎么纯粹了,因为,它们还要受到某种历史背景和历史渊源的决定。更深刻地来讲,就连这种纯粹性本身也被看成为一种特定的历史性筹划了。正因为海德格尔是以这种方式来批判黑格尔的,所以海德格尔根本不关心黑格尔的事业是否可以凭其自身原则而获得成功这个问题。即使它成功了,它的成功也将仅仅局限于历史命运所授予它的那个空间之中;

而关于那个命运,黑格尔的体系既没有加以考察,也没有把它包含在内。

那么,黑格尔真的就像海德格尔所确信的那样,必然会在关于何谓存在(to be)的一种单一的统一化理解中来进行思考吗?毋庸置疑,黑格尔的工作带有封闭性和自我透明性的标志。然而,海德格尔的描述却忽视了黑格尔思想中的一些重要东西。在《精神现象学》和《逻辑学》中,黑格尔在理解知识和存在的过程中,好像采取了灵活多样的工作方式。海德格尔会争辩说,这些多样性其实都是形而上学理解的变种。就像海德格尔在对西方历史的回顾中所看到的各种时代一样,它们彼此之间也许是有所不同的,但是同那些时代一样,它们仍然停留在形而上学传统之中。海德格尔的返回所提供的是对这些理解方式之呈现的理解,而这就不同于黑格尔所作的那种同样是形而上学的说明了。

照海德格尔看来,黑格尔保持了一种总体性的视域。在这种视域中,出现了许多以辩证方式来加以研究的较小统一体。这个总体性视域就是根据绝对自我性及其无限性而对何谓存在所作的理解,它也包含了否定。我已经证明了,黑格尔从没有设定某种绝对自我来作为第一性的实体,但我也同海德格尔一样都认为,在黑格尔那里存在着一种按照根据作用和自洽性而作的预设性理解。

那么,我们是否应该像海德格尔那样,把黑格尔的这种总体性理解当作为一个各种辩证要素在其中玩弄狡计的视域呢?或者,对黑格尔的这种解读,是否过于依赖胡塞尔知性视域中那些关于事情的隐喻呢?如果黑格尔的基本理解可以在逻辑序列大环节的结构中被找到,那么或许它就应该被看成为一个事情出现于其中的运动。或许,存在着的就不是一个统一化的解释视域,而是许多个这种视域,每一个都在那种作为其本身的出现运动的辩证法之中得到研究。这样,我们与事情的遭遇空间就将通过当前视域而得到构造,并最终通过拥有解释视域这个运动本身来建构,这也就是在逻辑序列中所描绘的那个运动——它本身与其说是一个最终的解释视域,还不如说是对拥有解释这个事件的思考。

在此,我所强调的是黑格尔的绝对理念与海德格尔的本成事件之间的类似。而海德格尔却会说,黑格尔的绝对理念只是另一个形而上学解释视域而已,而且,从这个意义上来讲,它只是现象学家要从其返回的另一个质朴的解释视域而已。在此,我则要说,黑格尔也作了一个返回。对绝对理念的自我把握并非只是另一个世界,而是对我们在所有世界中的被转让(being appropriated)这一事件的自我把握。

诚然,黑格尔是根据统一性、自洽性和根据作用来形而上学地思考那个事件的。海德格尔在《同一与差别》中正确地提出,在本成事件中存在着一种差异和归属共在,虽然这种差异和归属共在使黑格尔的体系得以可能,但它们却并不包含在这个体系之中。从另一方面来讲,我们在此又遇到了辩证法与现象学的相对优先性这个问题。我们是否可以通过相互作用、共在来认识对何谓成为那种发生的理解的多样性,并进而让世界的出现空间处于开放状态,而不是让它们自己浮现出来,并与一个支配性事件中的一个统一化视域的背景相对立呢? 在下面,我就将按照这个方向来推进我们的思想,并同时从海德格尔和黑格尔那里汲取养料。

如果我们认可了海德格尔在批判黑格尔时所持的一般观点,

我们就会对这样一种企图保持戒备心理：通过把现代世界包含在一个更大的背景域之中来克服现代性问题，而这个背景域本身就是一种我们能意识到的总体性。黑格尔式的国家机构所遇到的那些前文已指出来的困难反映了一个更为深层的问题：黑格尔需要让普遍、特殊及个别所有这些要素一起出现在一个得到平稳中介的和自洽性的整体中。这就要求市民社会的离散性个人主义被带到一起来，并进入一个既自洽、同时又得到了完全明确表述的结构中去。如果海德格尔的观点是正确的，即如果在黑格尔自我透明的无限性背后，确实还有一种更为深层的有限性和隐匿性，那么就不可能在某种自我完成的中介结构中来实现对市民社会和现代性问题的克服。那种等着被实现的内在深层合理性是绝对不存在的。那么，我们这些现代主体是否恰如韦伯所言，正面对着大量等着我们解释和判断的偶然中性资料呢？不！因为正如海德格尔所正确指出的，我们发现，我们自己总是已经被转让进一个有意义的世界这一有限事件之中去了。不过，我的建议却是：在构思那一事件的过程中，某种与黑格尔内在地加以划分的运动相类似的概念，也许是有帮助的；在这个构思过程中，既必须克服这种标准的现代自我定义及其问题，同时也要避免海德格尔思想中的那些困难。下面，我们就将对这些困难进行讨论。

黑格尔对海德格尔的批判

现在，我们来看看，关于海德格尔对现代性挑战很可能会采取的应对方式，黑格尔可能会说些什么。很自然地，在此会遇到这样一个问题:尽管黑格尔的方法具有一种百科全书式的特点,但他在他的著作中是没有机会对海德格尔作任何讨论的。那么,现在到底是由谁来发言,是黑格尔还是我呢?在下面,我将首先尽量站在我认为黑格尔对海德格尔或许会采取的立场上来发言;对这种立场,我仅仅部分赞同。然后,对于这个"黑格尔"所说的东西,我将再附上我本人的一些评论和判断。这样,"黑格尔"在此说道:

"海德格尔经常像胡塞尔式的现象学家对待'自然意识'那样去对待其他思想家。他假定有这样一些人,他们可以看到其他思想家的质朴活动之外去,从而发现一些使这些思想家得以可能的条件;其他思想家只有当他们得到了允诺,去对那些与他们自身思想最为切近的东西加以审视时,他们自己才能看到这些条件。海德格尔把他自己的思想看作为在这种质朴意识背后所进行的考察,目的是发现在这种意识中所预设的视域,发现这种视域的起统一作用的意义,直至发现有(having)视域这一事件。但是,我其实也对我们有一个有意义的世界这个事件进行了探索,而且我也并不是根据世界中的存在者来讨论它的。我要说,他与我的关系并非如他所想像的那样,是现象学家与研究对象之间的关系,相反,我们是站在一起的两个思想家,只是对何谓呈现给这个世界和在这个世界中呈现有相反的解释而已。我们的分歧在于:事物在一个有意义的世界中被揭示出来,对于它作为一个事件所包含的内在离散性和内在统一性的性质我们有着不同的见解。

"我自己的现象学研究导致了研究意识与研究对象之间的一种结合。海德格尔仅仅颁布一些戒律;并没有从自然意识走向那个目标的道路。他的返回(step back)也许对我们是开放的,但是却没有辩证法把我们从我们之所在中带出来。我的体系对他来说也许似乎太封闭了,但它却提供了一条真实的道路,而不仅仅是迈出的一步(step)。

"如果要我去概括我与海德格尔之间的分歧,我可能会说:尽管与他的断言相反,但我其实并非不同意他有关有限性的说法。然而,他对统一性与直接性的强调,我却是要反对的。

"我们同意说,必须对现代主观性的那些极端主张加以抑制。这些主张求诸我所称的那种'恶无限'和无休止的更多索取。我已强调了有限性、对我们之所在的接受、向精神运动循环的进入,并以此来作为对现代空虚性的一种治疗。我们必须抛弃那种关于无限非规定性可能性的感觉,并接受由**事情本身**(die Sache selbst)、思之事及精神运动所授予的那些有限可能性。这是思想和行为成熟的标志;它允诺了从反讽的与浪漫的主观性之无限主张下的逃脱。它让我们找到了用来组织生活的一套有保障的总体可能性;这些可能性就源于逻辑序列运动的理性结构。我在我的逻辑学中所描述的那种'善无限'就包含了有限性。[11]

"我的有限性和无限性理论中所没有包含的内容就是直接性。没有东西是直接的和第一性的,无论有限的东西或无限的东西都不是。然而,海德格尔却认为有限性必然是直接的。他的思想中包含了过多的纯粹给定的或直接授予的东西。诚然,这种授予过程,即他(一语双关地,我多么希望我也曾想到过这个双关语)所称的 das Ereignis,本成事件,是通过某种差异性和否定性而被瞥见的。但是,通过这个事件所授予的东西却是直接的,且必然是只须接受的东西。海德格尔谈到的冲突、抽身、差异等所关注的就是这个授予过程以及我们在其中的居有,而不是所授予的东西的内容。这使我们得到了授权,并将我们启动。对于海德格尔所挑出来的某个既定历史时期来说,在那个对其起塑造作用的内容之中,是不存在任何张力和辩证法的。它们是不可能有的,因为一旦有了这些东西,海德格尔就还会进一步要求某种统一化的视域,而在这种视域中,张力或辩证法会自行消失。

"在我的思想中,起授予作用的和被授予的东西都处于辩证对抗关系之中,而且也不需要任何进一步的视域。我们行动于其中的这个空间,是由内容中一些对立面的相互作用,以及内容与在逻辑序列中所描述的那个总体运动之间进一步的辩证对立所构成的。正如我在我的逻辑学中所表明的,要使这成为可能,在内容与这个运动的总体形式之间就必须有某种同一性。

"海德格尔认为这个同一性太'形而上学'了。我承认我的思想归属于这种形而上学传统,因为我追求根据和统一性,虽然这些根据和统一性并没有任何简单直接的性质。在海德格尔有时对我所作的解读中,我所表达的意见同在谢林的早期著作中所见到的那些东西似乎没什么两样,都有一个大写的绝对(Absolute)稳稳地呆在那里,并不停地与有限事物构成对比关系。但我达到形而上学目标的方式要比这复杂得多。

"我将敦促海德格尔去审视一下他为了避免形而上学所付出的代价。海德格尔的直接授予过程导致了对历史的一种似是而非的重写。之所以说它是似是而非的,是因为起点对于那些后来者具有极强统治作用,而且每个时代本身也过于统一化了。请注意,对于我来说,古希腊起点以及每一个随后的时代,在其自身内部都有一些张力和问题,而这就导致了后来的发展和变迁。对于海德格尔来说,我们生活在可能性的西方式授予过程之中,而且尽管我们对于它具有一种接受性的共–对应性(co-respondence),但是,不论是在它之中还是在我们与它的关系之中,都没有那种可以通向辩证进步的对立和二元性。我们只是在它所授予的空间中行动,并等着新的空间的开启。对于海德格尔来说,在西方各个时代的演进过程中,虽然有某些神秘的联系在起着统治作用,然而这却是一件误入歧途[Irre]的事;在深层变化中,我们起不到任何作用。我们只能恢复并更新那些已经给予我们的东西,或者对其采取一种非形而上学的返回态度。我所发现的否定与他性,没有一样被建构进任何一个时代的历史形态中。

"这种直接性与统一性还带来了另一个问题。每个不同时代的特殊性质,例如,作为与现代有区别的中世纪,都无法得到解释。它只是被当作一种宿命而接受了。在西方之外的本成事件的无方向运演中,连贯性也许就更少了。海德格尔并不想以任何普通的方式来'解释'各个不同的时代,这是可以理解的;但是对于它们的差异,他难道没有责任向我们作出某种说明吗?

"之所以出现这个问题,是因为本成事件在所有场合中都是一样的,或者,至少海德格尔是这样说的。它是怎样同各种不同内容发生联系的呢?是它把它们从它自身之中生产出来的吗?而这似乎又是新柏拉图主义的或黑格尔主义的。它是从外部得到它们的吗?而这又似乎是亚里士多德主义的,总之,是形而上学的。海德格尔并不想使它听起来像是形而上学的,因此,他就对各个时代和历史时期中的内容不作任何说明。他甚至否认本成事件可以被具体化为一个'它(it)'。但是,他有什么权利联系西方之中与之外的所有各种不同的时代和历史时期来谈论它呢?

"海德格尔可能会反对说,他并没有以这种方式来谈论它。本成事件只能'在由语言所完成的揭示过程中被经验为允诺者'(《走向语言之途》,第258页/第127页)。它不可能被分离性地经验到。按照他的理论来说,诚然如此。然而,他在谈论它时,的确联系到了西方许多个不同的历史时期,而且他还提到了前苏格拉底时代所拥有的一种意识。在他与一个日本人的对话中①,他甚至还说道,日本美学也许正表现了那个被西方美学掩盖起来的事件。很显然,从某种意义上来讲,当所有这些东西与它相对比以及彼此对比的时候,它们都关联到这'同一个东西'。它诚然不是一个隐藏在各个历史时期背后的实体,而是世界与人的彼此被居有。但是,它仍然可以被说成是各个历史时期和时代发生的事情——**这种描述或多或少带有某种形式化的意味。**

"这样看来,我似乎把本成事件弄成了某种类似于普遍结构的东西;这种结构可以通过某种形式化的描述来获得,且可以用各种方式来加以例证。海德格尔会声称,他的基本概念同这种东西并不一样,它们只能在这种或那种历史特征[geschichtliche Prägung]中获得。这当然是他的本意,然而我却怀疑他是否成功地坚持了这一点。不论怎么说,它表现了海德格尔与我自己的思想的一个重要差异,因为我可以写出一部《逻辑学》,而海德格尔却不会写。但是差别有海德格尔所认为的那么大吗?虽说在逻辑

---

① 文中的"日本人"指冢富雄(Tezuka)教授。——译者

序列中,这些使我们在世界中的存在得以可能的条件可以被纯粹地把握到,然而,没有一种形式是离开内容而存在的。我所找到的这些形式只有通过它们的各种必然是历史的和偶然的特征而存在;这是由它们自身的内在运动所要求的。我采取了除否认概念形式的纯粹可获得性以外的各种方式来避免形式与内容的分离。问题在于,海德格尔是否真正避免了这种分离。

"事实是,尽管他作了各种谨慎的努力,他仍然在内容与形式之间作了过多的区分。虽然本成事件只有同各个不同的历史时期联系在一起才是可以想像的,但是它仍保持着同一个普遍结构。为了识别出关于存在的理解史,为了给出他关于形而上学的断言,以及为了以他的方式来谈论非西方世界,海德格尔必须按其可能性条件搜集和区分各种各样的时代和历史时期。他的这种行事方式就造成了形式与内容之间的一种区分。他所给予我们的是'各个历史时期的历史先天性(a prioris)的非历史先天性(a priori)①'。[12]

"在我自己的思想中,我在谈论历史时也在形式与内容之间作了一种类似的区分。但我马上就通过谈论绝对理念来克服这种区分,因为绝对理念有属于它自己的内容。海德格尔会说这是一种形而上学的解决方法;它也的确是。但他提供了什么呢?他的返回并没有消除这种区分。

"给定的内容是直接的;我们必然只能接受我们时代中的这个为我们所开启的空间。我知道可以有,已经有,而且在未来或许

---

① 请注意这里的单复数区别。——译者

还有其他一些类似的空间。我们的处境与我在《精神现象学》讨论'斯多亚学派'的那一节中所描述的状况并没有什么不同。斯多亚知道他所生活的那个世界包含在一个更大的'之外'（beyond）之中，但是那个'之外'恰恰只是他生活于其中的那个世界的内容的一种有保障的授予过程。他无法逃脱他的世界，因为这个'之外'把他送回到那个授予他的世界中去了，让他去承担他的义务。或者说，如果他逃脱了，他也只能到达一种贫乏的非确定性。虽然海德格尔的本成事件不是世界的一种'之外'或根据，但它在我们的生活中起作用的方式却是类似的。正如海德格尔在所有文本面前都采取同样的姿态一样，所有这些讨论也都导向同一个返回。但我们却无法在这个形式化空间中稍事栖息。它的作用在于坚定地把我们送回到那个我们已被授予的东西那里去。我们只能接受这个历史时期的内容并在它的空间中进行活动；我们不可能有任何辩证的张力或推动力可用来整合进我们的行动中。我们的所有行动仍被束缚于那个被授予的圆圈之中；只有一个上帝能救渡我们。

"这些授予过程的直接性使历史具有了一种奇特的外貌。由于海德格尔在本成事件与普通编年史之间作了仔细的区分，所以，普通历史事件除了可作为探索那使它们得以可能的东西的线索外，根本就无从对它们展开讨论。文化、科学以及环境不可能对那个被授予给我们的空间产生任何影响，而且单凭它们自身也不可能在思想中造成新的变化。这是一种最为似是而非的历史观；这就使某一时代的感性特征为什么会被下一时代的某种特定感性特征所取代成为一个无法说明的问题，仿佛这个序列是根本无法解释的。我也谈到过一种作为普通历史事件之条件的内在历史。但我同时也竭力想说明:外在历史中的那些特殊过渡如何才能被看作是合理的。人们有时会怀疑,在海德格尔的历史中,所有真正的工作都是通过'实体的(ontic)'外在历史来完成的;然而,这个外在历史却被排斥于讨论之外,从而便于对其条件展开形式化的论说。[13]

"海德格尔应该把所有东西都并入先验条件中去——正如他所正确指出的,我就是这么做的;或者他应该近乎彻底地把这些先验步骤都摈弃掉——正如误入歧途的眼前这本书的作者所提议的。他自己的立场是一个令人不安的半吊子工程,尽管他努力想避免形式化过程与特殊内容之间的这种区分,但他的立场实际上仍被束缚于这种区分之中。

"也许,他的有限开放性与我的无限封闭性并非是势不两立的。海德格尔说,他想根据一种有限性来思考我们在世界中的生存,而且,这种有限性不是指限制而是指归属。我在思考我们的生活时,同样也努力不去把它设想为对某种非规定性可能性领域的一种限制,或把它设想为对'恶无限'的一种追求。我所想到的是普遍的东西、善无限,并在最后把它们归结为绝对理念,而且我也求诸封闭性、透明性及自洽性。虽然我并没有以海德格尔归咎于我的那种方式来使用这些概念,但他说我追求这些形而上学目标却是十分正确的。我在获取它们的过程中,一方面保持了某些二元性的活力,另一方面也对它们加以抑制。

"我要说,如果我们想避免形式与内容的分离,海德格尔意义上的那种形而上学是必要的。他为对自洽性、封闭性以及形而上学的普遍放弃付出了代价。他无法成功地避免那些使现代性得以是其所是的分离。他的许多追随者要么是虔诚地生活在一种形式化的或怀旧性的避难所中，要么就是在能指飞舞的反讽性间距中生活。就像我所说的，'斯多亚学派'变成了'怀疑学派'。他的某些追随者甚至发展到具有'绝望意识（Unhappy Consciousness）'的程度。这些倾向在海德格尔本人那里均有所表现。

"海德格尔之所以没能克服现代性，是因为他仍被束缚于它的原则即形式过程与内容之间的分离之上。不管他的本意是什么，结果仍然是：他要么是将我们桎梏于某种前现代世界中，要么就是重新肯定了现代性的那个反讽性的和间距性的方面。他的确避免了现代性的那个过度操纵性的方面，但这却是以否认我们在历史中的功效为代价的。他认为他已避免了实质性传统与无根的形式主观性之间的二分，但实际上，他只不过是在这两者之间飞快地左右摇摆而已。"

至此，我就把黑格尔对海德格尔的思想或许会发表的意见试着重构出来了，虽然我的"黑格尔"的说话方式比黑格尔在争论中习惯采取的方式要委婉得多。现在我们需要对已表达出来的这些批判加以考察。

首先，必须作一个基本的限定，即：对于海德格尔和黑格尔来说，在形式化过程与本身就可以在我们的生活中得到设定的特殊内容之间，是没有终极性区分的。对于这两位思想家来说，可以用一种暂时的或临时的方式来作这种区分，但不能把它设定为最终的区分。我们的生活也许包含了形式与内容之间的某种区分，并以此来作为生活运动的一个部分，但这个区分不能被用作为对我们处境的一种总体性描述，而那些标准的现代主观性描述却是可能这么做的。在黑格尔那里，设定这样一种区分并没有把我们提升到绝对形式的运动之上去，而只是把我们放回到这一运动的某个早期阶段上去。在海德格尔那里，如果我们企图设定这样一种区分，我们就会发现，我们仍然是在普遍化强制的空间中行动的；我们并没有获得一种凌驾于这种普遍化强制之上的观点，相反我们只是完成了它的一个标准行动而已。海德格尔无意追求任何元-立场——凭此，我们可以从外围或从一种综合性的自我把握出发来对本成事件加以审查。我们可以采取的所有立场都是通过这个事件才得以可能的；这个事件本身作为抽身而在场；它并不提供某种海德格尔可以使其在场的形式。

对海德格尔的某些解读妄图把这种本成事件变成一个逃避我们这个悲惨世界的避难所，我们必须学会栖居在我们同本成事件的关系中，以逃避眼前的痛苦现实。若海德格尔这么说的话，那么他就将本成事件具体化为一个超出于世界之外的根源了，而我们的处境也就跟黑格尔《精神现象学》中的那个"斯多亚学派"的处境没什么两样了。

这并不是彻底的海德格尔思想。我们没有筹划同这种本成事件的某种纯粹关系。我们是被抛的筹划者，这并不等于说，我们是接受所有抛给我们的东西这一过程的筹划者。与本成事件发生联系并不是我们做的某件事或完成的某项任务。在这个事件中与事物一起被居有是我们发现我们自己涉身于其中的所有筹划的条件，但它本身并不是我们的筹划之一。

实际上，就海德格尔的确在形式化过程与特殊内容之间作了某种分离这点而言，这在他的思想中还是有某种积极作用的。它使我们能够经验到我们生活于其中的整个奠基性的和被奠基性的关系网的无根性。这并不提供任何更大的网,但它有助于解构依附于当前根据作用和统治关系上的自然性(naturalness)。在前面,我曾讨论过海德格尔对现代性的克服对于我们日常生活的模糊效应,并提倡这样一种解读:导向同当前原则与实践的一种解构性的关系。海德格尔的思想并没有提供任何新的世界,但它包含了一个希望,即与意义领域的发生达成一种遗忘性较少的关系。这个希望以及这种解构性态度都是通过形式与内容之间的区分而得以可能的。同黑格尔一样,关键在于,这个区分不能被设定为终极性的。

在构建上文那些"黑格尔"的话语的过程中,我假定,他试图通过把海德格尔定位在《精神现象学》(作为斯多亚)与《逻辑学》(表现为没能克服形式与内容之间的区分)序列中的某个环节上,来超越海德格尔。而我在前面几段中的论证表明,海德格尔同这两种观点并不十分切合。但是,在"黑格尔"所做的这些抱怨中,有一些还是正确的。虽然海德格尔确实并没有制订某种终极性的形式-内容区分,但是,就克服现代性这个问题来说,他所作的那些区分所起的效果基本上还是同样的。

之所以出现这些问题,原因就在于在本成事件中所授予的那些东西的直接性与统一性。对于海德格尔来说,这两者都是必需的。但是,就对本成事件本身的描述来说,尤其是当他在谈论四重整体的时候,他是根据那种充满了相互依赖以及可被称作为中介的东西为原则来加以描述的,虽然这种中介并不带黑格尔主义的性质。然而,在本成事件中所授予或所开启的那些东西却并非如此地充满了内在反射过程与中介。若我们这个时代的那些统治性存在者的特定揭蔽(或西方历史中的任一其他时代之揭蔽)不是直接的与先在的,那么它就会开始具有这样一些特征:可以像讨论普通存在者的特征一样,来对它们进行讨论。它就会成为包含在内在关系、根据作用和解释中的某种东西,就会丧失它的首要性。同样地,如果那块使我们这个时代得以可能的林中空地无法在某种意义上成为统一化的,如果它无法成为一种向人与所有存在者发出的一个召唤,让人与所有存在者在一个特定空间中得到揭蔽且彼此遭遇,那么就得有某种进一步的更-统一化的视域被开启出来,而在这种视域之中,多样性本身就将得以揭蔽。[14]

海德格尔裹足于一种中间状态之中。他希望发现事物日常在场与缺场的可能性条件,找到那些也对我们现代时代中的情境发言的条件。他希望那些条件不是世界中的一些实体或过程,而是先在的。但是,他却不希望这些条件成为形而上学的"第一性"或根据。这就要求这些条件没有任何内容,因为内容是有可能作为某种第一性原则而起作用的。然而,如果它们是纯粹形式化的,这些条件就会再次变成形而上学的,成为一种起根据作用的、一种通过对我们的处境加以形式化分析就可以使其纯粹在场的结构。另外,作为形式化的,它们在关于任何一个与别的时代相对立的特定时代的讨论中就没太多的话好讲,因而对我们的现代情境也就没有什么特别的阐明作用。

这些要求就导致了我们在海德格尔思想中所看到的那种形式与内容之间的辩证平衡。在所有既定历史时期中,对事物存在的理解都不是一种形而上学第一性;它不可能作为那些被揭蔽出来的东西的第一性原则或根据来起作用。但它也不是纯粹形式化的。它也不是某种适于对之作社会学或普通历史学研究的东西。它超出了我们日常活动的范围,因为作为一种先验条件它是超出于它所制约的东西之外的。

在所有任何历史时期中,那些授予我们的东西作为多样性发生的条件都是统一化的,探索内在张力或内在多样性的辩证法是不可能理解它们的。这种统一性是与海德格尔的先验步骤联系在一起的。离开了时代的统一化内容,这种先验步骤就会变成形式化的和形而上学的。离开了它的先验先在性,对某个时代中关于存在的统一化理解的描述就会变成为另一种历史学和社会科学的假设。

东西方之间的关系

如果我们在思考我们这个被授予的世界时,把它与另一个遥远的世界联系起来加以考虑,那么对由直接性与统一性所造成的这些困难就可以形成一个更为清晰的认识。这另一个世界并非像古希腊那样是历史性地远离我们的,而是地理性地远离我们的,而且还是由另一种传统所构造起来的。海德格尔的《从一次关于语言的对话而来》表明,他是愿意思考西方与其他伟大传统之间的联系与差别的。他告诫他的日本来访者不要对西方思想范畴过于着迷。他还提请日本人民去挽救那些在他们自己的世界中所授予他们的东西中的较深层可能性。对经验的主观主义的、形而上学的思维方式是一种危险的西方输出物。对那些也许同自我抽身的本成事件近在咫尺的、更为完整与深刻的生活样式,它会起一种歪曲和腐蚀作用。

然而,海德格尔在《〈明镜周刊〉访谈》中说道,如果西方要想克服技术,这必须发生于其内部,而不能靠某种外来传统如禅宗佛教的输入(《〈明镜周刊〉访谈》,第 214 页/第 62 页)。很明显,西方会对东方造成危害,但是,这却不是一种交互性的关系:西方能腐蚀日本但日本却不能拯救西方。为什么是这样一个奇怪的非对称关系呢?

说到底,海德格尔在何种意义才可以说这两个世界是有着某种关系呢?在海德格尔对本成事件的说明中,两种不同的在场授予过程是找不到任何明显的方法来在某个个人身上或在某个民族的精神中发生冲突的。从外部似乎找不到任何进行拯救或侵蚀的方法。在海德格尔对历史性地分离开来的不同时期的比较中,通常是找不到相互影响的可能性的。当我们转而讨论某种地理性的分离时,不同的在场授予过程的这种对他思想十分重要的非连贯性,似乎就更为可疑了。然而,对本成事件的那种说明却要求:这些在深层次上背道而驰的传统是能够相互并存的,且各自受一种不同的存在意义的统治。(或者说,一个也许是形而上学的,而另一个却并非十分重视存在意义的统治作用。)各种传统并存这个观点清晰地说明了暗含在发生性事物的首要性中的那种非连贯性。但如果我们对这种非连贯性提出质疑,我们其实也就质疑了在本成事件中所授予的那些东西的统一性,且质疑了像海德格尔所采取的那种先验步骤的统一性。

海德格尔是不可能让两个不同的传统在任何深层意义上发生

相互影响的。如果它们真能发生这种影响，那么，开启了这两个世界的事物存在之揭蔽也许就不是如此不连贯的了。但是，如果真的只有一种适用于所有人的揭蔽过程，那海德格尔关于我们的有限性的思想就很危险地变成形式化的了，而且，关于西方历史中各个不同时期的说明也就变成一个"实体的（ontic）"或外在的历史问题了，也就不再是一个存在史问题了。

或许还有另一种能发生影响的方式，即断言：虽然每一传统中事物存在之揭蔽的确都是不同于其他的传统，但是，在每个传统中，在那些被开启出来的东西之中却存在着一种内在的多样性。这就会让某一个传统的某些方面影响到另一个传统的某些方面。但这就有点开始像人类学家通常所援用的那些影响模式了，而不是海德格尔所勉力维护的本成事件的纯粹先在性了。或者说，即使深层影响也许是有可能的，那也只是因为个人可以逃离那个被授给他们的空间，进入另一个空间，然后再回归故里，并带回一些祸福难辨的东西。但这却会抵消我们在那些已被授予我们的东西中居有的先在性，而且这听起来也太像现代主观性了。因此，海德格尔不可能始终坚持认为诸如西方与亚洲的这些传统能够发生深刻的相互影响，以至于还能从东方获得拯救。

然而，海德格尔确实又说过西方会对东方传统造成危害。这又是怎么回事呢？也许，为什么海德格尔会认为，西方会危及东方，却不能从东方获得帮助这个问题，可以用下述方法来加以解释。我们在前面已经指出，在放弃了认为可以在真理概念中界定出某种变化这种说法之后，在海德格尔后期对古希腊人的解释中，他提出应把"形而上学"与"技术"理解为人类处境本身的内在可能性,而不应把它们理解成具有其自身特殊历史的西方特有的可能性。

对古希腊人的这种解释表明,虽然技术与形而上学是西方特有的一种命运,但它们也是"此在之沉沦"在西方生活中的表现方式。海德格尔在《存在与时间》和上一章曾引用到的《〈明镜周刊〉访谈》引文中都曾提到过这种"此在之沉沦"。每个世界都有这种此在之沉沦倾向,它使那些已被授予的东西得不到进一步的发展,并遗忘了本成事件及其抽身。在西方,由于形而上学在对时间与存在的理解中占据的统治地位,以及它对在场与根据的强调,这种遗忘性受到了特殊的强调。然而,与形而上学相比,沉沦总归是一种较为基本的特征。由海德格尔的《从一次关于语言的对话而来》可以看出,他似乎相信沉沦之形而上学的和主观主义的样式也许并不是亚洲的命运,但这并不意味着亚洲人就可免于此在之沉沦。

若果真如此,这也许就可以说明,为什么海德格尔可能会认为西方之在场授予过程可以威胁到东方,同时在其他方向上又找不到任何好的影响。如果说这种西方之在场授予过程以一种特殊的方式具体体现了所有世界都具有的那个沉沦倾向,那么它可能也就暗含了亚洲世界中的那些永远-在场的趋势。但是亚洲世界却不能给西方任何积极的东西,因为在这两种情形下所开启出来的那些本真可能性是完全不同的。要想获得救治与发展,每种文化都只能求助于它自身的那些较深层的可能性。

因此,如果各种传统的沉沦样式是类似的,那么它们就会彼此相互影响。例如,在法国与中国艺术家的绘画作品中,或者在意大利与日本的园艺中,人与自然的共处方式虽有着巨大的差异,但是,欧洲人与亚洲人经常都把所遭遇到的自然贬低为一个有待开采的材料库。由此在欧洲与日本所造成的效果并没有什么不同。就其深层本真可能性而言,这两种传统可能是不同的,但就其堕落的沉沦样式而言,它们却是相当类似的。

不管亚洲世界被看成为受制于一个统治性的关于存在的理解,还是被看成为更像我们西方人可能盼望的那种后形而上学时代,情况都是如此。然而在后一种情形下,虽然它与海德格尔的某些话更为吻合,但是,亚洲为什么就不能对我们有所助益——至少是一般地帮助我们走上返回本成事件的道路——这个问题却仍然没有搞清楚。

尽管海德格尔在《〈明镜周刊〉访谈》中说道,西方不可能从外部获得拯救,但是,据传,铃木大拙(D. T. Suzuki)的那些论禅宗的著作给他留下了十分深刻的印象(参见钟英长,1977)。据我想来,海德格尔之所以会表述这些意见,实际上是想在日本作者那里找到某种同他以非形而上学的方式竭力去加以辩护的那个返回相类似的东西。然而,请注意,严格说来,这种影响并不能为西方开启出新的可能性,而只能鼓励我们去体验自己的传统,体验揭蔽的所有授予过程。

虽然对东西方非对称性关系的这些解释似乎很合理,但是它们在海德格尔的文本中却是找不到的。值得注意的是,在每个传统中,它们都强烈要求在揭蔽的授予过程中具有某种统一性。如果在这种赋予每个传统以力量的授予过程中存在着内在的多样性与划分,那么很容易就能找到发生相互影响的可能性了,这就不像海德格尔所想像的那样难了。一旦在这两个世界中有了内在的多样性,它们发生联系的机会就非常多了,因为这时就很难再断言说,这些具有内在多样性的传统的每个方面都是完全不同的。只有借助于每个传统中所授予的那些的东西的严格统一性,才能弄懂海德格尔关于各种传统的联系方式的观点。每一世界取回的都是它自身的可能性。海德格尔乐意看到,每个传统都保持了它自己,且都在自己的花园里辛勤耕耘培植那些所授予的可能性,同时每个人都共享着关于本成事件的有限性的支配性意识。实际上,只要有了本成事件的先在性和统一性,那就成了我们所能做的一切。[15]

我似乎在徒劳无功地对海德格尔承认他知之甚少的那些课题的零星的话语作过度解释。但是我的要点并不在于质疑他关于亚洲的知识。毋宁说,这是想表明,在一个他那令人敬畏的历史知识不再起作用的场合下,他的基本先决条件是如何变得清晰易懂起来的。现在变得明显的是:存在着某种统一性的在场授予过程,而且,这个过程是完全先在于寻常历史或两种文化的寻常遭遇中所发生的任何事情的。在他的观点中存在着某种不恰当的和非现实的东西,这一点同样也变得很明显了。

那么,在历史中不停出现的人的多样性、各种影响以及各种借鉴过程到底何去何从呢?现在,它们已从属于存在史了。关于同化和影响的那些普通谈论并没有达到进行论述的正确高度。除了是(being)"没有为什么(without a why)",本成事件还是"没有怎样(without a how)"。存在的深层历史与普通事件的表层历史之间的这种划分似乎是不可逾越的,进而,如果海德格尔要想能够完成他的返回,这种划分就必须保留下来。

然而事实却似乎未必如此。例如,日本人如今就艰难地生活在一个多样化的世界中,在其中,传统的与西方的生活方式相互冲突并彼此渗透。这种冲突是被强加于他们的,他们发现他们自己正身处其中,而且还无从逃避。这种局面的出现,并非起因于某种完全属于日本传统的可能性;在很大程度上,这得归因于西方的发展,这种发展将其自身突兀于日本面前。在日本历史中,开放与封闭是交替出现的,这就使它比较容易接纳西方方式,然而,这些方式同样也可以被强加到那些没有这种开放性的人民的生活世界中去,如中国人。这样看来,不可能说每当各种传统彼此遭遇的时候,在每个传统中都有着一种为这种遭遇而准备的宿命。

黑格尔和海德格尔都认为,西方历史对于理解历史在现代性中所达到的顶峰状态具有极端重要性。他们两人都坚持认为,历史不是一项进行盲目选择的事业;他们都区分了内在历史与外在历史,虽然黑格尔以某种方式把这两者联系起来了,而海德格尔却没有。他们两人都把思想看成是回溯性的,认为思想通过聚集过去而为未来开启了一条道路。他们一致认为,在历史中出现的这种聚集共在并不是我们作为个人而完成的某件事;不论我们是否愿意,我们都会被聚集起来。

在这一聚集过程中,古希腊起点起着一种决定性的作用。对于海德格尔来说尤其如此。这个起点开启了我们所追随的那些可能性。居有的直接性与统一性是不可能被克服掉的。而对于黑格尔来说,古希腊起点则仅仅是一个更大发展过程的一个部分而已,通过这个发展过程,西方历史就得以与世界其他部分联系在一起了。如果说,他的世界性目的论的统一性如今看来是难以接受的,那么我们或许就应该同样如此看待我们在海德格尔那里所发现的那种具有相反性质的统一性。虽然海德格尔选择了各种统一化命运之间的非连贯性，但正因如此，他也就无从谈论相互作用的发生了。这也许是因为这两位思想家都过于看重统一性。[16]

海德格尔会坚持说，我们所经验到的这种直接的和统一化的授予过程不应被理解成为某种似乎永恒在场的实体。而且，它也不等于那种从某种空洞接受中追溯出可能性的行为。诚然，这个开启给我们的世界是包含在本成事件的全部差异与否定之中的，这一点在《同一与差别》以及那些有关四重整体的段落中得到了很好的描述。然而尽管如此，那个被开启出来的世界却仍然保持了它的总体统一性和直接给定性。海德格尔一次又一次地实施他的返回，目的是想表明，即使在那些可被归入形而上学传统的文本之中，也可以发现揭蔽及其自我遮蔽过程，只不过它们在此是作为未被道说的和未被思及的东西而被暗指到的。他的那些解读就停留于被开启出来的世界的统一化意义与此一世界的自我遮蔽性开启过程之间的对立之中。

"黑格尔"正确指出，当海德格尔把对这个开启过程的某种形式化描述与在每个历史时期或时代中所发现的那种直接的与统一化的召唤或意义并列起来时，他就犯下了某种错误。

海德格尔的意思并不是说，这种返回是一种凌驾于世界之上的元-立场。据他说，它可以把我们带到这个围绕着我们的世界的发生过程的切近处，使我们向天空与大地敞开，并让我们在我们最深层的召唤性中经验到我们自己。但是，所授予的东西的直接性和统一性——它们对于海德格尔实施那种返回是极为关键的，却产生了这样一种效果,即:使我们半途而废,并使返回成为向具有某种优越感的立场过渡的行为,从这个立场出发,那些质朴的人如科学家与政治家就可以得到关于他们到底在干什么的教导。海德格尔的寂静无为以及关于我们软弱性声明的自恋语调,就源于所授予的东西的这种统一性与首要性。它们使他的行为看起来就像是一个先验(a priori)哲学家,先于时间地得到了承诺:所有受到他注意的现代性现象都是完全听命于普遍化强制的召唤的。

因此,即使站在他自己的立场上来说,海德格尔对现代性的克服似乎也并没有取得成功。我们并没有得到解构性生存的允诺,而且我们也没有摆脱那种左右摇摆的现代处境,仍徘徊于那些我们只须接受的东西与那种间距性的先验自我观这两者之间。也许,关于我们的处境,还有更多的东西有待思考;关于我们在黑格尔和海德格尔那里所看到的以及他们在相互批判过程中也遵循了的那种策略,还有其他一些使用方式。

我们能否想办法既避免标准的现代性自我描述和黑格尔式的总体性,但又不收场于海德格尔对统一性的强调,不收场于他用其先验方法在海德格尔式的条件与日常事件及传说之间放置的保护性绝缘层呢?

第十一章　进一步的探讨

我们首先考察了现代性标准的自我描述及其基本二分法，接着我们又审查了黑格尔和海德格尔把现代性定位于一个更大的背景域之中的策略，正是这一背景域既使现代性得以可能又使其主张受到限制。在上一章，我试图通过对这两位思想家的比较和对照来揭示他们方案中的困难并为进一步的探讨指出方向，在本章中，我将概述我们如何能够以一种从黑格尔和海德格尔那儿学到的但又并非与他们完全保持一致的方式，开始思考我们的现代世界。在下一章，我将考察现代世界中生活的某些含义。

我们可以分别利用黑格尔和海德格尔来凸显他们彼此的问题，但这并不意味着可以通过某种综合想像力把两人的所有优点都整合起来，我们不可能从某种中立的视角出发把黑格尔和海德格尔综合起来，或者是把他们带入某种黑格尔式的总体性之中。他们两人都认为，不应把现代性通常的二分法看作是生活和思想的终极前提，然而，关于如何描述我们的真实背景域，他们却是有分歧的。

如果我们无法将黑格尔和海德格尔综合起来，那么我们也不可能从他们中挑选一个人来拯救我们。黑格尔并未实现他的支配一切的总体性。海德格尔正确地指出，黑格尔体系囿于一种离散性和时间的"被抛性"中,这一体系不可能通过中介把离散性和"被抛性"转变成自我透明性,而海德格尔却始终以自己的方式被束缚于存在的某种统一性和直接性之上,因为这种存在是作为澄明的空间而被授予我们的。然而,我们也不应费心去选择一个而放弃另一个。直接接受某些带标签的观点并不是我们的任务之所在。在某些特定领域,如在科学哲学中,对某些问题也许是可以作选择性分类的,而且这些选择或许还具有较大的意义,比如说在伦理学中,但是,思的总体任务并不是选择填空,即在含有时下各种标签的选项中挑选一个正确答案。我们从与黑格尔和海德格尔的遭遇中所能学到的东西是这两位思想家所共享的总体策略——其可能性与缺陷。

因此,对我们的思考来说,问题在于:如果我们同时赞同黑格尔和海德格尔的说法,即标准的现代性自画像是不准确的;而关于何谓成为自我这一问题,出现在韦伯的阐释或者其他现代说明中的那种独具特色的二分法并不是终极性的;各个现代自我存身于更大的背景域之中,而这一背景域是不可能根据现代自我的术语得到描绘的——如果我们对这一切都持赞成态度的话,那我们该如何思考那个更大的背景域呢?这也就是说,我们的思考如何才能既避免黑格尔的支配一切的总体性,同时又避免海德格尔统一化的先验条件呢?

深层条件与历史

在此,黑格尔可以给我们一些提示。他把一切都纳入到先验王国之中去,从而极大地推进了先验运动,他的体系的支配一切的统一性克服了形式与内容、事物与表象之间的区分。尽管当他想从实践上把体系的必然结构与这些结构在体现过程中的不可避免的偶然细节区分开来时,他遇到了一些麻烦,但这种区分既非康德在经验与先验之间所作的那种区分,也非海德格尔在本体论的与实体性的(ontic)东西之间所作的区分。黑格尔的区分完全处于先验思想的王国之内,这一思想最终把一切都吞没于自身之中。

如果将这种二分法的一个方面消解了,那这留给我们的也不会是一个原封不动的另一方面。当黑格尔把一切都纳入到先验王国之中时,这个王国就不再面向它所制约的经验领域或外在领域。没有一种结构仍将建立在这种终极性对立的基础之上。

虽然我同意海德格尔说黑格尔的总体性是失败的,但我们也从黑格尔那里得知:抛开海德格尔的如意算盘不说,他同样也依赖于某些他决心要避免的那种对立。对先验分析而言,也许应该是:要么包含所有的对立,要么就去除所有的对立。在海德格尔努力避免康德的主观主义和黑格尔的总体性的时候,他依然受制于一些关键的对立:形式与内容、本质与非本质以及统一化的一般条件(某时代的解蔽样式)与受到制约的多样性(所有这些都发生在这个借助于那个解蔽样式才得以可能的时代之中)。

正如黑格尔的失败所昭示的,如果我们不能使先验领域既独立又完整,那么我们所需要的行动,也许就恰恰不是海德格尔的返回,而应分两步走:第一步是与黑格尔一起弱化先验与经验之间的差异,第二步是放弃仍然出现在我们的这两位德国人思想中的统一性和总体性。我们需要维护的是海德格尔对离散性和时间性的强调，而不是他关于统一性和直接性的思想。这样，我们所看到的就不是仍被看作是与某种可能的深层条件相对立的日常性和经验性，即不是那种古老划分的任何一面。

我们在本书中经常提到这种转向。我们业已指出，这两位思想家在处理他们的叙述与正在发生着的日常历史事件之间的关系时，都是困难重重。无论如何，技术、艺术、科学、政治和经济等等的细节内容都应是更为相关于关于时间和存在的总体理解中的变化，并非只是依赖于这些总体理解。新的政治、科学以及宗教并不像表面看来的那样；似乎可以还原为由希腊人或黑格尔的单一逻辑序列所授予的那种单一命运的产物。

无论是海德格尔还是黑格尔，他们在讨论历史时都运用了本质与非本质之间的区分。海德格尔对西方的论述常常具有一种还原论的性质，因为他竭力把一切事物都纳入到那些在开端处就已被授予的东西之中去；在此过程中，他并不去寻找新的开端，或者说，他从来都没有寻找过对存在的多样性理解。在时代与向其条件返回之间的比照同多样性的开端并不是一回事。虽然对于黑格尔来说谈论新的开端要容易些，但他仍要求这些开端必须符合一个必然的、统一化的最终叙事。

这两个人都相信，他们所发现的条件完全优先于任何日常事物。也许，我们应该以这样的方式来思考多种多样的活动领域及其种类繁多的变化，即没有任何东西是第一性的，而在与他者之间的关系问题上，没有任何东西具有纯粹的能动性，并且不存在任何单一的深层条件，这就是说，历史并不是在场的某种最初的或最终的授予的实施过程。[1]

如果我们放弃先在的和统一的深层条件这一概念（无论是在黑格尔还是在海德格尔的意义上），日常历史连同其全部偶然性就会发挥作用，我们发现自己置身其中的各种可能性领域就不会像海德格尔所说的那样，是直接得到授予的，也不会像在黑格尔那里那样需要经过总体性的中介。这些领域再也不会被统一进精神的某种单一授予过程或单一形态中，我们可以用各种各样的方式来探讨它们，而这些方式都不必诉诸某种深层的或总体化的叙事。

黑格尔超越偶然历史的多样性的企图建立在对更为完满的合理性和统一性的追求的基础之上；而至于海德格尔的某些动机，珀格勒则在其论述中指出："海德格尔是一个天生的神学家，但他却变得无家可归，他转而反对历史学家和语言学家，因为他们把当下和未来的使命（在荷尔德林那里，这一使命再一次成为对神的言说）改变为指向我们的一种文化史和文学史——已过去了的和已完成了的——的通报"（珀格勒，1982，第48页注释6）。

在没有总体性目的论或黑格尔式发展的情况下，在缺乏海德格尔式的统一化时代的情况下，思考我们的处境到底意味着什么？我们是否能弄明白这样的观念，即我们的世界在任何层面上，不论是在前范畴层面还是在范畴层面上，都不是一种统一化的总体性？让我们"一路向下"地设想一下多样性，我们就会看到，这种多样性具有许多部分的或总体的可能性领域，这些领域偶然地合在一起，向我们提供了这种我们发现自己总是已经活动于其间的处境。

辩证法与现象学

我业已对辩证法与现象学之间的相对优先性这一经久不衰的问题作了论述。现象学工作始于胡塞尔对感知的分析，这一分析根据的是在可能性行为和表象视域的基础上出现的物体的侧面像（profiles），海德格尔对"世界"的讨论采用并深化了这种分析。在这一模式下，谈论我们在众多世界中的同时寓居几乎是没有意义的。我们也许可以言说在不同世界中的生活，比如说科学世界和常识世界，但这些只是对我们所具有的那种更为原初的寓居的说明；我们也许具有许多从我们的生活世界的更为丰富的背景域中所衍生出来的明白无疑的理论和范畴系统，但这并不意味着这个世界具有无限的丰富性。对事物的一切解蔽都是有限的，即便是在前范畴层面上。我们的世界并不是一个所有可能的范畴系统都可以从其推演出来的模具（matrix），比如说，我们就不可能以古希腊的方式进行思考，因为那是一个不同的世界，尽管这一世界与我们自己的世界是有关联的。而至于古日本人的生活世界，则具有一种更深层次的不同性。

对海德格尔来说，事物与人的居有性共在之解蔽始终是有限的，这种解蔽作为一个整体是可以发生变化的，例如希腊人对事物存在的理解就转变成了罗马人或基督徒的理解。当我们说生活世界为我们提供了丰富的开端，从这一开端中我们可以具体说明或追溯出那些带有较多限制的概念化过程时，这就带来了海德格尔误解的基础。他认为，存在着对事物的本质某种永恒的基础性揭示,而一切历史性的世界都来自于这种揭示。然而,解蔽的有限性在每一层面却仍然随处可见。

在《现象学的基本问题》第 21 节中,海德格尔讨论了我们生存的基本的时间性,且指向一种他所谓的视域图式(horizontal schema),正是这一图式规定了每一次时间性出神(ecstasis)的含义。他所谈及的特定类别的在场(工具的上手性以及对象的中立在场)是在场图式的诸个变种,这些变种为在场时间的维度提供了一般性的"往何处去(whereto)"。我们不清楚的是,这种在场图式是否具有如此的一般性,结果使得所有的时代变迁都成为它的亚种(subspecies),或者说,它是否能够自我变化。尽管海德格尔后来改变了他的术语,但一元论的视域这一基本隐喻仍将影响他对世界和时代统一性的探讨(参见:萨利斯,1983)。

借海德格尔的早期术语来说,我认为我们的时间性图式在此时此地具有多样性,但并不拥有系统的统一性甚或具有一张齐整的和独具特色的统一性的清单。也许存在我们在世界上的居有这个很普通的事件,但是,不论从何种实用性的意义上来说,我们赖以生存的多样性的行动和含义都不是某种一般性在场视域的亚种。[2]

在使用视域隐喻及其统一性和特许性指向时应慎之又慎。我们的视域是多重的,这种多样性本身不是一种出现在某个最终的统一性视域之内的集合或系统。从这个意义上来说,黑格尔的那个交互构造与相互渗透的形象比海德格尔所使用的现象学形象更加有用,不过,当前者被切断与封闭体系的关联时,它便会失去其特定的黑格尔性质。

如采取一较为辩证的思考方式,我们就会发现,我们寓居于这个世界并不需要这么多的先在统一性,尽管随着辩证法的演进,这种统一性也会得到发展。黑格尔为我们有限在世中的多样性与张力留下了余地。也许,海德格尔在实践中为当前多样性所留下的余地——比如说当他欣然去讨论本成事件在同一个时期之内的不同转向时(如荷尔德林与黑格尔),比他在论述占统治性的普遍化强制时所能允许的要多得多。然而,当前的张力或多样性通常却似乎变成了下列两类人之间的一种对比:一类人像黑格尔那样完全听命于时代的召唤,而另一类人则像荷尔德林那样完成那个返回(step back),并揭示出他们那个时代的那些更为原初和更为极端的可能性,并以此来作为在场的一种有限的开启。[3]

黑格尔的辩证法没有使用事物以视域为背景的呈现模式,事物呈现的空间通过多层次的张力和相互作用(最终通过在逻辑序列中所描述的差异间的自我关系)而保持敞开。黑格尔的精神形态在自我回归中具有内在的对立和张力,那些多样性的要素彼此作用,结果形成更为丰富的总体。打个比方说,空间的敞开是通过诸要素之间的辩证关系进行的。它并非处于一个授予过程(这一过程与诸要素在一起但却比它们更为原初)之中。实际上,原初之物就是这种使诸要素发生相互联系的运动,这一运动在最后的阶段与自身取得了一致。

在把诸世界之间的细微差别联系到根本上只有一个世界这一事件之上,黑格尔比海德格尔付出了更多的努力,但辩证法总归是在统一性和自洽性(正是它们赋予了序列以必然性)的标志之下运作的。黑格尔对内在张力和多样性的强调最终还是从属于一元论的体系。

海德格尔常常说,黑格尔的体系需要一个空间,这个空间由在循环的无限性和自洽性意义上对存在之理解的授予过程所开启。在黑格尔的意向中并不存在先在的空间。在绝对知识中所获得的精神运动不是事物呈现于其中的最终视域。虽然"具有视域"这一事件是通过这种运动才得以发生的,而且这种运动的绝对形式也能够为我们所认识,但与其说这种绝对知识包含了某种最终的解释性视域,还不如说它包含了对拥有一个世界这一事件的运动过程的自我意识。

诚然正如海德格尔所指出的,黑格尔过分依赖于那种并没有被充分地包含在循环的体系中的时间与存在的意义,但我们不必像海德格尔那样把这种意义看作为一种视域的意义——黑格尔的工作虽然在这一视域内展开,但他对此却没有给予充分的讨论。这样的理解本来是能够成为在各种可能的多样性和张力中(黑格尔发现自己已经活动于这些可能性之中了)的理解的。如果说这些可能性由一元论的授予过程所开启,那这是用未经证实的假定来证明辩证法和现象学之间的相对优先性问题。

我们能否在这样一种背景域中来思考我们的内在性,即:我们总是已经发现自己活动于这种背景域之中,而且与现象学的一元论视域相比,我们在这种背景域中的活动方式具有着更多的辩证法的多样性,但与此同时还可以避免黑格尔的闭合性和自洽性?正统的黑格尔路线是不会这么做的;闭合性和自洽性是黑格尔逻辑的核心所在。所谓"开放的黑格尔主义"永远是非黑格尔的,尽管它可能更符合我们的处境。

打开黑格尔的闭合性有好几种方法。从根本上来讲,可以通过重新引入形式和内容的区分来开启黑格尔。第一个方法是把黑格尔的目标转变成康德意义上的规范性理想(P. 利科把这一点看作"后-黑格尔的康德主义")。人们可以从黑格尔式体系的完成过程出发来进行思考,但永远要为自己留下碎片。从这样的视角出发,虽然根本不可能到达某个最终的时代,但终点却是永远在场的,即作为一种决不会实现的意向。

第二个方法(譬如,我们在 R. 布代那里可以找到)是使每一个时代都成为历史的终结。对于任何一个时代来说,黑格尔的体系都可以在原则上被看作为可完成的,但是,一旦直接的文化现实发生变化,即当自在(*an sich*)的东西要被改变为理性的东西时,这一体系就必须从头再来。精神一方面总是与自身达成一致,另一方面又总是超越它当下的自我理解,且暗中发生变化,而这些变化只有当其后来继续发生时才能为我们所捕捉。

我的建议是,我们应该进一步加强对统一性和自洽性的抨击。对研究我们的展开性生存的多样性而言,总体化的目标只是一种可能的策略。我们发现,我们自己置身于这样一些事物之中:它们的意义位于多种多样的可能性的网络之内;这些意义并不是首先清清楚楚地被划分开来,然后再以一种规律或理论才具有的清晰方式彼此关联。没有一种方法可以对这种多样性的要素进行计量或把它们束缚在一起;这些要素并不像清单中的各个项目或者某个系统中的各种成分那样彼此并立,而且,它们的同一性条件也随相互构造的关系的不同而不同,这些关系不是总体性的,也许,在所有的方向上它们都是不一致的,可它们却影响着我们的自我理解。

我们的寓居背景域,既不会以各种黑格尔和海德格尔的方式被同一化,也并非由主客关系所建构,并进而以现代方式无差别地开放出来。对这一背景域诸维度之间的相互作用而言,辩证法可以成为一种有益的模型,但是辩证法若缺乏黑格尔的封闭结构就会变得相当含混,因此称之为"多样性"或"相互构造"(mutual constitution)(甚或"琐杂性"[bricolage]——如剔除其那种人为含义)可能也行。

这并不是一个我们可以从中汲取我们想要之物的大杂烩,也不是某种我们可以随心所欲地加以切割的连续体。我们所说的并非是柏格森的那种先在于一切区分或差异的丰富和完满之物,这样的定义将会使它成为一个出自自身面向自身的实体,成为某种在其丰富的流动性特征中的确定之物。

我们的背景域既不是某种先在于我们所造成的区分和关系的东西,也不是在这些区分和关系面前保持中立的东西,但它更不是某种通论的或系统的意义上的多样性。若是以上任何一种情形,自我就会作为一个已然独自完成了的实体,而对这一同样作为已然独自完成了的实体的背景域发生作用。这样,主客关系将会作为我们介入世界的结构而重新得到确认。把这一世界或背景域看作是等待我们对之有所作为的对象是错误的。我们是通过在这一背景域中的居有才作为自我而存在的,而这一背景域也是通过这种居有(appropriation)才"是"其所是的。它们彼此需要;它们的发生这一事件并不是两个已然各自独立完成了的实体之间的关系。

对多样性的思考

在本项研究过程中,一再出现的问题是:当我们对那些将要在我们的特定世界中存在的东西作出思考时,我们能否不把这看作为对某种更为广阔的可能性领域的一种限制。黑格尔与海德格尔两人都希望做到这一点。黑格尔逻辑的支配一切的统一性打开又关闭了各种有限的可能性,它没有通过对更为广阔的领域进行限制来创造这些可能性;海德格尔的本成事件让事物和我们自己以一种离散性的归属共在(a dispersed belonging together)方式彼此相对,这种共在既不是某种充盈的或总体的在场的对立物,也不是对后者的一种限制。黑格尔和海德格尔两人都试图通过对我们与时间的某种特殊意义上的关系的思考来研究我们处境的确定性问题,但是,在我们的时间化过程的离散性是否比普遍的东西在逻辑上的自洽的统一性更深刻这一问题上,他们的意见是有分歧的。海德格尔对这一分歧作了总结:对黑格尔来说,概念是时间的力量;对海德格尔来说,时间是概念的力量(黑格尔:《精神现象学》,第143—145页)。如果我们撇开下面这一问题不论,即:海德格尔仍使用这些术语来把时间与黑格尔的普遍的东西对立起来这种做法是否正确,那么,我同意海德格尔的说法,也就是说,黑格尔的思想植根于一种时间性的离散状态之中,而他的体系对这一离散状态本身却是无法加以把握的。[4]

我们能否以一种比海德格尔更为多样化的方式来思考这种离散状态?把我们自己设想为对寓居的有限性的重新发现和接受

第十一章 进一步的探讨 373

（我们总是发现自己已经活动于这种有限性的寓居之中了），这似乎有望成为间距性自我这一标准的现代图像的反转。但是，在作如此思考时，我们难道没有预设一个统一化的含义以便构造出那个开启给我们的空间吗？把多样性引入到我们在世界中的居有中去的任何尝试似乎都有这样一个要求，即：各种可能性领域都应是对某种更为基本的澄明空间的某些限制，而这一空间自身则是由某种总体性意义所统一起来的。多样性究竟怎样才能**作为多样性**而为我们所体验？"多样化世界"似乎是一个矛盾。

谈论多样化的世界确实是有问题的，因为这使得多样化的世界听起来像是自我闭合的。我们的任务不是思考我们如何能够同时生活在几个世界之中，每一个世界在自身的意义上都是完成了的；我们的任务是思考我们生活于其中的世界如何才能少一些统一性，而多一些内在的多样性，且不再由某单一基本空间所构造。

根据多样性进行"一路往下"的思考是很困难的，总会存在这样的危险，即我们又会回到标准的当代图像上去。这种多样性能够共同降临的惟一地方，这种多样性**确实成为**多样性的惟一地方，似乎就是如此展现在我们前面的一个地方：在此，我们被定义为形式主观性，这些主观性面对着进行联系和判断之可能性的多样性。如果我们不保留海德格尔的深度授予过程及其统一化的开放空间，多样性还能在别的什么地方成为真正意义上的多样性吗？

或许，我们可以对黑格尔进行改造：是否可能有某种运动，它即我们之所是，而且这一运动打开却又关闭多样性的空间，但同时它又不包含那种把形式与内容的区分当作终极区分的设定？这种运动不会是黑格尔的自洽性的总体化过程。这可能类似于海德格尔的时间性离散状态,这里的描述仍然采用了海德格尔所使用的形式与内容的区分,但已不再强调海德格尔表述中始终存在的统一性和直接性。我们能否既保留海德格尔的这一观念,即我们总已发现自己活动于一个可能性的世界之中,同时又能把多样性的概念加入其中?

至少在描述的第一层面上,这似乎成了我们的处境:被抛以各种不同的方式同时得到了筹划,这些方式之间没有明显的、必然的和深层的关联性。如果理解完整的话,那么这样说便是正确的:我们是多样性的统一之点,但这并不是由于我们是间距性的主观性,且多样性就在这种主观性面前聚集在一起。

只要我们力图把自我想像为某种与一系列可能性或多种多样的可能性相遭遇的实体,我们就会踏上属于现代性的道路。让我们反过来设想一下:我们发现自己身处其中的多种多样的可能性领域并不是被给与自我的,而是自我成为此在首先就须得到允诺的东西。因为要有自我,活生生的过去、现在和将来就得在事物的在场中相交,并且作为事物的在场而相交。没有自我,这种相交就不会发生,但是自我并不是这样发生的:首先作为一个空洞的场所,然后再通过建立确定的有限可能性而得到充实或自我充实。根本不需要一种深层统一性。

例如,我们可以来考察一下我们对母语的使用。言说者和语言不是作为后来才结合在一起的分离实体而存在的。语言不仅是一系列对发展和流动敞开大门的规则和历史事实,而且也是一系列带有过去的言说方式并对未来作出选择的言说者。尽管语言可以通过这些方式得到研究,但这仍是一些抽象。语言的具体实在性在于它是一个系统的运动过程,因为它随言说者以一定的方式对未来保持开放而存在。同样,言说者的具体实在性也在于,他们是作为其语言系统的"已然存在物"及随之而来的各种"可能性"中的被抛者和伸出者而存在的。复杂的历史以及各种各样的偶然事件一直在修正着语言的已是和语言的将是。在相互对立的方向中可以存在许多变化,没有一个万全之策来把语言的变化同社会、价值和品味的变化、流动和压力分割开来。言说者存在于这种多样性之中,但他不会成为间距性的主体,也就是说,不会有各种各样现成的"已然存在物"和"可能物"等着他去裁决。

多样性的另一个例子可以在科学的运动中见到。黑格尔把科学看作是朝向总体真理的累积性运动,尽管自然科学绝不可能获得完全的哲学合理性。海德格尔则走向了另一个极端,即几乎是总体的非连续性,比如他声称,我们不能说亚里士多德的物理学是错误的,因为它处于不同的"自然"涵义中(《关于事物问题》,第62—65页/第80—85页)。然而,即使在这种涵义之内,亚里士多德对抛物线运动的探讨在解释某些种类的事件时仍是不充分的。他的后继者们认识到了这一点并试图对这一理论进行修补或扩展,而他们的努力则为创造导向新科学的张力提供了帮助。多种多样的影响会聚于此,如有神学的动机、实践的动机、军事的和政治的动机,还有领袖人物方面的个人动机。在各种影响和生活的诸多领域的多样性中,所有这一切都在某种意义上发生相互作用;科学家并不是一个所有这些影响都被提交给他的间距性判断者(a distanced judge),相反,科学家是一个被抛进这些领域中的人,这些领域绝不可能被统一起来,甚至对各种不同的影响和可能性的清晰描述也做不到。新科学的效应之一是重新规定如何把生活的某些领域彼此区分开来,哪些算作科学领域,哪些算作神学领域。科学并不进入到某种在先验性上得到建立和划界的领域,它只是任其自然地存在着,就像我们在多样性中那样任其自然地存在。在多样性中,没有任何东西具有毫无疑问的优先性,不论是神学陈述还是亚里士多德的话语,不论是证明和观察的结果还是这些事物彼此之间进行区分的方式,更不用说总体背景域了,因为作为整体而呈现的总体背景域并不存在。

看来,对科学来说,或者对任何其他的生活领域来说,不存在事先规定好了的本质,也不存在把这种或那种同样独特的领域永远拒之门外的界限。我这么说并不是认为,我们称之为科学的东西会逐渐变成某种我们现在以其他名字,比如说神学,来称呼的东西。另一方面,我的意思也不是说,科学可以通过把一切都还原成它现在所从事的事情来得到扩张。我想说的仅仅是,各种领域的当前群集以及对我们身处其中的各种话语和实践的限制既不是一成不变的,也不是通过一种我们现在无法超越的授予过程而为我们当前时代所建构的。然而,当前的这种群集也不是某种我们想让它发生变化它就会变化的事物。与此(在黑格尔的正面意义上)密切相关的是诸种结构,我们正是凭借这些结构彼此确认并成为我们自己的。这些结构接着又会协助构造出我们世界中的力量与体制稳定性之间的各种关系。

我想说的是,我们以及我们在其中发现我们自身的多种多样的可能性允许彼此作为生活时间的具体运动而存在。若果真如此,那我们就没有必要使多样性从属于间距性现代主观性。为了使多样性能够聚集在一起,并不需要任何先在的场所。我们曾经问过这样一个问题:"多样性作为多样性而存在的场所在哪里?"然而,这个问题现在就显得有些模棱两可了。一方面,多样性就存在于我们的前概念生存之中,对我们生活的时间性而言,它并没有统一化的意义授予过程;另一方面,只有当我们在理论或实践中对意义和可能性的不同领域和方面作出说明或划分时,多样性才能作为其本身而存在。这一点并不是从那种间距性现代视角出发来完成的,而是从内部出发完成的,并不存在着任何一种关于整体的特许性观点。

自我的统一性

如果我们坚持认为这一切都不是通过间距性的现代主观性发生的,那么自我的统一性到底是怎样发生的呢?如果我们是存在于这些不同的领域中的,那么我们为什么没有被撕裂成各种不同的人呢——现在是一个科学人员,过一会儿又是一个经济学上的消费者,星期天是宗教人士,其他的时候又是一个先验哲学家,而且在他们之间没有或几乎就没有沟通?五百年前,或者在中国,会对这些角色作不同的分配。如果下面这一点是错误的,即在我的所有的角色和面具之上不存在一个在形式上得到规定的自我(它的作用在于使它的任何愿望最大化),那么,我为什么没有被撕开并被还原为一堆面具?

这个问题基于误解之上,它假定这些领域每一个都是完整的世界,而我认为,我们在所有的层面上都应拒斥自洽性。如果说不存在一元的时代性的授予过程,那么也不存在自我闭合的小型世界和完全被隔离开的语言,不存在对意义和行为进行完全限制和规则制约的领域,每一个方面都是一个我们能够活动于其中的可能性的小气泡(bubble)。这一形象需要一个先在的空间,以便在其中对气泡进行定位,否则我们就没有任何办法讨论被分配在各个气泡之中的自我。虽然我们需要把多种多样的总体性逐一打开,但没有必要把它们看成起初是闭合性的然后再把它们打开;然而,我们却常常把它们看作是闭合性的,这是一个错误。

维特根斯坦的语言游戏和生活形式有时就被看作是各自封闭在其自身的统一化领域中的,由于每一个在自身中都是完整的,于是就出现了关于语言和生活的统一性问题,有些思想家为自我的破碎而欢欣鼓舞,而另一些则为此扼腕叹息。当"概念的构架"被看作是自我闭合的时候,类似的问题也会出现。但是也许我们不该把受到规则制约的、对我们活动的形式化过程看作是我们生活于其中的所谓的结构。由一系列清晰的规则所支配的东西存在于这样一种背景域之中,这种背景域不会为这些规则所制约。总会存在这样的空间,可以使规则打弯,可以创造隐喻并制造出符号之间受到禁止的联合(参见利科,1977;卡普脱,1987)。根本不存在一组能够对终极背景域进行制约的最高规则。

在我们所讨论的事情中,没有任何东西是自洽的和自我闭合的。这一陈述是黑格尔下列主张的回声:无物不间接。存在着多样性、偶然性以及背景域,可以一直罗列下去,但就是不存在总体性。

这就意味着自我的统一性问题已经变得不那么急迫了,因为没有任何总体能够把自我囊括其中。自我也不是一个自洽性的实体。所有这些都不会阻止我们对各种各样的统一性和总体性进行尝试，只要我们意识到这些结果将会成为多样性中的另一个因素就行了。我们不应该把对总体化的努力与总体性的获得混为一谈。我们的可能性的任何一个领域都不是一个自洽的整体，把这些领域加在一起也不会形成这样一个整体。我们这些现代人甚至可以尝试去创造一个经过纯化的自我或者是使之体制化，只要我们意识到我们既不可能从"这一"总体性的背景域中脱身而出，也不可能达到对这一背景域的控制。根本不存在总体性的背景域，但总会存在着某种背景域。对自我的纯化并不是一种纯粹行为。

多种多样的方法

所有这些都暗示了一种对我们自己和我们的背景域进行思考的方法，这一方法虽然不是标准的现代图像，但它既避免了黑格尔的闭合性又消除了海德格尔置于先验性条件和日常事件之间的保护性绝缘层。我们所具有的是自始至终多样性的背景域。一种无限的分析取代了海德格尔对召唤（它使我们是其所是）的追溯。[5]

我们所能说的东西是不会有终结的，因为我们活动于其中的含义背景域并没有提供任何最终的统一化条件或视域。对我们的分析而言，不存在一个特许性的方向。我们所发现的任何东西都可以在其历史、结构和考古学方面得到比较、对照、描述和研究——因为根本不存在作为整体的观察，不存在最终的分析方法和结果。这些结果可以通过其他的分析方法进行重新描述；没有一种方法享有特权,也不存在一个对这些结果的先在性进行裁决的坐标。任何一种言说方式都不能根据原则而被自动清除掉,尽管有些人在对这些方式作了尝试并发现它们不能令人满意之后,会拒斥它们。(在我这样说时,我并没有对我在当前哲学的一些问题上所持的立场进行过多的论证,这些问题涉及:究竟是此一种话语还是彼一种能够抵制还原性的翻译。我刚才所说的话蕴涵了一种非还原的立场,但这种立场并不是一种具有本体论要求的立场,它既不强调某一本体论,也不把各种各样话语的本体论整合起来。)[6]

放弃这样的观念,即我们的世界具有深层的一元性意义,要比仅仅说出存在许多意义而不是一个,具有更多的内容,因为我们身处其中的各种各样的意义并不是闭合的和自洽的,它们以一种使人联想到辩证法的方式相互作用,就是说,它们的相互作用对它们的构造很有帮助。比如说,我们可以考察一下在不同时代科学、宗教和神话之间所发生的那种相互构造性的作用,同时我们也无须假设:它们的各种群集都被统一在关于事物实在性的某种深层理解中,或被卷入到某一个必然的辩证法运动中。

这就意味着,与海德格尔的直接授予过程相反,人与世界的共在性的内容含有某种中介的、生成的甚至是可解释性的维度。我们被抛进这一群集而不是另一个,且这一群集之所以表现为这一面貌,这一切终归都是偶然的,但是,我们对此能够说的东西比这要多得多。实际上我们对此能够说的东西可能是无限多的,如果自始至终确实存在多样性,如果这一多样性的每一个因素在某种可变的程度上都形成于其他因素或与其他因素的关系。

海德格尔从来没有打算让他的思想揭示根据或原因,他的思想所揭示的是我们处境的无根性,然而,这种思想却试图保留某种首要性。如果我们承认多样性并允许相互作用和相互建构,那么,根本就不存已被授予了的对我们时代的召唤,我们为先在性也没有留下任何空间——我们发现,海德格尔在他对我们能够告诉科学家他们实际上在干什么这一问题所作的评论中坚持了这种先在性。总有更多的东西需要说出来;不存在一个可以通过返回(step back)来揭示给我们的授予性空间。在总体上,我们仍然缺乏根据,但是在关于历史、功能以及其他一些类型的讨论中,还是可以找到一些局部根据的。这些讨论背负起了对我们生活于其中的诸世界的出现进行解释的重任,只要解释是恰当的——这是无法预先确定的,因为不可预料的新的言说方式也许已经向我们敞开。

不存在对分析方法所进行的线性排序,并通过这一排序来告诉我们,在对条件的探求中哪一种方法位于最远的后部;存在着的是诸多的方向,根本没有一个圆圈能够囊括所有的方向并把自己确证为独一无二的行为方式。所有派别的哲学家都喜欢玩弄这样的游戏:"我在最后面!我的回溯走到了你的回溯的后面。"黑格尔就有一个对所有其他的思想方法进行定位的元方法。海德格尔说,我们应该呆在我们所在的地方,可他随后却把他所揭示的一元论的授予过程用作为一种抵达细节之下或细节周围并走入所有其他思想家背后的方法。分析哲学在面对细节时做得是比较好的,但关于"我在最后面"这一游戏,它也有自己的版本。构造使这一游戏得以可能的空间并不是为了给出一个赢家。[7]

再论形式和内容

我刚才所说的话也许貌似有理,但或许也会自相矛盾。我难道不是在玩这种站在最后面的游戏吗?是的,当然如此。绝不玩这种站在最后面的游戏实际上就是主张:从我的立场来看,很明显,这种游戏不该玩下去了,因而我同时就在主张:我站得最后。没有任何办法可以避免提出这一类的主张或对其作出暗示,问题在于如何作出并面对这些主张。可以采取一种横向意识来看待这个问题:这种游戏本身就是局部性的,因此我们完全不必认真对待(这并不等于说我们真的就完全凌驾于它之上)。普遍性的主张自身就是局部的行为。

然而,我所提出的探索立场确实需要另一种区分,即形式化过程或运动与其(现在已是多样性的)内容的区分。把我们的存在描述为与多样性相关,这是一种相当形式化的说法。讨论生活时间以及我们发现自己总已置身其中的运动,这与黑格尔和海德格尔所玩的游戏一模一样。如果说某种东西是较为形式化的,那是因为没能从最远的后部中获得统一性或确定性的内容。黑格尔和海德格尔通过某种特殊的统一化内容以不同的方式克服了形式与内容的区分。如果我们自始至终都思考多样性,那就不可能存在这种内容了。

黑格尔和海德格尔彼此都发现,对方对统一性作了太多的肯定。一般而言,他们之间的相互批评是中肯的。然而,黑格尔和海德格尔所尝试的策略仍是有生命力的:它表明形式化过程与特定的内容之间没有区分,而且这一内容可以非常有用地被设定为我们生活、思想和体制中的终极目的。我曾试图仿效这一基本的策略。我一直在勾勒的这种运动,由于其多样性及特许性内容的匮乏,不可能在我们的生活中被设定为基础,我们也不可能在这一基础上对现代的间距性主观性作出规定。通过其自身,它是不可能给出任何生活形式的。

这种思维方式不会为现代的间距性主观性提供立足点。现代主观性需要把主客关系看作是我们与世界之间的关系的"这个"形式。现代主观性不仅是间距性的,而且还是统一化(unified)与起统一作用的(unifying)。也许其生活内容是碎片式的,但它意识到自己是一个形式上的统一之点,可以作出与这种统一之点相适应的行为:它或者是一个统一的自由抉择者,或者是一个使满足最大化的人。用包含多样性内容的运动来代替这一点并不会提供另一种能够用来对空洞的自我进行规定的形式。认识到我们自己被抛进多样性之中就等于认识到:我们如何伸展出去却又不会触及统一之点——这个统一之点就是我们先在的或终极的自我,或者说,只要我们还是如此这般的自我,它就是我们必须要采取的行动。形式地讲,在这种存在或行为中空无一物。正如我此前所说,成为一个被抛的筹划者并不意味着成为接受所有被抛物的筹划者。如果没有多样性的内容,被称之为我们的在世之在的形式化结构也就不会存在。有了多样性的内容才有了各种可能性,因此才有了诸种自我。在这里,现代风格的交互性确认的形式化模式不可能在此之上找到特许性的基础,对现代的、在形式上得到规定的自我来说,不存在任何纯粹的、把彼此确认为施行者的行为。[8]

关注差异

我的意见始终是,我们既要保留海德格尔把我们当作被抛对象的描述,又要保留他对事物以及事物的在场之间的差异所作的描述,但是我们必须把直接的和统一性的内容清除掉,因为这一内容允许他在存在史中探讨时代。我们可以更多地以黑格尔的方式讨论成为被抛进世界的对象的运动,但是其内容不再是总体的、深层的、统一的和自我透明的。海德格尔也许会把所有这些看作是对真正思想的放弃和对"心理主义"以及社会科学的屈服,看作是对本成事件的优先性以及本体论差异的抛弃。这种说法在某种程度上讲是正确的,因为我并不相信现代主观性能够从这种先验姿态(这一姿态蕴涵在海德格尔为避免多样性的影响和日常偶然历史而对事物的解蔽所提供的呵护之中)出发而得到克服。

但是对这一反对意见,我们还有话要说。心理主义常常意味着这样一种努力,即把事物的在场还原为心理活动在现代的和业已确定的主观性中的态度和信念的结果。这不是我的意思。关于我们身处其中的可能性领域的建构性作用,我们应该与黑格尔和海德格尔保持一致;这些并非由某个间距性主观性所提供或构造。我们没有通过心理活动而对我们身处其中的各种影响和背景域进行装配(assemble),事情正好相反:处于其伸展性存在中的它们(即影响和背景域)就是我们发现我们自己被抛的地方,尽管处于我们之伸展性存在中的我们也是使它们得以可能的场所。

如果接近社会科学就意味着拒绝这样的主张:揭蔽的某种先

验开启过程或黑格尔概念的绝对形式所给与我们的内容,总是以一种内在的和无法触及的方式,先于我们在社会科学中所发现的各种各样的描述和阐释,那么我就是应受指责的。然而,我的意思并不是说,我们必须把社会科学的阐释看作是终极的,我们应该接受经常在社会科学中出现的对总体性的含蓄诉求,我的意思也不是说,我们必须根据韦伯的方法论个人主义来思考自我。

仍然存在一种我们在其中实施返回的意义。把我们世界的发生过程与世界区别开来始终都是可能的。一旦我们用比海德格尔所能允许的更多多样性来作出所有的警示,我们就可以返回到我们与事物的相互居有、返回到世界在此存在这一运动上来。我们不可能像海德格尔那样发现在整个西方世界背后的命运,当我们承认普遍化强制并把它当作深层前提时,我们也不可能看见总体的现代性。我们所抵达的仅仅是人与世界在其多样性和偶然性中的共在性的发生,但这一点对自负的现代主观性仍然具有羞辱性的效果。

海德格尔对事物、事物的意义以及事物来自于揭蔽的呈现之间的差异进行了长期的、艰苦的思考。在我的建议中其实根本没有放弃这种差异的打算,但是也许我们应该把这种差异从康德主义的残余中解放出来,这一残余甚至在海德格尔那里也仍然得到了保留。康德坚持认为,经验范畴和原则依赖于纯粹的先验范畴和原则,这种依赖的方式不同于在经验层面上可能存在的任何一种逻辑的和说明性的关系。这些范畴和原则认可一种非历史的形而上学的自然。尽管海德格尔在这方面使康德历史化了,但他依然保留了"经验性"(比如现代性的诸现象)对"先天性"(普遍化强制）的依赖。这样，现代艺术事业就以一种独特的深度方式依赖于普遍化强制的召唤，为了使任何影响都有可能在对这个艺术事业所作的历史的、经济的和人类学的分析中得到探讨，这种方式完全先于并开启了这一讨论空间。在一定的时代中被敞开的领域内，所有的实体和行为都是这样。我的意见可以这样表述：保留本成事件但清除康德的先天，这一先天正是统一性的内容。但接下来，没有了这种内容，我们在讨论我们对世界以及与世界的相互居有这个问题时就必须非常小心地使用"这个"本成事件概念。[9]

黑格尔已经以自己的方式克服了这些对立，但他这样做所依据的是我们无法实行的总体化。尽管如此，我们还是能从他那儿了解到，让一切事物彼此相关比让它们处于海德格尔意义上的不可触及的对立要更好些。

当我们以这种方式解放了差异时，它就不再像在海德格尔那里出现"深度"。它不能告诉我们任何东西，它成为对世界在场的认可，这种在场不是某种深层的召唤，而是这块岩石的在场，这缕情绪的在场，这道数学题的在场，还可以是世界本身的在场，但不是"作为整体"或"处于统一的深层含义之中"的世界的在场。

黑格尔的绝对形式的运动已经为我们所知，但它不再作为一个静态的意识对象。命题给我们提供了对处于运动中的某物自身的运动着的意识，辩证法只有在一系列这样的命题中才能得到表达。即使没有黑格尔的宏大总体性（grand totality），我们仍然能够谈论这样一种运动着的意识。但是，既然在任何层面上都不存在自洽性，那么这一意识就始终是一种横向伴生物，而不是一种深度成就。它不会把我们提升到我们生活的多样性之上，因为找不到可以驻足的新空间。对事物及其在场之间的差异的肯定成了一种认可，这种认可穿透所有的话语，但它自身不会成为一种深层话语。我们可以在谦卑和同情中，在轻微的反讽中看见它的效应。

也许我们应该以某种海德格尔的方式思考我们目前的处境，海德格尔曾尝试性地展望了一个可能的非形而上学的时代，这一时代并不具有存在的总体意义，它惟一具有的是多样的且彼此相关的事物的在场及其对我们的各种各样的召唤。我们的现代世界以某些在场样式的力量和展开以及某些同一性模式的体制化为特征，但是，它们并没有在所谓的普遍化强制的先在性的意义上而成为先在的。它们位于多样性之内，但它们并不先天地对它进行控制，也不形成其隐蔽的统一性条件。[10]

第十二章 对现代世界的重新审视

在本书的开头,我们曾考察过现代性对自身的信念以及反映这些信念的社会科学理论,我们曾问过现代性的自我描述是否是对我们的处境所下的定论。黑格尔和海德格尔说不是这样,某种深层的东西正在发生着,正是它使现代性得以可能并对现代性加以限制。前面的几章追溯了黑格尔和海德格尔对现代主观性的探讨,而主观性存在于其中的背景域是不可能在标准的现代性语言中得到描述的。在同意这个总体策略的同时,我对我们如何在以下两种情况下开始构想这样一种背景域提出了一些建议,其一是在没有黑格尔的自洽的总体性的情况下,其二是在没有由海德格尔的返回观点所引入的统一化内容的情况下。在此总结性的一章中,我将考察一下这一点可能对我们世界中的生活和思想所具有的某些一般性的结果。

现代性与后现代性

如果现代性藉以描述自身的二分法确实是终极性的,那么就不存在让现代性走向终结的光明大道。一旦现代性被掏空,一旦形式从内容中被分离出来而且交互性确认的纯粹模式被体制化,你如何能够把这些分离物重新聚合起来？如果我们接受了这种标准的描述，我们就很难看出，除了我们的自我毁灭之外，现代性怎么可能还有其他的界限，我们也很难想像得出，我们怎么可能回归到传统的社会中，因为，正如我此前所证明的那样，自觉地向传统道路的回归并不是回归到传统社会，它只是现代人的自我创造的一种延展。

最近关于"后现代性"有很多探讨。在艺术、建筑、文学以及一般意义上的文化中的各种趋势现在都含含糊糊地贴上了后现代的标签，这一运动的主要方面仅仅是以一种新的方式重新确立了现代的间距和自我肯定，它常常重复的是这样一种现代的企图：看穿此前的传统，看穿以一种自我指涉的方式从零开始的现代主义欲望。但有时在所有这些当中存在着一个新的朝向多样性和形式的姿态。

J.-F.利奥塔已经赋予了"后现代"这一术语一个更加精确的含义，他声称后现代时代已经开始。在利奥塔看来，现代性以这样一种冲动为其特征：对世界进行把握和系统化，并通过在一个认知的和可控的系统中对生存条件的征服使人的可能性获得解放。对一个透明世界的总体把握的冲动不仅已经导向解放，而且也已导向恐怖和强制性的一致。我在第一章曾提到，利奥塔仅仅描述了我们对空洞主观性进行体验的诸多方法中的一种，但是他的描述肯定是现代性的中心课题。在利奥塔看来，间距性主体在知识和自由上的启蒙目标由于一种新的知识和技术而成为过时的东西，这种知识和技术越来越多地揭示和创造的是这样一个世界，在这样的世界中，我们的行进既没有一成不变的规则，也没有对我们的工具和语言进行控制所带来的令人安慰的情感。在这一世界中，那些指向总体知识的关于人类自由与进步的总体性的现代"元叙事"正在丧失其力量，留给我们的是许多小型的叙事，它们为各种各样的实践（以及科学的非叙事传统）提供了合法性，但是，我们对解决多样性叙事之间的争执的规则却没有达成一般性的统一（参见：利奥塔 1983，第 10、197—199 页；利奥塔 1984；利奥塔 1985，第 195—236 页）。[1]

技术、科学和艺术上的变化迫使我们调整我们在世界中的生活，在这一世界中，传统的意义已经消逝，甚至"自然的秩序"也已开始流变，这使现代性继续强调自我创造，但在这种情况下却没有了间距性主体来对这一切进行综合的审察和规划。

> 我们沉浸于信息、距离、速度、概念变化以及所有旧的认知符号的置换和去物化（dematerialization）等的非质料性之中：自然秩序、生产循环、性、金钱……。只要用眼睛巡视一下［就会发现］，我们是没有特质的个人，是不再寻求控制的个人，我们惟一的职责便是发明游戏的规则（舍奥费克亚斯，1985，ix）。

> 这种调整每隔三年必须重来一次……。在这种调整中，人不再是尺度（利奥塔，见于舍奥费克亚斯，1985，第 12—13 页）。[2]

韦伯在思考现代性时主张，在我们的生活中，使现代个人主义成为一种制度的社会变化和技术变化表达了我们生活中的某种根本的人类状况。利奥塔在思考后现代性时主张,技术变化和艺术变化打开了新的生活方式,这些变化揭示了我们的基本状况的真相,这种状况一直为关于宇宙和历史的安慰性的叙事所遮盖。然而,这一真相否定了韦伯的方法论个人主义。我们只有通过实践的多样性以及各种语言游戏才能作为个人而存在,这里没有任何形而上学的基础、中心或统一化的目标。利奥塔从笛卡尔和维特根斯坦那里借取比喻并对这些比喻进行了审察,然后他说,我们的语言(和我们的世界)像一座城市,它有很多的街区,其建筑风格各不相同,它没有一个总体的规划,处于一种内战状态中,根本没有不容置疑的权威机关或党派在不停地改变着街道和界碑的名称(1985,第236页)。[3]

现代性的阴暗面仍在威胁着我们:韦伯的幽灵,即那个使人麻木不仁的官僚机构,正在管理着一个仅由对行为与效率的考虑所调节的社会;资本的统治;所有的人类关系与文化都转变成了商品;以及表面多样性中的一个强制一致性的世界。我们仍然必须抵制捕获现实性并创造强制统一性的企图。利奥塔说,"让我们发动一场对总体性的战争;让我们见证不可呈现之物;让我们激活差异并拯救名称的荣誉"(1983,第81—82页)。为了做到这一点,我们必需超越那些伟大的自我强化的文化系统。现代主义艺术的奠基者们并没有去寻找实现那些正式目标的更好方法,乔依斯、勋伯格、塞尚以及其他人改变了艺术成功的含义,他们对艺术作了重新定义,他们开始了新的语言游戏,并因此见证了那种超越任何语言游戏而在欲望中显示其自身的东西。我们必须不停地寻找新的规则和新的生活形式,而不是局限于体系内部进行革新

(1983，第260页)。艺术是这种创造性的首要例证，但利奥塔认为，科学也可以形成一个不会与压制性的总体保持一致的"开放系统"(1983，第64页)。

我发现利奥塔的整个图景是很宜人的，而他敦促我们加以抵制的力量当然也是需要受到抵制的。但像海德格尔一样，他对现代世界的描绘要比它的实际状况更为统一化，结果这就使得后现代姿态过于老套。此外，他还赋予语言游戏和话语模式以过多的由规则制约的内在统一性。对他来说，必须受到尊重的是这些不同统一性之间的张力，而且新的生活空间也必须被创造出来。这一点类似于我此前曾批判过的那种多样性的世界图像或概念化的图式。由规则所制约的诸领域的统一性必然使得利奥塔不可能利用对我们置身其中的领域已经起着建构作用的多样性和张力，而是诉诸各种新规则以及新的话语模式的不断创生。除了他对科学所作的暗示性的简洁评述之外，他的建议具有太多的现代主义的要求，即在传统之外、在与体系的对立中进行创造。

如果现代性少一些统一，如果这里有着内在的多样性，那么也许就没有必要总是在外围进行活动了。并没有那么多要去逾越的清晰边缘，即使在那些威胁着我们的事物中，也存在着内在的张力和多样性。利奥塔抵制了需要抵制之物，但他也许对走在时尚语言之前并因此而加入到真正的先锋行列表现出了过多的关注。假如我们的多样性寓居的诸要素本身内在地就是多样的和充满张力的，那么便会存在自由和创造的空间，而无须总是走到外面，站在前列。[4]

我们的任务与其说是不断创造新的生活形式，不如说是在利

第十二章 对现代世界的重新审视

用诸形式的内在多样性和张力及其彼此之间的摩擦的过程中创造性地实现对现实形式的更新。C. 詹克斯在讨论后现代建筑时曾对这一任务作过说明,对他来说,离开现代性就意味着放弃纯粹普遍形式的梦想,返回到多种多样的大众语言。

> 当我在 1975 年和 1976 年开始写这本书的时候,"后现代主义"(Post-Modernism)这个词和概念只是在文学批评中才以很高的频率使用。正如我后来所意识到的,最令人不安的是,当这一概念所指的是威廉·伯罗斯的极端小说以及虚无主义和反传统哲学时,我们一直用这个词表示"超-现代"的意思。当我意识到伊哈伯·哈桑以及其他人的作品时,我用这个术语来表示所有这些对立面:先锋极端主义的终结,向传统的局部回归以及与公众交流的重要作用——还有,建筑是**最典型的**公众艺术(詹克斯,1984,第 6 页)。

某些后现代的建筑,尽管常常表现出一种过于简单的折衷主义,但体现的是一条走向形式统一性的途径。创造出来的空间并不认同许多"现代性"建筑的设想,即:占主导地位的纯粹形式须服从于一些重要的功能。新的建筑物所接受的是这样一种要求:与居民的语言和文化发生互动,而不是创造一个整洁的、崭新的和纯粹形式的世界。我们不可能摆脱业已发生作用的意义和行为的网络,甚至最纯粹的现代建筑也会在当地的象征网络中发现意义,形式上完美的办公大楼也许在人类的尺度上诉说着权力和蔑视。我们完全不可能避免我们已经使用的语言而开始一场新的游戏;先锋派也不可能逃脱自己的语境。当然,艺术家不必只是向我们重复我们已经对自身言说过的东西。地方性的传统可以得到翻转和更改,它的内在压力可以加入到游戏中来,它的界限可以超越,它的图式可以通过与其他图式的联结而得到限定。[5]这也许需要结构和意义的多种多样的层面,就像在音乐中常常出现的情况那样。或者,艺术家也可以反讽地使用地方性语言,但这种反讽不是对超我的反讽,超我看穿了当地居民奉为圭臬的东西。这将会对素朴传统与头脑清楚的现代人之间的差异进行重新确定,更确切地说,我们需要反讽和游戏,它们导向的不是分裂而是新的共同体,是共同对下列方面的令人悲哀的认可:我们都同处于多元性之中,不存在稳固的基础,我们知道我们的脆弱和力量。[6]

即使许多人对他们自身所抱的信念是错误的,他们怀抱信念这一点也是有意义的。现代性的自我描述可能是不充分的,但作出这种自我描述已经与现代性密切相关。元—立场、纯粹的合理性、形式分析以及创造形式上纯粹的制度的企图等,这些以及它们之间的权力关系都是处理多样性的方式,它们设立统一性这一极,在根据我们生活的"特定"形式对生活的取舍进行规定时,它们试图把我们的处境看作是一个整体。这种对我们的境况进行处理的方式从来没有像它企图让我们相信的那样占有完全的支配地位,但不论好坏,这种方式已经产生了巨大的影响。现代性在人类自由和文化方面的成就有目共睹,尽管在今天,强调许多现代性策略的不良后果已经成为一种时髦。

如果存在现代性的终结,这将意味着减弱那种自我描述的影响,它将不仅涉及到放弃现代的二分法,而且还涉及到放弃对纯粹的形式、一元性的视域、统一性的背景域和有保障的元立场等所进行的假定(因此也包括对某些常常贴有后现代标签的反讽的放弃);这将意味着对多样性(multiplicity)的肯定,在这里不存在"特定的"形式或方法,我们既不可能把它们看作终极之物,也不可能把它们用作供间距性主观性进行讨论的平台;这将意味着不存在让理性或认知去实施的某个惟一的使命,存在的是众多的使命,我们仅仅生活在局部的背景域中。由于这里鼓励的是多样性,这看起来可能像现代的个人主义,但它的基本态度是不一样的,它认同海德格尔的说法,即在实践和思想中我们应该抵制走向"形而上学"的诱惑,但同时我们应该认识到,形而上学永远与我们同在,永远具有局部的用途,用维蒂罗的惊人之语来说便是,不再把事物看作是"诸存在者"(l'onticizzazione dell'essente)(维蒂罗1978,第70页)。

后现代性讨论所预设的是,我们的时代具有足够的统一性,因此我们可以谈论它的终结。我所一直提倡的这种多样性不会允许这样一些最终的断裂。在我们的世界中有很多事情正在发生,对细节的考察是任何东西也不能取代的。但是,即使我们不提倡统一化后现代时代这一观念,仍然可能存在具有巨大意义的,甚至现在就在发生的差异和变化。

现代性与传统

现在我们可以看出,我们所探讨的观点对我们的生活来说可能具有这样一个涵义:根本不可能存在向一个崭新的世界解放的希望。作为整体的世界不可能存在任何改变，因为由一元的在场授予或由惟一基本的精神形象所建构的作为整体的世界是不存在的。存在太多不同的节奏、领域和可能性，它们不可能在倏忽之间达到顶点或走向完成，它们也不可能在它们自身之内达到总体的统一。

这可能看起来像是把我们囚禁在现代中，但事实上它要质问现代是否应该与此前已经过去的时代或随后可能来临的时代之间截然分开。难道现代真的有它自我描述的那么独特吗？如果我的建议得到更加彻底的思考，那么就会有这样一个效果：当我们向后看时，我们的视角改变了。我们不再在一个统一化的本质方式上把现代看作是与众不同的，因为根本没有让每一时代得以存在的本质方式。对时代的划分本身是可疑的，这会消除对总体变化的希望，但它却激发起一种与那些在过去曾经奋斗过的人们之间的归属感和同志感，他们奋斗在多样性的寓居之内，正是这种寓居使他们成为所是。

如果我们质疑现代性借以规定自身的二分法，那么我们便对这些二分法的两个方面同时提出了质疑。对现代的间距性主观性进行否定并不意味着我们只能生活在实质性的传统社会中。二分法的两个方面都变得可疑了；我们必须质疑，在同形式合理性的区别中得到规定的实质合理性本身是否真的存在。如果我们的多样性寓居使我们对现代性归于自身的统一性和纯粹性产生怀疑，那么我们也必须质疑在与现代图景进行比较时所描绘出来的传统生活方式图景。实质性的传统生活可能是一种回溯性的建构，这一建构从没像它被设想的那样存在过。人类寓居的一切模式都可以由间距、否定和旁观的反讽(sidelong irony)所表征,而且其程度比现代性的理论家们所愿意承认的要大得多。尽管中世纪的欧洲人不是现代人,但他们对信仰的间距和嬉戏比(囿于自由个人与限制性传统的分裂之中的)现代人所猜想的要多得多,他们对信仰的严肃和投入也比现代人所揣想的要少得多。正如我们今天并非是纯粹间距性的一样,往昔的人们也不是单纯地囿于传统之内的。[7]

对现代社会与传统社会的二分法起鼓励作用的部分原因可能就在于对某种境况的渴望:在这种境况中,我们的内在本质可以被彻底表现在我们的生活方式中。对某些思想家来说,这一理想在传统社会这个失去的天堂中一度曾得到过实现,这一传统社会所表现的是实质性自然法;对其他思想家来说,这一理想将会在自由的允诺了的来临中得到实现,这一自由天衣无缝地与我们作为个人的本质相匹配。可是,也许不论是在传统社会还是在现代社会中,在构造我们的运动和多样性之内都不存在自洽的和总体性的表现。从与黑格尔所会承认的有所不同的意义上来说,否定的痛苦以及从未得到过调和的差异的撕裂是必然存在的。

重新思考现代世界

也许,我们的世界并不是一个足够统一的总体,它无法成为历史的顶点,也不可能在一个统一化的后现代性中被超越。尽管黑格尔和海德格尔两人都否认现代的间距性主观性的终极性,但他们都使现代成为一个登峰造极的时代。可是,如果我们的时代是多元的,那么可能不存在顶点,因为末世学总是依赖于本质与非本质的区分。如果不存在任何一种相对于我们作为整体的世界的本质性的召唤或空间,那么也就不存在任何一种统领其他一切事物的本质性变化。尽管我们也许向往巨大的变化并为此而奋斗,但我们不可能奢望一种总体性的改变。我所描述的多样性(multiplicity),既不允许黑格尔的累积性,也不同意海德格尔的非连续性。累积性和非连续性具有太多的整体性,它们无法描述我们的处境。[8]

在现代性看来,自我(the self)不仅是统一化的,而且还是起统一作用的。自我是一切事物会聚之点,它通过态度、信念和决心创造统一性,但这样一种自足的、统一的主观性是不可能的。使表现在许多现代制度中的形式合理性和个人主义得以可能的东西既非单纯之物亦非统一之物。也许存在着各种类型的必要条件,但并不存在某种单一的深层事件,由它赋予我们存在的离散性的时间性以一种统一化的形态。这是否意味着,现代性作为统一化的和起统一作用的时代(我们正是生活于这样的时代之中)是一个幻觉?不,现代性存在着,但并非像它自己所描述的那样存在。如果我们愿意,为了标示我们的多样性寓居的主导特征,我们仍然可以把我们的时代命名为"现代",但现代性并不是我们世界的惟一的统一化意义。

虽然现代性不是幻觉,但它也并非是某种深层意义上的独特物。现代生活是多方面的,结构在这里很重要,它们所要求的是间距性个体性或形式上的纯粹决心;不存在核心的现象。我们应该打消这样的欲望,不再企图找到使我们得以理解一切事物的深层事件或模型。韦伯、黑格尔和海德格尔都追随这种欲望以获得深层的解释统一性。

尽管自17世纪以后,艺术、政治和哲学等等的发展具有巨大的相似性,而且它们之间的相互影响也很多,但我们没有必要得出结论说它们都是对某种单一的现代召唤的应答,或者说它们表达了某种单一的现代精神形态。应该存在或多或少一致性即部分一致性的空间,但也应该存在多元影响和多元决定的空间。普遍化强制也许能够照亮现代性的多重方面,黑格尔根据市民社会对现代性的分析就是这样,但不能把这些绝对化了。否则,有些现象就会被强迫塞进它们并不完全适合的模型里,而且它们可能具有的潜在变化性和新颖性也会被千篇一律的观点所替换。例如,在某种意义上说,生态运动是适于用这种普遍化强制来进行分析的,但从另外一些方面来说,它又十分抵制这种分析。也许存在某些空间,可以让我们强调这个运动的这一方面或那一方面,而不会仅仅囿于普遍化强制或者让当前的精神形态发生作用。现代制度显示出它们的非统一性,例如合理化和解放之间的固有冲突,再比如:现代性在某种意义上"成功地反抗了其敌人,因为敌人非常强大,足以抵制现代性对它们的全面胜利"(希尔斯,1981,第303、325页)。

如果说我们应该把市民社会或普遍化强制看作是启发性的工具,而不是看作在先验性上得到保证的内容,那么这种说法听起来是很平淡无奇的。尽管如此,它并不是一种温和的相对主义,它不会促成我们"随便说什么东西都行;它总是具有或多或少的真理"。淡化这种内容在先验论上的优先性就等于要求发现这些言说方式的界限。我们可以利用这些界限来看看它们启发了什么,我们还可以借助于这些界限来确定在我们的世界中现在有什么东西甚至已经超越了这些界限。

重新思考现代性并不是要求我们说,现代与其他时代是一回事。虽然现代性并不是在某种单一的深层意义上从本质上不同于过去的时代的,但我们也不能宣称它在本质上是相同的。如果这一种判断不存在足够的统一性,那么另一种判断也同样如此。没有什么东西可以替代对细节的观察。我们可以指出我们这个世界的鲜明特征,本项研究的先前部分已让我们熟悉了这些特征。我们所补充的是,这些特征存在于多样性之中,而这一多样性在使这些特征成为可能的同时也对它们作出了限制和界定。

认识到这一点,我们便可以继续探讨一个重要的现代思潮:自我意识。我们把多样性理解为多样性;我们把传统确认为传统。在某种意义上说,这并没有什么特别之处:古人无非是由他们的传统所定义的并进而认识到他们之所是的。从另一个意义上来说,这又很新颖:在对我们的生活进行去中心化的多样性中存在着一种解放过程。我们确实拥有更多的空间来对我们的生活进行判断并使之合理化,并进而看到这种合理化的限度。我们无法拥有的是现代自我形象的那种广阔而开放的空间。

对这种基础性的二分法(形形色色的现代文化和政治都是根据这一点表述自身的)的独特性进行质疑,应导向对许许多多的现代建制和实践的特定目标的质疑。"纯粹的"、"形式的"或"价值中立的"的目标需要被限制。对它们的限制会弱化它们的控制力,因为它们允诺了从日常的凡人命运中的逃离,从这一点上来说,它们是极具诱惑力的。

第十二章 对现代世界的重新审视

我们的世界没有对自己作出正确描述。它并没有那么统一和纯粹。主观性的纯粹化或形式结构的创造，其自身并不是一种由某个在形式上得到规定的自我所实施的纯粹行为。程序上的建制和间距性自我性存在于背景域之中，其存在具有许多实质性的理由。我们需要从表面上的形式建制和实践中寻找实质性的层面。这样一种研究已经存在于探讨"意识形态批判"的文献之中。我们在黑格尔对市民社会的批判中已经看到这样的例子，马克思在他的论证中也继承了黑格尔的例子：现代自由市场所假定的形式上纯粹和公平的程序在剩余价值过程中隐藏有一种模糊性，而当表面上公正的交换体系被纳入到我们与自然的社会性互动的更大背景域之中时，这一性质便可以被看到了。马克思从黑格尔那里学到了这一策略，尽管他不同意更大背景域的本质这一说法。这一讨论今天仍在继续。

如果现代性并没有那么统一化，那么我们在我们的世界之内就能发现对立的方法和不同的空间。可以考虑一下第一章中所谈到的种族性和少数民族主义的复活，我曾指出，到底应把这些运动解释成一种向传统社会回归的欲望呢，还是解释成现代结社自由的更大成就，这是一个令人困惑的问题。这些运动把个人从文化均一性的要求下解放出来，然而它们又强迫人们进入到自然给定的同一性之中。尽管苏格兰人或巴斯克人在是否与这一运动发生瓜葛上也许还有一些选择，但美国人或西班牙人却没有这样的选择。只要我们坚持现代性是一项统一化的成就，现代理想与传统模型的混合就会显得很古怪。仅指出他们所赞成或反对的现代性这种单一的深层本质其实并不存在，这并不能彻底说明这样一种种族复兴的状态，但这的确打开了对这种复兴进行思考的方法，它使我们不必站在或者进步或者倒退的立场上来宣判它们。

类似地，如果今天宗教和政治原教旨主义的新生力量被简单地解释成一种对传统社会确定性的渴望，那么"现代的"思想家们只能反对他们。但是，如果现代性不是一个统一化的深层事件，那么原教旨主义者的反应就不可能是与整个时代作对，而且与表面看起来相比，也许就有了进行对话的更多基础。

在本书的一开始，我们就考察了那些关于无根性以及空洞的自我发展的现代性陈词滥调。我们必须拒斥这样的观点，即我们是空洞的自我，面对的是无限开放的可能性。我们确实拥有生活的内容，但这也就意味着我们的可能性是有限的。然而如果我们顺着自洽性的缺场一直思考下去，就会为新角色的创造和新的可能性的敞开腾出空间，这一空间实际上将大于黑格尔或海德格尔所能允许的范围（尽管将会小于标准的现代性自我描述所认可的范围）。我们不可能从虚无中创造可能性，我们也不可能对一个无限开放的世界进行选择。我们已经活动于其中的可能性并没有得到整齐划一的标注和区分；它们之间还存在创造性联合和相互影响的空间；张力以及类似于辩证法的东西可以创造新的方法而我们无须建构它们。

第一章还提到这样一个问题，即美国的政治制度是否应该被看作是围绕对冲突进行调节的形式程序而设计的，或者是否应该被看作对一系列相当实质性的价值观的体现，以至于不是每个团体或每条意见都能在共同体之内得到包容。第二个观点似乎是正确的。如果没有纯粹的形式自我或过程，那么美国宪法所体现的就是一套价值观,而非仅仅对各个不同主体或团体所选择的各种各样的价值观进行裁决的一套程序。体现出来的价值观也许涉及程序,但这些价值观并非纯粹的形式;它们在应该培养人类什么样的特质这一问题上形成了一个基本的观点:宽容、自由、个性等等。这些基本的价值观体现在一种制度之中,而这一制度,作为其核心原则之一,强化了私人领域与公共领域的分离。这一分离看起来好像把私人领域从公共领域中分割出来,但实际上它确认了双方的实质性价值观。[9]

生活在我们的世界中

解放和自由很重要,但如果我们把它们描述为不可实现之物,或者:即使能够实现也会是一种致命的实现,那么,解放和自由就会危如累卵。黑格尔曾讨论过"绝对的自由和恐怖"(《精神现象学》,第414—422页/第582—595节),这其中仍然有许多东西值得我们学习。黑格尔说,为了获得自由,我们需要习俗和生活方式,这些东西不是我们自己随心所欲的建构,也不是直接强加给我们的,它们符合我们自由的天性。对黑格尔来说,脱离极端主观性的发展包含了对习俗的服从,而我们可以把这些习俗看作是一种透明的合理性。虽然缺少黑格尔的透明性,但我们有丰富的、对我们之所是起塑造作用的习俗、生活方式和可能性的领域。它们都不是我们的创造,那么,它们是被粗暴地强加于我们之上的吗?不是的,因为我们首先不是站在那里等着被强加。习俗是有意义的可能性结构的一部分,正是它们使我们得以存在。这并不是说,我们不应该批判或为改变而付出努力,而是说,不存在抽象或总体意义上的解放。在这里,黑格尔对交互性确认结构中的细节以及张力的分析方式仍然是有价值的。虽然我们不具有属于现代的间距性主观性的力量,但我们并不是没有任何力量。

现代性最重要的主张之一是,自由的成就依赖于对个体自我性这一纯粹概念所进行的建制化。但是,拒斥间距性自我这一现代观念并不会摧毁我们的自由。实际上,设想我们是被抛进多样化的、作为开启未来的可能性而出现的过去,其所能允许的自由和控制比黑格尔或海德格尔认为是合适的要更多,因为我们不会进入到一个在先验意义上被建立起来的领域。但这并不会使我们变成间距性的现代自我。

前面我曾谈到过海德格尔对缺乏保障的人类洞察力的描述,这一点似乎很符合我们的处境,不过我们应抛弃这样一种联想,即存在某种我们可以加以揭示的、深层的召唤。也许有许多的运动以及许多各不相同的召唤和空间,它们在开启我们的同时也向我们开启,但我们并没有随意创造机会的完全自由。我们尽可能地向前迈进,但我们并没有可以依赖并得到保障的原则。

黑格尔说,现代主体要求"知情权",即任何未经个体自由抉择或认识到接受它的必然性的东西都不能强加给个体。我同意海德格尔的说法:无论是我们还是世界都不可能获得那种允诺了黑格尔意义上的知情权的自洽性。有太多的文化、语言和历史,我们总已发现自己身处其中。我们没有一个必然的逻辑序列以使事件在我们的凝视中变得透明,然而我们可以在某种不同的意义上应用知情权,虽然不存在让我们的洞见去指向的终极基础,但确有许

第十二章 对现代世界的重新审视 405

多空间需要我们去加以探讨,有许多条件和历史需要我们去加以理解,意识到我们所具有的多样性会增加我们的自由。

早些时候我们曾考察过农业等级在黑格尔理性国家中的特殊地位问题。尽管黑格尔所阐发的建制上的安排很薄弱,但他提出的问题却是实实在在的。难道不应该在某个地方存在着对价值观和生活方式的某种直接认同吗?这样,在共同体中并不是一切事物都是一种反思性的选择和计算。黑格尔认为,构成一个民族特有的精神的价值观和习俗一定会在社会中占有某个位置,它们在那里直接得到接受,因为,否则的话,公民们将会把它们仅仅看作一种反思性的权宜之计,这样,所有这些都会被还原成形式合理性。

也许我们对价值观和生活方式的直接认同不是太少而是太多,我们所缺乏的是统一性,在寻求统一性时我们也许混淆了统一性的缺乏(lack)与空洞(emptiness)之间的区别,这使得间距性主观性虽然赏心悦目却仍然是海市蜃楼。对这种统一性的寻求仍然需要得到追问,我们可以对在我们周围或在我们之内的多样性的这一方面或那一方面加以追问或改变,但我们不可能完全改变它。不存在这样一个视角,从它出发我们可以把某一方面看作一个整体;我们置身于多元的可能性领域之中,这些领域既不会整齐划一地出现,也不会作为一个总体而降临。我们只能零零碎碎地意识到我们的根基性以及我们对思想方式和生活方式的认同。

奥托·纽拉特曾使一个很有吸引力的比喻闻名遐迩,这个比喻出现在奎因的《词与物》的引语中(参见施特罗德,1969):我们正航行在公海上,我们必须对船进行改造,但又不能把它完全拆开。这个比喻就其先决条件而言仍过分现代：这艘船作为一个整体可以尽收眼底，船上的每一块甲板都清晰可辨，对于作为整体的船来说，即使建造停止了，航行计划照样进行。然而，船的这一比喻仍对我们的处境作出了一些提示。在缺乏现代主体的神奇间距的情况下，我们依靠我们世界的某一方面作出选择，却在我们世界的另一方面找到出路。没有作为我们生活的"这一"形式的间距性主观性，合理性和批判就不能等同于某种直截了当的规则。但这并不会根除批判，批判的讯息结果会再次成为对直接性、总体性和控制的怀疑。

我们的选择的实施依赖于我们置身其中的目标和标准。新的目标和标准也许唾手可得，但它们并不单纯是我们的创造。这些目标和标准中没有任何一个具有毫无疑问的优先性，但它们并没有自动地受到质疑，这仅仅是因为我们喜欢维护我们的自由。它们在其比照和相互的构造中可能会受到质疑。我们不可能立即就与一切事物保持间距，因为我们不可能把我们总已置身其中的每样事物都带入总体性。

所有这些并不意味着我们未经质疑就接受我们身处其中的事物。有一些活动我们差不多无法控制它们，即使它们对我们的塑造是内在的，例如，我们在艺术品位上的细枝末节，以及我们在英语中从以前的动词变形系统中向外的游移。我们的权力是否如此地局限于政治事务和经济事务，这一点仍有待观察，但记录并不令人鼓舞。我们至少能够看得出，对我们生存背景域的意识如何促成了总体性和统治的瓦解。权力和结构试图强化一致性或总体性，但它们之群集否定了使它们得以可能的根本条件。看来为各种生活腾出空间是恰当的,尽管其基础并不是某种原子论的个体性原则或形式上的自由原则。这一点再次强调了我们此前谈到过的解构性生存,在那里我们在无限性的意义上分析了我们所发现的运行于我们周围和内部的事物,以及围绕着我们而存在的制度之内和之外的行动。

这样,我们最后所抵达的是否是另一个版本的现代多元论?尽管是多元论,但它并不现代。这一多元性被提供给我们并不是为我们判断它和把握它,最重要的是它缺乏那种凌驾于一切之上的现代立场以及主客体意义上的定义;这一多元性也不是"传统意义上的"主张,即:在多元性中存在一条真实的道路。我们所抵达的更像是所有时代中的实践性个人的现实主义,不论学者们怎么说,这种人都不得不生活在一个多样性的世界中。

不管其轮廓如何(它们并不形成任何体系),我们并非是全然受到现代性、后现代性或任何一种生活内容的规定的。在我们生活的多样性之内和周围,仍然存在我们与我们置身其中的世界的居有性共在事件,仍然"存在"带有其否定和抽身的在场事件,但这一点过于多元(或过于形式),无法负载除了其有限性和无根性之外的关于我们这个时代的信息。也许在这里存在比反讽理论家所看到的更多的同情,而且有限性的讯息也已对现代性的自命不凡展开了攻击。无论如何,我们都必须面对这些我们置身其中的可能性和运动,尽可能不带任何根据和保障地处理已成为我们处境一部分的间距和差异。我们是些指向已在途中之未来的筹划者。我们有选择,也有标准,但我们没有最终标准。我们的价值观系于历史,系于我们之所是;有很多条道路可以抵达价值观并对它们进行研讨和判断。现代性通过自我统一性或形式化总体图景提供了有保障的根基。否定这一点并不意味着所有图景的缺场,避免这些极端性并不会根除那种不稳固的根基,在我们的发生性的共在中,我们正是行走于这种根基之上的。

如果没有了这种标准的现代二分法,那么留给我们的就既不是属于传统生活的严谨性,也不是现代性及后现代的某些形式所要求的那种超级反讽。首要的是,根本不存在有保障的元立场,也不存在纯粹的反思游戏,我们不可能加入到这一游戏当中以逃避日常生活运动对我们的制约。反讽和分立仍然存在并且始终存在,但它较为谦逊:一种对于偶然性和存在的横向意识总是已经超越了那些我们对之可以确信无疑的东西;这一意识与我们之所是保持间距,但并不与它分离。

离开了最终的或形式的根基我们可以活下去,而且离开了对没有这种根基的恐惧我们也可以活下去。我们能够理解我们的多样化背景域、我们的根基性以及无根性,我们能够继续面对我们之所是以及我们之所在。现代性已被极大地束缚于对怀疑主义的恐惧中,无论是道德上的怀疑主义还是认识论上的怀疑主义。也许,离开怀疑主义或保障性我们也能活下去。

注　释

序　言

1. 曼弗雷德·布雷拉格评论海德格尔时说道:"构成海德格尔思想之核心的,既不是那些存在问题,也不是关于人的本质构造问题,而是对这两类问题必然的相互关系的洞察。如果有人孤立地来看待这些问题中的某一方,那他就会把海德格尔弄成一个人类学家、形而上学家或两者兼而有之。"(布雷拉格,1965,第 205 页)黑格尔同样关注这些相互关联。然而,海德格尔却断言,黑格尔是根据事物在绝对思想中作为思想的存在来思考事物的存在的,而他自己却在思考事物的存在时考虑到了它与存在者的区别。"更为准确地来说,在黑格尔那里,思之事就等于作为绝对概念的理念。而对于我们来讲,简言之,思之事就等于差别**作为**差别。"(《同一与差别》,第 113/147 页)(我一般都是把参考文献整合进正文中去,至于那些引自于黑格尔和海德格尔著作的引文,如前面那段引文,将在分别专门为这两位思想家编写的参考书目中来加以说明。)

2. 关于性别指示代词:虽然我一般都尽量把它们阐释清楚,但在某些适当的场合下,我也在传统的非限定含义上来使用阳性指示代词。对于研究中所碰到的有些思想家来说,在此含义上来使用阳性指示代词还是十分恰当的。另一个令人头痛的问题就是**人**(man),例如,"人与世界"这个短语中的人。我没能找到一个合适的替代词。对于本书所研究的这些思想家来说,**意识**(consciousness)具有一些错误含义;**人性**(humanity)与**人类**(humankind)则太抽象了,且建立了一些错误的对比关系;而复数的人

(persons)以及其他一些复数名词(且正在变成**我们**"we")则肯定了韦伯的方法论个人主义,而且它们还过早地(以错误的方式)处理了海德格尔的此在(Dasein)问题——它是否应被理解为每一个被个体化了的人。因为我决意不去使用德文单词,所以在许多情况下,在与世界的关系中以及在可能性领域中我都很不情愿地保留了人(man)。

第一章 现代世界

1. 参见:希德(1978,第146页)关于种族问题的一些严谨讨论。
2. 诚然,我在此简化了韦伯的观点;同他的某些后继者相比,他更充分地认识到了这种理想类型方法的潜在危险,而且对于他来说,现代性是各种适应活动与功能的一种复杂结合体,并非只是一次根本的变化。但是我的简化并没有超出他对统一性的渴望这一理路之外,也没有超越对他的思想已有的运用方式这一界线。关于传统的这场讨论——将现代性与传统区分开来,以及韦伯的著作同正在展开的这场讨论具有何等相合性,可参见本迪克斯(1967),尤其要关注他下述建议:放弃这种标准的二分法——于是人们就可以谈论"没有现代性的现代化"(第313—329页)了。虽然至少从18世纪中期以来,现代社会和传统社会之间的对立就已成了一个讨论话题,但是美国功能主义社会学及其反对者们还是造成了以现代化为论述对象并给其他国家出谋划策的文献的大量增加。例如可参见:帕森斯(1971)、布卢门贝格(1983)、克罗齐(1982)、麦金太尔(1981)、福柯(1979)、伯恩斯坦(1983)、利奥塔(1983)、哈贝马斯(1984)、哈特曼(1973b)。利奥塔、哈贝马斯以及哈特曼还都将尼古拉·卢曼最新的功能主义社会理论看作为一种同质静态性(homeostatic)的神经机能学体系。对韦伯的批评,更为广泛的参考文献可以在罗斯和施路齐特(1979)的注释中找到。
3. 关于这些以及其他一些两难困境的讨论,可参见贝格尔(1977,第70页及以下各页)。A.麦金太尔(1981)在《德性之后》这本书中所描绘的现代性画面与此类似,他也提到了一种纯粹化的空虚自我,但是对于现代个体性是否具有积极价值这一问题,他的结论却要悲观得多。关于现代形式个体性所展开的争论与布卢门贝格以"自我-断言"为基础对现代性所作的分析(1983)是有关联的,但布卢门贝格的理念并不必然暗含一个以某种纯粹形式方式来加以规定的自我概念。

4. 虽说提及了最大化,但这并不意味着,在关于是否应采取某种最大化的准则、某种满足准则或某种其他准则来描述我们的判断这场争论中,我持有某种立场。这些争论是包含在这样一些观点的范围之内的:所有这些观点都认可了对自我的普通的现代描述。

5. 例如参见:亨利希(1952),克罗曼(1972),罗斯与施路齐特(1979)。

6. "人们现在普遍感到现代时代的前提正在远离我们。曾使我们从迷信和暴政中获得自由的那个启蒙和解放运动,在 21 世纪已将世界带进这样一种境地,在其中意识形态狂热和政治压迫已达到了登峰造极的地步,这在以往历史中是从未有过的。科学曾是开启自然宝库的钥匙,现在给予我们的却是毁灭所有尘世生活的力量。进步、现代性的征服理念,如今似乎已不那么深入人心了,因为看起来它像是在把我们带入万劫不复之地。今天全球被划分成了两个世界。一个是自由世界,它很不连贯,以至于它好像正在丧失自身理想的意义;另一个是压制性的、原始的共同体式的国家主义,即贫穷的并且还施行暴政的第三世界,它正处于进入第一轮现代性的过程中。在自由世界中,国家——曾被设定为一个中立的守夜人,在个人追求他们各自不同利益的过程中,它可以起维持秩序的作用——已发展过度了,而且,还军事化了,以至于有了变成一个世界警察的危险。"(贝拉等,1985,第 277 页)

7. 吉莱斯皮最近的一项讨论仍停留在标准的现代方案之中。他在研究黑格尔和海德格尔的历史观念的过程中,雄辩地讨论了现代性的二难困境。他将虚无主义的主观性与赋予主体以某种尺度的一种奠基性传统相对照。他对这种二分法的评价与"现代人"有所不同,但是,他仍停留在这种对立之中,并没有像黑格尔和海德格尔那样对其提出质疑。参见吉莱斯皮(1984,第 23、154、166、175 页)。他明确设定了一些标准的"形而上学"区分,如永恒与时间、存在与演变、本质与自由、哲学与修辞学等。这使其著作具有了力量,然而,这却使他难以准确地处理海德格尔的下述尝试,即寻求一种既非形而上学的也非虚无主义的立场;或难以公正地对待黑格尔偏离标准方案的方式。局限于那些主要从柏拉图与诡辩主义者之间的冲突中所产生出来的范畴,现代性问题或许是无法得到恰当的研究的。

8. 关于康德体系的形式本质及由其所带来的问题,可参见皮平(1982)所作的一个富有启发性的讨论。
9. 参见麦金太尔(1981)和普特南(1978,1981)。在尤尔根·哈贝马斯对一种理想性交往情境的诉求中出现了一些类似的问题。不论哈贝马斯的意图何在,在雷蒙德·盖斯对哈贝马斯的揭露和批评中,他还是对哈贝马斯脱离所有指导性内容能否提供出比形式规范更多的东西表示了怀疑。参见雷蒙德·盖斯(1981)和伯恩斯坦(1985)。

第二章 黑格尔对市民社会的批判

1. 黑格尔作为极权主义者的形象根源于海姆([1857]1962);在英语世界中,对此加以强调的是波普(1963)。克里格尔(1957)把黑格尔定位于一种反自由主义传统中,认为他所使用的是另一种自由概念。事实表明,这些分析通过许多方式误导了某些论者,例如里特尔(1982)、威尔(1950)和马尔库塞(1955)。这些论者声称,黑格尔保存现代自由和个体性的本质的意图在他所设想的那些制度中并没有得到充分的实现。我无意反对这样一种论点,即黑格尔使用了一种同标准启蒙的或自由主义的观点不同的自由概念;但是,他的这些差别是有其原因的。

最近发现的手稿表明,黑格尔很有可能压下了那些较为自由主义的观点未予发表,这些观点是他在耶拿和海德堡也许还有柏林时期的一些演讲中表达的(参见伊尔亭,1984;阿温勒里,1985)。与眼前的这项研究相关的那些差别包含了对市民社会处理贫穷问题的能力的更为广泛的批评,而且更为强调政府权力的分散。
2. 关于最近对黑格尔市民社会理论的出色讨论,可分别参见由佩尔森斯基(1984a)和吉莱斯皮(1984,第2章)所选编的那些论文。
3. 在《哲学全书》关于主观精神哲学的早期段落中,黑格尔研究了人的前-相互作用层面和人格的那些更为"自然的"方面。关于相互作用及与它的种种重要性,还可参见温菲尔德(1977)和克罗曼(1972),后者将这一主题发展为对韦伯的一种批判;另外,还可参见泰勒的一些讨论(1975,第 2 部分与第 5 部分)。
4. 参见泰勒(1979,第 2 章第 5—8 部分;第 3 章)。这一著作是泰勒过去一本著作(1975,第 20 章)的扩充版。
5. 关于黑格尔的批判,参见阿温勒里(1972,尤其是第 7 章)、泰勒(1979,第 2 章;1975,第 437 以下各页)及普朗特(1984)。沃尔顿(1984)断言,黑格尔确实在现代社会内部找到了这些问题的解决办法。

第三章 黑格尔的逻辑学及其运动

1. 我对黑格尔逻辑学构想的这一解释与 K. 德夫,克劳斯·哈特曼以及最近的怀特(1983)和品达德(1985)等人的基本思路是吻合的,虽然在其他各种问题上,我与他们的差别也是很明显的。
2. 关于超大-实体(large-entity)的最新解释,参见泰勒(1975,1979)、伊伍德(1983)以及吉莱斯皮(1984)。劳尔(1977)为黑格尔右派作了有力的论证,但由于他对基督教的强调,他就在很大程度上避免了宇宙论主体的滥用。芬德莱(1958)创造了一种复杂的新柏拉图主义式的解释——很难用这些分类来套这种解释;它既含有超大-实体这方面的因素,也包括了对黑格尔的先验解读方式。
3. 关于这一点,参见怀特(1983,第 71—74、88、144 页)。怀特有时确实是在其完全描述性的主观性中来谈论这些逻辑学范畴的。
4. 参见芬德莱(1958)、亨利希(1971)、丢辛(1976,第 317 页及下页、第 321 页及下页)、哈特曼(1973a)及温菲尔德(1977)。这些论者之间有一些差别的根源在于:他们选取了《逻辑学》的不同部分来作为说明黑格尔的程序模式的示范例证。哈特曼选取了有论(存在论)中关于质这一部分,而丢辛选取的则是本质论关于反思规定这一部分。
5. 逻辑学的本质论部分对设定活动进行了更为精致的推敲。在那个部分中,范畴常常是被分成根据与有根据者成对出现的。一个被当成为奠基性的,另一个就被当成是依赖性的或是受第一个设定的。例如,某物是奠基性的,其现象就是被设定的或依赖性的。黑格尔说,根据范畴涉及一个实体中被设定的与非设定的因素之间的区分。"根据是被设定为与被设定之物相对立的非设定的本质"[在《逻辑学》商务印书馆1976年版中,杨一之的译文为"根据是本质建立为非建立起来的东西与建立起来之有对立",第75—76页。]("Grund ist das Wesen gesetzt als das nicht Gesetzte gegen das Gesetztsein")(《逻辑学》2:67/447)。这就产生了两种层次上的设定。这个范畴涉及奠基性的方面与依赖性方面之间区分的设定。这里的特别之处在于,这个范畴还包含了这样的设定,即这两个方面中的一个是由另一个所设定的,而另一个,即那个根据,则被设定为(由另外一极)非设定的东西。"被设定的"这一双重用法更为复杂,因为两极中一方是被另一方设定为被设定者的。这种第二次设定的模式是变化不定的;它或许是条件、原因、根据、表达、表现、决定等等,或是正讨论的特殊对立面所指称的随便什么别的东西。随着逻辑学的进展,设定的这种双重用法变得越来越重要。这两种用法直到最终范畴才走到一起,而不能再被区分开来。在它的最初运用实例中,这种双重设定也许可以被理解为对某种客观语言中所描述的设定的一种元语言描述。而到了逻辑序列的最终阶段,这样一种层次上的区分就将不再有说服力了。

6. "本质,作为通过对它自身的否定而自己同自己中介着的存在,是与自己本身相联系,仅因为这种联系是与对方相联系,但这个对方并不是直接存在着的东西,而是一个间接的和设定起来的东西。[在本质中,]存在并没有消逝;但是……由于它的直接性的片面特征,存在就被贬抑为仅仅否定的东西,被贬抑为现象。"(《哲学全书》,第112节)——方括号内的内容是根据中译本(《小逻辑》,商务印书馆,1980年版)补充的。——译者。

7. "这样的本质是与它的反思合而为一的,并且与它本身的这个反思运动是不可分离的。因此它并不是那种为反思所经过的本质;它也不是反思可以当作为出发点的那种本质。这种情况使反思的表述变得更困难了;因为人们毕竟不能说本质回到自身,本质自身映现,因为它并不是在它的运动之前或之中,因为它的运动并无反思可以在其中经过的基础"(《逻辑学》,2:67/448)。

8. 形式与内容这对范畴变成了黑格尔所说的形式的根据。这又将为实在的根据所取代:"形式的根据关系只包含一个作为根据和有根据的东西的内容;在这个同一中,有它们的必然性,但同样也有它们的同义反复。实在的根据包含一个差异的内容;但根据关系的偶然性和外在性也一起进入那里去了"(《逻辑学》,2:84/463)。

第四章 现代性范畴

1. 在研究《逻辑学》第三部分的过程中,我发现赖纳德(Léonard)的观点(1974,尤其是第 324 页及以下各页)极有教益。从皮平对康德的研究(1982)中我们可以整理出一些关于黑格尔思想的重要线索;虽然他很少提到黑格尔,但皮平所指出的那些悖论正是黑格尔竭力想避免的(例如,参见第 188、231 页)。虽然我不同意丢辛的某些结论,但他的观点(1976)对于理解《逻辑学》第三部分还是很有帮助的。伯比奇的观点(1982)也同样如此,他对逻辑学的必要性的解释没有我自己的观点那么保守(例如,在他著作的第 226 页对《哲学全书》第 575 节的研究中就可以看到这一点)。参见迪吉奥瓦尼的著作(1982)中对伯比奇的评论。
2. 这一步骤在逻辑学第一部分从恶无限到善无限的运动中就已预先得到了勾画。可参见丢辛(1976,第 269 页)与罗坦斯特拉希(1974)的讨论——虽然后者对黑格尔的"唯心主义"所持的或许是一种过分个人主义化的观点。
3. 关于用日常语言中的例子来说明黑格尔所谓普遍、特殊及个别这三个要素的意思所包含的危险,可参见丢辛的一些论述(1976,第 255—256 页)。
4. "事物的本性……当然不是这样进行工作的,即:最先为它自身树立一个大前提,即一个特殊性对一个承受性的普遍性的关系,然后,第二出现一个个别性对特殊性的分散关系,从而终于第三,一个新命题出世了。[黑格尔这里不是指这种传统的推论:一切人都是要死的,苏格拉底是一个人,所以苏格拉底是要死的。]——这种借助于分散的命题来推进的推论过程,无非是一种主观的形式;事情(Sache)的本性却是:事情的区别性的概念规定在本质的统一中联合起来……一切事物都是推论,是一个由特殊性而与个别性结合在一起的普遍的东西;但一切事物当然不是由三个命题组成的整体"(《逻辑学》,2:314/669)。

第五章 黑格尔逻辑学的运用

1. 参见泰勒(1972),以及舒尔(1985)的批判性讨论。罗森(1982)作了另一种不同的巧妙解读,他不同意泰勒对黑格尔先验论证的解释,也不同意泰勒对黑格尔的"表现主义"的指责。
2. 关于黑格尔在建构这一体系的起点和逻辑序列的必然性上的成功,近来可以在怀特(1983)那里可以找到一个极为出色的辩护。另可参见德夫(1979)。
3. 诚然,我对待黑格尔逻辑学的策略是:先证明他提出了一些强有力的主张,然后再去批评他没能达成他的这些雄心勃勃的目标。对黑格尔作各种会对他的这些主张起弱化作用的辩护是可能的,但是这些辩护似乎会歪曲文本。与此相关,有这样一种重要的辩护,它声称,这些基本逻辑运动(直接性、反思性的重合与分离、综合性统一:存在、本质、概念等)通过各种复杂关系向其自身的反复推演,造就了一个仅以这些术语来定义的序列;而且,这个序列的各种不同"版本",实际上就是那个不变的纯粹序列与源自于历史和当前思想的各种外在标记之间的各种不同关系。例如,就会存在这样一个范畴,它的"合适名称"就是它作为设定了的统一性所处的位置,这种统一性就是纯粹思想的直接性之直接性的设定性的区分之设定性的区分的统一性。而且,这个范畴还会被印上一个标记,在此即:"有限性"。在不同的版本中改变的仅仅是这些标记;那个潜在的范畴序列仍将保持原样不变。这是一个很有吸引力的观点;这种宏观建构运动及其内含的各种错综复杂的关系,当然会赋予黑格尔的总体思想以其结构。但是,这一建议实际上言过其实了;若果真如此,那么就应该根本不存在对逻辑学进行修订的任何需要。只要建立起这种三重运动以及它内含的各种关系的规则就行了,所有东西都将自动对号入座;无需再费力进行思考了(只是在这种情形下,这个三重运动本身的根源就会显得更为神秘莫测了)。黑格尔的修订工作,看来并不是在一个本身已经完全清晰的运动之上来回贴上各种标签这么简单。在阅读这些不同版本时，人们并没有感到那些名称是在同一个序列中运动的。在这两个版本中，内含的复杂关系的深度是有变化的。那些传统术语及其含义与文本及其运动是紧密交织在一起的，并非只是在一个一直是清晰而恒定的框架中反复运动。当先前的"形式与质料"被换成了后来的"事物及其特性"以后，也就产生了对事物与形式的一种不同理解，而且逻辑序列的运动似乎也有所不同。

4. 把逻辑学的这种三步运动用作为对微观水平上的细节进行评价的一种建构性的指导，这一点可以在哈特曼、怀特以及温菲尔德的著作（见本书参考书目）里看到。

5. 阿兰·怀特在《绝对知识》(1983)中对黑格尔逻辑学所进行辩护与我的相类似，而且他还根据与我相类似的想法对哈特曼的解释进行了修饰。然而，怀特对黑格尔事业的成功更有信心。他断定这种逻辑序列会从三个方面受到批判：有些过渡太武断了；有些过渡的依据是经验或直觉而不是纯粹思想；或者，这个总体不是综合性的。他感到，他可以解答他在谢林对黑格尔的批评中发现的所有这三个指责。我所提出的反对意见稍有不同：这些逻辑过渡并不是太武断了，而是头绪太多，太多重化了，以至于找不到一个清晰的方法来使它们变成为"正确的"，因此，所谓的总体观念很模糊。我之所以作这种争论，首先是出于感到难以决定哪个版本的逻辑序列"更好"。关于这一点，怀特争辩道："接受思辨逻辑学非历史性的有效性，并非必然等于对一个固定的范畴框架的认可：比综合性更重要的是循环性。黑格尔必须表明，在逻辑学存在论和本质论中出现的那些观念关系是不充分的，而出现在概念论中的那些观念关系则是综合性的，但是，并不是所有揭示了这些真相的解释都需要同样严格地包含这些范畴。（这就解释了《逻辑学》与《哲学全书》中的那个短一点的逻辑学之间的差别。）对虚无主义的这种拒斥，需要将虚无主义的逻辑领域[本质论]中所有实践观点的不充分性都展现出来。"(1983，第177页) 我并不认为这就解答了那种指责。由于把逻辑序列的必然性限定在它的上一级水平上，就会产生一个区别逻辑学的恒定方面与变化方面的困难；这就会引发某种类似于形式与内容之间的分离的东西。这还破坏了范畴序列的那种"线性特征"——怀特已在前面对此作了肯定（第167页）。但是，怀特同意说,逻辑学的这种总体性的建构运动正好可以被当作一种标准来用。他说,一旦在前面的某个领域中的思考陷入了僵局,并且出现了对一种新的方法的需要时,"如果它[总体性的自我根据性的、自我规定性的思想规划]不愿成为毫无意义的东西",而且,"如果它不想失败"(第53、55页),那么,向本质与概念的过渡就是必要的。对于怀特来说,这种规划是我们可以赋予完整理性的惟一真正的意义,而且它还是我们用以抵御现代虚无义的惟一保障。我的基本异议也正在于此,因为他的观点似乎依赖于一些尖锐二分法(形式与内容、形式的与实质性的及基础论对虚无主义),而这些二分法正是我提出需要从其终极性来加以质疑的东西。

6. 这就是为什么从原则上来讲黑格尔用不着演绎克鲁格的笔(Krug's pen)[见黑格尔《哲学全书》,*Enzyklopadie der philosophisehen Wissenschaften im Grundrisse*(1830). *Zweiter Teil: Die Naturphilosophie mit den mandlichen Zusatzen*, edited by E. Moldenhauer and K. Michel, Werke in zwanzig Banden, Vol. 9(Frankfurt am Main: Suhrkamp Verlag, 1970),第250页。——译者]的原因。但是像所有意在说明必然性的哲学家一样,黑格尔也遇到了这个问题,即:把他在他周围发现的内容中的必然方面与偶然方面区别开来。进行这种区分的困难,以及在所有特殊场合中作这种区分的看似不合理性——在这些场合中缺少形式与内容之间的区分,这种区分是黑格尔所不能提供的,所有这一切就是对这整个努力持反对意见的人的主要论据之一。黑格尔试图通过不设立固定的分界线来避免这个问题。他对以其纯粹性表现在逻辑序列中的概念的力量很有信心——即便这种运用还不是很清晰。"人们必须从概念出发;而且,即使概念不能对自然的'丰富多样性'作出充分的解释——这是有可能的……我们仍然必须对概念充满信心——虽然许多细节还没有得到解释。总体而言,所有的事物都应得到解释是个很含糊的要求;在此,没有得到解释的绝不是对概念的反思,然而,对经验物理学理论中的命题而言,则是完全相反的一幅情景:它们必然解释所有的东西,因为它们的有效性只取决于特殊状况。但概念却是独立有效的;特殊的东西很快就会找到它们的解释。"(《哲学全书》,第353节附释)黑格尔就此补充道,时间和空间中的、存于其为他性中的逻辑序列肯定是带有真正偶然的偶然细节的,这些偶然细节是无法推演出来的,而且除了可以从中找到的经验意义之外,它们也没有任何本质的可认知性。(参较:海茵里希,1971,第157—186页)除了说这种偶然内容**存在**以外,黑格尔没有作任何固定的界定;他只是指出,逻辑序列的**所有**范畴都可以找到这种偶然的体现物。带着拓展概念的可认知性的信心及他关于必然偶然性的学说,黑格尔试图解决其他先验哲学家所面临的这个困难。

7. 参见哈特曼(1972,1976b)、温菲尔德(1977)及温菲尔德给他翻译的一本书(里特尔,1982)所作的序言。另可参见哈特曼(1976a)在前言和第一章中所列出的参考书目。

8. 关于这种解释,与哈特曼的取向稍有不同的另一种感性发展,可参较:布代(1975a)。

9. 逻辑学是从其内部得到承认的,而且也不是被呈现给一个直觉主体的,这一事实在我看来似乎制服了罗森的反对意见(1982)。虽然,我同意罗森对肯定的否定这一原则的怀疑——它能否像黑格尔所希望的那样起作用,但是,我还是会把问题与逻辑学的总体建构运动的地位联系在一起,而不是把它与某种假设性的新柏拉图主义幻想和直觉联系在一起。

第六章　市民社会与国家

1. "黑格尔主义有这样一个定理,即:真理即整体,这个定理就等于下述辩证法命题,即:一个部分有其整体来作为结果,然而,它并不等同于这样一个命题,即:一个充分发展了的部分就是整体。相反应倒过来说:只有整体才是充分发展了的,而整体与部分的关系就在于——整体是部分的实现。"(哈特曼,1975,第485页)参较:温菲尔德(1977,第43—82页)及温菲尔德的译序(里特尔,1982,第17—27页)。福斯特([1935]1968,第142—179页)对黑格尔进行了精致的批判,但是,他的批判却往往是建立在关于道德意志的过分形式主义的观念的基础上的,而这正反映了福斯特本人对所有领域的决定性根源的唯意志论理解。关于政治的自由与市民社会的自由之间的区别,参见佩尔森斯基(1984b)。

2. 关于国家与市民社会的混淆,参见贝里(1982,第160—165页)在黑格尔与休谟在拒绝洛克的社会契约论时提出来的理由之间所作的富有启发性的对比。关于黑格尔在社会契约论这个问题上的观点,更为彻底的讨论可参见本哈比比(1984)。

3. 关于这个论题,尤其是关于形式的自我运用在这两个思想家那里的不同作用,福斯特对柏拉图和黑格尔所作的比较是十分有帮助的([1935]1968,第25—36页及第79页以下各页)。

4. 关于黑格尔那里的个别与普遍的相对优先性问题所展开的争论,奥特曼曾作过概括(1977)。另可参见泰勒对"德行"(Sittlichkeit)和"公民精神"(Volksgeist)所作的敏锐讨论(1975,第376—377页;1979,第84页以下各页,第93页以下各页)。泰勒讨论的基础是根据宇宙论主观性对黑格尔所作的理解,就这点而论,这是难以令人满意的,然而,他消除了关于黑格尔的德行(Sittlichkeit)观的许多误解。

5. 关于黑格尔与古典政治经济学家们的关系,以及他对经济平衡的不信任感,可参见布代(1975c,第45、52、75页)。我们可以回忆一下,在拿破仑战争期间及之后,欧洲的经济形势——英国封锁、它的解除、非军事化、工业化以及贸易模式和劳动法律上的变化等等——几乎从未有过平衡的例子。

6. 黑格尔对同业公会的讨论与当前的这样一些观点有许多相似之处:需要有一些中介制度,这样,那些原子化的公民才不必直接面对现代国家和经济的庞大结构。关于这些中介体制,请参见贝格尔(1977,第11章),及贝格尔、贝格尔及凯尔纳(1974,第3部分)。

7. 这里所提到的这些政党,从不同阶级的角度来看,都应该代表着关于社会整体的总体性观点;它们不应该像黑格尔的等级一样,只代表着一些特殊的生活方式的利益。但是,这些政党似乎像等级一样,同样也很容易受到这些可恶的特殊性的污染;没有任何东西可以保证它们不会成为某些单独的利益团体的同谋者——例如在美国,它们根本就无法成为那种具有欧洲风格的意识形态性的政党。参见哈特曼(1976b)以及在另一本书(1976a)的前言和第一篇文章的注释中所给出的那些参考文献。

8. 关于等级问题,参见里德尔(1970,第74页)、温菲尔德(1977,第140—159页)、阿温勒里(1972,第8、9章)及哈特曼(1973b)。这种三等级体系是《法哲学》最为普遍地受到批判的一个特征。在市民社会中,等级的发展很不明显,而且各种等级的构成也显得有点随意。各种生活模式也绝不会在市民中分别达到和谐——只有在作为一个整体的国家中才能达到和谐(泰勒,1975,第434页以下各页)。甚至等级的逻辑谱系也很值得怀疑;为什么黑格尔采用实质性的、反思性的、普遍的这种三分式,而不是普遍的、特殊的、个别的这种三分式,原因还不清楚。温菲尔德(1977)论证道,按照后一种辩证模式,紧接在黑格尔于《法哲学》"需要的体系"这一部分中的说法后面的,就应该是某种跟马克思的阶级体系更相近的东西。话虽如此,但这会危及到由那些"直接的"或"实质性的"团体所担负的功能,而这对于市民社会与国家间的差别来说却是十分重要的。

9. 关于这种"知情权",参见《法哲学》中的其他一些部分(第132节附释),以及黑格尔论符腾堡宪法的文章——由里特尔引用(1982,第56页)。

10. 关于大众意见,参见福斯特([1935]1968,第176页以下各页)。泰勒(1975,第450、458页;1979,第125页以下各页)指出,黑格尔的论证方式与那些讨论"合法性"问题的现代作家并不一样。但是,要把现代国家与先前的那些没有把这一要求包含在其"德行"之中的国家区分开来,知情权还是很重要的。

11. 参见:黑格尔在《法哲学》(第203节)中的那些充满忧虑的议论,在伊尔亭(Ilting)版《法哲学》(3:626,4:515—517)曾引用到的那些讲演录中也可以找到这样的议论。另外,关于黑格尔将农业雇工与地主混为一谈的问题,可参见:阿温勒里(1972,第156—158页)和卡尔·马克思(1970,第96—115页)的讨论。这些批判可能并没有充分认识到黑格尔之所以出此权宜之计的价值所在。一方面,他对一切都成为工具性反思的社会深感忧虑,但除此一般性忧虑之外,另一方面,关于人们与其民族和土地的关系,他对直接呈现在人们的感觉和同一性之中的"内容"也作了某种限定,即:这种"内容"必须恰当地"等同于"那些在逻辑序列中得到证明了的东西。

12. 如果可以把黑格尔的术语运用到非欧洲语境中去,日本可能是与黑格尔的描述最为类似的现代国家。在那里,政府具有某种凌驾于市民社会之上的权力,而大企业的行为与黑格尔的"同业公会"也有点相像,农业等级在政治中则偏好传统且具有一种特别的力量,而且公民对于他们独特的民族生活方式也具有清醒的意识。

第七章 海德格尔与现代世界

1. 关于现代弊端的罪恶给黑格尔体系所提出来的问题,参见法肯海姆(1967)。
2. 海德格尔举了埃丁顿关于两张桌子——一张科学的、一张日常的——的著名例子(《关于事物问题》,第1章第4部分)。要是海德格尔的科学观没那么严格的话,也许他就能根据聚集在这同一张桌子中的这两个不同世界来欣赏埃丁顿的这个例子了;然而,他并没有谈到过作为一个可将世界聚集于其中的"事物"(在他关于这个词的特殊含义上)的科学客体。虽然他也认可了当代的那些多样性方法——在其中,实体就可以处于被揭示状态;然而,他却倾向于把某一种看作为最主要的——例如《存在与时间》中的上手性(tuhandenheit),因为它与把事物转变成主体面前的某个稳定客体这种做法没有什么关系。他不讨论酒壶或桥梁如何可以用不同的方式把世界聚集起来——这些方式并不是从某种单一的基本聚集行为中推论出来的。在下面,我会指出,在努力认识事物的呈现过程时,海德格尔若是能够放弃说明这种过程具有一种统一性的划时代结构这种企图,那肯定将是大有助益的。
3. **概念**和**命题**在此是指语言的明确使用。另外,还有一种含义较为宽泛的**概念**。例如,我们会说某个动物对于某种区别"有了概念",因为我们观察到:它在其行为中作了这种区别,——虽然,对于这个动物来说,对这个概念的作命题性的表达是绝对不可能的。海德格尔也许不会反对这种用法,但是他会把这种用法的意义看成是从人类对命题和概念的明确使用中演化出来的。
4. 海德格尔说(《四个讨论班》,第116页及以下各页),胡塞尔《逻辑研究》的第六研究对他的思考产生了极为重要的影响,因为胡塞尔的范畴直观学说使"存在"概念从空洞的关联中解脱了出来。在海德格尔受教甚多的新康德主义传统中,就像康德曾教导过的那样,"在(being)"或"存在

（existence）"被解释成了通过关联物所进行的一种纯粹形式化的设定。胡塞尔的范畴直观学说使海德格尔有余地设想——某物的存在样式可能是在经验中所给出的一种内容（这并不等于说它就是一个"真实的谓项"）。但是胡塞尔假定，只有这种如此给定的存在样式对于自我来说才是客体的客观性。海德格尔声称，他对柏拉图和亚里士多德的重新解读开阔了他的眼界，使他看到了对事物存在的其他理解。这很可能是指，这种重新解读使他明白古希腊人并不是在现代理解中展开他们的运思的。同时，他们还向他表明，对于西方人来说，存在的基本意义已经根据持续不断的在场得到了清晰的表述。

5. 对军事的参考也许并不是偶然的，因为海德格尔关于座架（das Gestell）的思想，受到了恩斯特·荣格尔（Ernst Jünger）"总体动员（total mobilization）"这个概念的影响。例如海德格尔在《关于时间问题》中就对此作过讨论。另可参见维尔纳·马克斯（1971，第四部分第2章）对西方本质的"后退性构型"的评论，以及科克尔曼斯（1984，第241、267、274页）对海德格尔和荣格尔所作的讨论。

6. 海德格尔坚持认为，当前对自然的技术攻击不同于先前手工业与自然的那种不打扰式的遭遇方式，后者提倡自然独立达到在场状态。用黏土来生产商品与使黏土在一个完工了的器皿中仍可表现出它的泥土性和可塑性，这两种使用方式之间是存在着某种差别的。但这种主张的说服力并不强，因为海德格尔选择了陶器和雕塑这类手工艺品来作为他的例子，但对那些数学特征较明显的古代技艺，如船舶制造技术和军事技术，却避而不谈。在这一点上，他继承了亚里士多德的观点，但是，关于较为数学化的古代工匠是如何与自然遭遇以及如何使用自然的这个问题，仍然没有得到重视。海德格尔对于下述争论是有其先入之见的：在古希腊世界中，对事物的存在是否存在着某种主导性的理解。

第八章　适当安置现代性

1. "让某词[在此，即座架（das Gestell）]作为存在的一个词被听到，与让那个词超越形而上学，是一回事，因为，这样它就不会被再抛入那种作为形而上学界限的标志的湮没状态中了。然而,那个被听到或读到的词,并不是在被带到在场的存在的意义上,超越湮没状态,从而达到揭蔽的"(伯纳斯康尼,1983,第 16 页)。

2. "**事件**(Ereignis)是结晶这种运动过程的术语,借此,各种事物进入一个划时代的构型之中"(舒尔曼,1983,第 33 页)。"海德格尔的所有思考道路最终都回归到发生的那种独特简明性之上,这种发生的居有是通过许多方式表现出来的:呈现、本质化、委任、清除、授权、征求、使应然等"(基赛尔,见于维尔纳·马克斯,1971,xxxi,译者序言)。关于**事件**(Ereignis)的各种涵义以及海德格尔对这个术语的使用背后所隐藏的思想线索,可参见霍夫施塔德在其著作的译本序言中所作的一个有益讨论(霍夫施塔德,1971,xix-xxii)。另可参见基赛尔的译注(维尔纳·马克斯,1971,第 226 页)、哈尔对 Ereignis 的命名过程的讨论(1983,第 50 页),以及科克尔曼斯对一些相关词汇如 Austrag(解决、举行)、Ankunft(到达、来到)及 Áberkommnis(到达、流传)的讨论(1984,第 85、90 页)。

3. 尤金·芬克提出,借助于我们对事物存在的肉身参与以及我们与死亡的遭遇,我们对于"非显性(uncleared)存在"具有一种与生俱来的"黑暗理解"(参见《赫拉克利特》;芬克,1977)。

4. 来自海德格尔的那些引文见于《根据律(Satz vom Grund)》,第 188 页。值得注意的是,这些引文的基调与他的先验姿态是联系在一起的。

5. 关于海德格尔的术语的变化,以及 Sein(存在)与 das Ereignis(事件)之间的联系,参见《四个讨论班》(第 103 页及以下诸页)、《时间与存在》(第 5 页及以下诸页/第 5 页及以下诸页,第 40 页及以下诸页/第 37 页及以下诸页)及菲蒂罗(1979,第 200 页及以下诸页)。

6. 这里的观点与尼尔森·戈德曼及分析传统中的其他一些人的思想有一些类似之处。正如我在前面曾提到的,关于海德格尔到底是如何处理同一个实体的各种不同表现的这个问题,还是有一些难解之处的。

7. 关于各个时代的特色以及本成事件与个人之间的关系问题,可参见理查森(1963,第 638 页及以下各页);关于包含在海德格尔的存在之历史中的选择性问题,可参见维尔纳·马克斯(1971,第 169 页)。

8. 可以在维特根斯坦以及斯特劳森的描述性形而上学尝试那里,找到这样的思想。也许戴维森和普特南也可以列入那些既研究语言的形式化条件,又不将其看作为一些基础性实体的思想家。然而,除了维特根斯坦可能是个例外,分析哲学家们一般都是黑格尔意义上的"形而上学者",因为,他们想把可能性条件变成某种可以得到清晰呈现的形式化原则或规则。

9. 曼弗雷德·布雷拉格在其对海德格尔的研究中,就曾试图对海德格尔作这种定位,即把海德格尔与新康德主义在其本身思想结构中对根据的探寻联系在一起。这一尝试并不完全成功,因为布雷拉格企图使海德格尔变得比实际上更为基础论化,而且他还过于依赖主观性结构来解读海德格尔。不过,布雷拉格所搜集的关于海德格尔与新康德主义传统之间的亲缘关系的证据还是令人信服的。参见曼弗雷德·布雷拉格(1965,第188—244 页,尤其是第 199—200 页)及科克尔曼斯(1984,第 76 页)。

10. 参见卡普脱(1978)、舒尔曼(1983)及其参考文献。

第九章　现代世界中的生活

1. 在这种关联中,人们也许就能搞清"关于语言的对话"中的那个含义隐晦的日文单词 kotoba("词、语言",同**逻各斯**[logos]一样,但还有浮现出来而不是聚集起来的含义)的意思了。海德格尔认为东亚的揭蔽样式没有包含关于存在的一个统治性的意义。因此,聚集共在其实只是说事物从揭蔽中浮现出来,而且它还不以某种形而上学总体性为根据。在下文中,通过采用**多样性**(multiplicity)这个术语,我将提出,与之颇为类似的某种东西,也许其实就是对我们到目前仍在的以及我们以往始终在的那个场所的一种较好的描述。

2. 在科克尔曼斯(1984,第 5 章)和理查森(1963,第 15、17 章)那里,可以找到对海德格尔论四重整体的文本的一些极富教益的总体考察。

3. 维尔纳·马克斯把这个四重整体描述为"海德格尔对这样一个问题的正面回答:在这些传统样式被摧毁了以后,用什么来取代实质和主体"(1971,第 197 页)。他对这么做是否恰当还是有疑问的,他说道:"很难搞清世界的这种四重居邻性的整体性是否'能使(enables)'一个特别的瓶子满足其特别的意义内容";另外,他还提出了这样一个问题,即"世界"和"事物"这些特殊范畴如何才能适用于我们生存于其间的那些多元性的事物呢。(第200—201页)他的结论是,就其原意来看,在四重整体中所找到那种存在意义仅适用于一个特殊的"创造性"领域;否则的话,海德格尔的思想就变成"彻头彻尾的'乌托邦'"了(第202页,参看第240页及下页)。

我已经指出,在我们对四重整体的解读中,我们把它描述为任何世界的世界化事件,并没有认为它本身提供了关于存在的任何特殊意义。这就使它与今天有了关系,但是它也可以描述一个未来时代,只要在那里没有一个统治性的存在意义。我的建议使四重整体免于掉进非得说明这个特别的瓶子的意义不可这种尴尬的局面。

当这个四重整体被经验为我们技术世界的世界化时,关于它的边际性的、然而又是解放性的效用,可参见哈尔(1983,第43—64页)。哈尔在关于海德格尔思想的浪漫主义过度解释与悲观主义解释不足之间,奉行了一条十分微妙的折衷路线。在技术世界与我们对其条件的经验之间,尤其是在技术世界与我们对地球的未被耗尽的本质的经验之间,他为我们给出了一种玄妙莫测的关系。他的描述指出了海德格尔思想中先验的东西与日常的东西之间的关系问题,而且它还反映了海德格尔本人在我们可以期待什么这个问题上的犹豫不决。

4. 谈论海德格尔与纳粹的联系的文献真可谓群情激愤。尤其可参见珀格勒(1972)和哈里斯(1976)。另参见齐默尔曼(1981)和科克尔曼斯(1984)所作的一些说明,以及默林(1981)最近所披露的一些材料。在吉莱斯皮(1984,第198页,注释38)那里可以找到一个有针对性的讨论和一个很有用处的文献目录。另外,请参看:法里亚斯(1987)、希恩(1988)及奥特(1988)。

5. 参看齐默尔曼(1981),他对这些问题进行了讨论,而且他还编撰了一个范围广泛的文献目录,另外请参见我对齐默尔曼著作的评论(库尔珀,1985)。

6. 虽然舒尔曼分析的基本方向似乎是忠实于海德格尔的,但就其细微处而言,他的论证仍需要加以进一步的讨论。从某些方面来讲,舒尔曼同利奥塔一样,在研究政治问题时过于依赖那些源自于艺术行为的范畴。另外,同海德格尔一样,他也很少展开"政治"讨论。——这里的"政治"是从这个词的普通意义上来讲的,它所关注的问题是,在关于幸福生活的各种不同观念下,以稀缺性为条件,制定出一些公共生活方式。参见杜恩豪尔(1978)对舒尔曼的这些观点所进行的全面批判。在舒尔曼看来,必须克服这种政治话语,杜恩豪尔则批评他并没有做到这一点,而这种话语能否被克服却正是问题的关键之所在。

7. "无原则生存"这个短语是索罗最近一篇论文的标题,在那篇论文中,索罗用这个短语来说明大众的浅薄生活的特征,这些人不断消费信息、娱乐和义务,但却从不思考。我颠倒了这层含义。海德格尔可能会同意索罗对现代匿名性生存的批判(又遇到了中性的人[das Man]这个问题),但是他肯定不会同意索罗的这样一个判断,即认为思考和真正的自我追忆可导向生活能以之为基础的关于统一性与和谐的某种"原则",这也就是说,引向那种坚固的形而上学基石,而这一基石就位于遮天蔽日的林(Walden)中溪流的底层。但尽管有这个差别,索罗的日常实践与海德格尔的建议实际上并无多少不同。

8. 参见瓦蒂摩(1980,第 136、139、141 页)。他认为,若依他的描述,海德格尔的立场非常接近于历史主义,而且他还花很大的精力来区分这两者。另外,他还探讨了他所说的这种悬置与马克思主义的前革命形势理念之间的相似与差别。他在个人行为与阶级行为之间所作的区分是否会允许他从海德格尔那里发展出一种革命理论,对此我深表怀疑。一种海德格尔式的革命概念的障碍就在于:本成事件的首要性以及海德格尔在实体的(ontic)和本体的(ontological)之间所作的鲜明区分;这些观点一般也都得到了瓦蒂摩的承认。不过,瓦蒂摩在很多地方似乎都认为,在实体的和本体的东西之间存在着一种十分紧密的联系(参见:第 51—52、58、61、63—66、147—148、167、170—171、177、190 页)。他的本意似乎没什么错,但我还是无法把这一点与他对本成事件的单纯统治地位的肯定协调起来。对于我来说,他关于行动无需仅仅根据主-客体来进行构想的观点,似乎才是思考我们时代中的政治和社会变化的关键。

第十章　黑格尔与海德格尔

1. 参见"哲学的终结和思的任务"(第77—78页/第390页)。关于这里所涉及到的问题,菲蒂罗曾作过一次非常有启发意义的讨论,他在那里说明,这个变化并没有看起来那么根本,参见菲蒂罗的论文"无蔽(Aletheia):海德格尔中关于真实性的经验"的前几页(菲蒂罗,1979,第151页及以下各页)。
2. "海德格尔的意图并不是想重建古希腊,而是想去考察在它之中都隐含了些什么东西,并把它遗而未说的东西清晰地表达出来,即:忘川(lethe)["遗忘",黑暗——在其有限性中,揭蔽从中产生出来]及人的先验性"(希恩,1983,第311页)。
3. 关于这个"发生(happening)",参见珀格勒(1970a,第375页)。
4. 关于否定和差异的含义,在这两位思想家之间是有着极为复杂的差别的,可参见菲蒂罗(1978,第1、2章)和塔米尼奥克斯(1977,第6、7章)对此的讨论。
5. 关于海德格尔以及黑格尔那里的时间问题,参见菲蒂罗(1978,第1章)。
6. 关于对作为主观主义者的黑格尔的分析,可参见范登默林(1953)、史密斯(1968)及布洛克(1965)。关于对海德格尔在《黑格尔的经验概念》中的分析以及认为黑格尔是一个超级笛卡尔主义者这个断言的批判性研究,可参见珀格勒(1982)、里奇-卡洛蒂的"解读性海德格尔对黑格尔的解读"及"海德格尔对黑格尔"(1968)、伽达默尔(1976,第11—12、35—36、77—79、107页)、德夫(1970)及库尔珀(1982)。在一种极难理解的意义上来说,德里达(1982,第313页及下页)所论说的主体性仍是一种被超越的主体性——虽然这主要是导致了对黑格尔的神学本体论范畴的重新肯定。
7. 海德格尔把黑格尔解读成一个笛卡尔主义者还有一个历史原因。黑格尔在早年曾沉迷于把人整合进某种本体论中去,按他当时还带有斯宾诺莎和新柏拉图主义遗风的思路,在这种本体论中是包含有某种绝对者的。在那时,这一方案给黑格尔以及他的朋友们提供了一些克服他们在康德哲学中所找到那种软弱性的武器。当黑格尔根据生活——它是通过为他性回到其自身的——来寻找构思这种绝对者的方法时,他的语言听起来常常使人觉得,那个绝对者是被设想为某种绝对自我的,而且在耶拿早期,可能也确实如此。《精神现象学》本身的风格就表现为黑格尔在绝对观念上的变化不定。这也是我偏爱他的后期著作的一个理由,因为他的后期著作给主观性和自我所指定的位置更为明确。

8. 塔米尼奥克斯的第 7 与第 8 章(1977)致力于对黑格尔和海德格尔的详细讨论。另外,参较菲蒂罗(1978,第 1、2 章)以及他所作出类似结论(第 42 页)。另外,对于黑格尔,还有一些更为"开放性"的解读。在这些解读中,黑格尔的那些基础论的目标受到了抑制。照我看来,这些解释在黑格尔之中解读进了较多的新近理念。为了证明我的这个观点,在我对黑格尔逻辑学的解读中,我已强调了拱形统一性和自洽性的重要性。如果我是正确的,那么,一旦"开放性的黑格尔主义"离开了他对封闭性的强调,它也就走上了我们思想的正确方向,但是这却不是对黑格尔本人的一种准确解读。我们的问题是,在保持黑格尔的运动以及相互关系这类东西的同时,摒弃他的封闭性和自我透明性。然而,他却想尽办法使它们密不可分,而我们是不能只是部分地承认他的体系。它的基本理念必须被重新加以思考。

9. 关于海德格尔和克尔凯郭尔同黑格尔的关系,参见海德格尔在《黑格尔的精神现象学》中所作的评论(第 197 页)。另请参见瓦蒂摩(1980,第 59—60 页)及施密特(1977,第 88 页)。

10. 在那些组成《同一与差别》的讲演中,海德格尔试图用许多黑格尔的关键词汇来反对黑格尔本人的文本。我们可以发现,下面将被称作解构性分析的那种东西在起作用。伽达默尔(1976,第 101、113 页)还有过另一种不同的尝试,来说明黑格尔的语言是如何超出了他自己的。

11. 关于黑格尔绝对知识中的有限性问题,参见菲蒂罗(1978,第 95—101 页)与珀格勒(1982,第 44 页)。

12. 这一短语来自菲蒂罗(1978,第 61 页)。

13. 吉莱斯皮讨论了在把这两种历史联系起来的过程中所遇到的另一个类似困难(1984,第 171 页及以下各页)。

14. 我在本项研究中,自始至终都对**本体论差异**(ontological difference)这个术语避而不谈。我偏向于其他一些后期海德格尔术语。我们可以按照那种差异来重新表述一下当下的这些问题:从何种程度上可以说,这种本体论差异包含了形式与内容之间的某种区分,以及从何种程度上可以说,它必须把直接性和统一性包含在所授予我们的存在意义中? 当人们超越了这样一种反射性反应——海德格尔肯定是想避开所有的形而上学,转而去关注黑格尔的现实实践时,这些问题就会变得十分有意思了。我们就可以发现,在我们的世界中,统一性并没有海德格尔的强加给我们的那么多。

15. J. L. 米赫塔讨论了东西方对话在海德格尔思想中的各种涵义(1971,第246页及以下各页;以及1976,第464页及以下各页所作的稍许补充)。米赫塔坚持认为海德格尔所讨论的是人类生存的总体结构,而非地域性的西方传统的结构,只不过西方把此在之沉沦推进到一个极端水平上了。(同海德格尔一样,除那个授予西方的特殊施与物以外,他没有对这种西方极端性作任何解释;在这个问题上,普通的历史解释是不可能给他以帮助的。)从海德格尔那里,米赫塔解读出了这样一条戒律:每个传统都应返本溯源,在其原初性词语中寻回动力和可能性,同时与世界的强迫性的欧洲化过程相对抗,并超越这一过程。然而在米赫塔的讨论中,我曾指出来的那些问题又重新出现了。按照海德格尔的说法,各种传统所共有的与本成事件的关联是没有共同内容的。开启给每个传统的空间千差万别,不允许有直截了当的相互援助。所共享的只有每个传统完成从其自身所授予空间向本成事件本身过渡的可能性。米赫塔认为,在各种非-西方传统对表现性思想的自发批判中就可以看到这一过渡的先兆。然而,向本成事件的过渡是解构性的;它既不会导致各种传统空间的联合,也不会允诺那种米赫塔断定为海德格尔之目标的统一化过程,即:某种"不同哲学和不同宗教传统的语言可由之推演出来的关于真理的普遍化基本语言"的"尘世性构造"。在海德格尔的过渡中,是不存在某种新的共享性传统的基础的,有的仅仅是对有限性的共享性意识。米赫塔的话使得下列问题变得更为令人困惑不解了:为什么海德格尔说,西方不可能得到东方的帮助。因为,按米赫塔的说法,西方(即海德格尔意义上的人)对于东方在其自身传统中过渡到本成事件是有帮助作用的。为什么这种关系仍然是非对称性的？米赫塔的讨论没有提供任何答案。
16. 关于海德格尔历史思想中各种起点的这种独特的支配地位,请参见哈尔(1980)。

第十一章　进一步的探讨

1. 就此而言,我们可以把珀格勒的评论加以普遍化,他曾说海德格尔未能认识到政治领域的独立性以及历史中新的开端的重要性(珀格勒,1982,第49页)。
2. 梅洛-庞蒂的哲学(1962,1964,1968)以不同的术语表达了相近的观念,但他没有过分强调视域和统一性。对他而言,我们的背景域和有限性(这一点在前范畴的肉身经验中得到描述)以及在他的后期思想中的相关概念,都并非必然由对存在所进行的那种海德格尔式的单一的与统一化的时代性解蔽所建构。
3. 把海德格尔对一元性视域的坚持与伽达默尔对前概念的自然语言世界的丰富性所作的评述(1976,第112页)作一比较是很有教益的。在这种解释学中,我们的处境也许与之有着复杂的内在关联的可能性,似乎要比海德格尔在谈论关于存在史中的各个时代时所允许的可能性丰富得多。但正如瓦蒂摩所表明(1980,第一章)的那样,解释学的思想仍然活动于统一性的图式以及自洽性的目标之内,这令人想起黑格尔。瓦蒂摩进一步指出,我们必须坚持这样的观点,即整个世界能够改变,因此可以打破由解释学的哲学家(他们过于受到连续性模式的影响)所预设的传统的连续性(尽管瓦蒂摩有一种混淆连续性和黑格尔意义上的积累的倾向)。但瓦蒂摩本人却以另一种不同的方式囿于统一性。为了进行他所谈到的世界的总体改变,为了获得这一改变所提供的彻底革新的希望,他只得与海德格尔一起拥有充分的全面统一性的世界,以便在存在的意义上彻底改变世界。这一点削弱了瓦蒂摩急于想表达的类似性,这一类似性介于海德格尔与对尼采哲学的正确(指瓦蒂摩的而非海德格尔的)解释之间。

我的建议是,我们认为,根据当代的多样性,不可能存在作为整体的世界的改变,因为不存在作为整体的统一世界(这并不是说,在我们的世界中不可能发生大规模的变革)。我们所拥有的多样性并不具有让解释学的方法去追溯的单一的深层含义,但解释学方法有必要囿于一个统一含义的目标吗?参见利科(1977,1984,1985)以及由伯恩施坦所翻印的伽达默尔的信函(1983,第261—265页)。

4. 关于黑格尔的概念与海德格尔的时间化之间的关系,参见菲蒂罗(1978,第一章)。

5. "无限的分析"这一术语来自瓦蒂摩(1980,第14页)。我的意思并不是像瓦蒂摩的时代图景那样强调非连续性,瓦蒂摩的时代可以在整体上经历革命性的改变,因此这样一种分析几乎没有界限。

6. 在这一点与罗蒂所倡导的那种对话之间存在关联(1979,1982)。

7. 我一直强调多样性和互为建构性以便抵消在黑格尔和海德格尔所提供的分析中多余的统一性。人们也许会反驳说,我没有在每一层面上充分关注黑暗性和有限性,而且对多样性的相互建构的强调(而不是对有限的遮蔽-去蔽的强调)在对自洽性模型的把握中依然显得有些过分。我的意思并不在于强调多样性而排除其他类型的有限性和异质性。我们的思考必须在任何维度上放弃对自洽性的诉求。不存在单纯性和整体性,无论是历史纪元或在形式上被规定的自我,还是基本能指,都是这样。根本不存在自洽的和统一的对某物的意识。德里达在他的文章"发送:论再现"中质疑了海德格尔的时代统一性以及存在一种叫作现代性的深层现象的概念,他所谈到的多样性的"播撒"似乎并没有因我所提供的分析而被排除掉,尽管他的语言有时听起来很具先验性。然而有些解构理论的追随者由于急于想表明文本如何超越自身的界限,他们在开始时赋予了文本以过多的统一性。(这些思考以一种迂回的方式与维尔纳·马克斯所提出的问题相关,他在其著作的最后一章中提出了海德格尔世界的真理和谬误问题[1971,第248—251页]。)

8. 我对我们的思考方向所提出的建议是,努力表述必要条件,但在我们对必要条件的寻找过程中,不存在特许性的方法,而且我们知道,我们的结果有可能被后来的经验和新的例证所推翻。有人可能像戴维森和罗蒂那样认为,在更严格的意义上讲,我们所认识的结构是必然的,我们只愿意把那些像我们一样具有这种结构的人看作是有意识的或经验性的存在者,看作是"有一个世界"的存在者(戴维森,1984;罗蒂,1982,第3—18页)。历史上对语言或思想的"必要"条件的要求原来是一孔之见,这对我们是一个警醒。此外,戴维森和罗蒂所提出的论点涉及到信念表述的转译以及对语言学行为进行归属的条件,这些论点有时可以有时不可以延展到这里所讨论的时间结构及其理解。有些人就试图离开这些结构来想像各种"经验",这就像中世纪研究天使的学者所作的有趣的努力,他们对众多传统中的非时间意识或神秘经验进行描述。对这些事件我们并不作出先天的决定,看来合适的说法是,我们所发现的必要条件及其任何表述都具有临时的地位:这就是说,它们受到我们所观察或所能想像的例证领域的限制。

9. 马克·奥凯伦特(1988年)在他的文章和著作中指出,先验哲学家常常混淆了两个截然不同的任务。这两个任务是指,对我们所具有的认知能力的必要的形式条件所作的"先验"探讨,以及对这样一种涵义的"本体论"探讨:即行使我们能力的必要条件对由这些能力所意指的对象的本质而言具有什么样的涵义。他试图表明,尽管第一个探讨给出了正面的结果,但这些结果对对象而言并不具有本体论的涵义,它们对实证科学也没有在方法论上作出实质性的贡献。第二个探讨因此也便失败了。奥凯伦特严格地考察了康德的名言:经验可能性的条件也是经验对象的可能性条件。(参见奥凯伦特1984a,1984b。)奥凯伦特的论点对我来说很有说服力,我对在先验上得到保障的本体论要求总是持怀疑态度(参见库尔珀1975,以及关于先验证明的辩论:斯特劳森,1959,1966;施特罗德,1968,科尔纳1966,1971;罗蒂1970,1971)。我一直在讨论的多样性并不直接是奥凯伦特的多样性语言和本体论,我所关心的是,我们的前反思的(如果这个词依然合适的话)寓居是位于不确定地敞开的可能性领域(这一领域由现代性理论所标明),还是沿着黑格尔和海德格尔以不同方式提示的思路位于深层统一的可能性领域。我已经证明,这两个选择都不可接受。我一贯提倡对我们的寓居进行某种形式的描述,但这些形式并不是建构性的原则,因为任何"它"、任何被规定的能力都不能在场,也不能在其构造上得到追问。我们在世界中或与世界的居有同样会产生形式上的条件,这些条件在奥凯伦特的意义上是先验的,它们涉及到我们在更加精确的意义上被规定的认知能力和语言能力。但这种居有本身,即我们的这种延伸到可能性领域之中去的事件,并不是我们所拥有或实施的能力,也不是具有自身形式的事物。尽管这是经验、知识和命题的条件,但这一条件在对语言系统或认知系统的特殊问题进行抉择时并不是一条有用的原则。

10. 参见皮平对康德的本质性与非本质性的讨论(皮平,1982,第86、115页)。他在这一问题上对康德的描述部分地也可应用于海德格尔。

第十二章　对现代世界的重新审视

1. 这样一种没有共同规则的辩论,利奥塔称之为"非齐一性"(un différend)。要想在现代性方式中拥有普遍共享的规则,就必须接受某种语言游戏和实践并把它看作权威,但是,使这种权威性合法化的叙事没有可行性,因为它们要求的是统一的目的论和统一的历史动因。利奥塔讨论了(1983,第197页)这样一种显而易见的反对意见,即他正在进行元叙事之死亡的元叙事。只要他在叙事,就不存在目的论,这一点更像海德格尔的本成事件的无方向的游戏(参见他对 Ereignis(事件)的评论,1983,第236页)。利奥塔曾与哈贝马斯就今日社会中普世主义批判话语的可能性问题进行过尖锐的争论。参见利奥塔(1984,尤其是论文"何谓后现代性?")和伯恩施坦(1985,尤其是罗蒂的论文"哈贝马斯和利奥塔论后现代性",第161—176页)。值得注意的是,利奥塔对现代两个最宏大的元叙事(即人类解放与总体化知识)的批判似乎有点局限于欧洲背景域。我怀疑人类解放这一叙事在美国是否也同样设定了一个统一的历史动因。一般来说,美国的人类解放叙事不像法国那样,叙述的是人民向那种表达其共同意志的国家的解放,美国叙事倒像利奥塔在谈到人民(即人民并不是统治者,毋宁说,他们在面对统治力量时捍卫着的是"非齐一性")时所称赞的东西(1983,第209页)。

2. 要注意韦伯工具理性的回音。1985年春在巴黎的蓬皮杜中心设计"非物质"的展览时,舍奥费克亚斯曾是利奥塔的主要合作者。这次展览旨在通过现代技术样品、信息交换、艺术作品以及背景域的创造等方式激发一种潜在的对后现代性的感受力,在这些背景域中参观者能够体验到,坚固的现代性自我及其可操控的物质世界已离散到一种关系和矩阵的网络之中了,其意义我们已经完全无法把握。

3. 利奥塔以一种暗示的手法双倍地增强了维特根斯坦探讨语言游戏的意义,它不仅包括话语的不同模式(这些模式制约着在不同的推论策略中被构成的句子和赌注[enjeux]系列),而且包括不同的对单个语句进行制约的表现模式和规则模式。对于这一点,利奥塔还增加了一个复杂的理论即在语言游戏之间和之中的专名作用理论。至于他对克里普克的严格指示符概念的挪用,尚存一些有待解决的疑点;而至于他使不确定性和多元性的主导轨迹成为链条(这一链条的描述方式在每一步上都类似于萨特的裂开的空洞)的每一环节中的偶然性链接,也还留有很多疑问。参见利奥塔(1983,第82—83、121页;1985,第228页)。

4. 关于利奥塔的先锋派,参见伯恩施坦所编的罗蒂论文(1985,第161—176页)以及杰姆逊在为利奥塔论现代性一书的翻译所作的富有洞察力的序言中进行的讨论(利奥塔1984,vi-xxi)。舍奥费克亚斯为无限可能性在后现代世界中的开启而欢欣鼓舞(1985,第9页),这是意味深长的。这种对无限可能性的诉求一直是一种典型的现代性,它们暗示了,空洞的自我潜伏在背景之中,准备随时越过任何现存的藩篱。当自然秩序具有可塑性的时候,当古老的传说日趋衰微时,在这一时代中的自我调控问题上,舍奥费克亚斯和利奥塔无疑是正确的。然而即便如此,我们也不能奋力冲向空洞的空间;我们现有的位置不可能不给我们留下资源。

5. 詹克斯对象征含义优先性的讨论、对不同听众的双重编码和共享设计以及对纯粹形式的反对,所有这些都可以通过我使用过的术语来加以探讨(我在谈论远离间距性的主观性和统一化的世界时就曾用到过这些术语)(参见詹克斯1984,第8、78、88页)。他的第一个双重编码的例证来自六世纪的希腊神庙(第5页);后现代以一种新的模式恢复了这种传统。尽管他希望建筑用我们世界的多样性意义来进行言说,但他确实患上了对统一化的意义王国的怀乡病(第112—117、124、127、138—139页)。用詹克斯文本中所引用的话来说,利奥塔有时更接近"超现代性"

而不是"后现代性"。参见詹克斯(1984,第6页)对现代性、晚期现代性、超现代性以及后现代性的讨论。这些区分很快就变得模糊不清,因为在此可以加入一些居中的案例。只有当我们坚持把形式与内容的现代性的二分法看作是终极性的时候,我们才能有把握作出这样一些分类。

6. 关于反讽在后现代建筑学中的可能的功用(参见艾科,1985)可参见詹克斯。在一个对利奥塔的观点所作的见解深刻的讨论中,勒库-拉巴思(Philippe Lacoue-Labarthe)把詹克斯描述为"温和的、怀疑的"后现代性理论家(利奥塔1985,第168页),而利奥塔本人则把詹克斯看作是对一种容易遭到商业化的折衷主义的倡导者(利奥塔1983,第76页)。温和的折衷主义无疑是我们所冒的危险,可是如果一种锋芒毕露的理论要求我们放弃作为多样性被抛的筹划者的根基性,那么也许温和一点会更好。

7. 例如,可以参见希尔斯在讨论中对韦伯分析模型的背离(1981,第8—10章)。即使希尔斯的分析主要归功于方法论个人主义,但他把现代社会本身看作是新传统的一个场所的努力,在辨别"启蒙传统中活着的东西和死去的东西"时却是很有教益的(希尔斯1981,第330页)。也可参见贝拉等人对二级语言的讨论(1985,尤见第11章以及第281—282页)。

8. 与海德格尔对西方的正式叙事相比,这一点可能为海德格尔的四重整体提供了更多的空间。在这里,四重整体不安地翱翔在一切世界背后的世界中,翱翔在对未来的希望中、在对寓居于任何世界所作的形式分析中,翱翔在西方的某一特点之中(这一特点仍然是我们寓居于其中的多样性世界的特点之一)。可海德格尔对一元性时代的座架把四重整体在我们当下世界中的作用局限于对任何世界的世界化的形式描述。如果我们不要求对一切现代性进行解释的最终视域,那么四重整体也可以被用来描述我们当下世界的特征而不会带来这样的结果,即成为对深层解蔽层面的浪漫误解。

9. 质疑现代间距性主观性的终极性,也就质疑了通常把美国制度的天然优越性看作某种典型现代性的假定。人们认为美国的生活方式更为自然,因为它符合纯粹的个体性,这种个体性是每个人的真正的现实性,而传统方式却用一些实质性的限制把个体性包裹起来。关于对这一与文化间对话有关的信念的讨论,可参见库尔珀(1984)。

参 考 书 目

正文中引用到的黑格尔著作

首先给出的是引文中所采用的标题,然后是德文版与英文版。

《哲学全书》
(引文后的数字分别指德文版与英文版的节数。)
Enzyklopädie der philosophischen Wissenschaften im Grundrisse. 1830. Edited by Friedhelm Nicolin and Otto Pøggeler. Hamburg: Meiner, 1959.
译成了三部独立的著作:
Hegel's logic. Translated by William Wallace and John Findlay. Oxford: Oxford University Press, 1975.
Hegel's Philosophy of Nature. Translated by Arnold Miller. Oxford University Press, 1970.
Hegel's philosophy of mind. Translated by William Wallace and Arnold Miller. Oxford: Oxford university Press, 1971.

《艺术哲学讲演录》
Vorlesungen über die Ästhetik. Edited by Eva Moldedhauer and Karl Markus Michel. 3 vols. Frankfurt am Main: Suhrkamp, 1970.
Hegel's Aesthetics. Translated by Thomas Malcolm Knox. 2vols. Oxford: Oxford University Press, 1975.

《历史哲学讲演录》

Vorlesungen über die Philosophie der Geschichte. Edited by Eva Moldenhauer and Karl Markus Michel. Frankfurt: Suhrkamp, 1971.

The philosophy of History. Translated by J. Sibree, 1899. New York: Dover, 1956.

《宗教哲学讲演录》

Vorlesungen über die Philosophie der Religion. Edited by Georg Lasson and Johannes Hoffmeister. 3 vols. Hamburg: Meiner, 1966.

Lectures on the philosophy of Religion. Translated by E. B. Speirs and J. B. Sandderson, 1895. 3 vols. London: Routledge and Kegan Paul. 1962.

《精神现象学》

(引文后的参考数字分别指德文版的页码和英文版的节数)

Phänomenologie des Geistes. Edited by Georg Lasson and Johannes Hoffmeister. Hamburg: Meiner, 1952.

Hegel's Phenomenology of Spirit. Translated by Arnold Miller. Oxford: Oxford University Press, 1977.

《法哲学》

(引文后的参考数字分别指德文版和英文版的节数)

Grundlinien der Philosophie des Rechts. Edited by Johannes Hoffmeister. Hamburg: Meiner, 1955. (另可参见由卡尔-海因茨·伊尔亭编辑的版本,在这版本中还收入了黑格尔的一些讲演。斯图加特:费霍曼,1973年版及以后的各个版本。)

Hegel's Philosophy of Right. Translated by Thomas Malcolm Knox. Oxford: Oxford University Press, 1967.

《历史中的理性》

(引文后的参考数字分别指德文版和英文版的章节数)

Das Vernunft in der Geschichte. Edited by Georg Lasson and Johannes Hoffmeister. hamburg: Meiner, 1955.

Reason in History. Translated by Robert Hartmann. New York: Bobbs Merrill, 1953.

《逻辑学》

（引文后的参考数字分别指德文版和英文版的卷数与页码）

Wissenschaft der Logik. Edited by Georg Lasson. 2 vols. Hamburg：Meiner, 1963.

Hegel's Science of Logic. Translated by Arnold Miller. London：Allen and Unwin, 1969.

正文中引用到的海德格尔著作

首先给出的是引文中所采用的标题，然后是德文版与英文版。除了另有注明，引文后的参考数字分别指德文版和英文版的页码。

《世界图像的时代》

"Die Zeit des Weltbildes." 1950. 收入《林中路》，第 66—104 页。美茵法兰克福：克劳斯特曼，1963 年。

"The Age of the World Picture." Translated by William Lovitt. In *The Question Concerning Technology and Other Essays* (《关于技术问题及其他一些论文》), 115—154, New York：Haper and Row, 1977.

《基本问题》

Die Grundprobleme der Phänomenologie (《现象学的基本问题》). 1927. Frankfurt am main：Klostermann, 1975.

The Basic Problems of Phenomenology (《现象学的基本问题》). Translated by Albert Hofstadter. Bloomington：Indiana University Press, 1982.

《存在与时间》

Sein und Zeit. 1927. Tübingen, Germany：Niemeyer, 1963.

Being and Time. Translated by John Macquarrie and Edward Robinson. New York：Haper and Row, 1962.

《筑·居·思》

"Bauen Wohnen Denken." 1954. 收入《演讲与论文集》，第 2 卷，第 19—36 页。德国弗林根：纳斯克，1967 年。

"Building Dwelling Thinking," Translated by Albert Hofstadter. In *Basic Writings*(《基本著作》), 323—339, New York: Harper and Row, 1977.

《达沃斯》

(引文后的参考数字为法文版页码)

Débat sur le Kantisme, Davos 1929 (《关于康德问题的辩论——达沃斯》). Paris: Beauchesne, 1932. 这是对卡西尔与海德格尔于1929年3月在瑞士达沃斯所作的一次辩论的记录。

"Arbeitsgemeinschaft Cassirer-Heidegger (卡西尔-海德格尔研究小组)." 收入"海德格尔书目补编",古多·施尼贝格尔编,第17—27页,作为《哲学研究年鉴》特辑出版,伯尔尼:1960年。

"A Discussion between Ernst Cassirer and Martin Heidegger (恩斯特·卡西尔与马丁·海德格尔的辩论)." 收入《存在主义传统》,尼禄·兰格瑞,第192—203页。新泽西大西洋高地:人文出版社,1971年。

《关于语言的对话》

"Aus einem Gespräch von der Sprache. Zwischen einem Japanen und einem Fragenden."(《从一次关于语言的对话而来——在一位日本人与一位探问者之间》)1959. In *Unterwegs zur Sprache* (《走向语言之途》), 83—155. Pfullingen, Germany: Neske, 1971.

"A Dialogue on Language." Translated by Peter Hertz. In *On the Way to Language* (《走向语言之途》), 1—54, New York: Harper and Row, 1971.

《哲学的终结》

"Das Ende der Philosophie und die Aufgabe des Denkens."(《哲学的终结与思的任务》)1966. In *Zur Sache des Denkens* (《思之质》), 61—68. Tübingen, Germany: Niemeyer, 1969.

"The End of Philosophy and the Task of Think."(《哲学的终结与思的任务》)Translated by Joan Stambaugh. In *Basic Writings*(《基本著作》), 373—392. New York: Harper and Row, 1977.

《黑格尔与希腊人》

(引文后的参考数字为德文版页码)

"Hegel und die Griechen." 1958. In *Wegmarken*（《路标集》）, 255—273. Frankfurt am Main: Klostermann, 1967.

《黑格尔的经验概念》

"Hegel's Begriff der Erfahrung." 1950. In *Holzwege*（《林中路》）, 103—192. Frankfurt aim Main: Klostermann, 1967.

Hegel's Concept of Experience. Translated by J. Glenn Gray. New York: Harper and Row, 1972.

《黑格尔的精神现象学》

（引文后的参考数字为德文版页码）

Hegel's Phänomenologie des Geistes. 1930—1931. Frankfurt am Main: Klosterman, 1980.

《赫拉克利特专题》

Heraclit. Frankfurt am Main: Klostermann, 1970.（并不是指全集中以此为标题的那一卷①）

Heraclitus Seminar 1966/67. Translated by Charles Seibert. University, Ala.: University of Alabama Press, 1979.

《同一与差别》

Identität und differenz. Pfullingen, Germany: Neske, 1957.

Identity and difference. Translated by Joan Stambaugh. New York: Harper and Row, 1969.

《康德和形而上学问题》

Kant und das Problem der Metaphysik. 1929. Frankfurt am Main: Klostermann, 1973.

Kant and the Problem of Metaphysics. Translated by James Churchill. Bloomington: Indiana University Press, 1962.

《纪念演讲》

"Gelassenheit（泰然任之）." 1959. In *Gelassenheit*（《泰然任之》）, 11—28. Pfullingen, Germany: Neske, 1960.

---

① 即并不是指全集中名为《赫拉克利特》的第五十五卷。——译者

"Memorial Address." Translated by John Anderson and E. Hans Freud. In *Discourse on Thinking*(《关于思的对话》),43—57. New York：Harper and Row, 1966.

《尼采》

（引文后的参考数字分别为德文版与英文版的卷号与页码）

Nietzsche. 2vols. Pfullingen, Germany：Neske, 1961.

被译成了四卷：

Nietzsche：Volume 1, *The Will to Power as Art*（作为权力意志的艺术）. Translated and edited by David Krell. San Francisco：Harper and Row, 1979.

Nietzsche：Volume 2, *The Eternal Return of the Same*（同一者的永恒回归）. Translated and edited by David Krell. San Francisco：Harper and Row, 1984.

Nietzsche：Volume 3, *The Will to Power as Knowledge and as Metaphysics*（作为知识与形而上学的权力意志）. Translated by Joan Stambaugh. David Krell, and Frank Capuzzi, edited by David Krell. San Francisco：Harper and Row, 1986.

Nietzsche：Volume 4, *Nihilism*（虚无主义）. Translated by Frank Capuzzi, edited by David Krell. San Francisco：Harper and Row, 1982.

《尼采的话》

"Nietzsches Wort 'Gott ist tot'"（尼采的话"上帝死了"）. In *Holzwege*（《林中路》）, 193—247. Frankfurt am Main：Klostermann, 1963.

"The Word of Nietzsche：'God is Dead.'" Translated by William Lovitt. In *The Question Concerning Technology and Other Essays*（《关于技术问题及其他一些论文》）, 53—112. New York：Harper and Row, 1977.

《艺术作品的起源》

Der Ursprung des Kunstwerks. Stuttgart：Reclam-ausgabe, 1960.

"The Origin of the Work of Art." Translated by Albert Hofstadter. In *Poetry, Language, thought*（《诗·语言·思》）,15—88. New York：Harper and Row, 1971.

《从思的经验而来》

Aus der Erfahrung des Denkens. Pfullingen, Germany：Neske, 1954.

"The Thinker as Poet（作为诗人的思者）". Translated by Albert Hofstadter. In *Poetry, Language, Thought*（《诗·语言·思》）, 3—14. New York: Harper and Row, 1971.

《柏拉图的真理学说》

"Platons Lehre von der Wahrheit." In *Wegmarken*（《路标集》）, 109—144. Frankfurt am Main: Klostermann, 1967.

"Platos's Doctrine of Truth." Translated by John Barlow. In *Philosophy in the Twentieth Century*（《二十世纪哲学》）. vol. 2, 251—270. New York: Random House, 1962.

《关于事物问题》

Die Frage nach dem Ding. Tübingen, Germany: Niemeyer, 1962.

What is a Thing?（什么是事物?）Translated by W. Barton and Vera Deutsch. Chicago: Regnery, 1969.

《关于技术问题》

"Die Frage Nach der Technik." 1954. In *Vorträge und Aufsätze*（《演讲与论文集》）, Vol. 1, 5—36. Pfullingen, Germany: Neske, 1967.

"The Question Concerning Technology". Translated by William Lovitt. In *The Question Concerning Technology and Other Essays*（《关于技术问题及其他一些论文》）, 3—35, New York: Harper and Row, 1977.

《根据律》

（引文后的参考数字为德文版页码）

Der Satz vom Grund. Pfullingen, Germany: Neske, 1957.

《〈明镜周刊〉访谈》

"Nur Noch ein Gott Kann uns retten."（只有一个上帝能救渡我们）1976. *Der Spiegel*（《明镜周刊》）, May 1976, 193—219.

"Only a God Can Save Us."（只有一个上帝能救渡我们）Translated by William Richardson. In *Heidegger: The Man and His Thought*（《海德格尔：其人及其思》）, 45—72. Chicago: Precedent, 1981.

《物》

"Das Ding." 1951. In *Vorträge und Aufsätze*（《演讲与论文集》）, Vol. 2,

37—59. Pfullingen, Germany: Neske, 1967.

"The Thing." Translated by Albert Hofstadter. In *Poetry, Language, Thought*（《诗·语言·思》）,165—186. New York: Harper and Row, 1971.

《时间与存在》

"Zeit und Sein," 1968, and "Protokoll zu einem Seminar über den Vortrag 'Zeit und Sein,（一个关于《时间与存在》的研究班的记录）'" 1969. In *Zur Sache des Denkens*（《面向思的事情》）, 1—25, 27—60. Tübingen, Germany: Niemeyer, 1969.

On Time and Being. Translated by Joan Stambaugh. New York: Harper and Row, 1972.

《转向》

"Die Kehre." In *Die Technik und die Kehre*（《技术与转向》）, 34—47. Pfullingen, Germany: Neske, 1962.

"The Turning." Translated by William Lovitt. In *The Question Concerning Technology and Other Essays*（《关于技术问题及其他一些论文》）. 36—49. New York: Harper and Row, 1977.

《四个讨论班》

（引文后的参考数字为德文版页码）

Vier Seminare. 1968. Frankfurt am Main: Klostermann, 1977.

《走向语言之途》

"Der Weg zur Sprache（语言之途）." In Unterwegs zur Sprache（《走向语言之途》）, 259—268. Pfullingen. Germany: Neske. 1965.

"The Way to Language（语言之途）." Translated by Peter Hertz. In *On the way to Language*（《走向语言之途》）, 111—138, New York: Harper and Row, 1970.

《何谓思?》

Was Heisst Denken? Tübingen, Germany: Niemeyer, 1971.

What is Called Thinking? Translated by Fred Wieck and J. Glen Gray. New York: Harper and Row, 1968.

《我为什么留在乡下?》

"Warum bleiben wir in der Provinz?" 1934. In Nachlese zu Heidegger (《海德格尔补编》, edited by Guide Schneeberger, 216—218. Bern: Francke, 1962.

"Why Do I Stay in the Provinces?" Translated by Thomas Sheehan. In *Heidegger: the Man and his Thought* (《海德格尔:其人及其思》), 27—30. Chicago: Precedent, 1981.

《面向存在问题》

"Zur Seinsfrage." 1955. In Wegmarken (《路标集》), 213—254, Frankfurt am Main: Klostermann, 1967.

普通参考书目

下面开列的是正文中所引用过的除黑格尔与海德格尔以外的其他作者的著作,另外还包括了同黑格尔与海德格尔在现代性问题上的比较有关的其他一些著作。

Albricht, Reinhard. 1978. *Hegel und Demokratie*. Bonn: Bouvier. (阿尔布里希特:《黑格尔与民主》)

Alderman, Harold. 1969. "Heidegger's Critique of Science". *The Personalist* 50: 549—558;1970. "Heidegger: Technology as Phenomenon." *The Personalist* 51: 535—545. (阿尔德曼:"海德格尔对科学的批判";"海德格尔:作为现象的技术")

Allemann, Beda, 1970. "Martin Heidegger und die Politik". In *Durchblicke: Martin Heidegger zum 80st Geburtatag*, edited by Vittorio Klostermann, 246—260. Frankfurt am Main: Klostermann. (阿洛曼:"马丁·海德格尔与政治")

Avineri, Shlomo. 1972. *Hegel's Theory of the Modern State*. Cambridge: Cambridge University Press;1985. "The discovery of Hegel's Early Lectures on the Philosophy of Right." *Owl of Minerva* 16: 199—208. (阿温勒里:《黑格尔的现代国家理论》;"黑格尔早期法哲学讲演录的发现")

Bellah, Robert, et al. 1985. *Habits of the Heart: Individualism and Commitment in American Life*. Berkeley: University of California Press. (贝拉等:《心灵的习惯:美国生活中的个人主义与责任》

Bendix, Reinhard. 1967. "Tradition and Modernity Reconsidered." comparative Studies in Society and History 9: 292—346. (本迪克斯:"对传统与现代性的重新思考.")

Benhabib, seyla. 1984. "Obligation, Contract, and Exchange: On the Significance of Hegel's Abstract Right." In *The State and Civil Society: Studies in Hegel's Political Philosophy*, edited by Z. A. Peczynski, 159—177. Cambridge: Cambridge University Press. (本哈比比:"义务、契约与交换:论黑格尔抽象法的意义")

Berger, Peter. 1977. *Facing Up to Modernity*. New York: Basic Books. (贝格尔:《直面现代性》)

Berger, Peter, Brigitte Berger, and Hansfried Kellner. 1974. *The Homeless Mind*. New York: Vintage Books. (贝格尔、贝格尔及凯尔纳:《无家可归的心灵》)

Bernasconi, Robert. 1983. "The Transformation of Language at Another Beginning." *Research in Phenomenology* 13: 1—23. (伯纳斯康尼:"语言在另一个起点上的转型")

Bernstein, Robert. 1983. Beyond Objectivity and Relativism. Oxford: Blackwell; Bernstein ed. 1985. *Habermas and Modernity*. Oxford: Blackwell. (伯恩斯坦:《超越客观主义与相对主义》;《哈贝马斯与现代性》(编著))

Berry, Christopher. 1982. *Hume, Hegel, and Human Nature*. The Hague: Nijhoff. (贝里:《休谟、黑格尔及人性》)

Bitsch, Brigitte. 1977. *Sollensbegriff und Moralitätsbegriff bei G. W. F. Hegel*. Bonn: Bouvier. (毕希:《黑格尔的应然概念与道德概念》)

Blumenberg, Hans. 1983. The Legitimacy of the Modern Age. Translated by Robert Wallace. Cambridge: MIT Press. (布卢门贝格:《现代时代的合法性》)

Bodei, Remo. 1975a. *Sistema ed epoca in Hegel*. Bologna: Il Mulina; 1975b. "System und Geschichte in Hegels Denken." In *Hegel-studien*, Beiheft 17, 113—115; 1975c. "Hegel e l'economia politica." In *Hegel e l'economia politica*, edited by Salvatore Veca. Milan: Mazzotta; et al. 1977. "Differenza nel concetto hegeliano di societ No. civile." In *Societ No. Politica e Stato in Hegel*, Marx e

Gramsci. Padua：CLEUP；1980. "Introduzione." In *Hegel*：*la politica e la storia*, edited by Giulio Pavanini. Bari：de Donato. (布代:《黑格尔的时代体系》;"黑格尔思想中的体系与历史";"黑格尔的政治经济学";布代等人编:"黑格尔主义市民社会理论的异同";"导论")

Brelage, Manfred. 1965. Studien zur Transzendentalphilosophie. Berlin：de Gruyter. (布雷拉格:《先验哲学研究》)

Brøcker, Walter. 1965. "Hegel zwischen Kant und Heidegger." In Auseinandersetzungen mit Hegel, 7—32. Frankfurt am Main：Klostermann. (布洛克:《康德与海德格尔之间的黑格尔》)

Burbidge, John. 1982. *On Hegel's Logic*. Atlantic Highlands, N. J.：Humanities Press. (伯比奇:《论黑格尔的逻辑学》)

Butler, Clark, ed. and trans., and Christiane Seiler, Trans. 1984. *Hegel*：*the Letters*. Bloomington：University of Indiana Press. (巴特勒编译,克瑞斯蒂安参译:《黑格尔书信集》)

Caputo, John. 1978. The Mystical Element in Heidegger's Thought. Athens：Ohio University Press;1987. "The Emancipation of Sign：Derrida on Husserl." In Deconstruction and Philosophy, edited by John sallis. Chicago：University of Chicage Press. (卡普脱:《黑格尔思想中的神秘因素》;"解放的征兆:德里达论胡塞尔")

Cassirer, Ernst and Martin Heidegger. 1932. *Débat sur le Kantisme*, *Davos* 1929. Paris：Beauchesne. (卡西尔与海德格尔:《关于康德问题的辩论——达沃斯》)

Chang, Chung-ying. 1977. "Reflections." In *Erinnerungen an Martin Heidegger*, edited by Gunther Neske, 65—70. Pfullingen, Germany：Neske. (钟英长:"反思")

Crescini, Angelo. 1977. *Tramonto del pensiero Occidentale*. Udine, Italy：la Nuova Base. (克莱西尼:《西方思想的没落》)

Crozier, Miche. 1982. *Stragies for Change*. Translated by William R. Beer. Cambridge：MIT Press. (克罗齐:《交换策略》)

Dauenhauer, Bernard. 1978. "Does Anarchy Make Political Sense? A Response to Schürmann." Human Studies 1：369—375. (杜恩豪尔:"无政府主义政治有意义吗? 对舒尔曼的一个回应")

Davidson, Donald. 1984. "On the Very Idea of a Conceptual Scheme." In Inquiries into Truth and Interpretation. 183—198. Oxford: Oxford University Press. (戴维森:"论概念化体系的理念")

Derrida, Jacques. 1982. "Sending: On Representation." Translated by Peter and Mary Ann Caws. Social Research. 49: 294—326. The French title is Envoi. (德里达:"发送:论再现")

Desartes. René. 1972. The Philosophical Works of Descartes. Translated by E. B. Haldane and G. V. T. Ross. 2 vols. Cambridge: Cambridge University Press. (笛卡尔:《笛卡尔的哲学著作》)

Di Givoanni, Georgio. 1982. "Burbidge and Hegel on the Logic." Owl of Minerva 14 (September): 1—6. (迪吉奥瓦尼;"伯比奇与黑格尔论逻辑学")

Dove, Kenley. 1970. "Hegel's Phenomenological Method." Review of Metaphysics 23: 615—641; 1973. "Hegel and Secularization Hypothesis." In The Legacy of Hegel, edited by J. J. O'Malley, et al., 144—155. The Hague: Nijhoff. (德夫:"黑格尔的现象学方法";"黑格尔及世俗化假说")

Düsing, Klaus. 1976. Das Problem der subjektivität in Hegels Logik. Bonn: Bouvier. (丢辛:《黑格尔逻辑学中的主观性问题》)

Eco, Umberto. 1985. "Innovation and Repetition: Between Modern and Postmodern Aesthetics." Daedalus, Fall, 161—184. (艾科:"创新与重复:现代与后现代美学之间")

Emad, Parvis. 1983. "The Place of Hegel in Heidegger's Being and Time." Research in Phenomenology 13: 159—173. (埃马德:"黑格尔在海德格尔《存在与时间》中的地位")

Fackenheim, Emil. 1967. The Religious Element in Hegel's Thought. Boston: Beacon Press. (法肯海姆:《黑格尔思想中的宗教因素》)

Farias, Victor. 1987. Heidegger et le Nazisme. Paris: Verdier. (法里亚斯:《海德格尔与纳粹主义》)

Findlay, John. 1958. Hegel: A Reexamination. Oxford: Oxford University Press. (芬德莱:《黑格尔:一次再探讨》)

Fink, Eugen. 1977. Sein und Mensch. Freiburg, Germany: Alber. (芬克:《存

在与人》)

Floistad, Guttorn. 1983. *Contemporary Philosophy*: *A New Survey*. Vol. 4, *Philosophy of Mind*. The Hague: Nijhoff. (弗罗斯塔德:《当代哲学:一个新考察》)

Foster, Michael. [1935]. 1968. *The Political Philosophies of Plato and Hegel*. Oxford: Oxford university Press. (福斯特:《柏拉图与黑格尔的政治哲学》)

Foucault, Michel. 1979. *Discipline and Punish*. Translated by Alan Sheridan. New York: Random House. (福柯:《规训与惩罚》)

Gadamer, Hans-Georg. 1976. *Hegel's Dialectics*. Translated by P. Christopher Smith. New Haver, Conn.: Yale University Press; Max Müller, and Emill Staiger. 1971. *Hegel, Hølderlin, Heidegger*. Karlsruhe, Germany: Badenia. (伽达默尔:《黑格尔的辩证法》;伽达默尔、马克斯·穆勒及埃米尔·施泰格尔:《黑格尔、荷尔德林及海德格尔》)

Galgan, Michael. 1982. *The Logic of Modernity*. New York: New York University Press. (戈尔干:《现代性的逻辑》)

Gerth, H. H. and C. Wright Mills. 1975. *From Max Weber*. New York: Oxford University Press. (格斯及 C. 莱特·米尔斯:《自马克斯·韦伯以来》)

Geuss, Raymond. 1981. *The Idea of a Critical Theory*. New York: Cambridge University Press. (盖斯:《批判理论的观念》)

Gillespie, Michael Allen. 1984. *Hegel, Heidegger, and the Ground of History*. Chicago: University of Chicago Press. (吉莱斯皮:《黑格尔、海德格尔及历史的根基》)

Guzzoni, Ute, ed. 1980. Nachdenken über Heidegger. Hildesheim, Germany: Gerstenberg;et al. 1976. Der Idealismus und seine Gegenwart. Hamburg: Meiner. (古泽尼编:《关于海德格尔的思索》;古泽尼等人编:《唯心主义及其当代状况》)

Haar, Michel. 1980. "Structures hégéliennes dans la pensée heideggérienne de l'histoire." *Revue de metaphysique et morale* 85: 48—59; 1983. "The End of Distress: The End of Technology." *Research in Phenomenology* 13: 43—63. (哈尔:"海德格尔历史沉思中的黑格尔结构";"痛苦的终结:技术的终结")

Habermas, Jürgen. 1970. *Toward a Rational Society*. Translated by jeremy Shapiro. Boston: Beacon Press; 1975. *Legitimation Crisis*. Translated by thomas McCarthy. Boston: Beacon Press; 1984. *The Theory of communicative Action*. Vol. 1, *Reason and the Rationalization of Society*. Translated by Thomas McCarthy. Boston: Beacon Press. (哈贝马斯:《走向一个合理社会》;《合法性危机》;《交往行为理论》第一卷:《合理性与社会的合理化》)

Harries, Karsten. 1964. "The Gnoseo-Ontological Circle and the End of Ontology." *Review of Metaphysics* 18: 577—585; 1976. "Heidegger as a Political Thinker." *Review of Metaphysics* 29: 642—669. (哈里斯:"直觉-本体论循环与本体论的终结";"作为政治思想家的海德格尔")

Hartmann, Klaus. 1966. "On Taking the Transcendental Turn." *Review of Metaphysics* 20: 223—249;1971. "What Is a Social Category?" *Idealistic Studies* 1: 65—72; 1972. "Hegel: A Non-Metaphysical View." In *Hegel*, edited by Alasdair MacIntyre, 101—124. Garden city, N. Y.: Anchor Books; 1973a. "Zur Diskussion: Zur neuesten Dialektik-Kritik." *Archiv für Geschichte der Philosophie* 55: 220—242; 1973b. "Systemtheoretische Soziologie und kategoriale Sozialphilosophie." *Philosophische Perspectiven* 5: 130—161; 1975. "Gesellschaft und Staat." *Hegel-studien*, Beiheft 17, 465—486. Bonn: Bouvier; ed. 1976a. *Die ontologische Option*. Berlin: de Gruyter; 1976b. "Ideen zu einem systematischen Verständnis der hegelschen Rechtsphilosophie." *Perspectiven der Philosophie* 2: 167—200. English translation in Pelczynski 1984a, 114—136. (哈特曼:"论先验转向";"社会范畴是什么?";"黑格尔:一种非形而上学考察";"讨论:新的辩证批判";"系统社会学理论与社会哲学范畴";"共同体与国家";"本体论选择";"关于对黑格尔法哲学的一种体系化理解的思考")

Haym, Rudolph. [1857] 1962. Hegel und seine Zeit. Hildesheim, Germany: Olms. (海姆:《黑格尔及其时间》)

Henrich, Dieter. 1952. *Die Einheit der Wissenschaftslehre Max Webers*. Tübingen Germany: Mohr; 1971. *Hegel im Kontext*. Frankfurt am Main: Suhrkamp; ed. 1983. *Kant oder Hegel?* Stuttgart: Cotta; et al. 1982. *Hegels Philosophie des Rechts: Die Rechtsformungen und ihre Logik*. Stuttgart: Klott-Cotta. (亨利希:《韦

伯知识论的统一性》;《语境中的黑格尔》;《康德还是黑格尔?》;《黑格尔的法哲学:法的结构及其逻辑》)

Hofstadter, Albert. 1971. Poetry, Language, Thought. New York: Harper and Row; 1975. "Ownness and Identity: Rethinking Hegel." *Review of Metaphysics* 28: 688—697; "Enownment." In *Martin Heidegger and the Question of Literature*, edited by William Spanos, 17—37, Bloomington: Indiana Univer~sity Press. (霍夫施塔德:《诗·语言·思》;"本己性与同一性:重新思考黑格尔";"本有")

Hoy, David. 1979. "The Owl and the Poet: Heidegger's Critique of Hegel." In *Martin Heidegger and the Question of Literature*, edited by William Spanos, 53—70. Bloomington: Indiana University Press. (豪伊:"猫头鹰与诗人:海德格尔对黑格尔的批判")

Ilting, Karl-Heinz. 1984. "Hegel's Concept of the State and Marx's Early Critique." In *The State and Civil Society: Studies in Hegel's Political Philosophy*, edited by Z. A. Pelczyski, 93—113. Cambridge: Cambridge University Press. (伊尔亭:"黑格尔的国家概念以及马克思的早期批判")

Inwood, Michael. 1983. *Hegel*. London: Rioutledge and Kegan Paul; ed. 1985. *Hegel*. London: Oxford University Press. (伊伍德:《黑格尔》;《黑格尔》(编著))

Jencks, Charles. 1984. *The Language of post-Modern Architecture*, 4th ed. New York: Rizzoli. (詹克斯:《后现代建筑的语言》)

Klostermann, Vittorio. ed. 1970. *Durchbliche: martin Heidegger zum 80st Geburtstag*. Frankfurt am Main: Klostermann. (克劳斯特曼编:《展望:迈向八十高龄的马丁·海德格尔》)

Kockelmans, joseph. 1984. *On the Truth of Being: Reflections on Heidegger's Later Philosophy*. Bloomington: Indiana University Press. (科克尔曼斯:《论存在的真理:对海德格尔后期哲学的反思》)

Kolb, David, 1975. "Ontological Priorities." *Metaphilosophy* 6: 238—258; 1981. "Hegel and Heidegger as Critics." *The Monist* 64: 481—499; 1982. Review of Hegels Phänomenologie des Geistes, by Martin Heidegger. The Owl of Minerva 13(March): 3—6; 1983. "Heidegger on the Limits of Science." *Journal of the British Society for Phenomenology* 14: 50—64; 1984. "American Individualism: Does it Exist?" *Nanzan Review of American Studies* 6(Spring): 21—45; 1985. Review of *The Eclipse of the Self*, by Michael Zimmerman. *Canadian Philosophical Reviews* 5: 43—46. (库尔珀:"本体论的优先性";"作为批判者的黑格尔与海德格尔";"海德格尔对黑格尔《精神现象学》的评论";"海德格尔论科学的局限性";"美国个人主义:它存在吗?";"对《自我的黄昏》评论")

Körner, Stephan. 1966. "Transcendental Tendencies in Recent philosophy." *Journal of Philosophy* 63: 551—565; 1970. *Categorical Frameworks*. Oxford: Blackwell; 1971. "The Impossibility of a Transcendental Deduction." *The Monist* 51: 313—331. (科尔纳:"最近哲学中的先验趋势";《范畴结构》;"先验推论的不可能性")

Krell. David. 1975. *Early Greek Thinking*. New York: Harper and Row; 1979. "Art and Truth in Raging Discord: Heidegger and Nietzsche on the Will to power." In *Martin Heidegger and the Question of Literature*, edited by William Spanos, 39—52. Bloomington: Indiana University Press; 1980. "From Fundamental Ontology to Frontalontologie: A discussion of Heidegger's Marburg Lectures of 1925—1926, 1927, and 1928." *Research in Phenomenology* 10: 208—234; 1981a. "Memory as malady and Therapy in Freud and hegel." *Journal of Phenomenological psychology* 12;33—49; 1981b. "Results." *The Monist* 64: 467—480;1982a. "Work Sessions with Martin Heidegger." *Philosophy Today*. 26: 126—138; 1982b. "Analysis." In *Nietzsche*, *Volume* 4. *Nihilism*, edited by David Krell, 253—394. New York: Harper and Row. (c:《古希腊早期思维》;"艺术与真理的强烈不协调性:海德格尔与尼采论权力意志";"从基础本体论到前置本体论:对海德格尔的马堡演讲(1925—1926年、1927年、1928年)的一个讨论";"在弗洛伊德与黑格尔那里作为疾病与治疗的回忆";"结论";"同海德格尔的研讨";"分析")

Kremer-Marietti, Angéle. 1957. *La Pensée de Hegel: Suivi d'une étude de jean Wahl sur hegel et Heidegger*. Paris: Bordou. (克莱梅-玛丽特:《对黑格尔的沉思:理解让·华尔对黑格尔和海德格尔的研究》)

Krieger, Leonard. 1957. *The German Idea of Freedom*. Chicago: University of Chicago Press. (克里格尔:《德国人的自由观念》)

Kronman, Anthony. 1972. *Individual and Interaction in the Social Thought of Max Weber*. Ann Arbor, Mich: University Microfilms. (克罗曼:《马克斯·韦伯社会思想中的个人及相互作用》)

Lacoue-Labarthe, Philippe. 1985. "Oú en étions-nous?" In *La Faculté de juger*, edited by Jean-Francois Lyotard, 165—194. Paris: Editions de Minuit. (勒库-拉巴斯:"我们进行得怎么样了?")

Lauer, Quetin. 1977. *Essays in Hegelian Dialectic*. New York: Fordham University Press. (劳尔:《黑格尔主义辩证法论文集》)

Léonard, André. 1974. *Commentaire litterale de la logique de Hegel*. Paris: Vrin. (列奥纳多:《黑格尔逻辑学注疏》)

Lewis, Charles. 1981. "Recent Literature on Hegel's Logic." *Philosophische Rundschau* 28: 115—130. (列维斯:"论黑格尔逻辑学的近期文献")

Lyotard, Jean-Francois. 1983. *Le Différend*. Paris: Editions de Minuit; 1984. *The Postmodern Conditon: a Report on Knowledge*. Translated by Geoff Bennington and Brian Massumi. Minneapolis: University of Minnesota Press. The French edition was published by Editions de Minuit in 1979; ed. 1985. *La Faculté de Juger*. Paris: Editions de Minuit. Lyotard's own essay in the volume is entitled "Judicieux dans le différend." (利奥塔:《非齐一性》;《后现代状况:一份知识论报告》;《判断力》)

MacIntyre, Alasdair, ed. 1972. *Hegel: A Collection of Critical Essays*. Garden City, N. Y.: Anchor Books;1981. *After Virtue*. Notre Dame, Ind.: University of Notre Dame Press. (麦金太尔编:《黑格尔:批判论文集》;麦金太尔:《德性之后》)

Marcuse, Herbert. 1955. *Reason and Revolution*. London: Oxford University Press. (马尔库塞;《理性与革命》)

Marquand, Odo. 1964—65. "Hegel und das Sollen." *Philosophisches Jahrbuch* 72: 103—119(马克万特:"黑格尔与应然")

Marx, Karl. 1970. *Critique of hegel's Philosophy of Right*. Translated by Joseph

O'Malley. Cambridge: Cambridge University Press. (卡尔·马克思:《黑格尔法哲学批判》)

Marx, Werner. 1971. *Heidegger and the Trandition*. Translated by Theodore Kisiel and Murray Greene. Evanston, Ill.: Northwestern University Press. (维尔纳·马克斯:《海德格尔与传统》)

Mehta, Jaraval L. 1971. *The philosophy of Martin Heidegger*. New York: Harper;1976. *Martin Heidegger: the Way and the Vision*. Honolulu: Univer~sity Press of Hawaii. (An expanded version of Mehta, 1971)(米赫塔:《马丁·海德格尔》;《马丁·海德格尔:方法与观点》)

Merleau-Ponty, Maurice. 1962. *Phenomenology of Perception*. Translated by Colin Smith. London: Routledge and Kegan Paul;1964. *Signs*. Translated by Richard McCleary. Evanston, Ill.: Northwestern University Press; 1968. *The Visible and the Invisible*. Translated by Alfonso Lingis. Evanston, Ill.: Northwestern University Press. (梅洛-庞蒂:《知觉现象学》;《征兆》;《可见的与不可见的》)

Møhling, Karl. 1981. "Heidegger and the Nazis." In *Heidegger: The Man and the Thinker*. edited by Thomas Sheehan, 31—44. Chicago: Precedent. (默林:"海德格尔与纳粹")

Murray, Michael, ed. 1978. *Heidegger and Modern Philosophy*. New Haven, Conn.: Yale University Press. (默林编:《海德格尔与现代哲学》)

Neske, Gunther. ed. 1959. *Martin Heidegger Zum siebzigsten Geburstag*. Pfullingen, Germany: Neske; ed. 1977. *Erinnerungen an Martin Heidegger*. Pfullingen, Germany: Neske. (纳斯克编:《迈向七十高龄的马丁·海德格尔》;《纪念海德格尔》)

Nozick, Robert. 1974. *Anarchy, State, and Utopia*. New York: Basic Books. (诺齐克:《无政府主义、国家与乌托邦》)

Okrent, Mark. 1984a. "Hermeneutics, Transcendental Philosophy, and Social Science." *Inquiry* 27: 23—49; 1984b. "Relativism, Context, and Truth". *The Monist* 67: 341—358; 1988. *Heidegger's Pragmatism: Understanding, Being, and the Critique of Metaphysics*. Ithaca: Cornell University Press. (奥凯伦特:"解释学、先验哲学及社会科学";"相对主义、语境与真理";《海德格尔的实

用主义:理解、存在以及对形而上学的批判》)

O'Malley, J. J. , et al. , eds. 1973. *The Legacy of Hegel*. The HAGUE: Nijhoff. (奥迈利等编:《黑格尔的遗产》)

Ott, Hugo. 1988. *Martin Heidegger: Unterwega zur seiner Biographie*. Frankfurt: Campus. (奥特:《马丁·海德格尔传记》)

Ottmann, Henning. 1977. *Individuum und Gemeinschaft bei Hegel*. Berlin: de Gruyter. (奥特曼:《黑格尔的个人与共同体》)

Palmer, Richard. 1979. "The Postmodernity of Heidegger." In *Martin Heidegger and the question of Literature*, edited by William Spanos, 71—92. Bloomington: Indiana University Press. (帕尔默:"海德格尔的后现代性")

Parsons, Talcott. 1971. *The System of Modern societies*. Englewood Cliffs, N. J. : Prentice-Hall. (帕森斯:《现代社会体系》)

Paz, Octavio. 1973. *Alternating Current*. Translated by HELEN Lane. New York: Viking Press. (帕斯:《交流》)

Pelcynski, Z. A. , ed. 1984a. *The State and Civil Society: Studies in Hegel's Political Philosophy*. Cambridge: Cambridge University Press; 1984b. "Political Community and Individual Freedom in Hegel's Philosophy of State." In *The State and Civil Society: Studies in Hegel's Political Philosophy*, edited by Z. A. Pelczynski, 55—76. Cambridge: Cambridge University Press. (佩尔森斯基:《国家与市民社会:黑格尔政治哲学研究》;"黑格尔法哲学中的政治共同体与个人自由")

Pinkard, Terry. 1985. "The Logic of Hegel's Logic." In *Hegel*, edited by michael Inwood, 85—109. London: Oxford University Press. (品卡德:"黑格尔逻辑学的逻辑")

Pippin, Robert. 1982. *Kant's Theory of Form*. New Haven, Conn. : Yale University Press. (皮平:《康德的形式理论》)

Plant, Raymond. 1984. "Hegel on Identity and Legitimation." In *The State and civil Society: studies in Hegel's Political Philosophy*, edited by Z. A. Pelcznski, 227—243. Cambridge: Cambridge University Press. (普朗特:"黑格尔论同一性与合法性")

Pøggeler, Otto. 1956. *Hegels Kritik der Romantik*. Bonn: Bouvier; ed. 1970a. *Heidegger: Perspektiven zur Deutung seines Werks*. Cologne: Kiepenheuer und Witsch; 1970b. "Hegel unhd die Anfänge der Nihilismus-Diskussion." *Man and World* 3: 162—199; 1972. *Philosophie bei Heidegger*. Freiburg. , Germany: Alber; 1976. "*Philosophie im Schatten Holderlins.*" In Der Idealismus und seine Gegenwart, edited by Ute Guzzoni, ed al. , 361—377. Hamburg: Meiner; 1978a. "Being as Appropriation." In *Heidegger and Modern Philosophy*, edited by Michael Murry, 84—115. New Haven, Conn. : Yale University Press; 1978b. *Review of Vier Seminare*, by Martin Heidegger. Hegel-Studien 13: 333ff; 1981. "Selbstbewusstsein und Identität." *Hegel-Studien* 16: 189—217; 1982. "Neue Wege mit Heidegger?" *Philosophische Rundschau* 29: 39—71. （珀格勒：《黑格尔对浪漫主义的批判》；《海德格尔：对其著作各种解释》（编著）；"黑格尔以及虚无主义讨论的尝试"；《海德格尔的哲学与政治学》；"荷尔德林阴影中的哲学"；"作为本有的存在"；《关于"四个讨论班"的评述》；"自我意识与同一性"；"海德格尔的新道路？"）

Popper, Karl. 1963. The Open Society and Its Enemies. Priceton. N. J. : Princeton University Press. （波普：《开放社会及其敌人》）

Puntel, Karl. 1973. Darstellung, Method, und Struktur. Bonn: Bouvier. （庞泰尔：《表述、方法与结构》）

Putnam, Hilary. 1978. *Meaning and Moral Sciences*. London: Routledge and Kegan Paul;1981. Reason, Truth, and History. Cambridge: Cambridge University Press. （普特南：《意义与道德科学》；《理性、真理与历史》）

Quinton, Anthony. 1975. "Spreading Hegel's Wings." *The New York Review of Books*, May 25, 34—37; June 12, 39—42. （奎因顿："展开黑格尔的翅膀"）

Ricci-Garotti, Loris. 1968. *Heidegger Contra Hegel*. Urbino, Itlay: Argalia. （里奇-卡洛蒂：《海德格尔对黑格尔》）

Richardson, William. 1963. *Heidegger, from Phenomenology to Thought*. The Hague: Nijhoff; 1981. "Heidegger's Way Through Penomenology to the Thinking of Being." In *Heidegger: The Man and the Thinker*, edited by Thomas Sheehan, 79—94. Chicago: Precedent. （理查森：《海德格尔——从现象学到思》；"海

德格尔从现象学到存在之思的道路")

Ricoeur, Paul. 1977. *The Rule of Metaphor*. Toronto: University of Toronto Press; 1984. *Time and Narrative*, Vol. 1. Chicago: University of Toronto Press; 1984. *Time and Narrative*, Vol. 2. Chicago: University of Toronto Press. (利科:《隐喻的规则》;《时间与叙述》第一卷;《时间与叙述》第二卷)

Riedel, Manfred. 1965. Theorie und Praxis im Denden Hegels. Stuttgart: Kohlhammer; 1970. *Bürgerliche Gesellschaft und Staat*. Berlin: Luchterhand; 1973. *System und Geschichte: Studien zum historischen Standort von Hegels Philosophie*. Frankfurt am Main: Suhrkamp. (里德尔:《黑格尔思想中的理论与实践》;《市民社会与国家》;《体系与历史:对黑格尔哲学历史地位的研究》)

Ritter, Joachim. 1982. *Hegel and French Revolution*. Translated by Richard Dien Winfield. Cambridge: MIT Press. (里特尔:《黑格尔与法国大革命》)

Rohs, Peter. 1969. *Form und Grund*. Bonn: Bouvier. (罗斯:《形式与根据》)

Rorty, Richard. 1970. "Strawson's Objectivity Arguments." *Review of Metaphysics* 24: 207—244; 1971. "Verificationism and Transcendental Arguments." Nous 5: 3—14; 1979. *Philosophy and the Mirror of Nature*. Princeton, N.J.: Princeton University Press; 1982. *The Consequences of Pragmatism*. Minneap~olis: University of Minnesota Press; 1985. "Habermas and Lyotard on Postmodernity." In *Habermas and Modernity*, edited by Richard Bernstein, 161—176. Oxford: Blackwell; J. B. Schneewind and Quentin Skinner, eds. 1984. *Philosophy in History*. Cambridge: Cambridge University Press. (罗蒂:"斯特劳森的客观性论点";"证实主义及先验论点";《哲学与自然之镜》;《实用主义的后果》;"哈贝马斯与利奥塔论后现代";《历史中的哲学》(与施尼温德及昆廷合编))

Rosen, Michael. 1982. *Hegel's Dialectic and Its Critics*. Cambridge: Cambridge University Press. (罗森:《黑格尔的辩证法及其批判者》)

Rotenstreich, Nathan. 1974. *From Substance to Subject*. The Hague: Nijhoff. (罗坦斯持拉希:《从实体到主体》)

Roth, Gunther, and Wolfgang Schluchter. 1979. *Max Weber's Vision of History: Ethics and Methods*. Berkeley: University of California Press. (罗斯及沃尔夫冈·施路齐特:《马克斯·韦伯的历史观:伦理学及方法》)

Sallis, John. 1983. "End(s):" Research in Phenomenology 13: 85—96. (萨利斯:"终结")

Schmitt, Gerhard. 1977. *The Concept of Being in Hegel and Heidegger*. Bonn: Bouvier. (施密特:《黑格尔与海德格尔的存在概念》)

Schmitz, Hermann. 1957. Hegel als Denker der Individualität. Meisenheim/Glan, Geymany: Hain. (施米茨:《作为个体主义思想家的黑格尔》)

Schneider, Friedhelm. 1976. "Hegels Propädeutik und Kants Sittenlehre." In Die ontologische Option, edited by Klaus Hartmann, 31—116. Berlin: de Gruyter. (施奈德:"黑格尔概论及康德伦理学")

Schulz, Walter. 1953—54. "Áber den Philosophiegeschichtlichen Ort Martin Heideggers." *Philosophische Rundschau* 1: 65—93, 211—232. Reprinted in Klostermann 1970, 95—137; 1959. "Hegel und das Problem der Aufhebung der Metaphysik." In *Martin Heidegger zum siebzigsten Geburtstag*, edited by Gunther Neske, 67—92. Pfullingen, Germany: Neske. (舒尔茨:"关于马丁·海德格尔的场所哲学史";"黑格尔及对形而上学的扬弃问题")

Schürmann, Reiner. 1978a. *Meister Eckhart: Mystic and Philosopher*. Bloomington: Indiana University Press; 1978b. "Political Thinking in Heidegger." *Social Research* 45: 191—221; 1982. *Le principe d'anarchie: Heidegger et la question de l'agir*. Paris: Seuil; 1983. "Neoplatonic Henology as an Overcoming of Metaphysics." *Research in Phenomenology* 13: 25—42. (舒尔曼:《伟大的埃克哈特:神秘主义者与哲学家》;"海德格尔的政治思想";"无政府主义原则:海德格尔与行动问题";"新柏拉图主义神学对形而上学的克服")

Sheed, Wilfrid. 1978. *The Good Word*. New York: Dutton. (希德:《忠言》)

Sheehan, Thomas. ed. 1981. *Heidegger: the Man and the Thinker*. Chicago: Precedent; 1983. "Heidegger's Philosophy of Mind." In *Contemporary Philosophy: A new Survey*, edited by Guttorn Floistad, 287—318. The hague: Nijhoff; 1988. "Heidegger and the Nazis." *New York Review of Books* 25, no. 10(June 16): 38—48. (希恩:《海德格尔:生平与思想》;"海德格尔的心灵哲学";"海德格尔与纳粹")

Shils, Edward. 1981. *Tradition*. Chicago: University of Chicago Press. (希尔

斯:《传统》)

Silverman, Hugh. 1977. "Heidegger and Merleau-Ponty: Interpreting Hegel." *Research in Phenomenology* 7: 209—224. (西尔夫曼:"海德格尔与梅洛-庞蒂:解读黑格尔")

Smith, P. Cristopher. 1968. "Heidegger, Hegel, and the Problem of das Nichts." *International Philosophical Quarterly* 8: 379—405. (史密斯:"海德格尔、黑格尔及虚无问题")

Soll, Ivan. 1969. *An Introduction to Hegel's Metaphysics*. Chicago: University of Chicago Press; 1985. "Charles Taylor's Hegel." In *Hegel*, edited by Michael Inwood, 54—66. London: Oxford University Press. (舒尔:《黑格尔形而上学导论》;"查尔斯·泰勒的黑格尔")

Spanos, William, ed. 1979. *Martin Heidegger and the Question of Literature*. Bloomington: Indiana University Press. (斯潘诺斯编:《马丁·海德格尔与文学问题》)

Stace, Walter. [1924] 1955. *The Philosophy of Hegel*. New York: Dover. (斯泰斯:《黑格尔哲学》)

Stillman, Peter. 1980. "Person, Property and Civil Society in the Philosophy of Right." In *Hegel's Social and Political Thought*, edited by Donald Verene, 103—117. Atlantic Highlands, N. J.: Humanities Press. (施蒂尔曼:"法哲学中的人、财产及市民社会")

Strawson, Peter. 1959. *Individuals*. Garden City, N. Y.: Doubleday; 1966. *The Bounds of Sense*. London: Methuen. (斯特劳森:《个人》;《含义的界限》)

Stroud, Barry. 1968. "Transcendental Arguments." *Journal of Philosophy* 65: 241—256; 1969. "Conventionalism and Translation." In *Words and Objections*, edited by Donald Davidson and Jaako Hintikka, 82—96, Dorecht, Netherlands: Reidel. (施特罗德:"先验论点";"约定论与翻译")

Taminiaux, Jacques. 1977. *Le Regard et l'excédent*. The Hague: Nijhoff; 1981. "Finitude and the Absolute: Remarks on Hegel and Heidegger." In *Heidegger: The Man and the Thinker*, edited by Thomas Sheehan. 187—208. Chicago: Precedent; 1985. *Dialectic and Difference: Finitude in Modern Thought*. Edited and translated by Robert Crease and James Decker. Altantic Highlands, N. J.: Humanities Press, 1985. This contains the essay mentioned in the previous entry, and translations of parts of the prior entry. (塔米奥克斯:《目光与剩余》;"有限性与绝对者:黑格尔与海德格尔评述";《辩证法与差异:现代思想中的有限性》[罗伯特·克瑞斯及詹姆斯·戴克编译,新泽西大西洋高地:人文出版社,1985年版。这本书收入了前一篇论文且翻译了第一篇论文的部分内容])

Tanabe, Hajime. 1959. "Todesdialektik." In *Martin Heidegger zum siebzisten Geburtstag*, edited by Gunther Neske, 93—133. Pfullingen, Germany: Neske. (塔纳布:"死亡辩证法")

Tauxe, Henri-Charles. 1973. *La Nation de finitude dans la philosophie de Martin Heidegger*. Paris: Editions de l'âge de l'homme. (《马丁·海德格尔哲学中的有限性概念》)

Taylor, Charles. 1972. "The Opening Arguments of Hegel's Phenomenology." In *Hegel: A Collection of Critical Essays*, edited by Alasdir MacIntyre, 157—188. Garden City, N. Y.: Anchor Books; 1975. *Hegel*. Cambridge: Cambridge University Press; 1979. *Hegel and Modern Society*. Cambridge: Cambridge University Press. (泰勒:"黑格尔现象学的最初论证";《黑格尔》;《黑格尔与现代社会》)

Théofilakis, Élie. 1985. *Modernes, et après?*: "Les Immatériaux." Paris: Editions Autrement. (舍奥费亚斯:《现代及其之后?:"诸非物质"》)

Tsujimura, Koichi. 1970. Untitled essay. In *Martin Heidegger im Gespräch*, edited by Richard Wisse, 27—30. Freiburg, Germany: Alber; 1983. "Das Hegelsche 'für uns.'" In *Kant oder Hegel*, edited by Dieter Henrich, 374—387. Stuttgart: Cotta. (十村:十村与黑格尔的对话;"黑格尔的'自为'")

Van der Meulen, Jan. 1953. *Heidegger und Hegel, oder Widerstreit und Widerspruch*. Messenheim, Germany: West Kulturverlag. (范登默林:《海德格尔与黑格尔,或冲突与矛盾》)

Vattimo, Gianni. 1980. *Le avventure della differenza*. Milan: Garzsanti. (瓦蒂摩:《差别之历险》)

Veca, Salvatore. 1975. *Hegel e l'economia politica*. Milan: Mazzotta. （维卡:《黑格尔的政治经济学》）

Verene, Donald, ed. 1980. *Hegel's Social and Political Thought*. Atlantic Highlands, N. J.: Humanities Press. （维兰:《黑格尔的社会政治思想》）

Vitiello, Vincezo. 1978. *Heidegger: Il nulla e la fondazione della storicit No*. Urbino, Itlay: Argalia; 1979. *Dialectica ed ermeneutica: Hegel e Heidegger*. Naples: Giuda. （菲蒂罗:《虚无性与历史本真性之根据》;《辩证法与解释学:黑格尔与海德格尔》）

Walh, Jean. 1957. "Heidegger et Hegel." In *La Pensee de Hegel*, edited by Angele Kremer-Marietti, 185—195. Paris: Bordou. （瓦尔:"海德格尔与黑格尔"）

Walton. A. S. 1984. "Economy, Utility and Community in Hegel's Theory of Civil Society." In *The State and Civil Society: Studies in Hegel's Political Philo~sophy*, edited by Z. A. Pelczynski, 244—261. Cambridge: Cambridge University Press. （沃尔顿:"黑格尔市民社会理论中的经济、效用及共同体"）

Weber, Max. [1905] 1958. *The Protestant Ethic and the Spirit of Capitalism*. New York: Scribner. （韦伯:《新教伦理与资本主义精神》）

Weil, Eric. 1950. *Hegel et l'État*. Paris: Vrin. （瓦尔:《黑格尔与国家》）

White, Alan. 1983. *Absolute Knowledge*. Athens: Ohio University Press. （怀特:《绝对知识》）

Will, George F. 1982. *The Pursuit of Virtue and Other Tory Notions*. New York: Simon and Schuster. （威尔:《对德性及其他保守主义观念的追求》）

Winfield, Richard Dien. 1977. *The Social Determination of Production*. Ann Arbor, Mich.: University Microfilms. （温菲尔德:《生产的社会决定》）

Wisser, Richard. 1970. *Martin Heidegger im Gespräch*. Freiburg, Germany: Alber. English translation: *Martin Heidegger in Conversation*. New Delhi: Arnold-Heinemann, 1977. （维塞尔:《对话中的马丁·海德格尔》）

Zimmerman, Michael. 1981. *The Eclipse of the Self*. Athens: Ohio University Press. （齐默尔曼:《自我的黄昏》）

索 引

（本索引所标页码均为英文版页码，请查检中译本的边码）

Absolute 绝对,219;
——form 绝对形式,69—76,99,111—112,207;
——form of freedom 自由的绝对形式,37,96—105;
——idea 绝对观念,75,81,85—86;
——knowledge 绝对知识,87—88,242

Agricultural class, its special position in Hegel's state 农民,农民在黑格尔国家理论中的特殊地位,115—116,268,第六章注释11

Aletheia, Heidegger on the Greek meaning of "无蔽、真实",海德格尔对 Aletheia 的古希腊含义的论述,204—205

America individualism 美国个人主义,3—5,266,第十二章注释9

Amor fati, in Heidegger 眷恋着命运的个人,它在海德格尔那里的表现,196

Anarchy 混乱,198

Antifoundationalism 反基础论,94,154,175,196

Antimodern groups 反现代团体,5—6,256—266

Aquinas, Thomas 阿奎那,托马斯,80

Architecture, postmodern 建筑,后现代建筑,1,257—260,第十二章注释5,第十二章注释6

Aristotle: Hegel's use 亚里士多德:黑格尔的运用,37,42,61,80,101;
——海德格尔和形而上学与亚里士多德,126—128,139,165;
——海德格尔论其物理学的真理,247—249

Art, Modern 艺术,现代,18—19;
——as business 作为商业的艺术,

121

Asia 亚洲,(参见本索引:"东方与西方";"日本")
Authenticity 本真性,165,182,196
Avineri, Shlomo 阿温勒里,33,第二章注释1,第二章注释5,第六章注释8、11

Bacon, Francis 培根,126
Begriff, Translation of 概念,及其翻译,xvi
Being, understandings of 存在,对存在的理解,127—133,157—163,222—236,240—244,252—255(另参见本索引"存在史";"本成事件")
Bellah, Robert 贝拉,3,第一章注释6,第十二章注释7
Bendix, Reinhard 本迪克斯,第一章注释2
Berger, Peter 贝格尔,7—9,第一章注释3,第六章注释6
Bergson, Henri 柏格森,244
Bekeley, George 贝克莱,127
Berlin, different motives of Hegel and Heidegger concerning 柏林,黑格尔与海德格尔在考虑去柏林任教问题上的不同动机,208
Bernasconi, Robert 伯纳斯康尼,xvii,第八章注释1

Bernstein, Richard 伯恩施坦,第一章注释9,第十一章注释3,第十二章注释1、4
Berry, Christopher 贝里,第六章注释2
Blumenberg, Hans 布卢门贝格,140,第一章注释2、3
Bodei, Remo 布代,243,第六章注释5
Brelage, Manfred 布雷拉格,271 序言注释1,第八章注释9
Brøcker, Walter 布洛克,第十章注释6
Burbidge, John 伯比奇,60,第四章注释1
Bureaucracy, Weber's fears of 科层制,韦伯对科层制的忧虑,12
Caputo, John 卡普脱,249,第八章注释10
Cassier, Ernst 卡西尔,139
Categories 范畴,40—49
——and thinker 范畴与思想家,48—49(另参见本索引:"逻辑";"普遍的东西(Das Allgemeine)"
Cézanne, Paul 塞尚,258
Chang, Chung-ying 钟英长,233
Civil society 市民社会,20—38,68—69,96—118,180,263—264;
——arguments against the ultimacy of

对市民社会终极性的批驳,31—40,69—72,74,84,96—109;

——defined and described 市民社会的定义与描述,22—28;

——economic and cultural dangers of its expansion 市民社会扩张的经济与文化危险,32—36,115—116;

——Hegel and Locke's usage compared 黑格尔与洛克对市民社会的运用比较,22—23;

——new kind of freedom in 市民社会中的新型自由,28—31;

——separation of particular from universal in 市民社会中特殊与普遍的分离,27,70—71;

——tendencies to self-transcendence within 市民社会中的自我超越趋势,105,109

Civil society and state 市民社会与国家,22—23,第六章注释2;

——Hegel's argument for the transition between 黑格尔对市民社会与国家间的过渡的论证,31—40,69—72,74,84,96—109

Community 共同体(参见本索引:"市民社会";"习俗";"交互性确认";"国家")

Comte, Auguste 孔德,148

Concept, Hegel's and empirical concepts 概念,黑格尔的概念与经验概念,57,60—64

Conditions of possibility 可能性条件,75—76,87,90,155,165,第十一章注释8、9;

——in Heidegger 海德格尔的可能性条件,172—177,230;

——problems with 可能性条件的问题,238—244,(另参见本索引:"逻辑";"先验哲学")

Contradiction, in Hegel's logic 矛盾,黑格尔逻辑学中的矛盾,45

Corporations, in civil society 市民社会中的同业公会,108—109,112,第六章注释6

Crozier, Michel 克罗齐,第一章注释2

Customs, and modern freedom 习俗,及现代自由,36,99—105,108,115—117(另参见本索引:"自由";"客观内容","国家")

Dauenhauer, Bernard 杜恩豪尔,第九章注释6,第十一章注释8

Death, in Heidegger's thought 死亡,海德格尔思想中的死亡,167—168(另参见本索引:"有限可能性")

Deconstruction 解构,第十一章注释7

索引　465

Deconstructive living　解构性生存，187—189，192—193，199，229，269

Demands of reason　理性的要求，93，95，(另参见本索引："逻辑"；"先验哲学")

Democracy　民主制，180，194

Derrida, Jacques　德里达，175，184，第十章注释6，第十一章注释7

Descartes, Rene　笛卡尔，17，67，80，138，141—142，148，215，258

Desire and will　愿望与意志，14，199

Determination and limitation, the rela~tion between：规定性与限制性，规定性与限制性之间的关系，14，227；

——Challenged by Hegel　黑格尔对规定性与限制性的挑战；

——Challenged by Heidegger　海德格尔对规定性与限制性的挑战，166—169；

——in the present context　在当前背景域中的规定性与限制性，244—245(另参见本索引："有限可能性"；"有限性")

Development　发展(参见本索引："现代化")

Dialectic, patterns in Hegel's　辩证法，黑格尔辩证法的模式，40—42，46—49，54—57，72—74，81—84，102—105；

——and phenomenology, relative priority of　辩证法与现象学，辩证法与现象学的相对优先性，150，158，202，221，223，240—244

Différend　"齐一性"，第十二章注释1

Di Giovanni, Georgio　迪吉奥瓦尼，第四章注释1

Discernment, and freedom　洞察力，洞察力与自由，196，267

Discontinuities in History, according to Heidegger　历史中的非连贯性，海德格尔所看到的历史中的非连贯性，231—236

Distanced subjectivity　间距性主观性，207

Dove, Kenley　德夫，xvi，92，第三章注释1，第五章注释2、7，第十章注释6

Düsing, Klaus　丢辛，46，74，第三章注释4，第四章注释1、2、3

East and west, Heidegger's presuppos~itions revealed in remarks about, 东方与西方，海德格尔在其关于东西方关系的评述中所表明的前提，230—236

Eco, Umberto　艾科，第十二章注释6

Ecology 生态学,197,264
Economics 经济学,第六章注释5
Eddington, Arthur 埃丁顿,第七章注释2
Eidos "形式",53
Emad, Parvis 埃马德,214
End of History 历史的终结,79,89,153
Ereignis, translation of "事件",Ereignis 的翻译问题,159,第八章注释2(另参见本索引:"本成事件")
Eros, Platonic "愿望",柏拉图式的"愿望",14,148
Estates, in Hegel's state 等级,黑格尔国家理论中的等级问题,109,112,第六章注释8、11
Ethics, criticism of formalism in 伦理学,伦理学中对形式主义的批判,18,34—37,98—102
Ethnicity, in the modern world 种族特征,现代世界中的种族特征,5—6,265
Expressivism, in Hegel 表现主义,黑格尔那里的表现主义,43,第五章注释1

Fackenheim, Emil 法肯海姆,第七章注释1
Falleness 沉沦,182,194,205—206,232
Family, and civil society 家庭,家庭与市民社会,106
Fichte, Johann Gottlieb 费希特,36,93
Findlay, John 芬德莱,xvi,45,第三章注释2、4
Finite possibilities: vs. modern indefinite openness 有限可能性:对现代不确定的开放性,79,91,167—168,206—208,223;
——and the self 有限可能性与自我,246,266
Finitude 有限性,78—81,179,269;
——in Hegel 黑格尔之中的有限性,78—81,91—92,223—225;
——in Heidegger 海德格尔之中的有限性,166—169(另参见本索引:"规定性与限制性")
Fink, Eugen 芬克,163,215,第八章注释3
Forgetfulness of Being 对存在的遗忘,163—166
Form, absolute 形式,绝对形式,72,74,99,111—112,207
Formalism, overcome in the logic 形式主义,逻辑学对形式主义的克服,74—76
Formal rationality 形式合理性,11—17,27,32,67—69,98—100,

120,180,262,268；

——in universal imposition 普遍化强制中的形式合理性,154

Formal theories: of ethics 形式化理论:伦理学的形式化理论,18；

——of the self 关于自我的形式化理论,10,15,17(另参见本索引:"同一性";"自我")

Formal universality 形式普遍性,65—69(另参见本索引:"市民社会";"普遍的东西[Das Allgemeine]")

Form and content, distinction of: in descriptions of modernity 形式与内容,在对现代性的描述中形式与内容的区分,1—19；

——in Hegel's logic 黑格尔逻辑学的形式与内容的区分,49—56,68,75,82,第五章注释6；

——in Heidegger 在海德格尔那里形式与内容的区分,152—153,158,160,222—230；

——in multiplicity 多样性中的形式与内容的区分,251—255；

——separated in civil society 市民社会中形式与内容的分离,27,31

Form and essence, distinction of 形式与本质,形式与本质的区分,51—52

Form and matter, distinction of 形式与质料,形式与质料的区分,52

Foster, Michael 福斯特,107,第六章注释1、3,第六章注释10

Foucault, Michel 福柯,149,第一章注释2

Foundationalism 基础论,51,93—95,173,181,213(另参见本索引:"反基础论")

Fourfold (das Geviert) 四重整体,187—193,284 第九章注释2、3,第十二章注释8

Freedom: absolute form of 自由:自由的绝对形式,37,96—105；

——abstract form of 自由的抽象形式,37,98；

——and society 自由与市民社会,28—31,96—117；

——and content 自由与内容,27,98—102；

——and customs 自由与习俗,36,99—105,108,115—117；

——empty, arbitrary 空虚的自由,任意的自由,29,32,35,98,121—126,137—144,203,266—270；

——without modern distanced subjectivity 离开现代间距性主观性的自由,267；

——negative, and Terror 否定的自由,自由与(大革命的)"恐怖",30,266；

——and rationality 自由与合理性,12,98—99,268;

——political, in Hegel 黑格尔之中的政治自由,28—31,98—105,109—117

Free market and modernity 自由市场与现代性,16,32,265

Fundamentalism 原教旨主义者,265

Gadamer, Hans-Georg 伽达默尔,第十章注释6、10,第十一章注释3

Gelassenheit "让-在",197

Gerth, Hans 格斯,11,12,13

Gestell, translation of "座架",Gestell 的翻译问题,145(另参见本索引:"普遍化强制")

Geuss, Raymond 盖斯,第一章注释9

Gillespie, Michael Allen 吉莱斯皮,146,第一章注释7,第三章注释2,第十章注释4、13

Goals and means, relation of 目标与手段,目标与手段的关系,32(另参见本索引:"形式合理性")

Goodman, Nelson 戈德曼,第八章注释6

Gorgias 高尔吉亚,127

Greeks, Heidegger's change of ideas about 古希腊人,海德格尔关于古希腊人的观点改变,204—205,第十章注释1

Haar, Michel 哈尔,140,第八章注释2,第九章注释3,第十章注释16

Habermas, Jurgen 哈贝马斯,第一章注释2、9,第十二章注释1

Haller, Karl Ludwig Von 哈勒尔,21

Harries, Karsten 哈里斯,xvi,195,第九章注释4

Hartmann, Klaus: III 哈特曼,46,92—94,第一章注释2,第三章注释1、4,第五章注释4、5、7、8,第六章注释1、7、8;

——his criticisms of Hegel's system 哈特曼对黑格尔体系的批判,92—95;

——his criticisms of Hegel's theory of the state 哈特曼对黑格尔国家理论的批判,111—112

Haym, Rodolph 海姆,第二章注释1

Hegel, Georg Wilhelm Friedrich: approval of modern trends 黑格尔:对现代趋势的赞同,20—21;

——as an a priori philosopher 作为一个先验哲学家的黑格尔,88—

92,第五章注释6;

——and finitude 黑格尔与有限性,78—81,222—229;

——his criticisms of Heidegger 黑格尔对海德格尔的批判,222—230;

——as metaphysician 作为形而上学者的黑格尔,40—44,218—220;

——more liberal in lectures 黑格尔的那些更为自由主义的演讲,第二章注释1;

——as offering revised categories 黑格尔所提供的经过修正了的范畴,39,55,77;

——as super-Cartesian 作为超级笛卡尔主义者的黑格尔,214—219;

——as totalitarian 作为极权主义者的黑格尔,23,第二章注释1;

——varying interpretations of 对黑格尔的各种不同解释,38—46,59,第三章注释2

Hegel and Heidegger: attitude to critics 黑格尔与海德格尔:对待批判的态度,201—202;

——comparison and contrast 黑格尔与海德格尔的比较与对立,201—236;

——crucial issues between 黑格尔与海德格尔之间的根本问题,209—213;

——similarities and differences in approaching modernity 黑格尔与海德格尔关于现代性问题的观点的类似与差别,201—209;

——questions they leave for our thought 黑格尔与海德格尔给我们的思想所留下的问题,237—244

Hegelianism, open varieties of 黑格尔主义,黑格尔主义的各种开放性变种,243—244

Heidegger, Martin: as an a priori philosopher 海德格尔:作为一个先验哲学家,175—177,235—236;

——eschatological and romantic misinterpretations of 对海德格尔的末世论与浪漫主义误解,184—187,189—191;

——his criticisms of Hegel 海德格尔对黑格尔的批判,213—222;

——his method of reading other philosopher 海德格尔对其他哲学家的解读方法,217—218;

——the Nazis and 海德格尔与纳粹,195,第九章注释4;

——presuppositions displayed in remarks about Asia 在海德格尔关于亚洲的议论中起作用的前提条

件,217,223—230;
——residual Kantianism in 海德格尔思想中的康德主义残余,254
Henrich, Dieter 亨利希,45,第一章注释5,第三章注释4,第五章注释6
Heraclitus 赫拉克利特,128
Hermeneutics 解释学,173,第十一章注释3
Historicism 历史主义(参见本索引:"多元论";"相对主义")
History: discontinuity in, for Heidegger 历史,相对于海德格尔而言的历史中的非连贯性,231—236;
——inner and outer 内在历史与外在历史,227,239;
——and logic in Hegel 历史与黑格尔的逻辑,88—92;
——questioning deep conditions for 对历史的深层条件的追问,239—244
History of being 存在史,168;
——and dialectic 存在史与辩证法,158,224;
——its end 存在史的终点,188,192(另参见本索引:"存在";"本成事件";"普遍化强制")
Hobbes, Thomas 霍布斯,17
Hofstadter, Albert 霍夫施塔德,145,159,第八章注释2

Holderlin, Friedrich 荷尔德林,119,168,240,242
Homelessness 无家可归性,120
Horizons, cautions about the metaphor of 视域,谨慎对待关于视域的隐喻,221—222,241—242
Hume, David 休谟,62,64,132,140,第六章注释2
Husserl, Edmund 胡塞尔,18,155,175,199,221,240;
——influence of his Logical Investigations on Heidegger 胡塞尔的《逻辑研究》对海德格尔的影响,第七章注释4

Idea, absolute 绝对观念,86,75—76
Idealism 唯心主义,41,43,60,84,162
Identity, traditional vs. modern purified 同一性,传统同一性对现代纯粹同一性,3—8(另参见本索引:"自我")
Ilting, Karl-Heinz 伊尔亭,第二章注释1,第六章注释11
Immdeiacy, in Heidegger 直接性,海德格尔之中的直接性,223—230
Indefinite possibilities, and modern will 不确定可能性,不确定可能

性与现代意志,79—80,266(另参见本索引:"有限可能性")

Individual: cautions on Hegel's use of the word 个体,谨慎对待黑格尔关于个体这个词的用法,61;

——modern, and honor 现代个人,个人与荣誉,7

Individualism: American 个人主义:美国,3—5,266,第十二章注释9;

——and anarchy, in Heidegger 个人主义与无政府状态,海德格尔的个人主义,198—200;

——modern, duplicity of, according to hegel 现代个人主义,个人主义的双重性(在黑格尔看来),33—36,203;

——and mutual recognition 个人主义与交互性确认,25(另参见本索引:"交互性确认")

Individuality, in Hegel's logic 个别性,黑格尔逻辑学中的个别性,71

infinity, in Hegel 无限性,黑格尔之中的无限性,79

Intersubjectivity 交互主体性,216(另参见本索引:"交互性确认")

Inwood, Michael 伊伍德,43,第三章注释2

Irony 反讽,260—261,270

Jacobi, Friedrich 雅各比,34

Jameson, Fredric 杰姆逊,第十二章注释4

Japan 日本,225,第六章注释12;

——and the Hegelian state 日本与黑格尔式国家,第六章注释12;

——and the West, according Heidegger 海德格尔关于日本与西方的观点,230—236

Jencks, Charles 詹克斯,19,259,第十二章注释5、6

Joyce, James 乔依斯,258

Judgment 判断,71,73

Jünger, Ernst 荣格尔,195,第七章注释5

Kant, Immanuel 康德,85,98—99,101,142,155,173,212,214;

——essential and unessential in 康德理论中的本质与非本质,第十一章注释10;

——formal analysis as a clue for overcoming modernity 康德的形式分析作为克服现代性的一个线索,36—37,101—102;

——and Husserl on the copula, for Heidegger 海德格尔是如何看待康德与胡塞尔论关联的,第七章注释4;

——modern individuality in 康德那

里的现代个体性,17—18,34;
——transcendental and empirical in 康德理论中的先验性与经验性,36—37,41,49,62,78,83,86—87,238,254(另参见本索引:"先验哲学")

Kierkegaad, Soren 克尔凯郭尔,16,219,第十章注释9

Kisiel, Theodore 基赛尔,145,159,第八章注释2

Kockelmans, Joseph 科克尔曼斯,134,145—146,159,185,195,第八章注释2、9,第九章注释2、4,第七章注释5

Kolb, David 库尔珀,125,第九章注释5,第十章注释6,第十一章注释9,第十二章注释9

Kørner, Stephan 科尔纳,xvi,第十一章注释9

Krell, David 科奈尔,xvii,159

Krieger, Leonard 克里格尔,第二章注释1

Kripke, Saul 克里普克,第十二章注释3

Kronmann, Anthony 克罗曼,第一章注释5,第三章注释3

Lacoue-Labarthe, Philippe 勒库-拉巴思,第十二章注释6

Language: as exemplifying multiplicity 语言:作为多样性的例证,245—248;

——Hegel and Heidegger criticize usual analyses of 黑格尔与海德格尔对关于评议的通常分析的批判,73—74,171—172;

——language games 语言游戏,249,第十二章注释3

Lauer, Quentin 劳尔,xvi,第三章注释2

Leibniz, Gottfried Wilhelm 莱布尼茨,85,142

Léonard, André 赖纳德,第四章注释1

Life plans, Formal 生活计划,形式化的生活计划,16

Limitation 限制性(参见本索引:"规定性与限制性")

Locke, John 洛克,17,22,132

Logic, Hegel's: application of 逻辑学,黑格尔对逻辑学的应用,77,84—88,第五章注释6;

——basic understanding of being 逻辑学对于存在的基本理解,220;

——categories for describing modernity 用来描述现代性的逻辑范畴,57—76;

——and conceptual analysis 逻辑学与概念分析,77;

——difficulties in reading 在逻辑

学的解读过程中的困难,53,58;
——and history 逻辑学与历史,88—89;
——as metaphysics 作为形而上学的逻辑学,41,44,87,219—222;
——misinterpretation of 对逻辑学的误解,42—44;
——and more concrete reality 逻辑学与较为具体的现实,84—95;
——movements in 逻辑学中的运动,45—49;56,83—84;
——ontological claims in 逻辑学中的本体论要求,40—44;
——pattern of argument in 逻辑学中的论证模式,40—42,45,54—56,81—84;
——success in the logical enterprise 黑格尔的逻辑学在逻辑学事业上的成功,55,69—76,81—84,第五章注释2、3、5;
——versions of 关于逻辑学的各个版本,81—84

Logical positivists 逻辑实证主义者,17

Logos "逻各斯",57,114,128,159,205—206

Luhmann, Niklas 卢曼,第一章注释2

Luther, Martin 路德,67

Lyotard, Jean-Francois 利奥塔,19,257—258,第一章注释2,第九章注释6,第十二章注释1、2、3、4、5

MacIntyre, Alasdair 麦金太尔,18,100,第一章注释2、3、9

Marcuse, Herbert 马尔库塞,第二章注释1

Marx, Karl 马克思,90,149,185,265,第六章注释8、11,第九章注释8

Marx, Werner 马克斯,145,192,第七章注释5,第八章注释2、7,第九章注释3,第十一章注释7

Mediating structures, in society 中介性结构,社会中的中介性结构,第六章注释6(另参见本索引:"交互性确认")

Mediation (Vermittlung) 中介,46—47

Mehta, Jaraval L. 米赫塔,第十章注释15

Merleau-Ponty, Maurice 梅洛-庞蒂,第十一章注释2

Metaphysics 形而上学,44,60,95,154,210,224;
——defended by Gillespie 吉莱斯皮所维护的形而上学,第一章注释7;
——end of 形而上学的终结,153—156;

——Heidegger's criticism of Hegel for 海德格尔对黑格尔对形而上学的辩护的批判,213—222;

——reaffirmed, in context 对形而上学的重新肯定,在背景域中对形而上学的重新肯定,251,261;

——and the withdrawal of the propriative event 形而上学与本成事件的抽身,164

Methodological individualism 方法论个人主义,9,25,121,152,253,258

Mills, C. Wright 米尔斯,11,12,13

Mimesis "模仿理论",122

Minimal state, compared with Hegel's civil society 最低限度国家,最低限度国家与黑格尔市民社会的比较,16,107

Modern, the meaning of the word "现代的",现代的这个词的含义,1,2

Modern age, its beginnings 现代时代,现代时代的诸开端,22,67—68

Modern art 现代艺术,18—19

Modern identity 现代同一性,3,244—248,260—261,266—271

Modernity: birth of 现代性:现代性的诞生,67—68;

——and formal universality 现代性与形式普遍性,67;

——Hegel's categories for 黑格尔的现代性范畴,59—76;

——Hegel's description of 黑格尔对现代性的描述,20—37;

——Hegel's overcoming of 黑格尔对现代性的克服,69—76,102—117;

——Heidegger's description of 海德格尔对现代性的描述,118—150;

——Heidegger's overcoming of 海德格尔对现代性的克服,151—169,178—200;

——identity in the age of 现代性时代中的同一性,3,244—248,260—261,266—271;

——and postmodernity 现代性与后现代性,19,256—261;

——privileged position of 现代性的特许地位,3—16,28—30,96—102,153—156,184—193,201—209,256—262;

——rethinking its description 对现代性描述的重新思考,262—270;

——social scientific descriptions of 对现代性的社会科学描述,7—17;

——and tradition, the distinction questioned 现代性与传统,对现代性与传统的区分的质疑,261—

262;
——Weber's vision of 韦伯关于现代性的观点,15
Modernization: distinguished from Westernization 现代化:现代化与西化的区别,4—5;
——presuppositions of, questioned 现代化的前提,对现代化前提的质疑,261—266;
——two phases of, for Hegel 现代化的两个阶段,在黑格尔看来的现代化的两个阶段,21;
——two phases of, for Heidegger 现代化的两个阶段,在海德格尔看来的现代化的两个阶段,144—145
Møhling, Karl 默林,第九章注释4
Moment, in Hegel's logic 要素,黑格尔逻辑学中的要素,28
Monism 一元论,43—44,60,84
Montaine, Michel 蒙田,140
Moore, George Edward 莫尔,13
Multiplicity: and conditions of possibility 多样性:多样性与可能性条件,240;
——and dialectic 多样性与辩证法,245—246;
——of methods of analysis 分析方法的多样性,249—251;
——and modernity 多样性与现代性,256—270;
——in our world 我们的世界中的多样性,193,232—234,244—255;
——and temporality 多样性与时间,241
Mutual need, man and propriative event 相互需要,人与本成事件的相互需要,162,211
Mutual recognition, structures of 交互性确认,交互性确认的结构,23—28, 68, 98—105, 247—248, 267,第二章注释3
Mysticism: in Heidegger 神秘主义:海德格尔那里的神秘主义,176—177,190—191;
——its language cited by Hegel and Heidegger 黑格尔与海德格尔所引用的神秘主义语言,171—172

Nazis, and Heidegger 纳粹,纳粹与海德格尔,195,第九章注释4
Negation, in Hegel and Heidegger 否定,黑格尔与海德格尔的否定,211—213
Neo-Kantianism 新康德主义,18,175,281注释4,第八章注释9
Neoplatonism 新柏拉图主义,80,218,第三章注释2,第五章注释9,第十章注释7
Neurath, Otto 纽拉特,268

New age beyond modernity: and the fourfold 超越现代性的新时代：超越现代性的新时代与四重整体,191;

——in Heidegger 海德格尔那里超越现代性的新时代,178—201, 208;

——perhaps fits our own 或许与我们自己的时代相切合的超越现代性的新时代,255

Nietzsche, Friedrich 尼采,141, 146,148,154,196,第十一章注释3

Nihilism 虚无主义,第一章注释7, 第五章注释5（另参见本索引："个人主义"；"现代性"；"自我"）

Objective content 客观内容,37,78, 207;

——derived in Hegel's logic 从黑格尔逻辑学中推论出来的客观内容,72—76,88—92;

——and freedom 客观内容与自由,98—102

Ockham, William of 奥康,80

Okrent, Mark 奥凯伦特,xvii,第十一章注释9

Ontological claims 本体论要求, 41—44,84—88,250

Ontological difference 本体论差异, 252—255,第十章注释14

Ottman, Henning 奥特曼,第六章注释4

Panlogism 泛逻辑论,43

Pantheism 泛神论,43

Parsons, Talcott 帕森斯,第一章注释2

Particular, cautions on Hegel's use of the word 特殊,黑格尔对特殊这个词的用法,61

Pelcynski, Z. A. 佩尔森斯基,23,第二章注释2,第六章注释1

Pessimism, Weber's 悲观主义,韦伯的悲观主义,12

Philosophy: it role, for Hegel 哲学：哲学对于黑格尔的作用,38—42, 84—88,102—104,194;

——its role, for Heidegger 哲学对于海德格尔的作用,156,163—177,178—187,208;

——its role, in our world 哲学在我们的世界中的作用,238—240, 49—55,262—270;

——typically modern issues in 哲学中的典型现代论题,17—19, 143—144（另参见本索引："先验哲学"）

Physis "自然",127

Pindard, Terry 品达德,第三章注释

Pippin, Robert 皮平,第一章注释8,第四章注释1,2 第十一章注释10

Plant, Raymond 普朗特,第二章注释2

Plato: eros 柏拉图:柏拉图的爱欲,14,148;

——Hegel's use of 黑格尔对柏拉图的运用,41,80,101,114;

——Heidegger and truth in 海德格尔与柏拉图的真理,204—205;

——Heidegger on metaphysics in 海德格尔论柏拉图的形而上学,127—128,189,148,165,167,第十章注释1

Pluralism 多元论,269—270(另参见本索引:"有限可能性")

Pöggeler, Otto 珀格勒,164,240,第九章注释4,第十章注释3、6、11,第十一章注释1

Political theor: Hegel's logic and 政治理论,黑格尔的逻辑学与政治理论,81,88—95,102—105,117;

——Heidegger's opposition to 海德格尔与政治理论的对立,195;

——without a unified modernity 摆脱了统一化现代性的政治理论,262—266

Popper, Sir Karl 波普,21,第一章注释1

Positing(Setzen) 设定,46—48,66,第三章注释5

Possibilities: modern self's view of 可能性:现代自我关于可能性的观点,4(另参见本索引:"有限可能性")

Postmodern architecture 后现代建筑,1,257—260,第十二章注释5、6

Postmodernity 后现代性,19,81,256—261;

——controversy between Lyotard and Habermas over 利奥塔与哈贝马斯在后现代性上的争论,第十二章注释1

Presence: and absence 在场:在场与缺场,135,252—255;

——in Hegel 黑格尔那里的在场,213;

——and history 在场与历史,148—149;

——and modern subjectivity 在场与现代主观性,124—128,137—144,246(另参见本索引:"形而上学";"存在史";"普遍化强制")

Presocratics 前苏格拉底,43

Progress 进步,31,79,185,197

Property, and mutual recognition 财产,财产与交互性确认,26—27

Propriative event (das Ereignis) 本成事件, 157—177;
——critique of 对本成事件的批判, 222—236;
——de‑Kantianized 非康德化, 254;
——formality of 本成事件的形式性, 225—228;
——immediacy and unity within 本成事件中的直接性与统一性, 225—236;
——not a totality or relation 本成事件并非是一种总体性或一种关系, 157, 161, 167;
——nothing to understand 本成事件中没有东西要去理解, 163—164;
——priority of 本成事件的先在性, 169—177
Protagoras 普罗泰哥拉, 127
Psychologism 心理主义, 253
Public and private spheres 公共领域与私人领域, 8, 266
Putnam, Hilary 普特南, 18, 第一章注释9, 第八章注释8

Quine, Willard van Orman 奎因, 17, 92, 268
Quinton, Anthony 奎因顿, 40, 84

Rationiality: decisionist, pragmatic, technocratic models of 合理性:合理性的决定主义的、实用主义的、技术主义的模式, 14;
——formal and substantive 形式合理性与实质合理性, 11—17, 27, 32, 67—69, 98—100, 120, 180, 262;
——and freedom 合理性与自由, 12, 268;
——of the social whole, for Hegel 在黑格尔看来的社会整体合理性, 100
Rationalization, defined 合理化,合理化的规定, 10
Real, old sense of the word in Hegel "实在", 实在这个词在黑格尔那里的传统含义, 84—85
Receptivity vs. arbitrariness, dilemma of 接受性对随意性,接受性对随意性的两难困境, 206
Recognition, mutual 确认,交互性确认(参见本索引:"交互性确认")
Relativism, and Heidegger 相对主义,相对主义与海德格尔, 152 (另参见本索引:"多元论")
Ricci-Garotti, Loris 里奇-卡洛蒂, 第十章注释6
Richardson, William 理查森, xvi,

145,159,第八章注释7,第九章注释2

Ricoeur, Paul 利科,xvii,243,249,第十一章注释3

Riedel, Manfred 里德尔,33,107,112,第六章注释8

Right of insight 知情权,113—115,267,第六章注释9

Ritter, Joachim 里特尔,21,33,第二章注释1,第五章注释7,第六章注释1、9

Rootless freedom vs. oppressive tradition, dilemma of 无根性的自由对压迫性的传统,无根性的自由与压迫性的传统之间的两难困境,17,206,262

Rorty, Richard 罗蒂,288注释6,289注释8、9,第十二章注释1、4

Rosen, Michael 罗森,第五章注释1、9

Rotenstreich, Nathan 罗坦斯特拉希,第四章注释4

Roth, Gunther 罗斯,10,第一章注释2、5

Sallis, John 萨利斯,241

Satre, Jean-Paul 萨特,第十二章注释3

Scheler, Max, 舍勒,18

Schelling, Friedrich 谢林,142,218,224,第五章注释5

Schluchter, Wolfgang 施路齐特,10,272注释2,第一章注释5

Schmitt, Gerhard 施密特,第十章注释9

Schønberg 勋伯格,258

Schopenhauer, Arthur 叔本华,127

Schürmann, Reiner 舒尔曼,198,第八章注释2、10,第九章注释6

Sein "存在";
——"存在"的翻译,xvi(另参见本索引：Being "存在";"存在史";"本成事件")

Self: purified modern empty free 自我:纯粹化的现代空虚的自由的自我,6—7,32,35,120,141,203—206,263,266;
——unity of 自我的统一性,248—249(另参见本索引:"个人主义")

Self-consciousness: attained in interaction, for Hegel 自我意识:在黑格尔看来,自我意识是相互作用中获得的,24;
——not primary, for Heidegger 在海德格尔看来,自我意识并非是首要的,161(另参见本索引:"交互性确认")

Separation of particular from universal 特殊与普遍的分离,15,65—

69;

——in civil society 市民社会中特殊与普遍的分离,27,65—72,98—105

Shapiro, Kenneth 萨佩罗,xvii

Sheed, Wilfrid 希德,第一章注释1

Sheehan, Thomas 希恩,第十章注释2

Shils, Edward 希尔斯,5,264,第十二章注释7

Smith, P. Christopher 史密斯,第十章注释6

Society, atomistic theories of 社会,关于社会的原子论理论,24—25

Sociological descriptions of modernity 对现代性的社会学描述,7

Socrates, 苏格拉底,26,204

Soll, Ivan 舒尔,第五章注释1

Sophist 智者学派,127

Speculative thought 思辨思想,42

Spinoza, Baruch 斯宾诺莎,44,58,91,第十章注释7

Stace, Walter 斯泰斯,45

Stambaugh, Joan 施塔巴赫,159

State, Hegel's: group affiliations in 国家,黑格尔国家中的团体结盟关系,110;

——Hegel's structures questioned 黑格尔的国家结构所受到的质疑,109—117;

——presupposed by civil society's categories 以市民社会的范畴为前提条件的国家,69—70;

——rational structure of 国家的合理结构,102—105;

——tendencies in civil society leading to 市民社会中导向国家的趋势,105—109

Step back, the 返回,(海德格尔的)返回,154,174,188,192,208,250;

——and dialectic 返回与辩证法,202,223;

——in Hegel 黑格尔那里的返回,216,221;

——within multiplicity 多样性中的返回,253—255;

——with two kinds of history 具有两种历史的返回,234(另参见本索引:"辩证法")

Stoics 斯多亚,101

Strawson, Peter 斯特劳森,77,第八章注释8、9

Stroud, Barry 施特罗德,268,第十一章注释9

Structuralism 结构主义,18

Subject-object relation 主-客体关系,121—128,137—144,206,第九章注释8

Substantive rationality 实质合理性,

11,17,262(另参见本索引:"形式合理性")
Suzuki, Daisetz T. 铃木大拙,233
Syllogism 推论(三段论),71,73—74,第四章注释4;
——and the state 推论与国家,102—105
System, need for 体系,对体系的需要,39

Taminiaux, Jacques 塔米奥克斯,218,285注释4,第十章注释8
Taylor, Charles 泰勒,xiii,30,40,43,60,77,84,92,第二章注释3、4、5,第三章注释2,第五章注释1,第六章注释4、8、10
Technology: in Heidegger 技术,海德格尔那里的技术,119,121,124,144—150;
——modern vs. Greek, in Heidegger 在海德格尔那里:现代技术对古希腊技术,第七章注释6(另参见本索引:"普遍化强制")
Théofilakis, Élie 舍奥费克亚斯,258,291注释2,第十二章注释4
Theory and practice 理论与实践,90,199
Thinking, in Heidegger: and technology 思,海德格尔那里的思与技术,178;

——its effects 思的效应,184—187;
——replaces philosophy 思取代哲学,181
Thoreau, Henry David 索罗,第九章注释7
Thrown projects (geworfene Entwürfe) 被抛的筹划,207,246—255
Tradition and modernity, the distinction questioned 传统与现代性,对传统与现代性的区分的质疑,261—262
Traditional society: breakdown of, according to Hegel 传统社会:黑格尔所说的传统社会的瓦解,26;
——Hegel's description of 黑格尔对传统社会的描述,25,54,66;
——no return to 无法回归到传统社会中去,16—17,36,180—181,261
Transcendental philosophy: arguments in 先验哲学,先验哲学中的论证,77—78,第十一章注释9;
——without foundationalism 离开基础主义的先验哲学,173—177;
——Hartmann 哈特曼,92—95;
——in Hegel 黑格尔之那里的先验哲学,40—45,77—95,222—223,238,第五章注释3,第五章注释1、4、5;

——in Heidegger 海德格尔那里的先验哲学, 155, 172—177, 193—200, 222—236, 第八章注释9, 第九章注释8;

——and metaphysics, in Heidegger's sense 先验哲学与形而上学(在海德格尔的意义上), 94;

——and necessary conditions 先验哲学与必然条件, 第十一章注释8;

——and ontology, in the analytic sense 在分析含义上的先验哲学与本体论, 第十一章注释9;

——and politics, in Heidegger 海德格尔那里的先验哲学与政治学, 195, 199;

——possible rethinking of 关于先验哲学可能的重新思考, 238—244;

——and reality, in Hegel 黑格尔之中的先验哲学与实在, 92—95;

——and science, according to Heidegger 海德格尔所认为的先验哲学与科学的关系, 173—174(另参见本索引:"哲学";"逻辑学";"本成事件")

Universal, the (das Allgemeine) 普遍, 那种(普遍的东西), 57, 60—66;

——cautions on Hegel's use of the word 谨慎对待黑格尔关于这个词用法, 61—65

Universal imposition (das Gestell) 普遍化强制(座架), 144—150;

——avowing it goes beyond modernity 对普遍化强制超越现代性的承认, 153—157;

——no dialectic within it 在普遍化强制中没有辩证法, 158

Universality, formal and substantive 普遍性, 形式普遍性与实质普遍性, 65—67

Universal rules and particular case 普遍准则与特殊事例, 15(另参见本索引:"形式合理性")

Utilitarianism 功利主义, 18, 34, 99

Values, Choice of in civil society 价值观, 市民社会中价值观的选择, 32

Van der Meulen, Jan 范登默林, 第十章注释6

Vattimo, Gianni 瓦蒂摩, 145, 153, 199, 第九章注释8, 第十章注释9, 第十一章注释3、5

Vitiello, Vincenzo 维蒂罗, 261, 第八章注释5, 第十章注释1、4、5、8、11、12, 第十一章注释4

Voluntarism 唯意志论, 49, 80, 142,

第六章注释1

Walton, A. S. 沃尔顿,第二章注释5
Weber, Marx: cautions on interpretation of 韦伯:谨慎解释韦伯,第一章注释2；
——and Heidegger 韦伯与海德格尔,119—121,137；
——His descritption of modernity 韦伯对现代性的描述,9—17,28,59,92；
——and postmodernity 韦伯与后现代性,258,263,第十二章注释2；
——his pessimism about modernity 韦伯对现代性的悲观主义,12—13；
——and relativism 韦伯与相对主义,152；
——structure and force in 韦伯的结构与力量,13
——typically modern character of his theory 韦伯理论的典型现代特征,9
Weil, Eric 瓦尔,第二章注释1
Westernization, distinguished from modernization 西方化,西方化与现代化的区别,4(另参见本索引:"现代化")
White, alan 怀特,第三章注释1、3,第五章注释2、4、5
Winfield, Richard Dien 温菲尔德,46,第二章注释3、4,第五章注释4、7,第六章注释1、8
Wittgenstein, Ludwig 维特根斯坦,17,249,258,第八章注释8,第十二章注释3
World: in Heidegger 世界:海德格尔世界,128—137；
——multiple worlds 多样性世界,245

Zen 禅宗,176,192,231
Zimmerman, Michael 齐默尔曼,182,第九章注释4、5

译 后 记

首先得感谢南京大学周宪教授对我的信任,给了我翻译大卫·库尔珀教授的力作《纯粹现代性批判》的机会。库尔珀是美国当代著名的研究现代性及后现代问题的哲学家,他的游学经历十分丰富,曾在美国多家大学任教,甚至还有在日本的教学经历;其著述更是涉及面广泛且十分前卫,有若干论述现代性、后现代以及超文本(hypertext)的著作和论文。

翻译本书最大的困难在于涉及到许多海德格尔的术语,而尤为困难的地方就在于,这些术语又经过了本书作者的英译名的中介,而在这些译名中又包含了作者本人的理解,所以要将它们准确翻译为中文就得同时兼顾德文原意及英译含义。为此,译者不揣冒昧直接向库尔珀教授求教,出乎我意料的是,库尔珀教授不仅不厌其烦地解释了他所以选用那些英译名的原因,而且还专门为中文版写了序言。在此,请允许我向库尔珀教授表示诚挚的谢意。

在此,有必要说明一下库尔珀教授对海德格尔的两个术语的翻译。首先,关于"Ereignis"的翻译。库尔珀教授在通信中说,他选择"propriative event"这个翻译,是想把握住该词之"固有的"或"某人自己的"这一意思。然而,库尔珀教授认为必须注意到:海德格尔并不想把 Ereignis 解读成是源自于自身(eigen)的,而要把它看成是来源于开启(eraeugen)的。但是,库尔珀在英语中又找不到一种合适的方法来把握这种细微的差别。他说,即便考虑了英美哲学中关于事件(event)的本体论地位的所有争论,这些事件从海德格尔的观点来看仍然都是些"实体性的"存在者,库尔珀不想仅仅用"事件(event)"这个词来翻译 Ereignis,因为这会令人产生一种错误的印象。他也不想用"居有(appropriation)"这个词(琼·施塔巴赫就是用它来翻译 Ereignis 的),因为它看起来像是表达了一种状态,而不是一个发生过程。因此,库尔珀造了"本成(propriative)"这个词来与"appropriation"相对应,并把它用作为形容词来修饰"事件(event)"。

其次,是关于"Gestell"的翻译问题。库尔珀教授也采用了一种与众不同的方式来翻译它,即将其译作"普遍化的强制(universal imposition)",以求通达"Gestell"这个词在海德格尔看来的那种不可避免的性质,同时又兼顾某物被置于存在物之上从而获得揭示的含义,库尔珀指出,这是为了运用或获得效力的缘故。

另外,本书第十一、十二章的初译是由学友方向红完成的,在此请允许我为他的出色工作向他表示衷心的感谢。当然,对于全书翻译过程中可能会出现的错误和纰漏,其责任则完全应由我来担负。

臧佩洪
南京文德里
2003 年 2 月

图书在版编目(CIP)数据

纯粹现代性批判:黑格尔、海德格尔及其以后/(美)库尔珀著;臧佩洪译. —北京:商务印书馆,2004(2019.3重印)
(现代性研究译丛)
ISBN 978-7-100-03948-2

Ⅰ.①纯… Ⅱ.①库…②臧… Ⅲ.①文化—研究 Ⅳ.①G0

中国版本图书馆 CIP 数据核字(2002)第 053032 号

权利保留,侵权必究。

现代性研究译丛
纯粹现代性批判
——**黑格尔、海德格尔及其以后**
〔美〕大卫·库尔珀 著
臧 佩 洪 译

商 务 印 书 馆 出 版
(北京王府井大街36号 邮政编码100710)
商 务 印 书 馆 发 行
北 京 冠 中 印 刷 厂 印 刷
ISBN 978-7-100-03948-2

2004年6月第1版　　开本 850×1168 1/32
2019年3月北京第3次印刷　印张 15⅝
定价:42.00元